농촌사회제도연구

농촌사회제도연구

윤 수 종 지음

전남대학교출판부

서문

필자가 대학원 다닐 시절에 한창 산업사회연구가 붐이 일었고 많은 연구자들이 도시산업의 노동과정 연구에 뛰어들었다. 당시 일관작업대에서 조립작업을 하는 노동자들의 노동과정에 대한 연구가 한창이었다. 이러한 분야에 관심을 갖고 있던 중 필자는 태어나고 자란 농촌으로 방향을 돌려 농업노동과정을 연구하고 싶었다. 그런데 농업노동과정은 도시 공장노동자의 노동과정과는 아주 달랐다. 농업노동과정은 농한기와 농번기에 따라 전혀 다르고 철마다 작물마다 다르게 나타났다. 할 수 없이 일시적으로 나타나는 노동조직들에 초점을 맞추어서 연구하게 되었다.

그러한 연구의 결과로 노동조직들에 관해 정리하다가 더불어 머슴이나 소배내기, 마름 등에 관심을 갖게 되었다. 그런데 사회과학적 논문을 쓰려니 경험적 자료가 필요한데, 대부분 자료가 부실하였다. 역사연구의 한계를 느끼며 오히려 소설로 구성하는 것이 더 낫겠다 생각하기도 하였다. 그리고 일제 시기에는 일부 통계자료나 조사자료들이 남아 있었던 데 반해서 8·15 이후에는 오히려 자료가 더욱 남아 있지 않았다. 물론 구술을 통해 재구성하는 것도 가능했고 인류학적인 문화사적인 조사보고들이 이루어지긴 하였다. 그러나 특히 1970년대 농업생산력의 비약적인 발전 (특히 농업기계화와 재배방식의 변화) 및 이농과 더불어 농촌에 있던 사회제도들이 급속히 변화해 갔다.

이러한 상황에서 흩어진 자료들을 수집하고 정리하면서 일제하의 농업노동조직 양태와 8·15 이후 농업노동조직의 전개과정을 몇몇 조직별로 정리해 박사논문을 썼다.[1] 구체적으로 필자는 박사논문에서 두레, 품앗이, 고지, 공동경작, 소겨리, 공동작업반, 작목반, 농기계이용조직 등을 주로 노동조직의 측면에서 정리하였다. 그리고 노동조직에 관한 글을 쓰면서 발굴한 자료들을 기반으로 회사지주, 소배내기, 머슴 등에 관한 글을 써서 발표하였다. 앞의 노동조직들과 추가로 쓴 글들을 묶으려니 사회제도라는 포괄적인 말을 생각하게 되었다. 진작 책으로 내야 했는데 차일피일 미루다가 20년이 지난 지금에서야 정리하여 내게 되었다. 물론 일부 내용을 수정하고 덧붙였다.

어쨌든 이 책에서 다룬 사회제도는 대체로 노동제도에 집중되어 있다. 시기적으로는 일제시대부터 1980년대까지에 한정되어 있다. 1970년대에 농업생산력의 급속한 변화(기계화의 진전, 노동력구성의 변화, 재배법의 변화 - 기계이앙과 제초제의 도입) 등으로 농업노동과정이 크게 변화하였다. 상업적 농업의 발달도 지적할 수 있다. 이러한 새로운 변화와 더불어 나타나는 제도들에 대해서는 여기서는 다루지 못하였다.

그리고 그동안 해당 주제들에 대한 더욱 풍부한 연구가 다른 연구자들에 의해 이루어져 왔다. 두레와 관련해서는 주강현의 연구가 두드러진다.[2] 그는 현장에서 엄청난 자료를 수집하여 정리해 주고 있으며, 품앗이, 고지, 소겨리, 수눌음(제주도식 품앗이) 등 각종 노동제도에 대해서도 연구하였다. 두레에 대해서는 다른 연

---

1) 윤수종, 「한국농업생산에서의 노동조직의 변화과정에 관한 연구」, 서울대학교 사회학과 박사논문, 1990.

2) 주강현, 『두레: 農民의 역사』, 들녘, 2006; 주강현, 『한국의 두레, 1-2』, 집문당, 1997.

구자들의 연구도 볼 수 있다. 조선 후기의 두레와 호미씻이의 성격에 관한 연구[3]가 있으며, 두레와 관련된 이 책에서 포괄하지 못한 논문들을 모아 묶어낸 자료도 발간되었다.[4] 그 외에도 두레에 관해 채록·정리하여 자료집으로 만들어 낸 것들도 있다.[5] 그리고 커뮤니케이션의 측면에서 두레의 내용을 정리한 논문도 필자가 논문을 쓰던 시기에 나왔다.[6] 이처럼 두레에 대해서는 사라져간 공동체적 노동관행으로서 연구정리하는 작업이 이루어져 왔다. 물론 여러 연구자들이 두레를 비롯해 품앗이나 고지 등에 대해서 공동노동의 형태로서 부분적으로 다루어 오곤 했다. 더욱이 두레노동과 함께 이루어지는 노래인 두레소리에 대한 채보작업도 이루어져 왔다.[7]

두레 이외의 노동제도에 대해서는 이렇다 할 만한 연구가 이루어지고 있지 않은 편이다. 노동과정에 대한 관심 자체가 줄어든 탓이리라.

그리고 필자가 연구대상으로 한 회사지주인 조선흥업주식회사의 농업경영에 대한 더욱 풍부한 연구가 박사논문으로 나왔다.[8]

---

3) 배영동, 「조선후기 농작업두레의 문화복합적 성격」, 『농업사연구』, 4권 1호, 2005; 「조선후기 호미씻이 형성의 농업사적 배경」, 『농업사연구』, 2권 2호, 2003; 「조선후기 두레로 본 농업생산의 주체」, 『실천민속학연구』, 6권, 2004.

4) 『두레1』, 우리마당 터, 2001; 『두레2』, 우리마당 터, 2001; 『두레3』, 우리마당 터, 2001,

5) 이걸재, 『공주의 두레: 채록·정리』, 공주문화원, 2001; 안용산, 『금산의 두레노동』, 금산문화원, 1993.

6) 김민남, 「한국 농촌사회의 전통적 커뮤니케이션 마당에 관한 연구 - '두레'와 '동제'를 중심으로」, 성균관대학교 신문방송학과 박사논문, 1989.

7) 이소라·주보돈·이종봉, 『두레노동과 두레소리』, 애드파워, 2004.

8) 하지연, 「한말·일제 강점기 일본인 회사지주의 농업경영 연구 - 澁澤榮一 자본의 조선흥업주식회사를 중심으로 -」, 이화여자대학교 사학과

이 연구는 필자의 글 보다 훨씬 더 체계적이고 많은 자료들을 동원하여 연구하고 있다. 더욱이 일본의 모자본에 대한 연구까지 겸하고 있다. 이 연구자는 다른 회사지주에 대한 연구도 하였다.[9)]

그리고 필자는 이 책에 실린 글들을 쓰던 시절에 마름에 대한 연구도 하려고 하였는데 이미 좋은 연구가 나와 있었다.[10)] 사적인 연구에서는 자료가 한정되어 있어서 그 보다 나은 글을 쓸 수 없었다. 그 뒤로 일제시대에 소작쟁의 및 사건 기사를 중심으로 한 마름에 관한 연구도 나왔다.[11)] 다시 정리하려니 두 연구자의 연구를 요약하는 형식으로 밖에 할 수 없어서 그만 두고 말았다. 그래도 어쨌든 일제시대의 계급구조에서 지주·마름 대 소작인·머슴이라는 대립구도를 이루었던 각 층 가운데 마름과 머슴을 연구하고 싶어 했던 필자의 의도는 다른 분들의 연구에 의해 채워진 셈이다. 그리고 머슴설화에 대한 연구가 진행되기도 하였다.[12)]

이 책은 이들 연구들과 다른 관련 연구논문들을 포괄하지 못하고 예전에 쓴 글을 일부 수정하여 다시 출간하게 되었다. 그리고 원자료를 정리하지 않고 그대로 드러내다 보니 표가 많은 채로 출간하게 되었다. 표를 새로 그리느라 수고한 추주희에게 고마움을 전한다.

박사논문, 2006.

9) 하지연, 「日本人 會社地主의 植民地 農業經營 - 三菱재벌의 東山農事株式會社 사례를 중심으로」, 『史學硏究』, 88호, 2007.

10) 김홍배, 「일제하 소작관리인에 관한 사적 연구」, 서울대학교 농경제학과 석사논문, 1987.

11) 김석규, 「식민지시대 '마름'에 관한 일연구 - 소작쟁의 및 사건 기사를 중심으로」, 인하대학교 사학과 석사논문, 1993.

12) 한병주, 「머슴설화연구」, 전북대학교 교육대학원 석사논문, 2002.

뒤늦게나마 정리해서 책으로 내게 되었다. 이제는 과거의 것이 되었지만 앞으로의 연구를 위한 발판이 되었으면 한다.

2010년 1월 10일

윤수종

목차

1장 서론

농촌사회의 변화는 무엇보다도 농업생산력의 변화에 크게 좌우된다고 생각된다. 그런데 농업생산력은 기계화 이전에는 축력에 기초한 채 오랫동안 크게 변하지 않아 왔다. 물론 이앙법의 도입 등과 같은 획기적인 재배법의 도입으로 농업생산력이 증진되기도 하였으나, 전반적으로 농업생산력은 일정하게 유지되는 가운데 그 위에서 농민들 간의 사회관계도 안정화되고 제도화되어 왔다.

따라서 농촌사회의 각종 제도들은 상당 기간 일정하게 유지되는 경향이 있었다. 토지를 둘러싼 관계로서 지주소작관계는 지주제도와 소작제도로 정착되어 왔고, 그 사이에 마름제도를 확산시키기도 하였다. 농촌의 사회제도는 이렇게 물적인 관계를 축으로 이루어지는 것도 있으나 비물질적인 관계를 축으로 이루어지는 것도 있다.

비물질적인 관계를 축으로 이루어지는 것으로는 사회 일반(그리고 특히 농촌사회)에서 나타나는 특이한 제도로서 '서얼차대', '청상과부금혼' 등과 같은 것들을 예로 들 수 있다. 이러한 제도들은 사회의 다양한 차별이나 차이들을 관계망 속에 조립하여 유지시키는 틀이라고 할 수 있다. 사회사 분야에서 이러한 부분에 대한 선구적인 연구로는 이상백의 연구를 들 수 있다.[1)] 서얼차별제도,

노비제도, 과부재가금지제도 등에 대한 그의 연구는 사회사 연구에서 특이한 제도들을 연구한 것으로 꼽을 수 있다.

농촌사회제도는 농촌의 사회관계 속에서 반복적으로 나타나는 행동방식이나 태도 등이 일정한 구도로서 유지되는 틀이라고 할 수 있다. 이러한 틀을 통해서 우리는 그 사회의 특성을 이해할 수 있고 그 속에서 살았던 사람들의 숨결을 느낄 수 있다. 제도 자체는 사람들의 욕망에 따라 다양하게 변해갈 수 있으며, 사람들이 그 제도가 자신들의 욕망에 맞지 않을 경우 그 제도에 저항하고 그 제도에서 벗어나거나 피하게 된다. 그런 와중에 제도는 다시 변화하여 사람들의 욕망에 적응하는 방식으로 안정화된다. 물론 이러한 일은 언제나 또 다시 일어날 수 있다. 물론 그 제도 변화의 밑바탕에는 그 사회의 생산력의 변화가 놓여 있을 것이다.

특히 필자는 농업노동제도들을 중심으로 농촌사회의 변화 모습을 포착하려고 하였다. 이 책에서 다루고 있는 농촌사회제도들은 바로 직접생산자들의 노동과정을 중심으로 이루어지던 제도들이다.

이러한 농촌노동제도들의 변화의 기저를 이루고 있던 농업생산력구조의 변화를 간단히 살펴보자. 이 책에서 주로 다루고 있는 일제시기부터 1970년대까지의 농업생산력구조의 변화를 구체적으로 몇 가지 지표의 변화를 통하여 살펴 볼 수 있겠다. 생산력을 노동주체와 생산수단으로 나누고 생산수단을 다시 노동도구와 노동대상으로 나누어, 이를 농업에 적용하여 각각 농업노동력구성 및 농업노동의 성격, 농업기계화, 농지기반의 정비라는 구체적인 지표로서 파악할 수 있겠다.

먼저 일제시기의 농업노동력구성 및 농업노동의 성격을 보면,

---

1) 신용하, 「이상백 선생과 한국사회사 연구」, 『동아문화』, 14집, 1977, 21-32쪽.

농업인구는 지속적으로 증가하고 있으나 자본주의화 과정 속에서 전체인구에서 차지하는 비중은 계속 줄어들고 있다. 1910년 농가인구는 1천만을 조금 넘어 총인구의 78.1%를 차지하고 있었다. 그 후 농가인구는 급속히 증가하였지만 1920년(총인구의 83.4%)을 고비로 하여 증가세는 둔화된다. 절대수를 보면 1920년까지 급속히 증가하다가 1930년대에는 정체하고 있다. 이러한 농가인구의 동향은 자본주의화에 따라 많은 농업인구 및 농가가 도시로 유출하거나 해외로 나갔기 때문이다. 1930년대 말 이후 8·15 직전까지 일제의 전쟁 동원과 노동력수탈 정책으로 노동력 부족 현상이 나타나기도 하였다.

전반적으로 농업노동력이 과잉하였던 8·15 이후에는 농지개혁으로 농촌내부의 계급대립은 완화되었으며, 도시공업을 중심으로 한 자본주의화는 농촌노동력구성 및 농업노동의 성격에 커다란 변화를 가져왔다. 젊은층의 부분이농과 농가의 탈농으로 1960년대 말 이후에는 농가인구의 절대수도 감소하였으며 기계화가 채 진전되지 않았던 1970년대에는 노동력 부족이 심각하였다. 1980년대 이후 농업노동력의 노령화와 여성화가 두드러지게 나타났으며, 농업노동이 상품작물재배에 점점 더 많이 투하되게 되었다. 8·15 이후에는 전반적으로 고용노동의 비중이 줄어들고 가족노동의 비중이 늘어나고 있는 추세이다.

농업노동의 종류별 상황을 보면 대부분은 가족노동으로 이루어지지만 정작 중요한 작업들은 고용노동 및 품앗이, 기타 조직화된 노동을 통해서 이루어지고 있다. 이러한 과정에서 다양한 노동조직이 등장하게 되었다.

다음으로 농업기계화의 상황에 대해서 살펴보자. 일제시기에는 간단한 재래농구의 사용이 지배적이었다. 재래농구의 원동력은 축력이나 인력이었고, 축력에 조악하고 능률이 낮은 인력용구(작업기)가 결합되는 것이 고작이었다. 이러한 재래농구의 보급도 아주 미흡한 상태에 있었다. 농기구의 변화를 보면 재래농구를 중심으로 손노동의 강화를 통한 노동이 중심이 되면서도, 1930년대 이후 특히 1940년대 들어서 이른바 개량농구나 근대적인 농업기구들이 도입되기 시작하였다. 또한 근대적인 (동력을 사용하는) 농업기계도 주로 탈곡, 곡물조제 및 양수부문에서 일부 사용되었고 경운부문과 같은 기본적인 생산공정에 있어서의 기계화는 거의 이루어지지 않고 있었다. 그리고 당시에 중요한 원동력이었던 농우는 일부 농가들만 소유하고 있었으며 따라서 다양한 이용방식이 나타나게 되었다.

8·15 이후 농업기계화과정은 1960년대 중반까지의 축력과 인력농기구 사용 시기, 그 이후 1970년대까지의 축력의 동력으로의 대체와 농기계의 적극적인 도입 시기, 그리고 1980년대 이후 일관기계화작업체계의 도입과 기계이용조직의 발흥시기로 나누어 볼 수 있다.

8·15 이후 1960년대 중반까지의 시기에는 축력을 원동력으로 하고 인력농기구를 주로 사용하였다. 1950년대에는 축력과 간단한 개량농기구를 중심으로 농작업을 하였으며 농기계의 내용에 있어 일제시기와 크게 달라진 것은 없었다. 1960년대에 접어들면서는 이전에 사용하던 농기구들이 확대 보급되고, 경운정지를 위한 경운기 및 심경쟁기, 병충해 방제용의 동력살분무기, 한발대책용의 양수기 및 발동기, 족답식탈곡기, 회전동력탈곡기 등이 보급되기 시작하였다.

1960년대 말부터 1970년대까지의 시기에는 원동력으로서 축력이 동력에 의해 대체되어 가고 생산공정에 필요한 농기계들이 적극적으로 보급되었다. 경운기, 방제기, 동력탈곡기 등 소형 동력식 농기계의 보급이 확산되고 농우의 사용은 급속히 감소하였다.

특히 1970년대 중반 이후에는 농작업의 가장 기본적인 공정인 경운·정지작업의 기계화가 크게 진전되었으며, 경운기의 이용이 일반화되기 시작하였다.

1980년대 접어들어서는 기계화가 더욱 진전되었으며, 축력·인력용 농기구들은 대부분 사라지거나 아주 부수적인 작업만을 담당하게 되었고, 소형농기계는 여전히 확대 보급되고 있지만 점차 중·대형농기계의 보급이 일반화되었다. 경운기, 탈곡기, 방제기, 양수기 등이 중심이 되어 이루어진 부분적인 기계화에서 점차 이앙기, 트랙터, 콤바인, 대형탈곡기, 건조기 등이 도입되어 일관작업화가 가능한 농기계보급이 확산되었다. 여러 가지 농기계를 결합 보유하게 되면서 농기계의 효율적인 운영을 위해서 다양한 농기계이용조직들이 결성되어 운용되었다.

농업생산의 주체인 농업노동력의 노령화 및 여성화와 더불어 농업기계화는 1970년대 중반 이후 급속히 진행되었고 농업노동과정에 획기적인 변화를 가져왔다. 여전히 벼농사작업이 주로 기계화되었고 밭농사의 경우는 경운정지 및 방제 정도가 기계화되고 있었지만 말이다.

그리고 농업생산력 구성요소로서 농지기반의 정비 상태를 보자. 일제시기에는 농지면적은 전반적으로 증가하였다. 밭을 논으로 변경하는 작업이 많이 이루어졌으며 이를 위해서 수리시설의 확충이 진전되었다.

8·15 이후 한국의 농지면적의 변화를 보면 논면적은 꾸준히 증가하는 편이나 밭 면적은 1960년대 말 이후 급속히 줄어들었다. 농가호당 경지면적은 줄어들다가 농가호수의 감소와 함께 1968년 이후 계속 증가하여 1980년대 들어서는 1ha를 넘어 섰다. 또한 수리답의 비중이 높아지고 경지정리 및 배수개선 사업이 이루어지고 있어 기계화를 위한 기반조성이 진행되어 왔지만,

농지의 분산, 영세규모 문제는 여전히 남아 있다.

특히 농지와 관련하여 농업노동제도의 변화를 가져오는 것으로서 경지이용율의 저하와 조방화를 꼽을 수 있다. 휴경지가 늘어나고 농지의 비농지로의 전용이 늘어났다. 그런 와중에도 상업적 농업으로의 경향 속에서 작부체계 및 작물별 생산액구성은 커다란 변화를 보였다. 1980년대 들어서는 식량작물 재배면적이 급속히 줄어드는 추세 속에서 채소, 과수, 시설작물 등의 재배면적이 늘어났다. 농업생산액의 구성 추이를 보면, 채소, 과일 등의 생산액의 비중이 높아졌으며 특히 축산의 비중이 급속히 높아져 왔다. 작부체계의 이러한 변화는 새로운 고용노동형태를 가져왔다.

농업생산력구조의 변화는 농업노동력의 급속한 감소와 그에 대처한 기계화, 그리고 기계화를 위한 기반조성을 핵심 내용으로 하고 있다.

그리고 이러한 생산력 조건과 함께 농민 내부의 계층간 격차(농민층분화)로 인해 농업노동제도들은 다양한 형태를 띠면서 변화해 나갔다. 농민층분화의 양상은 일제시기에는 지주소작관계의 확대로 특징지어지고 그 과정은 농민층의 분해의 가속화였다. 지주소작관계의 확대 속에서 부농과 빈농으로의 계급적 분화과정이 확대될 수 밖에 없었다. 이러한 계층분화 양상은 고용노동 형태의 확산을 가져왔다. 그러나 노동력을 고용하는 입장에서는 농번기에는 개별화된 노동력 보다는 결집된 노동력이 필요했기 때문에 고지와 같은 노동조직을 가져오기도 했다.

8·15 이후에는 불철저하나마 농지개혁을 통해서 자작농화가 이루어짐으로써 농민층분화는 완화된 형상을 띠고 나타났다. 그럼에도 농민간의 계층적 차이는 존속하였으며 농민 간에 고용-피고용 관계가 이루어지고 있었다.

1970년대 중반 이후 농업기계화와 상업작물재배로 인해 농촌 내부의 계층분화가 진전되지만 농업 외부(자본)의 압박으로 농촌 내부의 분화는 크게 두드러지지는 않았고 중농표준화의 기조 아래 전계층의 하강경향이 두드러졌다.

그러나 1980년대 중반 이후 기계화의 진전과 상품작물 및 축산, 과수 등의 성장 속에서 농민층 간의 격차가 확대되기 시작하였다. 양극분화의 양상이 나타난 것이다. 1990년대 이후에 들어서는 이러한 현상이 더욱 가속화되어 왔다. 특히 새로운 상층농은 국가의 다양한 지원을 받아 농기계를 구입하거나 시설투자를 하여 경영규모를 확대해 나가고 있다. 이 과정에서 농업노동과 관련해서는 수위탁작업의 활성화와 대규모 고용노동력의 동원이라는 양상이 새롭게 나타나고 있다. 이러한 양상에 대해서는 이 책에서는 다루지 못하였다.

이상과 같은 농업생산력구조와 농민층분화 양상 위에서 농업노동제도는 노동력 중심의 결합형태에서 기계중심의 결합형태로 변화되는 기조 위에서, 기존 형태의 내용이 변화하고 새로운 형태에 의해 대체되면서 다양한 형태로 전개되었다.

2장 두레

한반도의 농업에 있어서 공동작업은 오래 전부터 널리 보급되어 온 것으로 가장 보편적인 노동과정일 뿐만 아니라, 또한 농업노동상 중대한 역할을 해 왔다. 논농사에 있어서는 물의 관리를 위해서 공동노동을 조직하지 않을 수 없었으며, 봉건사회에 있어서는 부역노동의 동원에 의한 협업으로 대처해 왔다. 또한 가족노동의 기초 위에서 농업생산과정에 있어서의 공동노동이 오래 전부터 이루어져 왔다.[1] 즉 가족노동의 기초 위에서 공동노동이 조직화되어 왔는데, 이는 작업의 특성상 일시에 많은 노동력을 필요로 하였으며 또한 개인적으로 하는 것보다 집단적 작업을 함으로써 작업능률을 높일 수 있었기 때문이었다.

이러한 전통적인 공동노동의 대표적인 형태로서 일제시기에도 여전히 행해지던 것으로는 두레를 들 수 있다.[2]

두레는 한반도의 농업에 있어서 오래 전부터 행해져 온 것으로 마을을 단위로 하는 생산농민층의 작업공동체의 전형으로서 제시

1) 최호진, 「이조봉건사회에 있어서의 공동노동의 특성」, 『서울대논문집』, 제1집, 1954, 229-241쪽.

2) 두레에 대한 가장 체계적인 연구는 신용하의 「두레공동체와 농악의 사회사」, (신용하 편, 『공동체이론』, 문학과 지성사, 1985, 211-264쪽에 수록)이다. 이 장은 전적으로 이 논문에 의거하면서 노동조직의 측면에 맞추어 재정리하였다.

되어 왔다.[3]

두레를 작업종류에 따라 크게 분류하면, 첫째로 물의 관리를 위해서 즉 저수지, 제방, 제언, 보, 도랑 등을 축조·수리하기 위해 조직되는 두레가 있었고, 둘째로는 농경의 생산공정에 있어서 공동작업을 위한 두레가 있었으며, 셋째로 이것들과는 달리 여성들이 중심이 되어 가정 내에서 행하던 길쌈두레가 있었다.

첫 번째 형태의 두레는 오래 전부터 행해져 온 것으로 보이며, 봉건시대에도 부역노동에 의한 공동작업이라는 형태로 이루어져 왔다. 논농사는 농업의 토대였으며 물의 관리는 논농사의 전제가 된다. 직접 생산과정에 있어서의 공동작업은 아니지만, 이러한 공동작업은 농사의 전제가 되는 것이었고 또한 대규모 건설사업으로 진행될 경우도 있어서, 국가의 강력한 권장과 관할 아래 이루어져 왔다.[4] 관할 몽리구역 안에 있는 농민들이 모여 공동작업을 하는 방식으로 하였으며, 이 경우 마을 내부의 소수농가에서 몇 개 군을 포괄하는 수천 농가까지 참여하는 등 성원의 규모가 아주 달랐다.[5]

두 번째의 두레는 농업생산과정에 있어서의 협업을 위한 것으로, 보통 두레라고 하면 이것을 말한다. 모내기, 김매기, 수확 등 논농사의 주요 작업을 마을 단위로 공동으로 하며 동시에 농악을 즐기는 공동노동조직으로 규정할 수 있을 것이다.

세 번째의 두레는 여성들이 참여하는 것으로 길쌈두레, 모시두레, 명두레, 돌게삼, 두레삼, 두레베 등으로 불렸다. 이것은 마포나 면포를 짜는 부인들이 함께 모여서 조원의 포를 돌아가면서

---

3) 신용하, 앞의 글, 212쪽.

4) 최호진, 앞의 글, 238-241쪽.

5) 이러한 공동작업은 수리제도에 있어서 핵심적인 것이었으며 일제시기와 현재에도 다양한 형태로 이루어지고 있다.

짜는 조직이었다. 늦여름이나 가을밤에 부인들이 어느 한 집에 모여 짤 것을 공평하게 분배하여 농담도 하고 노래를 부르면서 공동작업을 하였다. 누가 잘 짜는가 하는 경쟁도 하였고 두레일이 끝나면 약간의 음식을 준비하여 여흥을 즐겼다. 전북지방에서는 일이 끝나면 약간씩의 팥과 쌀을 모아서 8월 보름에 반달 모양의 떡을 만들어 먼저 각자의 부모님께 드리고 나머지를 모아서 함께 놀았으며, 이를 "달떡놀이(月餠宴)"라고 하였다.6)

보통 두레라고 할 때에는 대개 두 번째의 것을 말하며 이것은 지방에 따라서 취군,7) 공굴, 궁굴이, 제리, 자리, 조리, 돌게, 돌게김, 동네논매기, 향두품어리, 모둠차례 등 여러 이름으로 불렸다. 두레는 한문으로는 단결집합을 나타내는 사(社)라는 말을 덧붙여서 농사(農社)라고 표기하였으며, 일제시기에는 농청(農廳), 농기(農旗), 목청(牧廳), 농계(農契), 거사(醵社), 공청(公廳), 계청(契廳), 농악(農樂) 등 여러 가지 이름으로 표기되었다.8)

---

6) 姜鋌澤, 「朝鮮における共同勞動の組織とその史的變遷」, 『農業經濟硏究』, 第17권 4號, 1941, 533쪽; 朝鮮總督府, 『朝鮮の鄕土娛樂』, 1941, 129쪽.

7) 김일출, 「농촌노동자들의 새로운 문화와 생활풍습에 관하여」, 『북한민속학자료집』, 경남대 극동문제연구소, 1974, 9쪽.

8) 신용하, 앞의 글, 212쪽; 두레의 어원에 대해서는 몇 가지 주장이 있는데 강정택과 인정식은 두레는 윤번(輪番)을 나타내는 것이라고 하였다. 예를 들면 갑, 을, 병, 정의 네 사람이 두레에 참가한다면, 그들 모두는 공동노동을 하며 갑의 논밭으로부터 을, 병, 정의 논밭을 일정한 순번으로 경작하는 것이다. 이처럼 공동노동의 참가자가 일정의 순번에 따라서 각각의 논밭을 공동경작한다는 것에서 두레라는 말이 나왔다고 한다. 따라서 두레라는 것은 공동노동을 표현하는 한 형태이기는 해도 공동노동의 조직 그 자체를 나타내는 말은 아니라고 한다(印貞植, 『朝鮮農村雜記』, 東都書籍, 京城, 1943, 3쪽). 어원에 대한 상세한 설명에 관해서는 신용하, 앞의 글, 213-221쪽을 참조하라.

1. 발생배경 및 분포

두레가 언제 어떤 연유로 해서 나타나게 되었는지 정확히 알 수는 없으나, 매우 오래된 것으로 이미 삼한, 삼국시대에 관한 문헌에 나타나고 있다고 한다.[9)]

사회계급의 분화가 거의 없던 시대에는 마을의 모든 성년 남자들이 두레에 의무적으로 참여하였다. 이 시대의 두레는 농업공동경작뿐만 아니라 수렵, 어로, 자연재해 방비, 외적침입방지 등 공동체를 유지하는 적극적인 역할을 하였다. 그 후 생산력이 발전하고 잉여생산물의 생산이 가능해지면서 사회관계의 변화가 나타났다. 잉여생산물의 축적을 통해 사유재산제가 진전됨에 따라 사회신분 및 계급의 분화가 진전되어 비생산자계급이 발생하였고, 이들은 참여하지 않고 생산농민층만이 참여하는 생산조직으로서의 두레가 등장하게 되었으며, 이러한 계급사회가 계속되는 한 생산농민층만이 참여하는 두레는 안정적으로 지속되었다. 생산농민층만이 참여하는 생산조직으로서의 두레는 조선조 말기에도 각지에서 광범하게 이루어지고 있었다.[10)] 이 시기에 진행되고 있던 두레의 발전에 관해서는 두 가지 설명이 있다. 하나는 농작업에 있어서 공동작업의 필요에서 발전한 것이라는 설명이며, 다른 하나는 마을의 공동제사를 위한 기금조성의 필요에서 발전한 것이라는 설명이다.

전자에 따르면 "처음 농사(農社)라는 조직이 나타난 연대는 약

---

9) 신용하, 앞의 글, 214쪽.

10) 『韓國土地農産調査報告』, 京畿道 忠清道 江原道 編, 1906, 425-428쪽; 경상도 전라도 편, 1906, 369-370쪽의 공동노동에 관한 항목 참조. 여기에서 공동노동이라고 보고된 것 중에는 농악을 동반하는 두레도 있었지만 임의적 결사의 성격을 가지는 공동노동(품앗이 등)도 있는 것으로 파악된다.

100년 전이라고 전해져 오지만 상세하지는 않다. 그리고 이것이 처음 나타난 지역은 전라도이지만…… 농사 조직의 유래는 농가에 있어서 경운·제초의 시기가 대략 일정하여, 만일 이 시기를 놓치면 수확에 미치는 영향이 적지 않다. 그래도 대농 또는 중농과 같이 항상적으로 고용한 인부(머슴)를 가진 경우에도, 도저히 이 시기를 벗어날 수 없어 일시에 경운·제초를 마치기가 곤란하며, 그때마다 수십 명의 인부를 부려야 한다. 특히 이들 머슴을 가지지 않은 경우에 있어서는 이 시기에 들어서 인부를 고용하는 것이 쉬운 일이 아니다. 이리하여 공동작업의 필요가 생기고 이어서 농사의 조직이 나타나기에 이르렀다."고 한다.[11)]

이에 대해, 전래 관습으로 동리 주신제를 매년 거행할 때 일반 주민에게 일일이 부과하는 것이 곤란할 뿐만 아니라, 신에 대한 성심에도 관계되는 일로 주신제를 위한 기금조성을 하기 위해 당시(일제 시기)로부터 백년전 동리의 장로가 발기하여 공동출역(共同出役)을 시작한 것이 농청의 기원이라고 한다.[12)]

물론 이러한 설명은 일제시대에 행해지던 두레에 관한 것으로 그 이전부터 있어 왔던 두레에 대한 설명으로는 미흡하다고 생각된다.

신용하는 발생 초기부터 1945년까지 두레가 변천해 온 과정을 마을 내에서의 사회 신분, 계급의 분화정도와 공동노동을 필요로 하는 두레작업의 성격에 따라 다음과 같이 세 단계로 나누고 있다.[13)]

제1단계는 마을에 사회신분, 계급의 분화가 거의 없는 사회적

---

11) 張基昌, 「農社に就いて」, 『朝鮮彙報』, 1917년 8월호, 144쪽.

12) 姜鋌澤, 「朝鮮における共同勞動の組織とその史的變遷」, 『農業經濟研究』, 第17권 4號, 1941, 540쪽. 울산 달리에서 노인의 의견.

13) 신용하, 앞의 글, 214-215쪽.

조건에서 마을의 모든 성년 성원들이 의무적으로 참가하는 두레이다. 이 단계의 두레는 농업경작 뿐만 아니라, 수렵, 어로, 자연재해방지, 외적 침입 방지 등 모든 작업에 사용된 것으로 보이며, 대체적으로 마을의 공동경작이 해체되고 가족별 경작이 대두하는 촌락공동체 해체기에서 삼국시대까지의 시기가 이 단계에 해당한다.

제2단계는 마을 안에 사회 신분, 계급의 분화가 진전되어 귀족과 지주는 두레에 참여하지 않고 오직 평민과 생산농민층만이 참가하던 두레이다. 이 단계의 두레는 논농사의 노동수요가 폭주하는 작업에 주로 사용되는 한정된 제도로 되었다. 대체로 통일신라시대부터 조선왕조 말기까지가 이 단계에 해당한다.

제3단계는 일제 강점기의 두레로서 마을에도 화폐경제가 침투하여 지배하고 일제의 식민지 정책의 영향을 심하게 받아 변질된 내용과 형태를 갖는 두레이다.

그는 이러한 단계구분 위에서 두레의 변화과정을 분석하면서, 가족별 소경영의 끊임없는 발전은 1단계 두레를 소멸시켜 가는 과정이었으며, 다른 한편 논농사의 끊임없는 발전은 제2단계의 두레를 발생시키고 발전시켜 가는 과정이었다[14]고 한다. 나아가 이 두 개의 다른 방향의 변화의 동태가 농업경영지대의 분포에 있어 전작지대에서 제1단계의 두레를 소멸시켜 버리고 답작지대에서 제2단계의 두레를 분포케 하고 성행케 한 동인이었다[15]고 파악한다.

여기에서 2단계에 해당하는 두레는 봉건사회제도의 틀 속에서 행해진 것으로 조선 말기, 일제하에 들어 자본주의화의 진전에 따라 급속한 변화를 보이게 된다.

---

14) 신용하, 앞의 글, 216쪽.

15) 신용하, 앞의 글, 217쪽.

즉 마을 내부에 있어서 생산조건의 차이가 나타나고 계급이 발생함에 따라 마을의 모든 성년 성원들이 의무적으로 참가하는 두레는 점차 변질되게 된다. 마을 사람들이 전체적으로 절대적 이해를 느끼는 부문(홍수대비, 마을제사 등)에 있어서는 전체적 협력을 계속함에 비하여, 상대적 이해관계밖에 가지지 못한 부문(경종작업)에 있어서는 전체적 협력을 필요로 하지 않게 된다. 그리하여 후자에 있어서 종래의 강제적이고 전체적인 협동 대신에 임의적 부분적 공동노동(보통의 두레나 품앗이에 의한 공동노동)이나, 친지들 간의 도움(가족협업) 또는 고용노동이라는 새로운 형태가 자연발생적으로 전개되었다.[16)]

이처럼 농가는 개별적 책임 하에 각자 필요한 노동력을 조달해야만 하였는데, 이러한 방식으로 전반적으로 노동수급조절이 합리적으로 진행될 수는 없었다. 적기를 놓치게 될 수도 있었으며 환자가 발생하거나 사고를 당하여 노동력이 없는 농가가 발생할 수도 있었다. 이것은 특히 모내기, 김매기와 같이 일시에 노동력 수요가 집중되는 작업에 있어서 특히 심하였으며, 더욱이 그 처리의 시기여하가 수확에 커다란 영향을 끼쳤기 때문에 더욱 문제가 되었다. 그리하여 조직화의 필요성이 절실하였으며, 또한 가족경영을 중심으로 경제가 개별화함에 따라 마을 단위에서의 비용이 소요되어 기금마련을 위해 일시적인 두레 조직의 필요성이 대두하였다고도 볼 수 있겠다.

이렇게 발생·발전한 두레의 공동노동은 원래 농촌공동체 생활의 유제로서 존속해왔다고 보이는데, 농촌에 있어서 계급분화가 진행되고 토지의 사적 소유가 확립되어 감에도 불구하고 조선 말, 일제 시기까지 광범하게 존속하였다. 즉 치수에 있어서의 협력,

16) 姜鋌澤, 앞의 글, 17쪽.

〈표 2-1〉 충청남도 홍성군의 두레수와 농악수(1915)

면별	행정상 리수	두레수			농악수
		농악을 갖춘 것	농악이 없는 것	계	
흥양	10	7	-	7	49
흥북	14	21	-	21	84
금마	13	12	-	12	72
홍동	18	21	16	37	105
장곡	16	27	-	27	166
광천	10	20	9	29	100
은하	11	3	2	5	15
용천	11	10	-	10	50
서부	10	15	-	15	70
고도	14	16	6	22	111
구항	12	12	-	12	60
계	139	164	33	197	882

자료: 豊田重一, 農社農樂に關する研究」, 『朝鮮彙報』, 1916年 4月號, 138쪽.

* 행정상의 리수는 越智唯七 편, 『新舊對照朝鮮全道府郡面里洞名一覽』, 1917, 신용하, 앞의 글, 258쪽에서 재인용.

급수의 통제, 강우량에 의에서 좌우되는 단기간 내에 경종작업을 처리해야 하는 것 등으로 인해 전적으로 마을 단위의 협력이 필요하였다.17) 이와 같은 협력을 이루어 나가기 위해서 결성된 두레는 생산조직으로서 미작농업지대에 집중되어 있었다. 북부 지방처럼 밭농사 지역에서는 두레가 적었고, 중남부의 논농사 지역에서 광범하게 발달하였다.

그러면 1910년대 중반 한 지역의 분포상황을 살펴보자. 〈표

17) 신용하, 앞의 글, 1985, 214쪽 이후; 李淸源은 『朝鮮續本』, 學藝社, 1937, 80-81쪽에서 중남부 지방에서 나타나고 있는 두레가 지닌 가무를 강조하면서 두레는 화랑제도의 유물이라고 주장한다; 최호진, 앞의 글, 238-241쪽.

2-1〉에 의하면 충남 홍성군의 경우 행정상의 리수를 넘는 두레가 있는 것으로 확인되었다. 이 당시에 홍성군의 여름 김매기 작업은 거의 전부를 두레의 공동노동으로 하였다고 한다. 군내의 각 리마다 1-2개조의 두레가 있었으며 군내 두레의 총수는 164개였다. 그리고 두레원수는 6천5백 명에 달했으며 이는 군 총농가호수의 반에 달하는 것이었다.[18]

농악만 남고 작업조직은 사라진 경우도 많았지만, 이 시기에 전라도, 충청도, 경상도 등 남부지방에서는 모내기와 김매기의 작업은 여전히 두레의 공동노동에 의존하는 비율이 매우 높았다.[19]

1920년경에 수원군에서는 21개 면에 321개의 두레가 있어 한 면에 15-16개의 두레가 있었다. 이것으로 보아 거의 마을마다 두레가 있었다고 할 수 있겠다. 1929년에는 줄어들기는 했지만 241개의 두레가 있어 한 면에 11-12조의 두레가 조직되고 있었다.[20]

1930년대 중반에 조사된 자료에 기초하여 각 지방의 두레의 일부를 이루는 농악 및 호미씻이의 분포를 보면,[21] 중부 이남 지방에서는 널리 행해지고 있으나 황해도지방만 해도 부분적으로 행해지고 있으며, 평안도와 함경도 지방에서는 극히 일부 지방에서만 행해지고 있는 것으로 나타나고 있다.

즉 두레의 공동작업이 모내기나 논김매기와 같이 집약적으로 노동력이 필요한 경우에 이루어졌으며,[22] 따라서 논농사 지대인

18) 豊田重一, 「朝鮮農家慰安に適當なる娛樂機關に就いて」, 『朝鮮農會報』, 第13卷 9號, 1918, 5쪽.

19) 張基昌, 앞의 글, 144쪽.

20) 金棨浩, 「水原地方に於ける農旗ヅレペ」, 『朝鮮農會報』, 第4卷 8號, 1930, 89-90쪽.

21) 朝鮮總督府, 『朝鮮の鄕土娛樂』, 調査資料 第47集, 1941; 그리고 윤수종, 박사논문, 598-601쪽.

22) 논농사의 경우는 적기에 작업을 하지 않으면 수확량이 크게 줄었다.

중남부 지방에서 주로 행해지고 밭농사지대인 함경도, 평안도 지방에서는 적게 행해졌다. 또한 북부지방에서는 벼농사도 건답으로 이루어 졌기 때문에 중남부 지방에서 처럼 노동력의 집중적 투하 정도가 덜하였다.[23)]

2. 두레의 성원과 결합범위

1) 두레의 성원

두레의 성원은 마을 내에 농사를 짓고 있는 성인 남자였으며, 실제 두레는 각 농가에서 한 사람씩 나와 구성되었다. 이렇게 결성된 두레의 성원을 보통 "두레꾼" 또는 "두레패"라고 불렀다.[24)]

두레에는 남자들만 참여하였으며 여자들은 제외되었다. 물론 두레길쌈과 같이 여성들끼리만 하는 두레도 있었다. 그러나 여기서 주로 고려대상으로 하고 있는 농작업에 있어서 노동조직으로서의 두레에는 남자들만 참여하였다. 농촌으로부터 수공업이 분리되지 않은 시대에 여성은 가사노동과 가내수공업 노동을 감당하였으며, 농업노동에 참여하지 않는 것이 일반적이었다. 특히 논농사에 있어서 여성노동의 참여는 거의 없었던 것으로 보인다. 물론 일제시기에 들어 점차 논농사에 있어서도 여성의 참여가 늘어가고 있었지만 전통적인 공동노동조직인 두레에 여성이 참가하지는 않았

밭농사의 경우는 작업기간을 연장하여도 논농사에서처럼 수확량의 차질을 가져오지는 않는다. 일제시대의 한 실험에 의하면 20일 정도의 모내기 차이가 수확량을 반감시킨 것으로 확인된다. 모내기는 오래 전부터 빨리 하도록 해 왔다.

23) 朝鮮總督府 勸業模範場 編, 『平安南道に於ける乾沓』, 水原, 1928.

24) 신용하, 앞의 글, 222쪽; 『韓國土地農産調査報告』, 慶尙道, 全羅道 編, 370-371쪽; 統監府 農商工務部 農林課, 『韓國における農業の經營』, 1907, 16쪽.

다.[25)]

두레는 원칙적으로 성인남자의 균질적인 노동력을 필요로 하였다. 그래서 마을 안에서 농사일을 본격적으로 시작하는 젊은이에서부터 농사일을 거의 그만 둘 나이에 이르는 남성들이 두레꾼이 되었다. 대체로 15세 이상 55세 이하의 성인남자들이 주축을 이루었다. 이렇게 마을 안에서 중심적인 두레의 조직에서 원칙적으로 미성년층과 노인층은 제외되었다. 그 이유는 미성년층과 노인층의 노동력이 성인 남자노동력을 1 단위로 한 기준에 미달한다고 간주되었기 때문이었다. 물론 미성년노동력으로 감당할 수 있는 작업(예를 들어 풀베기)의 경우에는 "아이두레"에서와 같이 미성년노동력만이 참여하는 두레도 있었지만,[26)] 보통 두레하면 청장년층이 중심이 되었다.

두레는 이처럼 원칙적으로 성인 남자 중에서 청년층과 장년층으로만 구성되었기 때문에, 가장 왕성한 노동력을 가진 균질적인 청장년층의 공동노동조직이었다. 또한 마을의 각 농가에서는 성인남성노동력 1 단위를 가지고 있는 한, 한 사람은 두레에 의무적으로 참여해야 했다. 즉 두레 가입은 강제적 의무적이었다. 만일 정상적인 노동력을 소유하고 있는 마을의 성인남자가 두레가입을 거부하는 경우에는 마을 사람들이 두문(杜門), 절교, 태형을 가하거나 마을에서 추방하는 사회적 제재를 가하였다.[27)]

두레성원은 기본적으로 농업활동에 종사하는 마을주민이었으므로, 머슴을 두고 자신이 직접 농사를 짓지 않는 사람은 머슴을 내보낸다. 자신이 직접 농사일을 하여도 머슴을 둔 경우에는 주로 머슴을 내보냈다.[28)] 그리고 다른 직업을 가지고 있는 주민, 예

---

25) 신용하, 앞의 글, 222쪽.

26) 신용하, 앞의 글, 223쪽.

27) 신용하, 앞의 글, 223-224쪽.

컨대 관공서에 다니는 사람, 상업을 전업으로 하는 사람들은 참여하지 않으며, 또한 행랑살이를 하는 사람, 지주의 재산 관리를 하는 사람, 기타 농사일을 하지 않는 사람들(선비)은 참여하지 않았다.[29] 이처럼 생산조건의 차이와 계급의 발생으로 말미암아 마을 안에 비생산자 계급이 존속하게 되고 이들은 비노동계급으로 마을 안에서 공인되어 두레에 참여하지 않게 되었다. 따라서 일제시기에 나타나는 두레의 성원은 생산적 노동에 종사하는 자작농, 소작농, 머슴, 농업노동자 등이었다.[30]

성인 남자가 없는 병약자, 노약자의 농민가족은 두레참가 의무에서 면제되면서도, 공동노동의 혜택은 차별 없이 받도록 되어 있었다.[31] 물론 두레의 이러한 부조적 성격은 점차 퇴색해간다.

한편 미성년자는 일정한 절차를 밟아 두레에 가입하였다. 즉 정식 가입은 두레의 역원(役員)이 해당 장정이 한 사람의 노동능력을 가졌다고 인정한 후에 가능하였다. 미성년자가 일정한 나이가 되어,[32] 성년으로서 인정받고 두레에 가입하려고 할 때에는 "주먹다듬이"라는 의식이 행해졌다.[33]

---

28) 머슴을 둔 경영주는 직접 농사일을 하기도 하지만 주로 경영·관리를 하였으며 힘든 농업노동은 대개 머슴을 시켰다. 따라서 품앗이나 두레 등과 같은 노동조직에도 머슴을 주로 나가게 하였다.

29) 조경만, 「두레의 일과 놀이에 관한 연구-1940년경 충남 부여군 추양리의 사례」, 서울대학교 인류학과 석사논문, 1986, 44-46쪽.

30) 신용하, 앞의 글, 225쪽; 이러한 점에 착안하여 신용하는 두레를 '민중'의 작업공동체였다고 한다.

31) 신용하, 앞의 글, 224쪽.

32) 농사일을 시작하는 연령은 지방에 따라 약간의 차이가 있을 수 있었다. 그런데 대개 지금처럼 취학연한이 길지 않았기 때문에 15,6세에서 18,9세가 되면 농사일을 시작하였다.

33) 신용하, 앞의 글, 224-5쪽; 姜錠澤, 앞의 글, 523쪽; 引貞植, 앞의 책, 4쪽.

성년식의 유제로 보이는 이 관습은 원래 육체노동의 능력을 증명하는 의식이었던 것으로 보이는데, 조선 말기에는 기존의 두레꾼에게 주연을 베푸는 의식으로 되었다. 그 장정의 부형이나 고용주가 술과 안주를 베풀어서 두레의 역원들을 위로하고 사의를 표하는 것이었다. 이것을 "진서턱"이라고 부르기도 하였는데, 진서턱은 술로 하였다.[34] 이 인정을 받은 자는 이후 보통의 교환노동에 있어서 성인 1인으로서 계산되었다. 주먹다듬이는 지방에 따라 달리 불렸던 것 같은데, 전라북도 옥구군 대야면에서는 "진서(進鋤)"이라는 풍습이 있어서 남자가 대체로 18,9세에 달하여 한 사람분의 일을 할 수 있게 되면, 마을 사람들에게 이른바 "진서술"을 내어 한 사람의 일꾼으로 된 것을 밝혔으며,[35] 충청남도에 있어서는 이 진서와 동일한 관습을 "신입례(新入禮)" 또는 "공배(公配)"라고 하였으며 이 때 내는 술을 "공배술"이라 불렀다.[36]

다른 마을에서 들어온 일꾼의 경우도 이러한 의식을 거쳤는데,[37] 그러나 이 경우 입촌자가 이미 당당한 장정임이 분명한 이상 승격식이라기 보다는 중간에 들어오는 것으로 주먹다듬이라 하지 않고 "바굴이"라 하였다. 바굴이라는 것은 중간에 들어와 세낸다는 의미였다.[38]

---

34) 신용하, 앞의 글, 224쪽; 鈴木榮太郎, 『朝鮮農村社會の硏究』, 東京, 1973, 324-325쪽.

35) 久間健一, 「農民家族經濟とその經營規模に關する硏究」, 『朝鮮農業の近代的樣相』, 東京. 1935, 162-3쪽.

36) 신용하, 앞의 글, 224쪽; 久間健一, 「農民家族經濟とその經營規模に關する硏究」, 『朝鮮農業の近代的樣相』, 東京. 1935, 162-3쪽.

37) 신용하, 앞의 글, 224쪽.

38) 姜錠澤, 앞의 글, 529쪽; 印貞植, 앞의 책, 4-5쪽; 신용하, 앞의 글, 225쪽.

두레 가입이 두레꾼들의 일정한 심사를 거쳐야 하는 것과 마찬가지로 두레 탈퇴에도 일정한 의식이 행해졌다. 그러나 두레에서의 탈퇴는 다른 마을로 이주하거나 특별한 사정이 있는 경우가 아니면 이루어지지 않았다.[39] 실제로 농민들의 (노동력) 이동은 거의 없었기 때문에 농사일을 하는 한 두레에 참가하였다.

기본적으로 두레의 작업은 주로 손노동에 의한 것이었으므로 노동력을 중심으로 하여 결합되었다. 그런데 모내기 작업은 경운, 정지작업과 함께 하였기 때문에, 모내기의 두레를 짜는데 있어서 소를 가진 농가를 중심으로 하여 결합되기도 하였다.[40] 물론 이는 두레의 규모가 작아지고 마을 안에 몇 개의 두레가 생기는 경우에 두드러졌다. 물론 일제시기에 많이 이루어진 논 김매기 작업에 있어서는 호미나 손으로 작업을 하였기 때문에 이러한 문제는 없었다.

2) 두레의 결합범위

두레는 원칙적으로 마을(자연부락)단위로 조직되었다. 행정단위로서의 동리(洞里)는 두레조직의 단위가 아니었다.[41] 행정단위로서의 동일성보다는 같이 농사를 짓고 상호작용이 긴밀한 마을(자연부락)단위의 규모가 자연스럽게 형성되며, 이 단위를 중심으로 두레가 형성되었다. 그래서 행정구역상 하나로 되어있는 동리가 클 경우에는 취락의 형태나 농경지의 형태 등에 따라 두레가 몇 개로 나뉘어지기도 하였다.[42]

---

39) 신용하, 앞의 글, 225쪽.

40) 鈴木榮太郎, 앞의 책, 1973, 319-320쪽.

41) 신용하, 앞의 글, 223쪽.

42) 충청북도 제천군 금성면 구룡리의 경우 취락이 셋으로 나뉘어져 있고 농경지도 셋으로 나뉘어져 있어 동민 모두가 공동작업을 하는 것이

이렇게 자연부락 단위로 두레가 결성되었기 때문에 두레의 규모는 마을의 크기에 따라 달랐다. 일제 시기에는 두레가 평균 20-30명으로 구성되었으며 크게는 약 50명으로 구성된 것도 있었다.[43)] 1920년경에 수원군에서는 두레가 321개가 있었으며 두레꾼 수는 5,752명에 달하여, 하나의 두레에 평균 18명 정도의 두레꾼이 참여하고 있었다.[44)] 물론 그 분포는 지역에 따라 달랐을 것으로 보이는데, 1915년도에 홍성군의 경우 164개의 두레에 두레원 수는 6천5백 명에 달하여 두레당 약 40명 정도의 규모였다.[45)]

앞에서 언급한 대로 마을 노동력의 중심을 이루는 청장년층을 중심으로 두레가 조직되었는데, 마을 안에 이런 두레가 결성되고 나머지 노인이나 미성년자들이 모여 소규모 두레를 조직하기도 하였는데, 이는 일제시기에 들어 두레가 작아지고 다양해지면서 나타난 것으로 보인다.[46)] 또한 여러 동리가 결합되어서 두레를 형성하기도 하였다[47)]고 하는데, 마을 단위를 넘어서 결합되는 경우는 생산조직으로서의 두레에서는 거의 없었던 것으로 보이며,

---

불편하기 때문에, 두레도 3조로 나뉘어 있었다. 이처럼 행정구역상 하나로 되어있는 구룡리에는 자연부락 단위로 소구룡리두레, 자감동두레, 한천동두레 등 세 개의 두레가 동시에 존재하였다. 鈴木榮太郎, 앞의 책, 1944, 161쪽.

43) 신용하, 앞의 글, 222쪽; 『韓國土地農産調査報告』, 慶尙道, 全羅道 編, 370-371쪽; 統監府 農商工務部 農林課, 『韓國における農業の經營』, 1907, 16쪽.

44) 金榮浩, 앞의 글, 90쪽.

45) 여기서 6천5백 명이 농악을 갖추지 않은 두레(33개)까지 포함한 두레(197개)의 두레원수라면 두레당 평균 약 33명이 된다. 豊田重一, 앞의 글, 5쪽.

46) 鈴木榮太郎, 『朝鮮農村社會踏査記』, 東京, 1944, 86쪽.

47) 豊田重一, 「農社農樂に關する研究」, 『朝鮮彙報』, 1916年 4月號, 138쪽; 張基昌, 앞의 글, 144쪽.

대규모 댐이나 저수지, 보 등을 축조·수리하는 작업에서 이루어졌다.[48] 관개용수를 위해서는 저수지를 축조하거나 해마다 한 번씩 수리를 해야 하는데, 몽리구역에 있는 농민은 이 축조 및 수리에 반드시 출역(出役)하여야 했으며, 일꾼을 내지 못하는 사람은 사람을 사서 내보내든가 아니면 비용을 납부하든가 하였다.

3. 두레의 조직

두레의 역원 내지 간부의 명칭은 지방에 따라 달랐으나, 일반적으로 두레의 조직에 있어 역원은 여섯 가지의 직위와 그에 상응한 역할을 분담하는 성원들로 구성되었다.[49] 물론 현실적으로 모든 두레가 같은 조직내용을 지니고 있지는 않았으며, 특히 일제시기에 나타난 두레는 조직이 단순화되고 있었다.

1) 두레의 대표이며 총책임자가 있는데, 이는 지방에 따라서 영좌(領座), 좌상(座上), 행수(行首), 영수(領首), 황수(皇首), 반수(班首), 좌장(座長), 고원(高員) 등 여러 가지 이름으로 불리었다. 영좌의 역할은 두레의 총책임자로서 두레꾼들을 통솔하며 작업계획의 수립 및 작업순번을 결정하고 수입의 처분을 지시하는 등 두레의 모든 일을 지휘하는 것이었다. 영좌는 마을에서 경험이 많고 인망이 있으며 사리에 밝은 자작농 중에서 선출되는 것이 보통이었다.

---

48) 충청도 강경의 벼락바위라고 하는 지역의 저수지 수리·축조시에는 수 리 떨어진 곳에서 온 사람들이 수천 명에 이르렀으며, 공사 중에는 때때로 술을 마시고 음악을 연주하며 준공 후에는 대오를 이루어 기를 들고 종을 치면서 노래를 불렀다고 한다. 加藤末郎, 『韓國農業論』, 1904, 168-169쪽.

49) 신용하, 앞의 글, 225-6쪽; 姜錠澤, 앞의 글, 523쪽; 印貞植, 앞의 책, 5-7쪽.

2) 대표를 보좌하는 역원이 있는데 이는 도감(都監), 공원(公員), 집사(執事), 소임(少任) 등으로 불리었다. 공원의 역할은 영좌를 보좌하고 영좌의 명령과 지시를 두레꾼에게 전달하며 두레일을 관장하는 것이었다.

3) 작업장에서 작업을 진행하는 책임자가 있는데 이는 수총각(首總角), 총각대방(總角大方) 등으로 불리었다. 수총각은 작업장에서의 작업진행을 책임지고 작업을 지휘하였으며 농기의 기수를 맡았다. 수총각은 일 잘하고 똑똑한 소작농이나 머슴 중에서 뽑는 것이 보통이었다.

4) 작업진행 책임자(수총각)를 보좌하는 역원이 있는데 이는 조사총각(調査總角), 청수(靑首), 진수군 등의 이름으로 불리었다. 조사총각의 역할은 수총각을 보좌하고 작업장에서 일을 게을리 하는 사람을 조사하여 독려하는 것이었다. 조사총각은 소작농, 똑똑한 머슴, 미혼 청년 중에서 뽑는 것이 보통이었다.

5) 회계와 서기를 맡은 역원이 있었는데 이는 보통 유사(有司)라고 불리었다. 유사의 역할은 두레꾼들의 출석을 점검하고 두레의 서기와 회계일을 하며 호미씻이와 농악의 관리를 하는 것이었다. 농민 중에서 특히 문자를 잘 알고 경리에 밝은 사람을 뽑는 것이 보통이었다.

6) 그리고 가축방목을 감시하는 역원이 있었는데 보통 방목감(放牧監)이라고 하였다. 방목감의 역할은 소를 방목하는 경우에 소가 논밭에 들어가서 농작물을 뜯어먹지 않도록 감시하며 농작물을 보호하는 것이었다. 특히 소가 이웃 마을에 들어가 논밭에 해를 끼치면 마을 단위로 큰 문제가 되었기 때문에, 마을 사람들이 대거 두레에 참여할 때에는 방목감을 둘 필요가 있었다. 방목감은 두레에 가입하기 직전의 15-16세 소년이나 두레꾼 중에서 최연장자를 여러 명 두는 것이 상례였다.

이러한 두레의 역원들은 원칙적으로 두레성원(두레꾼)의 전체회의에서 구두의결에 의하여 선출되었다. 영좌를 포함한 모든 역원들은 다른 두레꾼과 마찬가지로 공동노동에 참여하면서 자기가 맡은 역할을 수행하였고, 최고의 지위에 있던 영좌도 독재와 독단은 할 수 없었다. 그리고 두레의 규율과 규범은 엄격하였으며 두레꾼들은 규율에 따라 질서 있게 작업을 수행하였다.[50)]

두레가 마을 단위로 이루어졌기 때문에 두레꾼은 서로 사정을 잘 알고 있었으며, 따라서 경우에 따라서는 어떤 공식적인 절차를 밟지 않고 역원이 선출되기도 하였다. 그러나 이러한 경우는 예외적인 것이었고 또한 두레꾼들의 전체 의사에 반하는 사람이 선출되기는 힘들었다.

해마다 모내기철이 다가오면 마을의 두레꾼들은 농청에 모여 회의를 열고 두레의 신가입자를 심사하여 주먹다듬이를 행하고 역원을 선출하였다. 역원의 선출은 민주적으로 진행되었다고 하나 기존의 마을지배구도를 변경하지 않는 한에서 민주적인 방식이었으며, 역원의 지위도 마을 안의 계급적 지위에 상응하여 정해졌다. 최고책임자인 좌상은 경험이 풍부하고 인망이 있으며 사리에 밝은 "자작농" 중에서 선출되었으며, 그를 보좌하는 도감이나 회계 및 서기의 일을 맡아보던 유사도 하층에서 선출되기는 사실상 어려웠다. 그에 반해 작업진행 책임을 맡고 있던 수총각이나 그를 보좌하는 조사총각은 소작농이나 머슴 중에서 선출되었다.

이렇게 선출된 두레 역원의 임기는 일정하지 않았으나 대체로 일 년이 통례였다. 따라서 임기가 경과하게 되면 관례대로 다시 선출하게 되어 있지만, 실제로 매년 역원을 선출하는 경우는 드물었고 임기 중에 특별한 실책이 없는 한 대체로 계속하였다. 그

50) 신용하, 앞의 글, 227쪽.

리하여 마을 안에 몇몇 사람이 중심적인 역원을 하였고, 이들은 마을 안에서 신망을 얻고 두레 역원을 지낸 사람으로서 일정한 영예를 지니게 되었다.[51)]

두레의 대표자격인 좌상과 공원은 사회적 신임과 권위 및 개인적 자질을 갖추어야 하는데, 이들의 사회적 신임과 권위는 특히 성원들이 두레노동에 참여함으로써 생겨나는 이해관계의 갈등을 조정하는 데서, 그리고 일탈자가 생기지 않고 또 내부에서 성원간에 말다툼이나 싸움이 일어나지 않도록 조정·통제하는 데서 발휘된다. 좌상과 공원의 신임과 권위만으로 잘 되지 않을 때는 마을 장로(長老)의 영향력을 빌리는 수도 있었다.[52)]

두레조직은 좌상과 공원의 통솔력뿐만 아니라 연장자-연하자 관계의 엄격한 규범, 성원의 일탈과 비행에 대한 제재에 의해 유지되고 통합된다.

연장자와 연하자의 관계규범은 두레성원들 간의 신분관계를 가로질러 버림으로써 누구나 두레에 통합되게 하는 기능을 갖고 있다. 이것은 관습적이고 묵시적인 가운데 두레성원들의 자연스러운 행동으로 나타난다.[53)]

---

51) 신용하, 앞의 글, 같은 곳.

52) 조경만, 앞의 글, 50-55쪽.

53) 이러한 관계는 쉴참(휴식시간)에서 선명하게 나타난다. 작업중에 틈틈이 넓은 공터, 정자나무 아래, 미류나무 그늘 아래, 냇가, 둑 등이 쉴참의 공간으로 이용되는데, 이 때 연배에 따라 여러 개의 작은 무리가 만들어진다. 어린 소년들은 어른들의 심부름을 다니고 청년들은 나이 먹은 이들의 눈을 피해 약간 멀리 앉는다. 하나의 작은 무리가 거리낌없이 마주앉아 담배를 피우고 농담을 할 수 있는 것은 5-6살 터울의 동년배이다. 작은 무리들이 서로 등을 돌리고 앉음으로써 연하자가 연장자 앞에서 담배를 피우는 것도 인정된다.

연장자와 연하자의 규범은 저녁 새참에서도 나타난다. 어른보다 먼저 음식에 손을 대서는 안 되며, 만약 실수를 저지르는 경우가 있을 두레에 나오기를 기피하는 성원이 있을 경우, 참석한 성원 한 사람이 그를 데리러 가는데, 이 때 그는 머리에 장정삼냄이라는 이름의 패랭이를 쓴다. 삼냄이는 공사(公事)의 령을 수행하고 있음을 알리는 표지라고 한다. 때로는 두레에 나오지 않은 사람을 따돌림으로써 제재하는 방법을 사용하기도 하였다.[54]

이처럼 두레는 생산농민의 공동노동조직으로서 성격을 지니면서도, 내부 조직은 체계적으로 분화되어 있었다. 그러나 역원들의 역할도 그러했지만, 현실적으로 나타난 두레들 가운데 이처럼 모형에 가까운 것은 많지 않았다. 일제시기에 나타나는 두레의 조직적 모습을 보면 이상과 같은 조직역원들을 갖추고 있는 경우는 드물고, 대개 더 단순한 조직체계를 가지고 있었다. 그리고 역할을 중복해서 지니고 있는 역원들이 있어서 실제로 마을 안에 몇 사람이 중심이 되어 두레를 운영에 나가고 있었다.

그럼에도 불구하고 두레는 하나의 조직화된 작업공동체였다.[55] 역원도 체계적으로 구성되어 있었을 뿐만 아니라 각 역원들의 역할도 매우 분화되어 있고 분명하였다.

먼저 역원이 선출되면 영좌의 사회 밑에서 그 해에 두레가 해야 할 공동노동의 작업일수를 마을의 총경지 면적과 두레꾼 수를 대비하여 산정하고 작업순서를 정하였다. 작업순서는 대체로 일의 완급과 관습에 따라 결정하였다. 대체로 마을의 연장자나 유력자가 농가별로 날짜에 따라 작업순서를 결정하여 제시하면 그에 따

때에는 어른들에게 심한 꾸지람을 듣는다. 그 외에도 술에 취해 주정을 한다거나, 싸움을 하는 것, 아침 집합에 늦는 것 등도 두레에서 있을 수 있는 잘못이다. 잘못이 지적되고 벌을 받는 것은 주로 젊은이들이며, 연장자가 잘못했을 때에는 같은 연배나 그 위의 연배에 의해 농담조의 은근한 힐책을 듣는다. 조경만, 앞의 글, 56-57쪽.

54) 조경만, 앞의 글, 53-55쪽.

55) 신용하, 앞의 글, 228쪽.

르든가 아니면 두레 회의에서 순서를 정하였다.

두레의 작업 중 모내기의 경우에는 축력 사용과 관련되었기 때문에, 소를 가진 부농이 먼저 하고 빈농이 나중에 하기도 하였다. 물론 마을 안의 소를 전부 동원하여 순번으로 돌아가면서 사역하고 노동력 제공의 많고 적음을 계산하지 않기도 하였다.[56] 부농은 소라는 중요한 생산수단을 제공하고 빈농은 노동력을 제공하여 함께 모내기를 하였으며, 이 때 부농은 자신의 생산수단 제공에 대한 대가로 작업순서에 있어서 우선권을 가질 수 있었다. 벼농사에 있어서 적기에 모내기를 한다는 것은 수확에 있어서 결정적인 영향을 끼쳤기 때문에 작업순서에 있어서의 우선권은 매우 중요한 것이었다. 또한 부농들의 소유지는 대개 물이 잘 드는 농지였기 때문에 물이 드는 순서대로 할지라도 대개는 부농들의 경지부터 작업을 하였다. 그리고 실제로는 마을에서 두레작업을 시작하는 논과 끝내는 논이 관습적으로 정해져 있었다.

그런데 두레작업이 가장 많이 이루어진 논김매기의 경우는 손노동에 의해서 이루어지는 것이었고 모내기처럼 작업순서가 큰 문제가 되지 않았다. 따라서 마을 단위로 순서를 정하여 돌아가면서 마을의 전 경지의 작업을 하였다.

두레의 공동노동에 있어서는 역원들의 관리가 무리 없이 잘 이루어 진 것으로 보인다. 두레성원들은 모두 직접 노동에 참여하였을 뿐만 아니라 역원들도 마을을 위해 열심히 일할 수 있는 사람들로 충원되었고, 더욱이 두레 성원들은 농악을 통해 노동과 (공동)오락을 결합시켜 두레를 마을의 공동행사 형식으로 해 나갔기 때문이다. 공동노동을 중요한 계기로 해서 조직된 두레가 공동오락을 중심으로 한 공동행사를 중요시하였던 것이, 점차 공동

56) 姜錠澤, 앞의 글, 531쪽; 引貞植, 앞의 책, 8쪽.

오락 내지는 공동제사 등의 공동행사를 위해서 공동노동을 조직화하는 것으로 변화되기도 하였다.

이상에서와 같이 두레는 생산농민적인 성격을 강하게 띠고 있었으며, 대립적 이해관계를 가진 성원들의 결합체라기 보다는 상호부조적인 성격을 강하게 띠는 조직이었다. 또한 농업경영상의 긴급한 필요에 의해 오랫동안 행해져 왔던 것으로서 마을 성원들에게는 강제적 의무적 성격도 지니고 있었다. 그렇지만 두레가 농촌사회지배구도 전체에서 볼 때에는 봉건지배계급의 지배라는 구도 속에서 마을의 농사일을 집단적으로 해 나감으로써 많은 소유지를 가지고 있던 비노동계급의 자기유지(계급재생산)를 가능하게 하였다고 볼 수 있다.

즉 두레가 지닌 조직 내부의 민주적 성격에도 불구하고 두레의 강제적 공동체적 성격은 두레노동이 지주나 부농에게 유리하게 이루어질 수 있게 하였다. 다시 말해서 두레의 운용은 전체적으로 마을 유지들에 의해 관장될 수밖에 없었으며, 개별적인 경제적 이해관계에 앞서 마을 단위의 이해(지주나 부농의 이해가 최우선되는 이해)가 각 구성원에게 강요되었다. 그런 의미에서 두레는 봉건사회의 틀을 유지해 나가는 특성을 지닌 공동노동제도라고 할 수 있다.

4. 작업내용 및 노동방식

농촌마을에 실재하는 대개의 노동조직은 항상적으로 조직되어 있는 것이 아니라 농번기에 주로 조직되지만, 해마다 일정 시기가 되면 정례적으로 조직되며 성원 또한 큰 변화가 없이 이루어진다. 농촌에서의 일의 성격이 같은 종류의 작업이 계속 반복되기 보다는 다른 종류의 일이 연속적으로 중첩되어 나타나기 때문에 작업의 조직화도 연속적으로 중첩되어 나타난다. 그러면서도 매년 큰 변화가 없었던 것은 재배작목에 큰 변화가 없고 마을 노동력의 이동이 많지 않았기 때문인 것으로 보인다.

두레도 그러한 조직 가운데 하나로서 1년 중에 조직형태가 가시화될 때와 그렇지 않은 때로 나눌 수 있겠다. 즉 두레의 1년은 작업기와 휴식기로 나뉘어졌다.[57] 작업기는 대체로 모내기가 시작되는 6월부터 김매기가 끝나서 호미씻이가 열리는 7월까지의 기간이었다. 이 기간은 농사일이 가장 바쁜 때이며 또한 두레의 실질적인 작업기간이 된다. 휴식기는 호미씻이가 끝난 후부터 다음해 모내기가 시작되기 직전까지의 기간이었다. 두레의 휴식기에도 농번기가 있는데, 이 때의 작업은 벼베기, 옮기기, 탈곡, 조제 등이었다. 그런데 이들 작업은 모내기와 김매기처럼 시기를 놓치면 크게 문제가 되는 그런 작업이 아니었다. 즉 노동력의 조달능력에 따라 작업시기를 어느 정도 조절할 수 있는 작업이었다. 물론 모내기나 김매기보다 노동력수요량도 적었다. 그래서 이들 작업을 두렛일로 하는 경우는 거의 없었고, 가족협업이나 품앗이, 날품노동, 기타 노동력을 동원하여 해 나갔다.

작업기가 시작되면 두레의 성원들은 농청에 모여서 전체 회의를 열어 두레의 역원을 선출하고 두레의 작업활동을 시작하였다. 작업기가 끝나면 두레꾼들은 개별 가족노동으로 돌아가 작업을 하든가, 농한기에는 가마니짜기 등과 같은 부업을 하였다. 그리고 다음해가 되어 모내기철이 다가오면 다시 두레를 짰다.

1) 작업내용(두렛일)

두레가 하는 작업을 "두렛일" 또는 "두레농사"라고 하였다. 두렛

57) 신용하, 앞의 책, 228쪽.

일의 종류는 지방에 따라 다른데, 모내기, 김매기, 수확 등 농번기의 작업이 중심을 이루었으며,[58] 그 가운데에서도 특히 모내기와 논김매기가 중심이 되었다. 전라도, 경상도 지역 등 남부지방에서는 관개, 모내기, 김매기, 수확 작업이 두레로 행해졌으며,[59] 강원도 지역에서는 모내기, 경기도와 충청남도 지역에서는 김매기가 두레를 통해 이루어 졌다.[60] 이처럼 두레작업은 논농사에 집중되어 있었고 밭농사의 김매기에도 일부 행해졌으나 극히 드물었다.

두레가 포괄하는 작업의 범위에 따라 관개작업, 모내기, 김매기, 수확 등을 모두 하는 경우와 이들 작업 중에서 일부의 작업만을 하는 경우로 나눌 수 있겠는데,[61] 노동조직으로서의 두레를 얘기할 때에는 주로 논농사의 작업을 하는 두레를 말하며, 관개작업을 위해 몽리구역 안의 농민들이 결성하는 공동작업조직은 여러 마을을 포괄하기도 하였다.

그런데 저수지, 제언(堤堰), 제방(堤防), 수로, 도로 등 축조수리(관개)를 하는 경우에[62] 노동조직으로서의 두레와 동일한 구성원으로 마을 단위로 하는 경우도 많았기 때문에, 두레라고 하면 일의 종류에 관계없이 마을 사람들이 모여 공동작업을 하는 것 모두를 지칭하기도 하였다. 여기서는 주로 노동조직으로서의 두레에 한정하여 다루고자 한다.

---

58) 統監府 農商工務部 農林課, 『韓國における農業の經營』, 1907, 16쪽.

59) 위의 책, 370쪽; 加藤末郎, 앞의 책, 1904, 168-9쪽.

60) 『韓國土地農産調査報告』, 京畿道, 忠淸道, 江原道 編, 1906, 426쪽.

61) 신용하는 두레가 하는 작업의 종류는 지방에 따라 1) 관개, 모내기, 김매기, 수확 등을 모두 하는 경우, 2) 관개, 모내기, 김매기를 하는 경우, 3) 김매기만 하는 경우로 나누고, 2)의 경우가 가장 널리 보급되어 있었다고 한다. 신용하, 앞의 책, 230-231쪽.

62) 『韓國土地農産調査報告』, 慶尙道, 全羅道 編, 1906, 369쪽.

두레가 작업을 하는 대상은 그 마을의 전체 농지였다. 마을의 전체 농지는 두레로부터 받는 혜택의 성격과 관련하여 1. 마을의 공유지, 2. 과부, 병약자나 사고를 당하여 노동력이 없는 사람의 농지, 3. 일반 농민의 농지, 4. 지주, 부농의 농지 등으로 나누어 볼 수 있다.[63]

토지에 대한 사적소유의 진전에 따라 마을의 공유지는 점차 줄어들어 토지사유권 확립작업의 일환으로서 실시된 토지조사사업 직전에는 약간 남아 있었을 뿐이었는데,[64] 이 마을 공유지는 마을 농민들이 의무적으로 공동경작해야 할 것이었으므로 마을 두레에서는 당연히 공동노동을 수행하였다. 또한 제방이나 저수지, 수로, 도로 등을 축조수리하는 경우에 소속 토지가 보통 마을공유지였다. 마을 공유지나 마을 공동시설물의 건조에 대한 공동노동은 마을 사람 모두에게 필요한 것이었고 그 결과도 마을 전체에 돌아갔다.

과부, 병약자 등 노동력 결핍자의 농지는 두레의 공동노동으로부터 가장 큰 혜택을 받았다. 두레는 과부의 농지에 대에서는 두레꾼을 낼 수 없음에도 불구하고 무상으로 공동노동을 해주었으며, 특히 병자의 농지에 대에서도 무상으로 공동노동을 해주었다.[65] 즉 두레는 마을 안의 불우한 처지에 빠져있는 성원과 노동력 결핍자에 대해서 부조의 성격을 가지고 있었다.

일반 농민의 경작지는 실제 두레에 참가하고 있는 마을농민들

---

63) 신용하, 앞의 글, 231쪽.

64) 『朝鮮總督府月報』, 제3권 제3호, 1913년 3월호, 139쪽. 조사에 따르면 1912년 4월말 현재 공동경작지의 규모는 마을공동수익지 404개소, 농계공동경영지 496개소, 합계 900개소에 1,621.6 정보에 지나지 않았다.

65) 신용하, 앞의 책, 228쪽; 북부 및 북서지방에서는 이렇게 부조적인 성격을 강하게 지니고 있었던 공동작업조직을 "향도(鄕道)", "부근(府近)"이라고 하였다. 鈴木榮太郎, 앞의 책, 1973, 436쪽.

의 개별적인 가족경작지로서, 마을의 전체농지 중에서 가장 큰 부분을 차지하였다.[66] 물론 여기에는 자작지 뿐만 아니라 소작지도 포함되어 있었다. 그런데 일반 농민들 간에도 계층적 차이가 있어서 농지를 좀 더 많이 가지고 있는 농민이 농지가 적은 농민보다 더 많은 혜택을 받는 경향이 있었다. 이 때문에 농지가 많은 농민은 그 초과 혜택을 받는 부분을 일반적으로 향연, 공동식사, 또는 기부금의 형태로 보상하는 것이 관습으로 되어 있었다.[67]

특히 (경영)지주, 부농은 비록 머슴을 두레꾼으로 내보냈다하더라도 경지에 대한 노동비율에 있어서 두레의 공동노동으로 상당한 경제적 혜택을 입는다. 그에 반해 중농이나 빈농은 자기의 경지에 대한 노동 이상으로 일을 하게 된다. 그렇지만 중농과 빈농이 주를 이룬 두레꾼들은 지주와 부농의 일도 마을의 일을 하는 것으로 생각하며, 지주나 부농은 두레꾼들에게 식사나 술을 냄으로써 경지에 대한 노동비율의 차이를 완화하였다.

2) 노동방식

두레의 작업준비가 끝나면 두레꾼들은 두레결성의식이라고 할 수 있는 "호미모둠"[68]을 하고 다음날 시작할 공동작업의 활성화를 위해서 밤에 농악을 열었다. 그 때에는 농청에 모여서 "진서턱"과 두레작업의 시작을 축하하는 간단한 향연을 벌이고 밤이 늦도록 농악을 울리며 농악에 맞추어 춤을 추었다.[69]

---

66) 신용하, 앞의 책, 232쪽.

67) 신용하, 앞의 책, 232쪽; 두레와 관련해서 이루어지는 다양한 의례에서는 두레작업에 머슴을 내보낸 지주나 부농들은 종종 술이나 음식, 또는 현금을 내는 것이 어디에서나 볼 수 있었던 현상이었다. 朝鮮總督府, 『朝鮮の鄕土娛樂』, 조사자료 제47집, 1941을 참조.

68) 호미모둠에 대해서는 뒤에서 설명하겠다.

두레가 성행했던 시기에는 마을 가운데에 두레의 본부로서 농청(農廳), 공청(公廳), 동사(洞社), 공회당이라고 부르는 공동건물이 있었다. 이곳은 두레꾼의 공동집합소였고 회의소였으며, 실내의 공동노동장소였고 공동휴식 장소였다. 이곳은 마을일을 토론하고 의전을 모으는 장소였으며, 두레의 미혼 청년들은 여기에서 취침을 하기도 하였다. 또 농기와 농악기, 공동이용도구도 이곳에 보관하였다.[70)]

두레의 공동작업이 시작되어 작업장으로 일하러 나갈 때에는 대개 농청에 모여 대오를 지어 나갔다. 작업장이 마을에 가까운 경우에는 바로 작업장에 집합하기도 하였다. 어느 경우에나 일하러 나가는 시간은 "해뜨는 시각"이 기준이 되었다. 두레의 공동노동이 있는 날에는 새벽에 농청이나 마을의 작은 수풀공원인 사장, 사정(射亭)에서 농악대가 북이나 농악을 쳐서 집합을 알렸다. 두레꾼들은 이 신호에 따라 농청이나 사장에 집합하여 대오를 지어 작업장으로 행진하였다. 대오의 맨 앞에 수총각이 기수가 되어 농기를 앞세우고 나갔으며, 농기 다음엔 농기를 호위하는 영기(領旗)가 뒤따랐다. 그 뒤에는 농악이 따랐다. 농악은 상쇠의 인도 아래 한 조를 이루어 대오가 작업장에 도착할 때까지 "길군악"이라는 행진주악을 연주하였다. 그 다음에는 두레꾼들이 호미를 들고 일렬종대로 농악에 맞추어 흥을 내면서 행진하였다.[71)]

두레패가 작업장에 도착하면 영좌는 농기와 영기를 논둑에 세워 놓고 작업의 시작을 지시하였다. 두레꾼들은 영좌의 지시에 따라 일제히 작업에 들어갔다. 작업장이 마을에서 가까운 경우에

69) 신용하, 앞의 책, 232-233쪽.

70) 신용하, 앞의 글, 228쪽.

71) 신용하, 앞의 글, 1985, 233쪽; 朝鮮總督府, 『朝鮮の鄕土娛樂』, 1941, 여러 곳.

는 두레의 역원이 미리 작업장에 나가 논둑에 농기를 꽂아 놓고 농악이나 집합날라리를 울리었다. 두레꾼들은 이 농악소리나 집합날나리 소리를 듣고 농기를 목표로 하여 집합해서 영좌의 지시를 기다리다가 그의 통솔 아래 일사불란하게 보조를 맞추어 작업을 시작하였다.72)

두레의 공동노동은 보통 해뜰 무렵에 시작하여 약 1시간 정도 작업을 한 다음에 아침식사를 공동으로 하였다. 다음에는 오전 작업이 시작되어 약 2-3시간 작업을 하면 오전의 새참인 "곁드리"가 나와서 휴식을 취하였다. 곁드리에는 보통 막걸리와 간단한 식사가 나왔다. 다시 작업을 시작하여 정오가 되면 점심식사를 공동으로 하고 휴식을 취하였다. 점심의 공동식사와 공동휴식은 매우 성대하였다. 점심의 공동식사에는 반드시 어육이 붙은 뜨거운 식사와 술이 준비되어서 두레꾼들은 즐거운 식사를 충분히 하였다.73)

점섬식사를 끝내면 반드시 한 차례 농악을 벌였으며 두레꾼들은 농악에 맞추어 춤을 추고 돌면서 풍년가나 농부가, 천하태평악 등을 소리 높이 합창하였다.74) 농악이 한판 끝나면 두레꾼들은 나무그늘 등을 찾아서 1시간 정도 낮잠(午睡)을 잤다. 점심의 공동휴식 후에 피로를 푼 두레꾼들은 오후 작업을 진행하였으며, 곁드리와 저녁의 공동식사, 공동휴식을 가졌다. 두레의 하루의 공

---

72) 신용하, 앞의 책, 233-4쪽; 姜錠澤, 앞의 글, 528쪽.

73) 신용하, 앞의 책, 262쪽; 引貞植, 앞의 책, 13쪽.

74) 김매기나 모내기할 때에 농민들이 박자를 맞춰가며 부르던 이러한 농가(農歌)는 그 곡이 유장하고 비장하였다고 한다. 이러한 농가의 실례가 『京畿道農村社會事情』(京畿道 農會, 京城, 1927, 69-74쪽)에 몇 가지 실려 있다. 농악에 관한 상세한 설명에 대해서는 신용하, 「두레공동체와 농민문화」, 『현대자본주의와 공동체이론』, 한길사, 1987을 참조하라.

동노동은 "해지는 때"를 기준으로 하여 끝났다.[75] 보통 농업 노동시간은 해뜰 때 시작하여 해질 때 마치는 것이 일반적이었으며, 두레도 예외는 아니었다. 물론 새벽부터 시작하는 경우가 흔히 있었으며, 특히 탈곡 시에는 밤늦게까지 작업을 하는 경우가 많았다. 여름 작업(김매기)을 많이 하였던 두레의 하루의 작업시간은 12 내지 13시간이었는데, 그 중에서 실제 노동시간은 7 내지 8시간이었고 나머지 4 내지 5시간이 공동식사, 공동오락, 공동휴식 시간이었다. 보통 하루의 두레노동 중에 4 내지 5회의 휴식을 취하였다. 이처럼 두레는 노동과 농악과 공동식사가 결합된 노동조직이었다.

농가를 부르거나 농악을 연주하는 것은 휴식시간에는 물론 공동노동 중에도 흔히 하였다.[76] 보통 큰 두레에서는 북치는 큰북잡이는 논둑을 따라다니고 꽹과리 치는 쇠잡이 한 사람을 따로 떼어 김매는 일꾼들 뒤에서 농악을 하여, 박자와 흥을 맞추도록 하여 노동을 율동화하고 노동능률을 높이려고 하였다. 또한 두레꾼 중의 일부가 저녁 무렵에는 호미 대신에 악기를 들고 김매는 두레꾼들의 등 뒤에서 활기 넘치고 장쾌한 농악을 연주하여 두레꾼들의 작업을 독려하고 심기일전하게 만들었다.[77]

두레꾼들은 하루의 공동노동이 끝나고 농청으로 돌아올 때에는 아침에 일 하러 나갈 때와 마찬가지로 농기를 앞세우고 농악을 울리면서 돌아왔다. 이처럼 힘든 노동과 즐거운 농악을 결합시키면서 집단적인 작업을 함으로써 작업능률을 올릴 수 있었을 뿐만 아니라, 집단의식도 크게 신장시켰으며 더 나아가 농민문화의 발전에 크게 이바지하였다.[78]

---

75) 신용하, 앞의 책, 236-237쪽.

76) 『韓國土地農産調査報告』, 京畿道, 忠淸道, 江原道 編, 1906, 426쪽.

77) 신용하, 앞의 글, 235쪽.

두렛일은 주로 마을 안의 일로 한정되어 있었지만 두레가 다른 마을에 가서 논매기 작업을 하고 두락당 약간의 보수를 받는 경우도 있었다. 물론 이렇게 받은 보수는 악기의 수리비, 호미씻이 때에 비용으로 사용되었다.[79] 또한 호미모둠이나 호미씻이 때에 마을의 공동우물을 수선하는 등 마을 단위의 다른 일을 하기도 하였다.[80]

두레의 근본적인 특징은 공동노동조직이라는 점이다. 즉 직접 작업에 참여하는 노동력의 결합체이며 그러한 근본 특성에 기초하여 두레꾼은 공동식사와 공동휴식을 취하였다. 농민들은 공동식사가 붙는 작업을 "젖은 차례", 공동식사가 붙지 않는 작업을 "마른 차례"라고 하였는데, 두레는 언제나 젖은 차례로서 공동식사가 중요한 행사의 하나였다. 공동식사는 '한솥밥을 먹는 것'일 뿐만 아니라 두레에 참가한 빈농이나 머슴에게는 성찬을 갖는 기회가 되기도 하였다. 공동식사는 마을의 부인들이 조를 짜거나 농가별로 일정한 순번을 정하여 돌아가면서 준비하였다.[81] 이 때에 두레원 중에서 재산이 있는 사람들에게 의뢰하여 술과 안주를 내도록 하기도 하였다.[82] 보통 두레의 공동식사는 아침, 점심, 저녁과 그 사이에 곁들이 2번으로 하루에 5번 있었다.[83]

나아가 공동휴식은 공동식사와 혼합되어 있었다. 휴식시간을 따로 설정하지 않고 공동식사 시간을 충분히 정하여 동시에 공동휴식을 취하도록 하였다. 농민들은 공동휴식이 붙는 공동식사를 '참'

---

78) 신용하, 「두레공동체와 농민문화」, 앞의 책, 446-449쪽.

79) 朝鮮總督府, 『朝鮮の鄕土娛樂』, 1941, 81쪽, 충남 논산의 사례.

80) 細川治一, 「農社に就て」, 『朝鮮農會報』 5권 3호, 1931, 50쪽.

81) 신용하, 앞의 글, 235쪽; 印貞植, 앞의 책, 11-12쪽; 鈴木榮太郎, 앞의 책, 1973, 123쪽.

82) 김영호, 앞의 글, 89쪽.

83) 신용하, 앞의 글, 236쪽; 『朝鮮の聚落』, 中編, 朝鮮總督府, 1933, 175쪽.

이라고 하였다. 두레에서는 공동휴식도 공동노동과 마찬가지로 규율 있게 하였다. 예를 들면 혼자 작업을 먼저 시작한다든가 빨리 끝낼 수 없었으며 공동식사시간에도 먼저 식사를 끝냈다고 해서 다른 두레꾼이 식사를 하는 동안에는 눕거나 담배를 피울 수 없었다.[84)]

두레의 노동이 마을 안에서 일부의 지주, 부농에게 더 많은 도움을 주는 측면이 있어 빈농들의 불만이 있을 수 있지만, 농민들은 그럼에도 불구하고 일을 '동네일'로서 인식한다. 즉 두레의 작업대상은 '있는 집의 일'이 많지만 두레꾼들에게는 '동네일'로 인식된다. 결국은 그 일거리들이 마을 안에서 해결되어야 하기 때문에 동네일로 인식하고 공동으로 해결한다.[85)]

5. 두레의 의식과 행사

두레가 가지고 있는 특유한 의식과 행사로서 농악이 가장 중요한 것이었으며, 그 외에도 "호미모둠"과 "호미씻이"가 있었다. 농악[86)]에 대해서는 앞에서 언급하였으므로 여기서는 호미모둠과 호미씻이에 대해서만 간단히 설명하고자 한다.

호미모둠은 두레의 공동작업이 시작되기 직전에 두레꾼들이 농청에 모여서 역원을 선출하고 작업준비를 완료한 날 각각 자기의 호미를 한 개씩 농청에 모아두는 의식이었다. 이것은 그 해에 두레가 결성된다는 것을 확인하는 것이고 각 개인으로서는 두레에 참여한다는 확인이었으며, 두레꾼의 단결을 다짐하는 의식이었다.

84) 신용하, 앞의 글, 236쪽; 姜鋌澤, 앞의 글, 533-534쪽.

85) 조경만, 앞의 글, 48-49쪽.

86) 농악에 대해서는 신용하, 앞의 글, 241-251쪽; 신용하, 「두레공동체와 농민문화」, 『현대자본주의와 공동체』, 한길사, 1988을 보라.

두레꾼은 두레의 작업기간에는 작업장에 나갈 때 호미를 농청에서 받아 가지고 일터로 나가고, 하루의 작업을 마치고 돌아 와서는 호미를 다시 농청에 모아 두었다. 이러한 농구공동보관은 두레의 작업기간이 끝나서 호미씻이가 행해질 때까지 계속되었다. 두레꾼들은 호미씻이를 끝낸 후에야 자기의 호미를 자기 집으로 가져갔다.[87]

호미씻이는 김매기 공동작업을 마친 후에[88] 공동작업의 성과를 총결산하고 그것을 스스로 축하하는 축제행사였다.[89] 호미씻이라는 말은 '일을 모두 끝냈으므로 다음 해의 작업을 위해서 호미에 묻은 흙을 씻어 둔다'는 의미였다. 호미씻이는 낟알이, 공굴(公屈), 공회(公會), 백중놀이, 두레놀이, 머슴놀이, 술멕이, 풋굿, 두레먹기, 호미씨새, 호미거리, 호미시침, 꼼비기 등 여러 가지로 불렸으며, 호미씻이하는 것을 '두레먹는다'고도 하였다.[90]

호미씻이는 대체로 음력 7월 15일의 백중(百中)날에 열렸다. 그때까지 김매기의 마지막 벌을 끝내지 못한 경우에는 백중날에 하지 않고 별도의 길일을 택하여 하였다.[91]

호미씻이는 그 마을의 동산이나 마을 옆의 넓은 들, 또는 마을 입구의 경치 좋은 나무 아래에 있는 시원한 장소에서 열리는 것이 보통이었다. 본래 호미씻이는 마을회의, 농악과 놀이, 향연으로 이루어졌다. 호미씻이 때에는 마을회의가 열려 농민들은 여기서 마을의 주요사항을 토론하고 의결한 다음 농악과 놀이로 들어

---

87) 신용하, 앞의 글, 238-239쪽; 鈴木榮太郎, 앞의 책, 1973, 121쪽.

88) 논김매기는 보통 세벌을 맸는데 마지막 김매기를 끝내고 호미씻이를 하는 것을 "만두레"라고 하였다. 송석하, 『한국민속고』, 1960, 31쪽.

89) 신용하, 앞의 글, 239쪽.

90) 신용하, 앞의 책, 239쪽; 鈴木榮太郎, 앞의 책, 1944, 86쪽; 조경만, 앞의 글, 47쪽; 朝鮮總督府, 『朝鮮の鄕土娛樂』, 1941, 172, 256쪽.

91) 신용하, 앞의 글, 239쪽; 朝鮮總督府, 『朝鮮の鄕土娛樂』, 1941, 여러 곳.

갔다.[92)]

호미씻이에서의 농악은 두레의 공동노동과정에서의 본 농악보다 더 확대된 것이었고 두레꾼들 대부분이 농악에 참여하였다. 지방에 따라서는 호미씻이 때에 농악 이외에도 씨름이나 줄다리기 등의 다른 놀이를 곁들이기도 하였다. 호미씻이의 향연은 매우 성대하게 이루어졌으며 소나 돼지를 잡아 일부는 마을 성원의 가족에게 나누어주어 그들의 노동을 위로하고, 두레꾼들과 남자들은 술과 고기로 잔치를 벌였다.[93)] 호미씻이에는 두레꾼들로서 남자들만 참여하였으며 두레꾼의 자녀들도 참여하였다. 양반마을에서는 여자들이 외출도 잘하지 않았고 더욱이 농경에는 종사하지 않았기 때문에 두레꾼의 놀이에 참여하지 않았다.[94)] 단지 음식을 준비하는데 참여하였을 뿐이다.

호미씻이를 할 때에는 각 농가에서 음식을 가지고 오거나 음식 재료를 가지고 와서 모인 장소에서 만들어 먹으며 농악놀이를 하였는데, 놀이 중에 지주나 부농이 술과 음식을 내기도 하였다. 전적으로 지주나 부농이 기부하기도 하였는데, 일반 농민들이 먼저 지주나 부농이 주연을 부탁하여 승낙을 얻으면 하는 경우도 있었다. 그리고 지주나 부농이 이렇게 주연을 베풀 경우에는 지주나 부농의 대청에서 모여 하기도 하였다. 지주나 부농들은 두레꾼의 노고에 대한 보답을 이 기회에 하였으며, 두레꾼들은 함께 모여서 피로를 풀고 풍성한 음식을 먹을 수 있었다. 농사일을 한 뒤의 위로연이면서도 한편으로는 지난 1년간 마을에 이사온 사람이나 결혼식, 장례식 등을 해서 마을 사람들에게 신세를 진 사람들

---

92) 신용하, 앞의 글, 239-240쪽.

93) 신용하, 앞의 글, 240쪽.

94) 신용하, 앞의 글, 240쪽; 鈴木榮太郎, 앞의 책, 1944, 162-3쪽; 朝鮮總督府, 『朝鮮の鄉土娛樂』, 1941, 여러 곳.

이 호미씻이 때에 술과 떡을 내기도 하였다.[95]

호미씻이를 하기 직전에 즉, 김매기의 마지막 벌을 끝냈을 때에 두레꾼은 그 해의 공동노동에서 가장 우수한 두레꾼을 뽑아 그를 "두레장원"이라고 불렀다. 공동작업이 끝나는 날 두레꾼은 두레장원의 머리에 꽃이나 버드나무 잎으로 관을 만들어 씌우고 먹물로 얼굴을 단장하여 목면으로 치장한 황소의 등에 태우고, 농악에 맞추어 노래를 부르면서 농청으로 돌아와서 두레장원의 집과 마을을 한 바퀴 돌았다. 두레장원에는 대체로 일 잘하는 큰 머슴이 뽑히게 마련이었는데, 이 때에는 그 머슴을 고용한 지주나 부농이 장원례(壯元禮), 또는 등풍연(燈風宴)이라고 하는 주연을 의무적으로 베풀지 않으면 안 되었다.[96] 물론 이러한 의식이 얼마나 널리 행해졌는지는 의문이다. 호미씻이는 두레가 행해진 곳이면 어디에서나 행해진 것으로 보이는데, 장원례는 대개 두레꾼을 사서 일을 한 지주나 부농가에서 행하였다.[97] 그러나 마을에 지주가 거주하지 않거나 두레장원에 일반 농민이 선정되면 마을의 부농이나 성원들이 서로 돌아가면서 장원례를 베풀었다.[98]

두레의 공동작업은 관개, 모내기, 김매기, 수확 등 여러 가지에 걸쳐 행해졌지만, 호미모둠과 호미씻이는 대개 그러한 작업 가운데에서도 두레일로 가장 많이 하였던 김매기를 전후로 해서 이루어졌다. 그러나 지방에 따라서는 다른 작업이 끝난 후에도 이와

---

95) 朝鮮總督府, 『朝鮮の鄕土娛樂』, 1941, 16, 20, 30, 183, 256쪽.

96) 신용하, 앞의 글, 237쪽.

97) 鈴木榮太郎, 앞의 책, 1973, 317-325쪽. 지주나 부농이 두레꾼을 사서 일을 하게 하는 것을 모둠차례라고 하였으며, 두레꾼은 지주나 부농가의 농작업을 해주고 그 대가로 보수를 받았다. 이러한 것은 일제시기에 들어 나타나게 된 것이 아닌가한다.

98) 신용하, 앞의 글, 238쪽, 주56).

유사한 행사가 이루어졌다. 경상남도 울산 지방에서는 모내기와 초벌 김매기가 끝난 직후에 하루 공휴일을 정하여 주연을 베풀었는데 이를 "날알이" 또는 "세수연(洗手宴)"이라고 했다.[99] 전라남도 보성지방과 나주지방에서는 모내기가 끝난 후에 "써레씨침"이라는 작은 주연이 열렸다고 한다.[100]

6. 두레의 분배체계

두레는 마을 단위의 강제적이고 의무적인 공동노동조직으로서 마을의 일을 함께 한다는 공동체적 강제를 참여자들이 받아들였다. 따라서 노동에 대한 대가를 정확하게 계산하여 분배하지 않았고, 다만 일을 끝낸 후에 베풀어지는 위로연으로 마감하였다.

작업에 참여하는 두레꾼들 사이에는 물론 계산을 하지 않았다. 두레작업을 통해서 경제적으로 가장 큰 이익을 얻는 것은 절대적으로 부농이나 지주들이었는데, 이들은 머슴을 내보내서 두레에 참여케 하여 많은 경지에 대한 작업을 할 수 있었다. 그러한 두레작업에 대한 대가로 지주나 부농은 대개 두레작업 중에 술과 음식을 내며, 호미씻이 때에 비용을 기부하기도 하였으며, 또한 머슴에 대한 위로로서 머슴의 날을 정해 잔치를 벌이기도 하였다.[101]

두레작업에 대한 대가는 이처럼 정확하게 계산하여 받지 않았으며 마을일을 공동으로 하고 마을 사람들이 하루를 즐기는 것으

---

99) 신용하, 앞의 글, 239쪽; 姜錠澤, 앞의 글, 531쪽.

100) 신용하, 앞의 글, 239쪽; 鈴木榮太郎, 「湖南農村調査野葬髮書」, 앞의 책, 1973, 320쪽; 전남 나주군 노안면 장동리 내동마을에 대한 조사(1989년 10월).

101) 신용하, 「두레공동체와 농민문화」, 490-491쪽.

로 하였다. 그러나 현실적으로 두레를 통해 일을 하는 사람과 두레를 통해 이익을 보는 사람이 나뉘어지고 있었다. 지주나 부농은 공동체적 작업조직으로서 두레를 이용하여 개별적으로 감당하기 어려운 농작업을 적기에 해낼 수 있었다. 중농층이나 빈농층도 자신의 경지에 대한 작업을 하지만 공동노동을 통해서 지주나 부농의 작업을 해주는 셈이 된다. 공동체적 강제에 의해 무상으로 노동을 제공하는 성격을 강하게 지녔던 이러한 두레는, 마을 내 계급분화의 진전과 화폐경제의 확산에 따라 노동에 대한 정확한 계산을 하는 방향으로 바뀌어 갔다. 일제시기에 나타나는 두레는 이미 이러한 성격을 띠고 있었다.

호미씻이가 끝나면 두레의 유사가 한 해의 회계를 맡았다. 과부와 병약자의 경우는 두레작업에 대한 부담을 지우지 않았지만, 대체로 두락당 노임을 정해서 경작주로부터 받아냈으며, 노임수입은 공동노동이 끝났을 때 정산하였다. 유사는 지주와 부농에게서 경지면적에 비례하여 일정한 대가를 받아 내고, 두레꾼 1인당 평균 작업면적을 산출하여 두레꾼 상호간에도 자기가 투입한 노동력의 작업면적보다 많은 경지면적을 가진 두레꾼에게서는 초과면적에 비례하여 일정한 대가를 받아내었다.[102)]

경지면적에 따른 차이를 공평하게 하는 방식으로 특이한 분배방식을 취한 경우도 있었다. 수원군에서는 식사는 두레꾼 중에서 작업대상지가 많은 농가가 돌아가면서 준비하고, 작업이 끝난 뒤에 두레꾼의 작업면적 중에서 최소면적을 기준으로 하여 그 이상의 면적을 가진 사람은 단위면적당 일정 금액을 두레에 내고 그 총액에서 작업중의 식사비로서 1인당 일정 금액을 제하였다. 이렇게 하고 남은 금액을 공동으로 분배하였는데 이것을 "두렁넘이"

102) 신용하, 앞의 글, 259쪽.

라고 하였다.[103] 또한 두레는 두레꾼의 작업을 끝내고 두레꾼이 아닌 사람의 일을 해 주거나 다른 마을에 가서 공동작업을 하여 노임을 받기도 하였으며, 이렇게 얻은 수입은 분배하거나 공동비용으로 마련해 두었다.

점차 두레성원의 임금분배가 우선시되는 경향이 있었고[104] 또 이처럼 두레가 청부노임 획득을 위해 작업하는 성격이 강화되어 갔음에도 불구하고, 두레수입의 분배에 있어 공동성이 사라지지는 않았다.

즉 두레의 수입 가운데 일부를 두레꾼 사이에 분배하지 않고 두레의 공동비용을 충당하는데 사용하였다. 두레의 수입으로는 먼저 호미씻이의 비용을 지불하였으며, 나머지는 농악기의 구입이나 수선 등 두레의 공동경비에 충당하기도 하였다. 그리고 두레의 수입에 잔고가 있는 경우에는 마을의 동계나 호포계에 넣어 마을의 공동비용에 사용토록 하였다.[105]

7. 두레의 변모

이상에서 제시한 것은 일제시기에 행해진 두레에 관한 자료를 기초로 두레의 모형[106]을 그려보려고 한 것이다. 그러나 모든 사물과 사회현상이 그러하듯이 두레의 고정된 모형이란 분석을 위해서 구성될 뿐이다. 일제하의 두레 또한 현실의 변화과정에 따라 급속히 변해가고 있었다.

---

103) 金榮浩, 앞의 글, 89쪽.

104) 신용하, 앞의 글, 260쪽.

105) 張基昌, 앞의 글, 144쪽; 猪谷善一, 『朝鮮經濟史』, 1928, 36쪽.

106) 이러한 모형이 바로 신용하의 앞의 글에서 '두레공동체'라는 개념 하에 전형적으로 제시되었다.

두레는 중남부 지방에서는 보편적인 노동조직이었다. 조선말기에는 중남부지방의 거의 모든 마을에서 두레가 행해졌으며 그와 함께 농악도 행해졌다.

일제시기에 농촌사회 안에 화폐경제가 더욱 확산되고 자본주의의 물결이 밀려오면서 두레는 현저한 변화를 겪게 되었다. 일제말기의 관찰보고에 따르면 조선 말기까지 크게 성행했던 두레가 점차 소멸되어 이미 존속하지 않는 마을들이 많이 생기고 있었다고 한다.[107)]

두레의 변화과정에 가장 크게 영향을 미친 것은 무엇보다도 토지조사사업 과정을 통해서 본원적 축적이 이루어지고 그 이후에 농민층의 분화가 가속화된 것이라고 할 수 있겠다.

일제시대의 두레의 변모에 대해서 연구자들은 대체로 이러한 입장을 견지하고 있다. 강정택은 촌락 안의 계층분화가 두레의 상호부조적 성격의 약화 및 두레의 소멸에 직접적인 영향을 미쳤음을 지적하고 있으며,[108)] 인정식은 촌락공유지의 사유화와 임노동의 발생에서 두레소멸의 원인을 찾고 있고,[109)] 김택규는 공동체적 유제와 화폐경제적 농업노동과의 절충적 타협에서 두레의 변이가 있어 왔다고 하면서, 그 변이의 원인을 주로 토지소유규모의 불평등성과 임노동의 발생에서 찾고 있다.[110)] 한상복은 촌락의 공동체의식이 약화되고 이해타산적 의식이 지배함에 따라 두레가 변질되었음을 지적하고 있다.[111)] 조경만은 한 마을에 대한

---

107) 姜鋌澤, 앞의 글, 543-545쪽; 鈴木榮太郎, 앞의 책, 1944, 63-64쪽.

108) 姜鋌澤, 앞의 글, 541-543쪽. 姜鋌澤은 마을 사람 모두가 참여하는 동두레와 일부만이 참여하는 두레로 나누어 분석하면서 이 이외에도 여러 가지 원인을 들고 있는데, 신용하가 제시한 원인들과 대체로 같다.

109) 印貞植, 『朝鮮農村再編成の硏究』, 人文社, 1943, 175-178쪽.

110) 김택규, 『씨족부락의 구조연구』, 일조각, 1979, 726쪽 이후.

111) 한상복, 「한국인의 공동체의식에 관한 연구」, 『한국의 사회와 문화』,

사례조사(추적조사)를 통하여 1940년대에 나타난 두레의 모습을 재구성하면서, 경지규모의 불균등성과 임노동층의 존재가 두레를 축소시키는 경향이었음을 지적하고, 두레노동의 분배에 있어서 정확성을 기하면서도 공동으로 소비하려는 경향이 잔존하고 있음을 밝히고 있다.[112)]

즉 일제시기에 많은 두레가 쇠퇴하고 사라져가게 된 원인을 여러 가지로 들 수 있겠는데, 신용하는 이러한 원인들을 아홉 가지로 나누어 제시하였다.[113)] 전반적으로 자본주의화와 식민지정책에 의한 두레의 해체를 지적하고 있다.

점차 사라져 가는 과정[114)] 속에서 일제시기에 존속하던 두레는 두레 구성원 및 규모, 공동체적 성격, 두레역원의 선출, 노동방식, 분배체계 등에서 변화를 겪게 되었다.[115)]

먼저 전형적인 두레는 마을 단위로 각 농가에서 성인남자 1명씩이 나와서 구성하였으나 점차 마을 농가 가운데 일부만이 참여

정신문화연구원, 1983, 141-181쪽.

112) 조경만, 앞의 글, 85-87쪽.

113) 첫째, 화폐경제가 농촌에 가일층 침투하고 지배하게 됨에 따라 개인적인 이익계산의 추구가 일반화하고 철저하게 된 점. 둘째, 일제의 토지조사사업에 의한 마을공유지의 소멸. 셋째, 일제의 식민지정책에 의한 마을 자치성의 소멸. 넷째, 농업임노동자층의 등장. 다섯째, 농업노동에의 여성노동력의 진출. 여섯째, 자작농층의 몰락. 일곱째, 식민지 정책에 있어 농민들의 막걸리제조 금지와 농악에 대한 적대행위. 여덟째, 식민지 정책에 의한 기형적인 농업경영의 다각화와 겸업의 증가, 그리고 제초기의 보급. 아홉째, 일제의 두레에 대한 탄압과 공동작업반에 의한 대체.

114) 수원군에서는 1920년경 321개이던 두레가 1929년에는 241개로 약 1/3이 감소하였다. 金榮浩, 앞의 글, 90쪽.

115) 신용하는 일체시기에 변질된 두레유형에 있어서 변질된 내용으로 1) 공동체적 성격의 퇴색, 2) 임금계산의 지배, 3) 청부임금노동제도로의 변화 등이 특징적인 것이었다고 한다.

하는 두레가 증가하였다. 물론 마을 성원 모두가 참여하는 두레가 존속하였으나 마을내 계층분화에 따라 부농은 날품(일고)노동력 및 머슴노동력을 고용하여 노동력부족을 해결해 나갔으며, 빈농이나 농업노동자 또한 고용노동에 종사하고 임금의 분배가 정확하지 않은 두레에의 참여를 꺼리게 되었다. 그러면서 노동력이 있고 경지가 어느 정도 되는 농가들끼리 두레를 조직하는 경우가 발생하였다. 즉 두레에의 가입이나 두레성원에 대한 공동체적 구속력이 현저히 약화되어 성원들의 임의성이 지배하게 되면서 두레규모가 작아지게 되었다.[116] 마을 안에 농악을 동반한 두레가 있고 그와 더불어 품앗이반과 같은 정도의 소규모 두레가 여러 개 만들어지는 식으로 변해 가기도 하였다.[117] 일제 말기에 두레가 변모하면서 마을 안에 청장년을 중심으로 (대)두레가 조직되고 그와 함께 노인층이나 미성년자들을 중심으로 (소)두레가 조직되기도 하였다.[118] 이렇게 마을 안에서도 두레가 분화되면서 전형적인 두레가 해체되는 모습을 보였다.

이처럼 두레의 규모가 작아지는 것은 공동체적 유제가 약화되었다는 것을 의미하며, 이는 또한 공동체적 규제를 통한 노동방식으로서의 두레가 지닌 특성이 약화되는 것을 의미하기도 하였다. 즉 과부나 병약자와 같이 노동력이 없는 농가의 토지에 대한 무상의 공동노동은 일정한 보수를 받아 내는 것으로 변화하였다. 물론 이 때의 보수는 임금보다는 훨씬 저렴한 것이었지만 조선

---

116) 수원군에서는 1920년경에 평균 18명 규모이던 두레가 1929년에는 평균 16명으로 줄어들었다. 金榮浩, 앞의 글, 90쪽.

117) 앞에서 든 사례에서도 나타나고 있으며, 강원도 춘성군 신동면 증리 한들마을의 경우에도 1930년대에는 이처럼 두레가 조직되었다. 농악을 동반한 두레를 "농악"이라고 하였고, 그렇지 않은 소규모 두레를 "드레"라고 하였다.

118) 鈴木榮太郎, 『朝鮮農村社會踏査記』, 東京, 1943, 86쪽.

말기의 무상의 공동 부조에 비하면 질적으로 변화한 것이었다.[119)]

나아가 여성노동력의 농업노동 참여가 늘어나면서 일제 중후반기에 들어서는 일부 지역에서 모내기의 두레에 여성들이 참여하기도 하였다.[120)]

두레조직의 측면에서는 두레의 대표 등 역원이 주로 두레꾼들에 의해서 선출되든가 두레꾼의 신망을 얻는 사람들이었고 관으로부터의 간섭을 거의 받지 않았음에 비해서, 일제시기에 들어서 특히 후반에 가면 구장(동장)이나 식산계, 부락연맹의 이사장 등이 두레를 총지휘하였다. 이렇게 행정조직이 그대로 두레조직을 지배해 나갔으며, 이들 말단기구의 장들은 일정한 비용을 받기까지 하였다.[121)] 물론 이러한 변화는 일제의 강압정책에 의한 것이었으며, 나아가 일제말기에 전시노동력 동원으로 농촌노동력이 부족해지면서 두레는 일부 공동작업반으로 강제 재편된다.

지주나 부농의 많은 경지에 대해서 마을의 노동력이 동원되어 작업을 해 주고 하루 정도의 여흥을 즐기는 것으로 끝맺는 방식은 점차 사라지고, 노동에 대한 대가를 받아내는 경향이 강해져 이들로부터 작업량에 다른 임금을 받아냈다. 즉 점차 임금의 계산이 철저하게 이루어지게 되었으며, 이것은 두레꾼 자신의 토지에 대해서도 정확하게 적용되었다.

마을 각호의 경작면적과 총경작면적을 산출하고 두레의 노동력을 산정하여 소요노동일수를 계산해 낸 다음, 경작면적 두락당 작업비와 두레꾼 1인당 임금을 계산하여 결정하였다. 두레꾼 상호간에도 자기의 경작지면적이 자신이 두레에서 한 노동량에 해당하는 경작면적을 넘을 때에는 정확히 그 차액의 작업비를 계산

---

119) 신용하, 앞의 글, 259쪽.

120) 鈴木榮太郎, 『朝鮮農村社會の研究』, 1973, 319쪽.

121) 鈴木榮太郎, 『朝鮮農村社會踏査記』, 1944, 120, 162쪽.

하여 두레에 지불하여야 하였다. 반대로 자신이 제공한 노동량이 자신의 경작면적을 넘었을 경우에는, 넘은 노동량에 해당하는 임금을 두레로부터 받았다. 그러므로 두레에 2명 또는 3명의 두레꾼을 낸 농민가족이 경작면적이 적은 경우에는 그 차액을 계산하여 두레로부터 임금을 받았다.[122] 따라서 한 농가에서 한 사람씩이 아니라 임금획득을 위해서 2-3명이 참여하기도 하였다. 지주와 부농은 두락당 일정의 작업비를 경작면적에 따라 두레에 지불하여야 했다.

이처럼 임금계산이 철저해지면서 농업노동자나 빈농들은 농업임금 획득을 목적으로 두레에 참가하였다. 그리하여 두레에 참여하여 농업임금을 획득함으로써 생활을 해 나가는 빈농들이 많은 마을에서는 두레일로 마을 재산을 마련하는 것이 어려웠으며, 두레일로 마을재산을 마련하는 것은 빈농이나 농업노동자가 많지 않은 마을에서나 가능하였다. 두레는 직접 고용-피고용 관계를 만들어 내지 않고 마을 사람들을 대등한 지위로 인정하는 위에서도 임금노동제를 그 안에 포함하고 있는 조직이었다. 이러한 성격이 강화되면서도 두레작업 자체가 공동으로 이루어졌고 두레의 분배가 개별적으로 이루어지지 않는 특성이 남아 있어서, 빈농, 농업노동자는 두레노동을 독특한 방식으로 지주나 부농들에게 팔고 그 임금을 받았다.

강원도의 준산간에 해당하는 한 마을[123]에서는 이와 같이 농업노동자나 빈농이 두레에 참여하는 방식이 많이 행해졌다. 즉 20명이 두레를 짜서 두레일을 하는데 자기 경작지가 없는 농업노동

---

122) 신용하, 앞의 글, 259쪽; 鈴木榮太郎, 앞의 책, 1944, 252쪽; 鈴木榮太郎, 앞의 책, 1973, 64쪽.

123) 강원도 춘성군 신동면 증리 한들마을의 사례, 1989년 8월 임상원 씨와의 면접.

자나 빈농은 작업순번을 정하지 않고 두레에 참여하여 작업한다. 그는 다른 두레꾼들의 작업을 돌아가면서 하다가 중간에 일이 없는 날이나 미리 정한 두레일을 마친 후에, 자신의 두레노동을 부농에게 판매한다. 즉 20명 두레꾼이 모두 가서 부농의 일을 해주며, 두레노동을 판 사람은 부농으로부터 임금을 받는데, 자신이 이미 20일간 두레일에 참여하였기 때문에 총임금을 혼자 갖는다.

이처럼 두레에 있어서 임금계산이 철저해지고 동시에 농업노동자나 빈농이 참여하면서는 두레 가운데는 노동청부단체의 성격을 띠는 것이 나타나게 되었다.

두레와 유사한 형태를 취하지만 청부단체의 성격을 띠어가는 것으로서 '모둠차례'라는 것이 행해지기도 하였다. 모둠차례는 두레성원인 마을사람들이 총출동하여 마을 안에 있는 부농의 경지에 작업을 하고 그에 대한 임금을 받는 것이었다. 이것은 주로 모내기에서 이루어졌으며, 작업주가 먼저 작업을 의뢰하였고, 작업의 지휘도 작업주가 하였다. 또한 이 때에 앞에서 언급한 장원례와 같은 의식을 치르기도 하였다.[124] 이 경우에 대개는 그 임금을 개별적으로 사용하기 보다는 마을의 공동비용으로 사용하였다.

두레가 변화하면서 두레의 수입을 모두 두레의 공동비용으로 사용하는 경우는 드물어지고, 두레꾼에게 임금으로 분배하는 비율이 높아졌다. 두레의 수입을 먼저 임금으로서 두레꾼에게 정확히 계산하여 분배하고 남은 것을 호미씻이 및 농악의 비용에 충당하기도 하였다.[125] 분배의 과정에서 노동의 보수에 대한 정확한 계산을 하면서도 두레노동의 성과는 공동으로 소비되어야 한다는 원칙이 그래도 어느 정도 지켜졌지만 부수적인 것으로 되었다.

---

124) 신용하, 앞의 글, 261쪽; 鈴木榮太郎, 앞의 책, 1944, 318쪽.

125) 신용하, 앞의 글, 260쪽.

지주나 부농들은 자기의 경작지의 모내기나 김매기 작업을 두락당 임금을 정하여 두레에게 도급을 주기도 하였고, 그에 따라 두레는 청부노동단체의 성격을 띠어 가기도 하였다. 두레가 이렇게 변화한다는 것은 이미 임노동자층 내지는 임노동에 종사하는 빈농층이 형성되었다는 것을 말해 준다. 두레에 도급을 줄 때에는 두레의 식사는 경작주가 부담하였다. 이와 같은 청부단체의 성격을 띤 두레의 공동노동은 노동능률이 개별노동의 합계보다 높았고,[126] 경작주는 또한 일반 두레꾼들을 활용하여 고용노동을 사용하는 것보다도 저렴하게 일을 마칠 수 있었다.[127]

더욱이 두레의 공동노동에 의존하는 경우 작업이 약간 소홀해지는 경향이 있었으나, 이 결함은 두레의 공동노동에 의해 작업시간이 훨씬 단축되어 적기를 놓치지 않는 장점으로 충분히 상쇄되고도 남았다.[128]

이처럼 두레는 농민층의 분화에 따라서 그 모습이 바뀌었으며, 두레의 규모가 작아지거나 청부노동단체의 성격을 띠어 가기도 하였다. 그러면서 전형적인 두레는 점차 해체되어 변화된 형태로 나타났으며 나아가 두레에서 새로운 형태의 노동조직이 형성되었다.[129] 농민층의 분화가 급속해져 빈농 및 농업노동자층이 광범하게 형성되었고, 이들은 겨울철(특히 명절이나 절량기)의 생계를 위해서 미리 임금을 받고 단체를 이루어 작업을 하는 고지를 만들어 갔다.

두레가 곧바로 고지로 변형된 것은 아니지만 농민층분화의 격화 속에서 두레의 형태는 점차 고지와 같은 노동력판매제도로 변

---

126) 豊田重一, 앞의 글, 138쪽.
127) 신용하, 앞의 글, 260쪽.
128) 豊田重一, 앞의 글, 139쪽.
129) 신용하, 앞의 글, 262쪽.

화될 가능성을 가지고 있었다. 마을 농민이 모두 참여하였던 두레의 해체와 더불어 품앗이와 고용노동의 사용이 늘어갔으며, 고용노동의 한 형태로서 고지도 활성화되었다.

8. 8 · 15 이후 두레의 소멸

일제 시기를 거치면서 가속화된 자본주의화에 따라 농촌계급분화가 확대되고 자본주의적 타산성이 증대하면서 두레는 급속히 변하거나 사라지고 있었다. 특히 일제 말기의 전시경제 체제하에서 많은 노동력을 전쟁과 강제노역에 끌어냄으로써 부족해진 농촌노동력을 조정하기 위하여 일제권력에 의해 강제로 공동작업반이 구성되면서 두레는 급속히 해체되었다.

그럼에도 불구하고 8 · 15 이후에 일부 지역에서는 두레가 행해지고 있었다. 특히 두레와 결합되어 있던 농악은 두레에 의한 공동노동이 사라진 이후에도 남아있는 경우가 많았으며, 그래서 농민들도 두레를 공동노동조직이라기 보다는 농악으로 인식하기도 하였다.[130)]

대개 8 · 15 전후까지도 두레가 행해졌으나 그 이후 사라졌다고 하는 보고가 많으며 일제말기 이후부터 사라졌다고 하는 보고도 적지 않다. 그런데 사실상 이미 일제시기의 두레가 마을 전체를 단위로 하는 전형적인 두레보다는 좀 더 작아지고 노동의 과부족에 대한 보상을 정확하게 하는 형태를 띠어 가고 있었다. 또 이미 작업은 하지 않고 농악만을 하는 마을도 늘어갔다.

---

130) 『한국민속종합보고서』, 각도편을 살펴보면 농민들은 두레하면 농악을 떠올리고 공동작업을 하는 것인지는 잘 모르고 있는 경우가 많았다. 이는 두레와 결합되어 있던 농악이 나중에 따로 떨어져 나와 지속되었기 때문으로 보인다.

두레는 마을 각 농가마다 장정 한 명씩 나와서 결성하는 것이었으며, 8·15 이후에도 마을 단위로 이루어지는 경우에는 그렇게 하였다. 그러나 전반적으로 두레성원의 숫자가 줄어들었는데, 특히 마을 단위의 강제적이고 의무적인 성격이 약화되면서 소수의 인원으로 구성되는 경향이 있었다.

농업기계화가 본격적으로 진행되지 않고 제초제가 들어오기 전인 1970년대 초반까지는 그래도 마을 단위로 두레가 이루어지는 곳이 있었다.[131] 물론 이러한 것조차 아주 드물었던 것으로 보인다.

마을단위로 이루어지지 않고 가입에 임의성이 커지면서 두레의 규모는 작아졌다. 마을의 전 성원이 만드는 두레는 70-80명으로 구성되는 것도 있었으나, 8·15 이후에 나타나는 두레는 10-20명 정도의 규모가 일반적이다. 물론 일제 때부터도 마을 전 성원이 참여하는 두레를 동두레라고 하여, 전성원이 참여하지 않고 임의성이 있는 두레와 구분하기도 하였다.[132] 8·15 이후에는 이러한 동두레는 거의 사라지고 소수의 농가가 임의적으로 결합하는 두레가 부분적으로 남아 있었다.

두레의 규모는 마을의 크기에 따라 다르지만 작업의 종류에 따라서도 달라졌다. 그러한 과정에서 대두레와 소두레라는 구분도 생겼으며,[133] 대두레는 각자의 경지규모에 크게 구애받지 않고 마을사람 거의 모두가 참여하며 농업노동자도 참여하여 일정한 임금을 획득하는 형태였으며 동두레라고 할 수 있는 것이었다. 대두레는 주로 많은 노동력이 짧은 기간동안 집중적으로 필요한

131) 이정덕, 「수도작 기술변화에 따른 농업노동의 변화」, 1984, 서울대 인류학과 석사논문, 전북 완주군 구이면 평촌리 원평촌의 사례.

132) 姜鋌澤, 「朝鮮における共同勞動の組織とその史的變遷」, 『農業經濟研究』, 17-4, 1941.

133) 『한국민속종합보고서』, 제8책, 강원 편, 1977, 279-282쪽, 1975년 조사.

모내기나 논김매기 때에 조직되었으며, 밭농사에 있어서는 보통 소두레가 결성되었다.

물론 논농사에 있어서 두레의 소규모화도 일반적인 현상이었으며 특히 경제적 지위와 경지규모가 비슷한 소수의 농가가 두레를 결성하는 경향이 증가하였다. 그러한 두레는 사실상 품앗이반에 근접하는 것이었으며, 이러한 두레가 결성되면서는 한 마을에 몇 개의 두레가 조직되기도 하였다.[134)]

두레가입에 임의성이 커지고 마을 안에 두레의 수가 증가하면서 서로 경지면적이 비슷하든가 농지가 가까이 있는 사람들, 또는 계원들이 두레구성원이 되는 등 조직구성원리가 훨씬 다양해졌다. 이처럼 8·15 이후에는 두레라는 이름을 가지지만 마을단위로 구성된 전형적인 두레라기 보다는 소규모로 구성되어 조직화된 품앗이나 공동작업반에 가까운 것이었다.

두레의 조직에 있어서도 두레의 소규모화와 함께 조직체계의 단순화 현상이 나타났다. 두레의 전형적인 조직체계로서는 대표자인 영좌(좌상, 행수, 영수), 대표보좌역인 공원, 작업진행자인 수총각(총각대방), 작업진행자의 보조자인 조사총각, 회계와 서기를 맡은 유사, 가축방목을 감시하는 방목감 등이 있었다. 물론 일제시기에도 이미 이러한 조직체계는 단순화되고 있었는데, 8·15 이후에는 한 두 사람이 거의 모든 일을 맡아하는 방식으로 바뀌었다. 이렇게 조직이 단순화되는 현상은 여러 지역에서 확인되고 있으며, 품앗이반이나 공동작업반 등의 조직과 비슷해지고 있었다. 물론 단순화되면서도 일정한 업무분담체계가 형성되기도 하였지

134) 충남의 한 마을에서는 1970년대 초반에 마을 내에 3-4개의 두레가 결성되어 활동하였고, 평균 두레원수는 약12명 정도였으며 가입은 자유로웠다. 『한국민속종합보고서』, 제6책, 충남 편, 1977, 350-351쪽; 1973년 조사, 서천군 한산면 원산리의 사례.

만,[135] 실제로는 한 두 사람이 두레의 거의 모든 일을 담당하는 경향이 있었다.[136]

그리고 두레의 작업내용도 바뀌고 작업방식도 바뀌었다. 모내기, 김매기, 벼베기 등 여러 가지 작업에서 두루 결성되던 두레가 아주 바쁜 김매기에서만 결성되는 것이 일반화되었으며 (이것은 일제시기에도 상당정도 그러하였다), 논김매기에 있어서도 애벌김매기에만 조직되기도 하였다. 또한 농사일에서는 두레 작업이 거의 사

135) 예를 들어 충남 서산읍 덕지천리에서는 대표자로 영좌를 두고 그 밑에 공원이 있었고, 공원은 논공원과 밭공원으로 나누어 업무분담을 하였다. 이처럼 두레조직원도 대표자나 유사(총무)가 있고 그 밑에는 작업을 중심으로 나뉘어진 조직원만이 있는 경우도 있었다. 이러한 단순화된 조직체계는 이후의 공동작업반의 조직체계와 가깝다. 경희대 민속문화연구소, 『서산민속지, 상』, 1988, 1986-1987년 조사.

136) 경기도 시흥군의 한 마을에도 1960년대 중반까지 두레가 행해졌는데, 두레의 우두머리로서 두레원을 지휘 감독하는 영좌, 부영좌, 그리고 두레원 가운데 나이가 가장 어린 사람으로 술심부름이나 기타 시중을 드는 하조사 등의 조직원이 있었다. 영좌가 실제 작업과정까지 총괄하고 있으며 두레원은 많게는 20-25명부터 적게는 10여명으로 구성되기도 하였다. 『한국민속종합보고서』, 제9책, 경기 편, 1978, 162-163쪽, 1977년 조사, 시흥군 소래면 포1리의 사례.

경북 선산군의 한 마을에서도 모내기 시기에 이렇게 변형된 두레가 나타나고 있었다. 모낼 시기가 되면 마을 어른들이 모여 마을 전체의 모내기를 총지휘할 청년 한 사람을 선정하여 '모래장'을 삼는다. 모래장은 적당한 시기에 동회를 소집하여 각 농가가 바라는 모내기날짜, 면적, 모내기에 동원될 식구 등을 면밀히 보고 받고 이를 기록한 다음, 이것을 잘 조절하여 전체 작업량과 작업진행표를 작성하여 일을 시작한다. 모래장은 매일 아침 동원된 인원을 점검하여 몇 명은 누구의 논, 몇 명은 누구의 논 등으로 인원과 일의 양을 조절하여 배정하며, 일이 끝나면 모래장은 각 집에서 동원된 인원과 작업량을 계산하여 삯을 주고받는다. 이처럼 두레의 전체 일을 거의 다 모래장 혼자서 처리하였다. 『한국민속종합보고서』, 제4책, 경북 편, 1974, 46쪽, 1971년 조사, 성산군 월항면 안포동의 사례.

라지고 마을 단위로 도로보수 및 제방축조 등을 할 때만 두레작업이 이루어지기도 하였다. 1960년대까지만 해도 두레가 가장 많이 하던 작업은 논김매기였는데, 1970년대 초반 제초제가 등장하면서 논김매기 작업은 완전히 사라지게 되었다. 따라서 논김매기를 위해 결성되던 두레는 급속히 해체되었다.[137)]

두레의 작업은 소규모로 이루어져 공동작업을 하는 것이 일반적이었다. 그래서 품앗이가 조직화된 경우에는 두레와 큰 차이가 없었으나, 다만 두레는 마을 단위의 공적인 성격이 강하고 농악이 동반되었다. 8·15 이후에는 두레작업에 있어서도 농악을 하지 않는 경우가 많이 나타나고 있으며, 점차 농악은 따로 이루어지며 또 두레라고 할 때에도 농악만을 일컫는 경우가 많았다. 그리고 마을 단위에서 두레작업이 있어도 일부 농가는 개별적으로 작업을 하거나 품앗이를 하기도 하였다. 즉 두레가 조직될 때에는 두레작업으로 마을의 모든 일을 하던 방식에서, 점차 두레작업과 동시에 품앗이와 같은 다른 방식을 통해 마을의 일이 해결되게 되었다. 두레 작업으로 논김매기를 하는 농가가 있는가하면 고용노동과 품앗이를 통해 노동력을 조달하여 작업하는 농가가 늘어갔다. 이러한 경향은 일제시기에도 나타나고 있었지만, 8·15 이후에는 더욱 두드러졌으며 두레에 의한 작업은 부수적인 것으로 되거나 사라졌다.

이처럼 두레는 마을의 작업량 가운데 일부분만을 하게 되었고 농사일 이외의 작업만을 하는 경향도 나타났다. 농사일 이외의 공동작업을 마을단위로 하는 것은 보통 두레라고 하지 않고 "부역"이나 "울력"이라고 하였다. 마을 단위로 농업노동을 공동으로 하는 경우는 줄어들고 수리관개공사나 도로보수 등 다른 작업을

137) 이정덕, 앞의 글, 26-27쪽.

공동으로 하는 것만이 남게 되었고, 이러한 작업의 공동화도 마을 단위로 하는 것은 점차 사라져 갔다.

나아가 두레작업을 마친 후의 분배에 있어서 정확한 계산이 이루어지게 되었고, 특히 농업노동자 및 빈농들이 임금획득을 목적으로 두레에 참여하게 되면서 이러한 경향은 더욱 분명해졌다. 어떤 두레조직은 농업노동청부단체의 성격을 띠어 가, 두레에 참여한 농업노동자나 빈농은 자신의 두레일을 부농에게 판매하기도 하였다.[138]

이미 일제시기에 있어서 두레에 영세빈농 및 농업노동자들이 적극적으로 참여하여 임금획득을 노리게 되었으며, 도급반이나 고지대와 같은 성격을 띠어 가기도 하였다. 예를 들어 두레가 마을 단위에서 여러 개 조직되고 어떤 두레에는 중농층들이 주로 참여하고 다른 두레에는 영세빈농 및 농업노동자들이 참여하면서, 후자는 특히 농업노동청부단체로 변모해 갔다.[139]

---

138) 『한국민속종합보고서』 제6책, 충남 편, 1977, 350-351쪽, 충남 서천군 한산면 원산리의 사례, 1973년 조사.

139) 문병집, 『한국의 촌락 - 농업의 생산방식과 발전』, 진명출판사, 1973, 140쪽. 문병집은 두레가 변하여 고지로 되었다고 주장한다. 물론 두레가 직접 고지대로 되었다는 주장은 아니지만 노동조직의 변화상을 잘 지적하고 있다. 그에 따르면 "전통적인 공동노동조직인 두레의 변질된 형태가 고지이다. 즉 이조 말기 토지의 사유화경향이 촉진되고 화폐경제의 발달이 진행되자 구래적인 생산협동체로서의 두레는 존속할 기반을 상실하게 되어, 마침내 근대적인 노동청부단체로 변질하여 고지제를 낳았다. 그러나 고지제는 사회경제적 조건의 변화에 따라서 단체적인 것과 더불어 개인적인 것이 병행하기에 이르렀다."고 한다. 그러면서도 두레가 직접 고지대로 전화한 것으로 보기보다는 이 두 가지 조직의 교체가 필연적임을 지적하고 있다. 즉 "그러나 독점자본의 지배하에서 필연적으로 발생하는 농업임노동자층의 형성은 한편에 있어서 새로운 형태의 노동조직 즉 '고지'제도를 출현케 하였다." 위의 책, 142쪽.

두레가 기본적으로 생산농민들이 중심이 된 조직이었으나 농촌 내 계급분화가 확대되고 임의적인 노동력조달이 확대되면서 두레는 해체되어갈 수밖에 없었다. 그러나 해체된다고 해서 일시에 없어지지는 않고 형태변화하든가 다른 내용을 가진 조직으로 변했다고 볼 수 있다. 1950, 1960년대를 통해 마을의 모든 경작농민이 참여하던 원형적인 두레는 점차 사라졌지만, 두레는 개별 생산농민의 자율적인 공동작업조직으로서, 강제성을 띠고 있지 않고 마을 사람 가운데 일부만 참여하는 변형된 형태로 부분적으로 존속하고 있었다.140)

1970년대에 들어서는 흔히 "두레패"라고 하여 작업조를 이루어 자가작업 및 청부작업을 하는 조직이 형성되어 운용되었는데, 이것은 내용상 두레와는 다른 것으로 도급반이라고 할 수 있으며, 또한 빈농 중심의 공동작업반에 근접하는 것이었다.

조선말 일제시기를 거치면서 원형적인 두레는 변하고 사라지고 있었으며, 8·15 이후 특히 1970년대에 들어서는 두레가 나는 마을을 찾기가 어려울 정도로 되었다. 그러나 농업기술이 빈약하고 토지사유제하의 개별경영이라 할지라도 공동노동은 그 규모나 성질의 차이는 있을망정 필요하였다. 두레와 같이 강제적인 조직은 사라졌지만 농업노동력의 부족 및 농업기계화의 진전에 따라 자발적인 작업결사체로서 품앗이는 계속되고 새로운 내용을 갖춘 공동노동조직들이 출현하였다.

---

140) 문병집, 앞의 책, 1973, 140-141쪽. 1968년도에 32개 마을의 공동노동조직에 대한 조사에 따르면, 당시 32개 조사마을 가운데 두레라는 이름으로 공동작업이 이루어지고 있는 마을은 다섯 마을에 불과하였으며, 이것도 마을 전 성원이 참여하는 원형적인 두레와는 그 성격이 본질적으로 달랐다.

3장

품앗이

품앗이는 생산농민들 간에 노동력을 교환하는 제도로서, 성원수가 일정하지 않고 문호가 항상 개방되어 있으며, 수시로 또는 임의로 많은 교환노동을 조직화하는 것이 특색이다. 물론 문호가 개방되어 있다고 해도 그 결합범위에는 일정한 한계가 있으며, 보통 마을 또는 밀집한 취락이라는 지연적 공동사회 안에 한정된다.[1] 두레[2]가 공적이고 강제적인 성격을 갖는데 반해, 품앗이는 사적이고 상호신뢰에 기초한 소수인 간의 결합체이다. 그리고 등가교환의 원칙 아래 수시로 노동력을 교환할 수 있는 제도로서 생산농민들의 협업적 작업의 기초를 이루고 있으며, 전국적으로 광범하게 행해지고 있는 제도이다.

품앗이라는 말에서 "품"은 노동력을 의미하며, "앗이"는 교환한다는 의미이다. 함북지방에서는 품앗이를 "품들이"라고도 하였는데, 여기서 "들이"는 "들어간다(入)"는 의미이다. 그 외에 "손바숨"이라고도 하고 "손바꿈"이라고도 하였다. 품앗이에는 노동력 간의 교환 뿐만 아니라 중요한 농업생산수단인 소(농우)와 인간노동력

1) 姜鋌澤, '朝鮮における共同勞動の組織とその史的變遷', 『農業經濟研究』, 1941, 第17券 第4號, 551쪽.

2) 두레에 관해서는 신용하, '두레공동체와 농악의 사회사', 『공동체이론』, 문학과 지성사, 서울, 1985를 참조.

간의 교환도 있었다.[3]

품앗이의 발생에 대해서는 어떤 근거자료도 없다. 다만 농업노동이 가족경영 아래에서 가족협업을 통하여 이루어지면서도, 그것을 넘어서는 협업적 작업이 필요하였으며, 따라서 품앗이가 발생할 조건은 항상 있어 왔다. 많은 노동력의 결집을 필요로 하는 논농사의 작업 및 수리관개작업 등에서는 두레를 중심으로 마을단위로 집단적이고 강제적인 공동노동이 이루어져 왔지만, 그렇게 많은 노동력이 필요하지 않은 경우에는 소규모의 노동력결합이 이루어져 왔다.

또한 부역노동이나 두레와 같은 강제적이고 전체적인 공동작업조직이 붕괴될 수 있는 사회경제적 조건이 형성되고 있었다. 토지의 사유화가 진전되면서 경제외적 강제는 점차 사라지고, 동시에 농촌사회 내부의 분화가 진행됨에 따라 빈농 및 농업노동자계급이 발생하고 그에 따라 농업임금노동이 증가하였다. 그러한 사회경제적 조건 속에서 농민들은 기본적으로 가족노동력으로 농사를 지었으나 농번기에 일시적으로 급증하는 노동력수요에 대처하기 위해서는 가족 이외의 노동력이 필요하였다. 부농이나 중농상층의 일부는 고용노동을 통해 그러한 상황에 대처하였으나, 중농, 빈농은 노동력의 교환조직으로서 품앗이를 하였던 것으로 보인다.

공동노동조직으로서는 오래 전부터 존속해 왔던 두레가 점차 변화되면서 그 구성원이 줄어 소수의 공동작업으로 바뀌어 갔다. 이는 마을단위가 커서 작업이 불편한 경우에 한 마을에 몇 개의 두레작업반이 결성되었기 때문이기도 하지만, 무엇보다도 농촌사회의 계급분화가 격화됨에 따라 중농이나 부농들이 공동노동에

3) 鈴木榮太郎, 『著作集5-朝鮮農村社會の研究』, 未來社, 東京, 1973, 445-446쪽; 신기철・신용철 편저, 『새우리말 큰사전』, 삼성출판사, 1987.

참여하지 않고 고용노동에 의해 농사를 지어갔고, 그에 따라 빈농이나 중농하층만이 참여하는 공동노동으로 발전했기 때문이다. 이처럼 두레의 공동작업이 점차 약화되어 소수의 공동노동으로 바뀌어 갔고, 이러한 소수의 공동작업은 점차 노동청부단체화하기도 하였으며(예를 들어 고지단이나 도급반 등), 그러한 과정에서 고용노동의 비중이 커져 갔다. 이처럼 고용-피고용관계의 확대에도 불구하고 경작면적이 영세한 중농층 및 빈농들은 자가영농에 있어서는 고용노동을 사용하기 보다는 상호간에 협력할 수 있는 방법으로서 품앗이를 여전히 선호하였다.

화폐경제가 농촌에 침투하였음에도 불구하고 현금이 부족한 농민들은 현금결제를 전제하지 않는 노동력조달방법으로서, 그리고 가족노동력을 기초로 하면서도 협업적 작업을 할 수 있는 방법으로서 품앗이를 하였다. 품앗이는 생산농민들의 협력의 형태로서 오래 전부터 시행되어 온 것으로 볼 수 있다.

1. 일제시기 품앗이의 성격

1) 품앗이의 분포

두레와 같은 공동노동조직이 변화되면서 소수의 공동노동 즉 품앗이로 바뀌었다고 생각되는데 이러한 과정은 주로 논농사지역에 해당하는 것이었다. 농업경작의 특성상 논농사 지역에서는 마을 단위나 다수인에 의한 공동작업이 지배적이었던 반면에, 밭농사지역에서는 소수인에 의한 공동작업이 주로 이루어졌다. 즉 논농사에 있어서는 방수, 관개작업 등을 하기 위해서는 관계농가 전부의 협동이 없어서는 안 되었으며, 모내기와 논김매기에 그리고 보리수확과 이앙작업이 중복되는 때와 같이 노동력수요가 집중되는 시기에 작업을 신속히 처리하기 위해서는 마을 단위나 다수인의 노동력을 결합하여 대처해야 했다. 그러한 필요에서 두레와 같은 공동작업조직이 발전하였고, 품앗이에 있어서도 다수가 결합하는 양상이 나타나게 되었다. 그에 비해 밭농사 지역에서는 논농사 지역에서와 같은 대규모 공동작업의 필요성이 적었다. 물론 논농사를 겸하는 지역에서는 대규모 공동작업의 필요성이 적지 않았겠지만, 논농사도 주로 건전법(乾田法)을 채택하든가,[4] 수리가 매우 좋은 곳으로서 노동력수요량이 계절적으로 균분될 수 있는 직파법을 행하는 경우가 많았기 때문에 소수의 공동작업조직으로도 논농사에 필요한 노동력을 쉽게 확보할 수 있었다.[5]

그렇기 때문에 지역적으로 봐서 중남부 및 황해도의 일부 지역과 같은 논농사 지역에서는 다수인의 공동작업이 발전하였으며 특히 중남부 지방에서는 두레가 발달하였고 또한 품앗이의 규모가 컸음에 비해서, 북부지방이나 강원도와 같은 밭농사 지역에서는 소수인의 공동작업 형태로서 품앗이가 널리 행해졌다.

이처럼 농업지대별로 차이가 있었음에도 불구하고, 품앗이는 전국적으로 행해진 가장 기초적인 협업적 작업의 형태였다. 밭농사 지역에서는 품앗이가 일반적인 노동형태였고 거의 모든 작업이 품앗이로 이루어 졌으며, 벼농사 지역에서도 밭농사지역 보다는 덜하지만 광범하게 행해지고 있었다.[6] 또한 품앗이는 논농사나 밭농사의 작업 이외에 농촌 안의 여러 가지 다른 작업에서도 행해졌다. 즉 품앗이는 어느 곳에서나 어느 작업에서나 협업적 작업의 기초로서 널리 행해졌다.

품앗이는 또한 등가교환이라는 급부상의 원칙과 임의적 노동력

---

4) 朝鮮總督府 勸業模範場 編,『平安南道に於ける乾沓』, 水原, 1928.

5) 鄭英一,「韓國農業における雇用勞動力および共同勞動組織の變化」,『アジア經濟』, 20卷, 8號, 1979년 8월, 7-9쪽.

6) 印貞植,『朝鮮農村雜記』, 東都書籍, 京城, 1943, 177-179쪽.

교환이라는 조직상의 특질 때문에 그리고 생산농민들의 자발적 의사에 따라 손쉽게 이루어질 수 있기 때문에, 다른 공동노동조직과 비교하여 모든 지역에서 보다 광범하게 행해진 것으로 보인다.

2) 품앗이의 결합범위

품앗이는 소수의 인원이 임의적으로 그리고 일시적으로 결합하는 공동노동조직으로서 구성인원은 2,3명에서 10명 이상 20-30명에 이르기까지 다양하였다. 10명 이상의 품앗이는 그리 많지 않았으며 보통 5,6명 정도의 품앗이가 가장 많았다. 물론 마을마다 약간씩의 차이가 있어 작은 마을에서는 마을의 농민 모두가 품앗이를 조직하는 때도 있었으나, 그럴 경우에도 두레와 같이 공적인 성격을 띠는 것이 아니라 사적인 성격을 띠었다.[7]

이처럼 품앗이는 임의적이고 수시적으로 결합되는 것이지만 구성원수는 두레와 같이 마을의 전농민을 포괄하기도 하였다. 그러나 이러한 경우는 예외적인 것이라고 할 수 있다. 또한 두레도 소규모화하면서 품앗이의 규모보다 작아지기도 하였다. 이렇게 되면 품앗이와 두레의 구분이 모호해진다. 사실 품앗이의 규모가 크고 좀 더 조직적인 성격을 띠게 되면 외형상으로는 두레와 같아 보이게 된다.[8]

품앗이에 참여할 수 있는 사람은 종전에 두레가 있었을 때에는 두레에서 행한 인정식을 거쳐 성인노동력으로서 마을에서 인정을 받으면 되었지만, 두레가 없어진 뒤로는 마을 안에서 일반의 판정으로 대체로 1인의 성인노동력으로 인정되면 품앗이에 참여하

---

7) 鈴木榮太郎, 『朝鮮農村社會踏査記』, 東京, 1944, 163쪽.

8) 물론 규모 면에서 말하는 것이다. 두레는 마을 단위로 이루어지는 것이 모형이라고 할 수 있으며, 품앗이는 소수인 간에 이루어지는 것이 모형이라고 할 수 있다.

게 되었다. 농민의 노동연령은 15-6세로부터 60세까지였지만 1인의 성인노동력은 18세 정도에서 55세 정도까지였다. 이러한 연령층이 아니더라도 상호평가에 의해서 족하다고 인정되면 서로 품앗이를 하였다.

품앗이는 자가노동력으로 영농이 가능하나 집중적인 노동력 투하가 필요한 경우에 마을 안에서 마음이 맞는 사람 중에서 적당한 사람에게 품앗이를 해 달라고 신청함으로써 이루어진다. 품앗이는 대개 성년 남자노동력 간에 이루어지지만 여성노동력 간에도 이루어지며, 농번기에는 여성노동력과 남성노동력이 동등하게 교환되기도 하였다.[9] 남녀간에 노동력이 교환되는 경우는 드물며, 교환될 경우에는 등가로 평가되는 작업에서였으며, 논농사에서는 주로 모내기 작업이었다. 여성노동력은 밭일에 한해서는 같은 일을 하는 경우에는 일반적으로 남성노동력과 동일시되었다. 그러나 밭농사일에 있어서 남녀간의 품앗이는 거의 없었다. 그리고 농업노동에 있어서 여성노동력은 주로 빈농에서 나왔으며,[10] 중년 이하의 부인들은 농업노동에 참여하지 않는 것이 보통이었다. 미혼여성이나 젊은 새댁은 농업노동에 직접 참가하지는 않았고 주로 가사노동을 하였다.[11]

이처럼 품앗이는 두레와 달리 여성들이 오래 전부터 참여하여 왔으며, 일제시기에도 물론 많이 참여하였다. 여성노동력이 농업노동에 적극적으로 참여하는 지역에서는 더욱 두드러졌다. 특히 부인노동이 오래 전부터 널리 행해져 온 북부지방의 농촌에서는 모든 작업에 있어서 성년부인도 남자 장정과 동일하게 평가되고 동등한 자격으로 노동대열에 끼었다.[12] 모내기는 물론 특히 김매

9) 印貞植, 『朝鮮農村再編成の研究』, 人文社, 京城, 1943, 177쪽.
10) 鈴木榮太郎, 앞의 책, 1944, 87쪽.
11) 京畿道 農會, 『京畿道農村社會事情』, 1927, 64쪽.

기에 있어서 부인노동력의 노동은 결코 남성노동력의 노동에 뒤지지 않았다.

품앗이에 참여하는 농민들은 무엇보다도 "품"의 교환을 원하지만, 어떤 한 농민이 다른 한 농민하고만 품앗이를 하는 경우는 거의 없다. 즉 여러 농가와 품앗이를 하며, 또한 품을 서로 앗을 수 없을 때에는 제3자에게 그 품을 앗아 주도록 하고, 나중에 제3자에게 품을 앗아 주었다. 예를 들어 품을 앗아달라고 여러 농가로부터 동일한 작업일로 의뢰받았을 때에는 다른 농가에 부탁하여 그 품을 앗아 주도록 하게 하고 나중에 대신 앗아 준 농가에게 품을 앗아 주기도 하였다.[13] 품앗이를 통해 농민들은 이렇게 서로 연결되면서 노동력교환의 연쇄고리를 이루었고, 노동력을 집중하여 영농을 해 나갈 수 있었다.

이렇게 품앗이에 있어서는 각 농가가 가지고 있는 자가노동력이 근간이 되며, 고용-피고용의 관계로서가 아니라 서로 동일한 노동력을 자가영농을 위해 교환한다. 그렇기 때문에 품앗이는 기본적으로 가족노동력으로 농업을 경영하는 농가에서 주로 하던 것으로 경지면적이 가족노동력으로 감당할 만한 자작농민(중농)과 소작농(빈농)에게서 많이 이루어졌다. 물론 경작면적이 넓은 소작농(광농, 廣農)은 고용노동에 의존하여 농사를 지었으며, 자작농이라 하더라도 경지면적이 넓지 않은 농가는 품앗이에 많이 참여하였다.

품앗이의 계급성을 확인할 수 있는 것으로서 경남 울산에 대한 한 사례조사에 의하면[14] 품앗이는 하층빈농에 있어서는 없어서는

12) 鈴木榮太郎, 앞의 책, 1944, 163쪽.

13) 大野 保, 「朝鮮農村の實態的研究」, 滿洲大同學院, 『論叢』, 第4集, 1941, 195쪽.

14) 머슴을 제외한 가족외 노동량(날품, 교환노동 및 보조노동 포함) 중

안 될 노동형태로서 중요하였지만, 중농이나 부농으로 갈수록 그 중요성은 급격히 줄어들고 있는 것으로 나타난다. 또한 1940년도의 사례연구에 의하면, 품앗이로 농사를 짓는 농가의 대부분이 소작을 하는 농가이다. 경지면적이 3천평이 넘으면서 품앗이로 농사를 해 나가는 농가들도 경지면적은 넓은 편이지만 대체로 소작을 하는 농가들이다. 따라서 자작지를 소작지에 비해 가중치를 두어 생각하면 품앗이를 하는 농가는 경지면적으로 볼 때는 중간층이라기 보다는 빈농에 속하고 있었다. 즉 경지면적으로 볼 때에는 중간에 속하지만 계급적 성격으로 볼 때에는 빈농에 속하는 농민들이 품앗이를 많이 하였다.[15] 부농 및 중농 상층농가는 머슴을 들이거나 고용노동을 이용하여 영농을 해나갔다. (물론 이들 농가에서는 머슴이 품앗이에 참여하였다.) 600평에서 1,000평 사이에 있는 빈농들은 품팔이노동에 많이 종사하였으며, 그래서 품앗이는 마을 안의 중간층에서 집중적으로 행해졌다. 중간층에 속하는 농가 중에서도 소작농 및 소자작농들이 품앗이에 많이 참여하였다.

그리고 품앗이를 하는 농가들 사이에도 계층차이가 드러나는데, 한 사례연구에 따르면, 상층농가는 품앗이를 하면서도 고용노동을

에서 교환노동의 비중이 상층농은 30-47%, 중농은 50% 내외, 하층빈농은 80% 전후로 나타났으며, 교환노동 중에서 두레를 제외한 순수한 품앗이에 의한 것은 하층 빈농의 절대일수가 훨씬 많아 가족외 노동량 중에서 품앗이에 의한 노동의 비중은 상층 10%, 중농층 20% 내외임에 비해서 하층빈농의 경우에는 80%에 달하고 있다. 姜鋌澤, 앞의 글, 1941, 553쪽.

15) 경상북도 경주군 경주읍 사정리 국당마을에 대한 조사에 따르면 마을 전체 78호 중에서 경작지를 가지고 있는 농가 69호의 평균경지면적이 약 2,000평(1,998평)인데, 이 마을에서 품앗이로 농사를 짓는 농가 23호 가운데 12호가 1,650평에서 2,710평 사이의 농지를 경작하는 농가였다. 大野 保, 앞의 글, 260쪽.

많이 사용하는 반면에, 하층농가는 품앗이를 하면서 고용노동에도 상당히 많이 종사하였다. 그리하여 상층농가는 고용노동의 비중이 품앗이의 비중보다 크나 중간층 농가는 거의 품앗이로 농작업을 해결하고 있으며, 하층빈농은 품앗이에 비해 훨씬 많은 고용노동에 종사하였다.[16]

이처럼 품앗이에 참여하는 농민들 간에는 계층적 차이가 있었으며 기본적으로 경작농민들이 참여하는 것이 일반적이었으나 점차 농업노동자들도 참여하였다. 물론 당시의 농업노동자의 전형이었던 머슴은 품앗이에 참여하였는데, 이들이 하는 노동은 고주(雇主)에 대해 반대급부로서 반제되었다.[17] 즉 머슴은 다른 품앗이일꾼들과 마찬가지로 노동력의 교환을 목적으로 품앗이에 참여하였으며, 고주의 경지에 일을 할 때에 품을 받았다.

농업노동자 중에서 날품팔이노동자는 원래 품앗이에 참여하지 않았다. 그러나 농촌 안의 계급분화가 진전되면서 토지적은 빈농과 날품팔이 노동자가 많아졌다. 토지적은 빈농은 경지를 가지고 있다 하더라도 가족노동력으로 충분히 소화하고도 남았으며, 생계를 위해서는 노동력을 팔지 않을 수 없었다. 토지적은 빈농과 날품팔이노동자들은 날품팔이노동의 기회를 찾지만, 농촌 안의 많은 작업이 품앗이로 이루어지고 있었고 이들은 품을 받을 필요가 없기 때문에 노동력교환을 위해서가 아니라 다른 방식으로 품앗이에 참여하게 되었다. 품앗이 일을 여러 사람에게 해 주고 그 품들을 어느 하루에 모아 받아서 다른 사람의 일을 해 주고 임금을 받는 것이다. 즉 날품노동력을 임금을 받고 파는데 품앗이를 통해서 하는 것이다.

16) 전라북도 남원군 주생면 정충리 정충마을의 조사. 大野 保, 앞의 글, 170-173쪽.

17) 印貞植, 앞의 책, 1943, 180쪽.

작업주인으로서는 두레, 품앗이, 고지 등 여러 가지 형태의 노동조직을 동원하고 또한 가족노동력을 동원하여 영농을 하지만, 필요에 따라서는 날품노동자를 고용하기도 한다. 이 경우 날품노동력이 함께 작업할 수 있는 것은 주로 품앗이노동력과 가족노동력이다. 상층농의 경우 품앗이를 별로 하지 않거나 적게 하고 날품노동력을 많이 고용하여 작업해 나가지만, 중간층 농민의 경우 품앗이를 많이 하고 날품노동력을 약간 고용하여 작업해 나간다. 특히 논농사의 주요작업에는 많은 노동력이 일시에 필요하기 때문에, 두레와 같은 대규모 공동작업조직이 아닌 경우에는 대개 여러 가지 방식으로 조달된 노동력을 결집하여 작업을 수행한다.

품앗이의 규모는 작업의 종류에 따라서 차이가 나기도 하였지만, 가족 중에서 품앗이에 참여하는 노동력수에 따라서 차이가 나기도 하였다. 강원도 원주 부근의 한 농촌마을에서는 한 가족 안에서 품앗이에 참가하는 사람이 1명인 경우를 "홀아시"라고 하고, 두 사람 이상 품앗이에 참여하는 경우를 "손포"('포'는 겹친다, 중복된다는 의미)라고 하였는데, 홀아시 농가는 소규모의 품앗이를 조직하였고 손포농가는 대규모의 품앗이를 조직하고 있었다.[18)]

이상과 같이 품앗이에 참여하는 노동력 및 품앗이에 참여하는 농가 간에는 일정한 차이가 있었지만, 기본적으로 인간노동력의 상호교환형태를 취하였다. 이렇게 품앗이는 인간노동력 간의 교환이 중심이었지만, 당시의 농업생산에 있어서 중요한 노동수단이었던 역우(소)도 품앗이에 있어서 교환항목이 되었다. 축력으로서 소와 소의 교환이 아니라 소와 인간노동력 간의 교환이 광범하게 행해졌다. 이러한 "소품앗이"[19)]는 소 자체가 인간노동력과 교환되

18) 鈴木榮太郎, 앞의 책, 1944, 87-88쪽. 가족노동력 1명이 자가작업을 할 경우를 홀아시라고 하지는 않았다. 홀아시는 전적으로 품앗이와 관련하여 쓰이고 있었다.

는 것과 소와 소를 부리는 사람이 결합되어 인간노동력과 교환되는 것이 있었다.

소는 농업경작에 없어서는 안 될 중요한 노동수단이었지만, 한 마을 안에는 소를 가지고 있지 못한 농가가 많았으며, 이들 농가는 소를 빌리거나 이처럼 인간노동력과 교환하는 방식(소품앗이)을 통하여 경운정지작업을 하지 않으면 안 되었다.[20)]

중부 이북지방과 같이 두 마리의 소가 쟁기를 끌던 지방에서는 소가 없는 농가는 그 부담이 더욱 컸으며, 소를 가지고 있는 농가도 대부분 한 마리씩 가지고 있었기 때문에 소품앗이를 하든가 '서로 어울러서 소를 부려야'했다. 농가에서는 대개 암소 한 마리를 기르는 것이 일반적이었기 때문에,[21)] 두 마리의 소가 끄는 쟁기를 사용하는 지역에서는 서로 소를 교환하기도 했지만 소품앗이도 많이 하였다. 이러한 소품앗이를 황해도 지방에서는 "손바숨"이라고 하였다.[22)]

소를 가지고 있는 농가도 두 마리가 끄는 쟁기를 사용하는 지

---

19) 전라도 지방에서는 이러한 소품앗이를 "환고지(換雇只)"라고 하였다. 朝鮮總督府, 『朝鮮の小作慣行』, 下卷, 後篇, 44쪽. 소와 소의 교환은 두 마리의 소로 끄는 쟁기를 사용하던 중부 이북 지방에서 행해졌다.

20) 일제시대에 소를 가지고 있는 농가는 주로 지주, 부농들이었다. 농민경제가 열악한 상태에서 농민들의 절대다수인 빈농이 소를 보유하기는 매우 힘들었다. 지주, 부농들은 또한 이러한 상황 속에서 빈농가에게 소를 맡겨 기르게 하고 일정 기간 후에 어미소와 증식분의 반을 돌려받았는데, 이것을 배내기라고 한다. 소배내기에 대해서는 윤수종, '소배내기제도에 관한 일 고찰', 『일제하의 사회운동과 농촌사회』(한국사회사연구회논문집, 제25집), 문학과 지성사, 1990, 296-337쪽. 그리고 이 책의 5장을 참조.

21) 농가의 부업으로서 소기르기는 매우 중요한 것이었으며, 특히 암소는 1년 또는 2년에 한 마리의 송아지를 낳아 황소에 비해 소득이 높았기 때문에, 농가에서는 주로 암소를 길렀다.

22) 황해도 서흥군 월탄리 마을, 鈴木榮太郎, 앞의 책, 1973, 445-446쪽.

역에서는 소품앗이에 참여하기도 하였지만, 소를 가진 다른 농가와 짝을 이뤄 서로 겹치지 않는 날에 상대방 농가의 소를 가져다가 논갈이나 밭갈이를 하는 방식을 취하기도 하였다. 여러 농가(및 노동자)가 결합되는 경우 이것은 소겨리로 발전하였다.[23]

보통 소만을 빌려다가 하루 동안 부리는 경우는 인간노동력 1명의 품으로 앗으면 되었고, 소를 부리는 사람까지 함께 와서 일을 해 주면 인간노동력 2명의 품으로 앗는 것이 보통이었다.[24] 교환 비율은 지역에 따라 마을에 따라(예를 들어 소가 적은 마을에서는 소+인간노동력에 대해서 3명의 노동력으로 반제되었다) 약간 다를 수 있었지만, 대체로 비슷하였다. 그리고 이럴 경우 반제하는 노동력은 남자노동력이었다.[25] 물론 소를 부리는 작업은 남자들이 도맡아 하였다. 이처럼 축력과 노동력 간의 교환 뿐만 아니라, 축력 및 소를 부리는 노동력이 인간노동력과 교환되는 품앗이도 성행하였다. 마을 안에서 소를 소유한 농가는 대부분 중농 이상이었기 때문에 소품앗이는 계급성을 띠고 있었다. 소가 없는 빈농들은 농사를 짓기 위해서는 소품앗이를 하지 않으면 안되었으며,

---

23) 姜鋌澤, 앞의 글, 536-7쪽.

24) 大野 保, 앞의 글, 194쪽; 『韓國土地農産調査報告』, 慶尙道,全羅道 篇, 경북의 왜관지방에서는 소를 하루 빌리는데 노동력 1일로 갚았으며, 의성군에서는 소를 하루 쓴 것에 대해 노동력 2일로 갚는다고 하는데, 소를 부리는 사람이 함께 와서 작업해 주는지는 확실치 않다. 충북 제원군 금성면 지역에서도 이와 동일한 비율로 교환되었다(필자의 면접조사).

印貞植은 소 하루품에 대해 노동력 2-3명 이상으로 반제되었다고 주장하면서 인간노동력에 대한 저평가를 한탄하고 있지만, 소와 노동력 1명에 대한 반제로서 2-3명의 노동력이 교환된다는 사실을 간과하고 소 하루품과 인간노동력 간의 교환으로만 생각하고 있다. 印貞植, 『朝鮮農村雜記』, 1943, 22쪽.

25) 鈴木榮太郎, 앞의 책, 1973, 326쪽.

노동력을 조달하는데 어려움이 있었던 부농들은 소를 빌려주고 인간노동력(품)으로 받기를 원하였다.

3) 품앗이의 조직

품앗이는 일정 기간 동안 지속되는 고정적인 조직체가 아니며, 성원의 수가 일정하지 않고 문호가 개방되어 있는 노동력교환조직이었다. 조직범위는 평상시 자연부락 또는 밀집취락 단위인 지연적 공동사회 안에 한정되며, 친하거나 특별한 연고가 있든가 혹은 집이 가까이 있는 경우가 아니면 다른 마을 사람을 포함하는 경우는 아주 드물었다. 마을 안에서 노동력교환은 서로 마음이 맞는 사람들끼리 이루어지는 경향이 있으나, 품앗이가 많이 이루어지는 농번기에는 친소구별 없이 이루어지며, 필요한 때는 하루 전이나 전날 밤에서야 요청해도 쉽게 이루어 졌다.

교환되는 작업의 종류나 기간에 관해서는 엄격한 규칙이 있는 것은 아니나 일정한 규칙이 있다. 즉 대체로 같은 종류의 노동을 교환하는 경향이 있으며 기간도 대체로 1년을 기준으로 한다. 품앗이 노동의 급부에 대한 반대급부는 같은 량, 같은 종류의 노동으로 반제되는 것이 원칙이며, 작업의 종류에 따른 노동강도나 임금의 높고 낮음에 약간의 차이가 있어도 크게 문제삼지 않는다. 그러나 이러한 규칙은 서로 간에 합의만 하면 쉽게 변용될 수 있다. 노동력에 대해서 축력으로서 반제하는 것도 많이 행해지며, 부득이한 사정으로 품을 앗을 수 없을 때에는 제3자에게 품을 앗아 주도록 하여 반제한다. 만부득이한 경우에는 품을 사서 보내기도 하는 정도로 품앗이는 '노동력' 교환을 목적으로 한 제도였다.

그리고 품앗이의 등가교환원칙은 노동력 수급상의 필요나 인정관계에 따라서 약간의 예외가 있었다. 남부지방의 논농사지역에서는 모내기작업에 한해서 부녀자 및 15-6세의 소년도 한 사람의 성인 남자와 품앗이가 성립되었으며, 이것에 의해 성인 남자가 없는 농가도 모내기의 어려움을 타개할 수 있었다.[26)]

모내기 이외의 일반 작업에 있어서도 16-7세의 소년이 품을 앗으러 와도 근린간에 호의가 있어 하등 불평하지 않고 받아들였다. 그것은 성인이 있는데도 소년이 앗으러 온 것이 아니라, 부득이한 사정으로 인해 성인이 올 수 없는 것으로 품을 받는 사람이 양해했기 때문이었다. 이러한 것은 계급분화가 진전되고 상품경제가 침투함에 따라 타산적인 경향이 나타나면서 점차 줄어들고 있었다.[27)]

또한 노동력교환의 계산단위는 하루로 하고 있었지만 날씨의 변화에 따라서 작업을 중지할 수밖에 없는 반나절 정도의 차이는 묻지 않는 것이 관례였다. 소와 노동력 간의 교환에 있어서도 소는 보통 노동력 1일, 곳에 따라서는 노동력 2일에 상당하는 것으로서 품앗이가 이루어 졌는데도 불구하고, 반나절 정도의 소 사용은 대체로 반제하지 않았다.

이처럼 기본원칙 위에서 상당한 융통성을 지닌 제도로서 품앗이는 농민들 안에서의 일상생활에 대한 상호인지 속에서 이루어지며, 엄격한 통제와 관리가 크게 필요하지 않았다. 이에 상응하여 품앗이는 이렇다 할 내부 구성을 갖춘 조직이 아니었으며, 어떤 지도자가 있는 것도 아니고, 더욱이 매우 일시적이고 쉽게 결합되고 해소될 수 있는 특성을 지니고 있었다. 물론 그럼에도 불구하고 작업경작지의 경영자가 작업을 주도해 나갔으며, 품앗이군간에도 계층적 차이가 있어 품앗이에의 참여정도가 서로 달랐다.

이상에서 말한 바와 같이 품앗이는 조직적 특성이 약한 노동력 조달방식이었는데, 계층적으로는 품앗이로 거의 모든 농작업을 해

26) 大野 保, 앞의 글, 194쪽.

27) 姜鋌澤, 앞의 글, 551-2쪽.

나가는 중간농민층이 주도하였을 것으로 보인다. 중농층은 가족노동력으로서 충족 가능하지만 작업상 집중적인 노동력의 투하가 필요할 때에 노동력을 집중하는 방법으로서 그리고 현금을 지출하지 않으면서도 노동력을 조달할 수 있는 방법으로서 품앗이를 선호하였다.

품앗이는 임의적이고 수시적인 조직이긴 했지만, 농번기에는 몇 사람이 "품앗이반"을 구성하여 좀 더 조직적인 체계가 되기도 하였다. 경지면적이 비슷한 농가들끼리 품앗이반을 조직하여 서로 돌아가면서 각자의 작업을 함께 하는 것으로, 개별적으로 품앗이 상대를 선택하고 계약을 하는 방식과는 달리 일정한 단체를 이루어 함께 작업을 해 나갔다. 물론 이 경우에도 작업단의 성격을 띠기는 해도 내부적인 조직체계가 분명하지는 않았다. 평안남북도의 건답(乾畓)지대에서는 주로 논김, 밭김을 맬 때 빈농민들이 "황두"를 모아 돌아가면서 품앗이 김을 매는 풍습이 있었다. 이 황두는 바로 밭농사지역에서 나타나는 품앗이반으로서 두레에서와 같이 간단한 악기를 갖추기도 하였고 논밭에 김이 무성해지면, 여러 황두들이 서로 일손을 다투면서 김매기경쟁을 하였다.[28)]

그리고 마을의 농가가 많지 않을 경우에는 모내기와 같이 노동력수요가 많은 작업에서는 마을의 거의 모든 농가가 참여하여 품앗이반을 조직하기도 하였다. 이럴 경우는 품앗이반 안에 일정한 지도자가 나타나 작업일정을 정하고 노동력을 조절하는 역할을 해 나가며, 두레와 같은 정도의 조직적 성격을 부분적으로 띠었다. 특히 두레작업으로는 거의 하지 않는 탈곡작업에 있어서는 남성노동력을 중심으로 조직된 품앗이반이 품앗이반원의 작업을 돌아가면서 하였다.

---

28) 김일출, 「농촌노동자들의 새로운 문화와 생활풍습에 관하여」, 『북한민속학자료집』, 경남대 극동문제연구소, 1974, 9쪽.

두레가 소규모화 하고 강제적 성격을 벗어날수록 조직화된 품앗이와 같은 형태를 취하였으며, 품앗이는 규모가 커지면서 조직적 성격을 강화해 갔다. 이렇게 되어 두레와 품앗이의 구분이 모호해 지기도 하였으며, 현실적으로 서로 겹치게 되었다. 즉 품앗이는 소수인 간의 결합으로서 비조직적 성격을 띠는 것에서 규모가 크고 조직적 성격을 좀 더 띠는 것에 이르기까지 다양한 형태로 나타났다.

4) 품앗이의 작업내용 및 작업방식

품앗이의 작업범위는 매우 광범하였다. 농작업에 있어서 단독으로 하기 어렵거나 협력함으로써 능률을 올릴 수 있는 경우에는 어떤 작업이라도 품앗이를 할 수 있었다. 품앗이 작업에서 가장 많이 이루어지던 것은 모내기이며, 그 외에도 김매기, 수확, 조제 등이었다.

중부 지방의 어느 마을에서 이루어지던 품앗이 작업의 내용을 월별로 살펴 보면 〈표 3-1〉과 같다.[29]

〈표 3-1〉 월별 품앗이의 작업내용

월별	품앗이작업내용	월별	품앗이작업내용
1	퇴비를 논으로 옮기기	7	김매기, 녹비채취, 해충방제
2	땔나무하기, 밭갈이	8	땔나무
3	밭갈이, 논손질	9	보리밭 땅고르기, 보리파종
4	모판만들기, 녹비채취	10	벼베기, 조정, 보리파종
5	모내기, 보리수확, 보리조제	11	벼조제, 옮기기, 소작료 납입
	여자는 목화밭 김매기	12	이엉엮기, 울타리 수리
6	논김매기, 녹비채취		

자료: 鈴木榮太郎, 『著作集5-朝鮮農村社會の研究』, 未來社, 東京, 1973, 67쪽.

29) 鈴木榮太郎, 앞의 책, 1973, 67쪽.

〈표 3-1〉에서 보는 바와 같이 품앗이작업은 거의 모든 작업에 걸쳐 이루어지고 있었다. 품앗이의 주요 작업은 대부분 농작업이었으나 우물파기, 도랑보수, 땔나무하기, 이엉만들기, 울타리수리 등 농작업이 아닌 것도 있었다. 그리고 부인들은 밭의 김매기와 같은 농작업에 품앗이를 조직하여 참여하였을 뿐만 아니라 베짜기 등에서도 품앗이를 하였다. 물론 작업내용은 지역에 따라 약간씩 차이가 있었다. 이처럼 품앗이는 농작업에서 주로 이루어졌지만 농촌의 모든 작업에서 널리 행해지고 있었다.

품앗이노동의 종류는 품앗이하는 쌍방이 계약하는 바에 따라 정해지지만, 일반적으로 농번기의 동일작업이었으며, 서로 다른 작업을 해 주기로 계약을 하는 경우는 드문 편이었다. 대개 농번기의 작업에서 많이 이루어졌기 때문에 같은 일을 하였으며, 그 과정에서 남는 품에 대해서는 다른 종류의 노동으로 반제하였다. 그렇기 때문에 품을 앗는 기한은 대개 같은 종류의 농작업시기였지만, 같은 종류의 일을 하는 시기에 앗지 못한 품을 다른 종류의 일을 할 때 앗기도 하였다. 그러면서도 품앗이에서 품을 앗는 기한은 대개 1년이었으며, 1년을 넘기는 경우에는 노동력으로 반제하기도 하였지만 현금으로 반제하기도 하였다.

품앗이의 작업은 공동노동으로 이루어 졌다. 다른 조달방식을 통한 노동뿐만 아니라 농사일의 많은 부분이 사실상 공동노동으로 이루어져 왔었다. 날품팔이노동자를 고용해서 농사일을 해나갈 때에도 개인작업보다는 공동작업으로 행해지는 것이 많았다. 특히 농번기에 이루어지는 주요작업들은 대부분 공동작업으로 이루어졌다. 이때에는 품앗이에 의한 노동력과 고용노동력이 어우러져 함께 작업하는 것이 보통이었다. 다른 조달방식을 통한 노동도 대개 농번기의 작업으로서 공동노동으로 이루어지며, 그러한 작업을 제외하면 농사일은 주로 가족노동력에 의해 이루어져 왔다.

품앗이로 공동노동을 할 때에는 그 인원이 대개 소수였기 때문에 두레와 같이 전체적인 지휘는 필요하지 않았다. 물론 대규모 품앗이의 경우나 고용노동력과 함께 품앗이일군들이 공동작업을 할 경우에는 작업주인이 작업을 지휘하였다. 작업인원이 적을 경우에도 작업에 있어서는 주인의 지휘에 따라서 작업을 해 나가며, 밭의 김매기 작업에 있어서는 주인이 먼저 앞서서 매 나가면 품앗이일군들이 뒤따라오면서 작업을 하기도 하였다. 이렇게 하여 주인은 일의 속도를 높이고 자신의 의도에 따라 작업을 하게 하였다. 김매기나 모내기 같은 경우에는 수십 명이 열을 지어 민요를 부르면서 작업을 하기도 하였다.[30] 그러나 품앗이에서는 두레에서와 같은 농악은 발달하지 않았다.

품앗이의 작업시간은 다른 작업과 다를 바 없었으며, 오전 중에 비가 와서 작업을 중지한 경우에는 다음 날 그 시각부터 작업을 하였다.[31]

노동일의 식사는 당일 경작지의 농가가 준비하였으며 공동식사를 하였다. 하루에 3-5회의 식사를 냈는데, 아침, 점심, 저녁의 세 번 식사를 내고 간식을 한두 번 내는 것이 보통이었다. 점심식사 때에는 술을 내는 것이 당번 농가의 의무였으나, 점차 변하여 술을 내지 않는 경우가 늘어 갔고 점심식사만을 내는 것도 생기게 되었다. 일제하의 어려운 경제상황 아래에서 농민들은 농작업 시에 식량을 마련하기가 힘들게 되면서 식사를 내지 않는 품앗이를 하게 되었다. 그리하여 품앗이에서 식사를 내는 것을 '젖은 차례'라 하고 식사를 내지 않는 것을 '마른 차례'라고 하였는데, 일제 후기에 오면서 점차 마른 차례가 증가하였다.[32] 특히

30) 印貞植,『朝鮮農村再編成の研究』, 1943, 181쪽.

31) 鈴木榮太郎, 앞의 책, 1944, 88-89쪽.

32) 印貞植, 앞의 책, 1943, 22쪽; 鈴木榮太郎, 앞의 책, 1973, 123쪽.

머슴이 품앗이를 할 때에 종래에는 고주가 식사를 부담하던 관례도 서서히 사라지고, 그 품앗이에 많이 참여하던 농업노동자(고용노동자)나 빈농들은 식사를 지참하여 농사일을 하는 경향이 늘어났다.

5) 품앗이의 분배체계

품앗이는 노동력교환조직이었기 때문에 분배의 문제가 생산과정과 직결되어 있었다. 즉 노동력을 노동력으로서 교환하고 나면 품앗이는 완결되는 조직적 특징을 가지고 있었기 때문에, 그 이후에 분배의 문제가 생길 수 없다. 품앗이는 작업 개시 이전에 상호간에 어떤 종류의 일에 언제쯤 작업을 할 수 있는지를 정한다. 물론 작업종류나 작업시기를 확정하지 않는 경우도 있으나, 이런 경우는 오히려 예외적인 것이다. 정해진 일을 서로 하고 나면 품앗이는 해소된다.

즉 노동력으로의 반제를 전제로 한 노동이 품앗이이기 때문에, 품앗이에서는 노동력의 등가교환으로 완결되고 그 이외의 분배관계는 특별한 경우에만 발생한다.[33]

노동력의 교환이 필요하여 품앗이를 하기로 하였지만, 노동력이 더 이상 필요하지 않게 되었을 때에는 현물이나 현금으로 반제받기도 하였다. 또한 반대로 자신의 노동력으로 앗을 수 없고 다른 사람을 대신 보내기도 힘들 경우에는 현물이나 현금으로 갚기도 하였다. 이 경우 쌀, 보리, 콩, 팥 등의 현물로 품값을 지불하는 것이 보통이었으나 점차 현금으로 하는 것이 많아지게 되었다.

33) 현물이나 현금 등의 임금을 목적으로 한 노동은 품앗이라고 할 수 없다.

그런데 이러한 것은 그리 많지 않았다고 생각되는데, 왜냐하면 그 해에 앗지 못한 품은 그 다음 해에 앗을 수도 있는 것이 품앗이에서는 관행이었고, 다른 사람을 대신 보내거나 품을 사서 보내기도 했기 때문이다. 즉 노동력으로서 교환하기를 원하는 것이 품앗이 참여자의 기본 목적이었고 품앗이 결성의 기초였다. 따라서 가능하면 품으로 앗으려고 하였다.

이러한 품앗이가 사회경제적 조건의 변화에 따라 변모하게 되었는데, 그 중에서 무엇보다도 빈농과 농업노동자가 임금을 목적으로 품앗이꾼들과의 작업에 참여하게 된 점이다. 즉 그들은 노동력교환을 위해 품앗이에 참여할 뿐만 아니라 자신의 노동력을 팔기 위해 품앗이반에 참여하였다. 빈농은 품앗이일군들과 함께 작업하면서 자신의 적은 경지의 작업도 하지만, 그에 필요한 이상의 작업을 품앗이반을 통해 해나간다. 날품팔이노동자의 경우도 개별적으로 다른 품앗이일군들과의 작업에 참여하면서 날품노동력을 판매하기도 하지만, 품앗이반의 반원으로 참여하여 작업하고 임금을 받기도 하였다. 이들의 노동에 대해서 하루의 임금은 일제 말기에는 식사를 지참할 때와 식사를 주인이 제공할 때의 임금차이가 있으며,[34] 보통 날품팔이노동자의 임금과 차이가 없었다.

6) 품앗이의 변모

품앗이도 농촌사회의 계급분화과정에서 변화될 수밖에 없는 필연성을 지니고 있었으며, 그러한 상황이 나타나고 있었다. 우선 개별경제화의 움직임 속에서 품앗이 방식이 갖고 있는 상호부조적 성격이 약화되는 반면, 이해타산적인 측면이 점차 표면화하게

34) 印貞植, 앞의 책, 1943, 183쪽.

된다.

기본적인 원칙 하에서 융통성이 컸던 품앗이에 있어서 점차 표준노동력의 규격이 적용되게 되고, 특히 소년이나 노동능력이 좋지 않은 사람과의 노동력교환을 싫어하는 경향이 나타나고, 또는 노동능력은 뛰어나더라도 식사의 내용이 좋지 못한 빈농과의 품앗이를 싫어하는 경향도 나타났다. 또한 중농, 부농은 소와 노동력 간의 품앗이가 이루어지는 정도에서 그치고, 인간노동력의 교환을 경원시하게 된다.[35] 즉 소품앗이는 부농과 빈농의 관계를 띠어 가고 노동력 간의 품앗이는 중농들이 중심이 되는 것으로 바뀌어 갔다.

농촌 내부의 계급분화가 진전됨에 따라 빈농 및 농업노동자계급이 광범하게 형성되고, 머슴 및 날품팔이노동자들이 품앗이작업에 참여한다. 머슴이 품앗이에 참여하는 것은 품앗이의 조직적 운영에 있어 별다른 문제를 일으키지 않는다. 그런데 날품노동력이 품앗이작업에 참여하면서는 품앗이가 점차 변질되어 간다. 노동력의 교환을 전제로 하지 않는 날품팔이노동력이 증가하여 이것이 품앗이를 대신하는 경향이 점차 강화되어 품앗이를 해체하는 주 원인이 된다.[36]

이러한 현상이 더욱 강화되는 조건 속에서 중농, 부농은 머슴이나 계절고, 날품노동력을 구입하여 농사일을 해 나가거나, 또는 겨울이나 봄에 금전이나 식량을 노동력공급이 가능한 농가에게 미리 주고 날품노동력을 (단체로) 확보하는 방식(고지)을 취하고,[37] 품앗이와 같은 노동력교환방식을 취하지 않게 된다. 즉 부

35) 鈴木榮太郎, 앞의 책, 1973, 89-106쪽.

36) 印貞植, 『朝鮮農村雜記』, 1943, 17-28쪽.

37) 이러한 것은 특히 단체계약과 공동노동을 하는 고지대로 발전하여 남부 미작지대, 특히 전라북도 지방에서 광범하게 행해졌다. 고지에 대

농은 고용노동을 사고 빈농은 노동력을 판매하게 됨으로써, 품앗이는 한편으로 해체되는 경향을 보이면서 다른 한편으로는 전보다도 더욱 중농에 집중되게 된다.

가족노동력의 교환이 중심이었던 품앗이에 임금을 목적으로 한 농업노동자가 참여하게 됨에 따라, 품앗이는 내부적으로 분해될 가능성을 지니고 있었지만 그럼에도 불구하고 일시적으로 쉽게 결성될 수 있는 조직적 성격과 가족노동력으로 감당할 수 있을 정도의 경지면적을 가진 농가들이 많았기 때문에, 계속해서 광범하게 행해졌다. 농지개혁 후에도 일정 정도로 농민적 토지소유가 확립됨에 따라 그 토대 위에서 계속 널리 행해진 것으로 보인다.

2. 8·15 이후 품앗이의 성격과 그 변화

1) 품앗이의 분포

일제시기 이후 품앗이는 농민들 사이에서 아주 중요한 노동형태로서 자리 잡아 갔다. 고용노동의 사용이 많아졌지만, 중소농들 간에는 자가노동력의 교환형태로서 품앗이가 광범하게 지속되었다. 1950년대에도 품앗이노동은 중요한 노동형태로서 널리 행해진 것으로 보인다. 물론 1950년대에는 머슴노동력이 많았기 때문에 1960년대 이후보다 고용노동의 비중이 높은 편이었다. 이러한 머슴노동력은 1960년대 들어서서 도시를 중심으로 한 산업화와 더불어 농촌노동력이 유출하면서 급속히 줄어들었다.[38] 물론 머슴노동력이 줄어든다고 해서 곧바로 품앗이노동의 비중이 늘어나

해서는 다음 장(4장)을 참조.

38) 머슴의 변화에 대해서는 9장을 참조.

는 것은 아니었으며, 주로 가족노동의 비중이 늘어나고 품앗이노동의 비중은 계속 비슷한 수준을 유지하였다.

〈표 3-2〉 1960년대 이후 품앗이노동의 양상 (단위: 노동능력환산시간, %)

연도	총노동 시간	품앗이노동 시간/비율	환산노동 일수	품앗이노동 성별구성	
				남자	여자
1961	1,186	117 9.9		92.7 79.1	24.4 20.9
1962	2,536	210 8.3		144.6 68.9	65.4 31.1
1963	2,663	203 7.6		140.6 69.3	62.4 30.7
1964	2,117	164 7.8		122.6 74.8	41.4 25.2
1965	2,585	166 6.5		116.9 70.1	49.6 29.9
1966	2,557	181 7.1		125.5 69.2	55.8 30.8
1967	2,418	193 8.0		141.5 73.4	51.3 26.6
1968	2,213	147 6.6		105.8 72.1	41.0 27.9
1969	2,181	180 8.3		117.8 67.1	59.3 32.9
1970	2,155	171 7.9		111.2 67.0	56.4 33.0
1971	2,218	152 6.9		95.7 62.8	56.5 37.2
1972	2,075	140 6.8		89.5 63.8	50.7 36.2
1973	2,059	147 7.2		95.2 69.5	52.2 35.5
1974	1,652	102 6.2	10.36	69.3 68.0	32.7 32.1
1975	1,703	103 6.0	10.58	71.5 69.3	31.7 30.7
1976	1,724	111 6.4	11.40	69.2 62.3	41.8 37.7
1977	1,694	111 6.6	10.45	70.0 62.9	41.4 37.1
1978	1,700	105 6.2	10.10	63.7 60.4	41.7 39.6
1979	1,782	169 9.5	17.22	87.4 51.7	81.8 48.3
1980	1,813	171 9.5	18.33	84.7 49.5	86.4 50.5
1981	1,884	181 9.6	19.36	87.5 48.5	93.0 51.5
1982	1,766	165 9.3	17.55	76.3 46.3	88.4 53.7
1983	2,018	172 8.5	18.22	80.9 46.9	91.6 53.1
1984	2,005	173 8.6	17.64	83.0 48.1	89.6 51.9
1985	2,017	168 8.3	17.85	78.7 46.9	89.0 53.1
1986	1,991	162 8.1	17.42	70.1 43.3	91.8 56.7
1987	1,863	160 8.6	19.30	68.0 42.5	91.9 57.5
1988	1,847	145 7.9	18.15	53.4 36.8	91.8 63.2

자료: 『농림수산통계연보』, 각년호.

1960년대에 들어와서 품앗이노동의 변화를 전국적인 통계를 통해 살펴보면 〈표 3-2〉와 같다.

〈표 3-2〉에서 알 수 있는 바와 같이 1960년대의 품앗이노동투하량은 전체 농업노동투하량의 6.5-8.3%를 차지하면서 변동하고 있다. 1970년대에도 6-8%선에서 유지되고 있으며, 1970년대 말 이후에는 9%를 상회하더니 1980년대에는 8%대에 머물고 있다. 1970년대 중반에 품앗이노동투하시간이 좀 낮았을 뿐 계속 일정 수준을 유지하고 있으며, 1980년대 들어서도 줄어드는 추세에 있기는 하나 160-170 시간정도를 유지하고 있는데, 이를 노동일수로 환산하면 17-20일 정도에 달한다.

농촌내부에 상품화폐경제가 깊숙이 침투하면서 거의 모든 것이 화폐로 환산되어 거래되어 가는 추세에 있기는 하나, 이처럼 화폐를 매개로 하지 않는 품앗이노동이 계속 이루어지고 있다는 것은 농업노동의 한 특징이라고 할 수 있겠다. 가족노동력으로서 감당할 수 있지만 일시에 노동력을 결집하여 협업적 작업(공동작업)을 할 필요가 있기 때문에 농업에 있어서는 이처럼 화폐경제에 편입되면서도 품앗이가 성행하고 있다.

일제시대에 품앗이를 "손바숨", "손바꿈", "품들이"라고 하였다고 하는데, 8·15 이후에도 품앗이는 지방에 따라 여러 가지 이름으로 불리고 있었다. 품앗이로 논의 김매기를 하는 것을 "돌게논"이라 하고, 지붕을 서로 돌아가며 이어주는 것을 "돌게새끼"라고 하는 지역이 있었고, 또 다른 지방에서는 "어울이", "주먹바꿈", "수누름" 등으로 불렸다. 강원도의 산간촌락에서는 품앗이를 "질"이라고도 하여 품앗이를 조직하는 것을 "질짠다"고 하였다.[39]

---

39) 문화공보부 편, 『한국민속종합보고서』, 제4책, 경북편, 1974, 403쪽, 1966년 조사, 경북 영덕군 우곡동의 사례; 제7책, 충북편, 1976, 249쪽, 1974년 조사, 산간 밭농사 지역인 충북 영동군 양산면 호탄리의

이처럼 지역에 따라 이름은 다양하였으나 그 내용은 거의 동일하였다. 그런데 농민들은 농업노동에 있어서 조직화된 모든 노동형태를 품앗이로서 인식하는 경향이 있다. 즉 농민들은 혼자 할 수 없는 작업을 여러 사람이 결합하여 노동할 때에는 그것을 대부분 품앗이라고 생각한다. 사실상 품앗이는 협업적 작업의 기초였으며, 조직화된 노동조직 안에는 일반적으로 품앗이의 특성이 내재해 있다.

기계화와 고용노동에 의해 품앗이가 사라지는 마을들이 나타나기는 하지만 아직도 거의 모든 마을에서 품앗이가 행해지고 있다.[40] 특히 기계화가 어렵고 노동량이 많은 밭농사지역에서는 품앗이가 여전히 중요한 농업노동형태이다.[41]

품앗이는 일제시대 이후 논농사보다는 밭농사에서 더욱 많이 행해져 왔다. 논농사에서도 품앗이가 많이 행해져 왔지만, 논농사에 있어서는 작업시기가 일정하여 집중적인 노동력투하가 필요하며 따라서 품앗이보다 더 조직화된 노동조직형태(공동작업반)가 형성되어 왔고, 1980년대 이후 농번기의 농작업이 기계화되면서

사례; 제8책, 강원편, 1977, 279쪽, 1975년 조사, 강원도의 일부 지역; 제5책, 제주편, 1974, 38쪽, 1972년 조사, 제주도 북제주군 애월면 상귀리의 사례. 한상복, 「한국산간촌락의 연구」, 『사회학논총』, 제1집, 1964, 164-5쪽, 강원도 평창군 도암면 봉산리와 용산2리의 사례.

40) 『한국민속종합보고서』의 각 지역편을 보면 조사가 이루어진 거의 모든 마을에서 품앗이가 행해졌으며, 1973년에 충남의 15개 군에 산재하고 있는 186개 마을에 대한 조사에서는 6개 마을을 제외한 모든 마을에서 품앗이를 하고 있는 것으로 확인되었다. 문화공보부 편, 『한국민속종합보고서』, 제6책, 충남편, 1977, 351쪽.

41) 1987년 겨울 강원도 정선군 동면 호촌리 호명마을에 대한 필자의 조사에 의하면, 밭농사가 중심인 지역에서는 가족노동이 기초가 되면서도 품앗이와 고용노동에 의존하고 있었다. 특히 부인들에 의한 품앗이는 밭농사의 주축을 이루고 있었다.

품앗이는 줄어들고 있다. 그에 비해 밭농사의 작업은 작업시기에 융통성이 많아 가족노동력으로 감당하는 부분이 많았고, 협업적 작업도 품앗이와 같이 규모가 작고 융통성이 큰 조직의 형태로 이루어져 왔다.

품앗이의 지대별 분포를 1988년의 품앗이노동의 지대별 투하량에 따라 살펴보면(〈표 3-3〉), 평야지대 보다 산간지방에서 훨씬 많은 것으로 나타나고 있다.

도시근교지역에서 품앗이가 가장 적게 이루어지며, 평야지대에서 산간지대로 갈수록 품앗이노동시간이 많다. 도시근교지역에서는 근교농업을 하는 경우(시설원예 등) 가족노동력을 중심으로 영농을 하며, 농외취업을 하고 있거나 겸업을 하는 경우가 많아 품앗이가 적게 이루어지고 있다. 산간지대로 갈수록 품앗이노동시간이 많아진다는 것은 밭농사에 있어서 품앗이가 많이 이루어지고 있음을 말해준다.

농업지대별로 노동력 조달방식에는 차이가 있는데, 한 조사연구에 따르면[42] 산간지대에서 품앗이로 농사를 짓는 농가가 가장

〈표 3-3〉 1988년 지대별 품앗이노동투하량 (단위: 시간)

지대	합계		남		녀	
도시근교	75	100%	34	45.3%	14	54.7%
평야지대	126	100%	45	35.7%	81	64.3%
중간지대	146	100%	52	35.6%	94	64.4%
산간지대	185	100%	67	36.2%	118	63.9%
평균	145	100%	53	36.8%	92	63.2%

자료: 『1988년도 농가경제조사결과보고』.

42) 농협조사부, 『농업노동력이용실태조사결과보고』, 조사자료 80-24, 1980, 38쪽. 이 자료는 전국 40개 지역의 500호 농가에 대한 조사로, 도시근교, 평야지대, 준평야지대, 산간지대 등 4개 지대로 나누어 125호씩 조사하였다.

많고, 도시근교지역에서 품앗이로 농사를 짓는 농가가 가장 적다. 도시근교는 경영주 단독으로 농사를 짓든가 가족노동으로 감당하는 비율이 매우 높은데, 이는 도시에의 취업에 따른 농촌노동력의 부족으로 인한 현상으로 보인다. 동시에 산간지대는 고용노동의 사용도 평야지대나 준평야 지대에 비해 적은데, 이러한 추세는 노동력부족이 더욱 심각해진 다른 농촌지역에서도 가속화될 것으로 보인다. 논농사의 경우 특히 제초제의 등장으로 여름의 김매기 작업이 생략되면서 노동력수요량이 급속히 줄었을 뿐만 아니라, 기계화가 어느 정도 이루어져 가고 있기 때문에 품앗이는 줄어들고 있다. 그에 반해 밭농사의 작업은 아직도 기계화가 덜 되어 있고 또한 잔손질이 많이 가기 때문에 노동력수요량이 많다. 그러나 산간지방일수록 노동력부족이 심각하고 또 논농사에서처럼 대규모로 노동력을 조직화할 필요는 없기 때문에 품앗이를 많이 한다.

또한 가구단위로 농업노동의 상황을 보면 산간지방이라고 해서 품앗이만으로 영농을 해 나가는 것은 아니고, 단지 노동력 수요량이 많은 시기에 집중적으로 품앗이가 행해지고 있는 것이다. 논이 없고 밭만 있는 산간마을에서는 가족노동과 품앗이노동이 중심이 되고, 거기에 고용노동을 보충하는 식으로 노동력을 조달하고 있다. 그에 비해 평야마을에서는 가족노동을 기본으로 하면서 기계화된 조직노동을 이용하며 품앗이는 밭에서 일부 이루어지고 있다.[43]

품앗이는 가족노동의 연장이지만 동시에 농사일을 전적으로 하는 사람들 간의 노동력교환의 성격을 지니고 있다. 노동력이동이 활발한 도시근교 지역의 경우는 도시지역에의 일시적 고용이

---

43) 강원도 정선군 동면 호촌리의 호명마을; 충북 청원군 옥산면 덕촌2리 덕촌마을의 사례, 1987년 겨울 조사.

늘 있기 때문에, 품을 앗을 수 있다는 보장이 없다. 즉 노동시장에서의 노동력의 유동성이 증가하자 품앗이는 점점 더 줄어들고 그날 그날 품값을 치르는 경향이 높아져, 품앗이가 고용노동으로 대체되어 간다.[44] 물론 이러한 현상은 도시근교 지역에 한정된 것이 아니라 노동력의 유동성이 커진 마을에서는 일반적인 현상이다.

2) 품앗이의 결합범위

품앗이의 결합관계는 생산을 둘러싼 관계에 기초하면서도 여타의 사회적 관계 즉 친지, 친척관계, 농우의 임차관계, 지주소작관계, 성별, 연령 등을 매개로 다양하게 나타나고 있다.

품앗이는 기본적으로 등가교환의 원칙 위에서 노동력을 일대일로 교환하는 것이므로 서로 비슷한 사람끼리 결합되지만, 그러면서도 작업시기와 작업의 성격에 따라 융통성이 있으며 또한 여러 가지 불평등한 요소가 개재하기도 한다.

〈표 3-4〉 1960년대~1980년대 경지규모별 품앗이노동의 양상 (단위: 환산시간, %)

연도	총노동 시간	품앗이 시간	비율	0.5정보 미만(%)		0.5-1		1-1.5		1.5-2		2정보 이상	
1962	2,536	210	8.3%	78	5.2	182	7.7	301	9.2	408	11.1	460	9.6
1968	2,213	147	6.6%	48	4.5	106	5.5	213	8.0	224	6.8	380	9.0
1974	1,652	102	6.2%	38	4.3	83	5.4	140	7.0	203	8.2	193	6.4
1980	1,813	171	9.5%	50	5.6	136	8.7	215	9.9	293	11.5	354	11.0
1986	1,991	162	8.1%	32	3.8	104	6.3	193	8.5	245	9.1	339	10.8

* 경지규모별 품앗이노동시간의 %는 경지규모별 총노동투하시간에 대한 비율임.
자료: 『농림수산통계연보』, 각년호.

44) 경희대 민속문화연구소, 『서산민속지』, 상권, 1988(1986-7년 조사자료), 118, 134, 143, 151쪽.

품앗이의 결합관계는 몇 가지 지표를 통해 살펴 볼 수 있겠는데, 경지규모별 품앗이노동은 전국적인 통계에서는(〈표 3-4〉) 그 투하량은 절대적으로는 상층일수록 많다. 전국 통계에서는 시기마다 굴곡을 보이지만 중농층(1.5-2 정보층)에서 품앗이의 비율이 높은 특징을 보여 주고 있다.

품앗이는 농촌사회 안에서 일반적인 노동형태이지만 계층적인 차이가 있으며, 특히 중간층에서 많이 하는 것으로 여러 조사연구자료에서 확인되고 있다. 앞의 전국통계에서는 품앗이의 비중이 줄어드는 분기점이 2정보였으나, 많은 사례조사에서는 그 분기점이 1정보 정도로 나타나고 있어 앞에서 살펴본 전국적 통계와는 약간의 차이를 보이고 있다. 또한 품앗이의 규모에 있어서도 계층차이를 볼 수 있는데, 경지규모가 작은 농가일수록 소규모 품앗이에 참여하고 경지규모가 큰 농가일수록 대규모 품앗이에 참여하는 경향이 나타난다.45)

예를 들어 모내기를 할 때에 1정보의 논을 가진 농가는 30명의 노동력이 필요하다고 한다면, 부부가 14일의 품앗이를 해서 모내기날에 자신들을 포함하여 30명의 일꾼으로 모내기를 한다. 그에 비해 2정보의 논을 가진 농가는 60명의 노동력이 필요하며, 부부가 20일씩 품앗이를 하여 40명의 일꾼을 확보하고 나머지 20명의 일꾼은 자신들과 날품노동을 고용하여 조달한다. 이처럼 상층으로 갈수록 고용노동의 비중이 커지지만 품앗이의 규모도 커진다. 그러나 일정 규모(1-1.5 정보) 이상이 되면 고용노동의 비율이 훨씬

45) 농협중앙회조사부, 『농민들의 협동적 행동 참여에 관한 조사연구』, 1969, 60-61쪽. 경북 성주군 문명리동조합, 칠선리동조합과 경남 사천군 상남리동조합 관내 주민들에 대한 조사이다. 이 지역들은 논의 비율이 70% 이상인 논농사지대였으며 시장과의 거리가 멀고 조사 당시 교통이 불편한 지역이었다.

높아지고 품앗이의 비율뿐만 아니라 가구당 품앗이일수도 오히려 줄어든다. 다른 조사연구[46]에서도 유사한 결과가 나왔다.

그러면서도 경지가 없는 또는 극히 적은 가구는 품앗이를 하는 비율이 낮은데, 이는 품앗이가 기본적으로 자가노동의 연장선 상에서 자기노동력을 효과적으로 집중하여 작업을 하려고 하는 것이기 때문에, 경지가 없거나 극히 적은 농가는 품앗이 보다는 날품노동력을 판매하여 생계를 유지하므로 품앗이에 참여하는 비율이 낮게 된다. 또한 경지규모가 비교적 큰 농가는 품앗이를 하기도 하지만 고용노동을 많이 사용하여 영농을 해나간다.

이러한 경향은 약간 변화를 보이는데 여성농민의 노동에 관한 1980년대의 조사연구에 따르면,[47] 품앗이는 1.0-2.0정보의 중농층 주부들의 참여가 가장 높고 상층농가에서는 그 보다 조금 낮게 나타나고 영세농가에서 가장 낮게 나타난다. 과거에는 주로 중소농층을 중심으로 품앗이가 이루어졌음에 반해 이와 같이 중농층 이상에서 품앗이가 많아진 것은 농업노동력의 급속한 감소로 전계층에 걸쳐 가족노동의 비중이 높아지고 고용노동의 비중

---

46) 정병휴, 「한국의 농업노동에 관한 일 고찰」, 『경제논집』, 제6권 제2호, 1967, 39-40쪽. 이 글의 내용은 전남 영광군 불갑면 가오부락과 순량부락, 그리고 군남면 도철부락 등 3개 부락의 173가구를 대상으로 실시한 조사이다. 이 지역은 논의 비율이 71%에 달하는 논농사지역으로, 1965년 1년간 품앗이를 한 농가는 173호 가운데 91호(52.6%)로 나타나고 있다.

47) 한국여성개발원, 『농촌여성의 노동실태에 관한 연구-농가주부를 중심으로-』, 1987, 50쪽. 이것은 행정구역 및 농업지대의 특성을 고려하여 전국 64개 부락을 선정하여 2,005명의 농가주부를 대상으로 하여 1986년 8월에 조사한 것이다. 품앗이 참여여부를 영농규모별로 보면 0.5정보 미만층 주부의 49.5%, 0.5-1정보층 주부의 90.7%, 1.0-1.5정보층 주부의 94.3%, 1.5-2.0정보층 주부의 96.4%, 그리고 2.0정보 이상층 주부의 68.1%가 각각 품앗이를 하러 간 적이 있다고 응답하였다.

이 낮아진 결과이다. 노동력의 감소와 함께 농업노임의 상승으로 특히 중농층 이상에서 고용노동의 비중이 크게 감소하고 가족노동의 비중이 급속히 증가하였고, 가족노동의 연장 형태로서 품앗이가 늘어났기 때문이다. 또한 품앗이를 많이 하는 층이 일제시대에 품앗이를 많이 하던 층보다 경지규모가 커진 것은 농업생산력의 발전과 함께 노동력당 경작가능면적이 증가하였기 때문이기도 하다.

그리고 특히 머슴노동력이 광범하게 존재했던 1950년대와 1960년대에는 중농과 빈농의 경우에는 직접 품앗이에 참여하지만 부농일수록 머슴을 품앗이에 내보낸다. 머슴은 고주와의 관계에서는 피고용노동력이지만 농가간 관계에 있어서는 가족노동력으로 간주되었다. 1965년도의 한 조사연구결과에 의하면[48] 논 1정보 이상 되는 농가에서의 품앗이는 주로 머슴이 담당하고 있다.

1970년대 들어 노동력의 급속한 이동과 노동력의 감소 속에서 머슴노동력도 급속히 감소하였으며, 더욱이 경종농업에 있어서 머슴은 거의 사라지고 축산, 과수 등에 머슴이 일부 있으나 이들은 거의 품앗이노동에는 참여하지 않고 있다.

다음으로 품앗이노동의 중요한 특징은 여성의 참여가 급속히 늘어나고 있다는 점이다. 8·15 이후 여성들의 농업노동참여는 적지 않게 있었으나, 1970년대 들어 노동력이 급속히 감소하면서 여성들의 농업노동참여는 현저하게 늘어났다. 가족노동에 있어서는 남성노동이 중심을 이루고 있는 것으로 나타나는데(물론 가사노동을 제외한 농업노동만을 고려하기 때문이다), 고용노동이나 품앗이노동에 있어서는 여성이 차지하는 비중이 급속히 늘어 가고 있으며 남성노동을 앞지르고 있다.

48) 정병휴, 앞의 글, 40쪽.

95쪽에 있는 〈표 3-2〉에서 품앗이노동의 남녀구성을 살펴보면, 1980년 이후에는 품앗이노동시간에 있어 여성이 남성을 앞지르게 되었고 비중이 계속 높아지고 있다. 더욱이 이것은 노동능력환산 시간으로 계산하였기 때문에 여성노동력이 저평가되어 있다(성인 노동력 인구의 경우 남성은 1로, 여성은 0.8로 환산). 그러므로 실제 노동일수로 따지면 여성노동이 차지하는 비중은 더욱 크다고 하겠다. 1965년의 평야지대에 대한 조사자료에서는 노동일수에 있어서 남성의 품앗이일수가 많은 것으로 확인되었다.[49] 농가주부를 대상으로 한 1980년대의 연구조사에서 품앗이 참여여부를 질문한 결과(전체의 72.0%가 품앗이를 하러 간 적이 있다고 응답)에서, 품앗이의 주 참여자를 살펴보면 농가주부가 남편보다 품앗이에 훨씬 많이 참여하고 있어 이전과는 달리 품앗이가 부녀노동력을 중심으로 변화되고 있음을 알 수 있다.[50]

여성노동력이 품앗이노동의 중심을 이루어 나가면서 당연히 남편의 품앗이 참여일수에 비해 농가주부의 참여일수가 훨씬 많게 된다. 그런데 영농규모에 따라 남편의 품앗이일수는 차이가 큰데 비해서 주부는 그 차이가 덜하다. 여성들의 품앗이노동 참여는 도시근교지역에서 다른 지역에 비해 참여율이 낮고, 그외 다른 지대에서는 별 차이 없이 그 비율이 높은 것으로 나타나고 있다. 더욱이 기계화가 진전되면서 기계작업은 남성노동이 담당하고 여성들은 손노동 및 보조노동을 담당하는 식으로 분업이 이루어지

49) 정병휴, 앞의 글, 41쪽. 이 조사에서 가족이 나간 품앗이의 성별구성을 보면 남자가 859일, 여자가 652일로서 남자의 품앗이가 많다. 그렇지만 여성의 품앗이비율이 35%에 달하고 있는데, 특히 이 지역이 논농사지역임에도 불구하고 이처럼 여성의 품앗이가 많다는 것은 주목된다. 이는 여성들이 논농사의 품앗이에도 적극적으로 참여하고 있음을 말하여 준다.

50) 한국여성개발원, 앞의 책, 50쪽.

고 있다. 기계조작은 주로 남성들이 하는데 이 노동은 품앗이가 드물며, 손노동 및 보조노동을 하는 여성들 간의 품앗이가 많이 이루어진다. 그래서 점차 품앗이가 여성들 중심으로 바뀌어져 가고 있으며, 일부 남성농민들은 '품앗이는 여자들이 하는 것'으로 인식하기도 한다.

품앗이는 대개 마을 안에서 이루어지며, 이웃마을 사람과 품앗이를 하는 경우는 경지가 밀접하게 있다든가 친척인 경우가 아니면 거의 없다. 즉 품앗이는 자연부락 안에서 이루어지고 있으며, 더욱이 자연부락의 규모가 큰 경우에는 하위 자연부락 안에 살고 있는 이웃끼리 품앗이가 이루어진다.[51] 어떤 지역에서는 마을 전체가 몇 개의 품앗이조직으로 결성되어 작업을 하는데 공동체적 규제가 강하게 작용하기도 하였으며, 자연부락에 있어서는 하위자연부락 단위로 품앗이가 조직되어 하위자연부락의 이름을 따서 "앞굴품앗이", "뒷굴품앗이" 등의 품앗이 이름을 붙이기도 하였다.[52]

즉 품앗이는 가까운 거리에 있는 이웃과 하는 것이 일반적이며, 친척 간에 이루어지는 경우도 있다. 형제들끼리 품앗이를 하는 경우도 많이 나타나는데 형제끼리는 서로 도우는 것이 당연한 의무라고 생각하고 있다. 특히 모내기 때에는(기계화 이전) 일손이 모자라기 때문에 품앗이 대상을 고르기가 무척 어렵다. 제일 부탁하기 좋은 대상이 형제들이다. 형제들 간에는 노동량의 등가원칙이 무시되기도 한다. 또한 형제들끼리의 품앗이에는 일의 순서가 미리 정해지는데, 일의 다소를 막론하고 형의 집부터 먼저 하는 것이 상례인 경우도 있다.[53]

---

51) 최재석, 『농촌사회변동연구』, 1988, 345쪽.

52) 경희대학교 민족문화연구소, 『서산민속지』, 상권, 1988, 충남 서산군 원북면 이곡리, 1986년 조사; 47쪽, 서산군 덕지천리.

그리고 가까운 친척 간의 품앗이는 품을 주고받는다는 생각보다 도우러 간다는 생각을 하고 있다. 즉 바쁜 때에 온 집안이 다 가서 도와주는 그러한 형식도 나타난다. 형제들끼리의 품앗이에 있어서는 가족 모두가 참여하는 경우가 있으며, 가족원의 일부를 동원하기도 한다. 품앗이에 있어서 작은 집에서 큰 집으로 품앗이를 갈 때에는 가족원의 일부를 동원하는 데 반해, 큰 집에서 작은 집으로 품앗이를 갈 때에는 가구주 대신 아들 혼자만 보내는 경우도 있다. 형제 간에 품앗이를 하는 대부분의 농가들은 상대편의 노동량에 대해서는 별로 계산하지 않은 채 바쁜 농사철에는 서로 도와주어야 한다는 생각을 한다. 가까운 이웃의 경우에도 가족 모두가 가서 일을 도와주기도 한다. 촌수가 좀 멀어지면 가족 모두가 가는 경우는 거의 없게 된다.

그러나 품앗이에 있어서 이러한 노동력교환방식은 사라져 간다. 농가의 농업노동력구성이 단순화되며 특히 보조노동력이 도시로 유출하여 거의 없기 때문에 친척이나 이웃과의 품앗이에 동원할 다른 가족원이 없는 것이다. 이런 추세 속에서 품앗이는 더욱더 일대일의 성격을 확실히 해 나간다.

친척들 간의 품앗이가 등가교환의 원칙을 깨트릴 경우에는 갈등의 소지를 갖고 있는데 반해 이웃간의 품앗이는 그러한 갈등의 소지가 적다. 또한 이웃간의 품앗이는 대체로 서로 마음이 맞는 사람끼리 이루어지지만, 친척 간에는 마음에 꺼려도 참여해야 하는 경우가 있기 때문이기도 하다. 또 농촌마을 안에는 여러 가지 조직들이 있는데 이웃이나 친척 간에 가장 쉽게 결합할 수 있는 다양한 계조직이 있다. 계원들은 대개 서로 가까운

53) 성태규, 「농업노동력동원형태의 변화에 관한 연구」, 영남대 문화인류학과 석사논문, 1982, 30쪽. 이 논문은 경북 칠곡군 왜관읍 매원2동 중매마을과 하매마을에 대한 1981년의 조사이다.

사람들로서 품앗이를 같이 하는 경우가 많다. 계원은 대개 비슷한 연령으로 이루어져 있기 때문에 서로의 노동력도 대체로 대등한 편이며, 보상의 속도나 크기도 친척 간에 보다 빠르고 균등하다. 이웃 간의 품앗이는 지리적인 거리와도 관계가 있다. 대개 가까운 이웃이 품앗이 선택의 우선적인 조건이다. 가까운 이웃을 두고 먼 곳에서 품앗이를 구하는 경우는 때때로 비난의 대상이 된다.[54)]

한편 양반마을이나 동족마을의 경우에 품앗이의 결합형태에 동족의식 및 반상의식이 반영되어 나타나기도 한다.[55)] 품앗이가 일의 능률을 중심으로 형성된 것이기 때문에 노동력이 비슷하면 반상간의 품앗이도 양반끼리의 품앗이나 상민끼리 행하는 품앗이와 같은 조건으로 행해지지만, 반상간에 있어서는 양반은 머슴(빈곤한 양반은 가구주 자신)이 노동을 제공하는데 대하여 상민은 가구주 본인이 참여하는 것이 보통이었다. 머슴이 없어지고 노동력 부족이 심각해지면서 반상관계 및 동족관계에 따른 품앗이결합의 특성이 점차 약화되고 있기는 하나 여전히 그 잔재는 남아 있었다.[56)]

---

54) 성태규, 앞의 글, 32쪽.

55) 경상북도 월성군 강동면 양동마을(1971년 12월-1972년 1월 조사)은 이씨와 손씨의 양반마을인데, 이 마을에서는 동족의식과 반상의식이 두드러져 손씨와 이씨 사이의 품앗이는 거의 없고, 이씨는 이씨끼리, 손씨는 손씨끼리 하게 된다. 이씨와 상민, 손씨와 상민의 품앗이도 일부 행해지고 있었다. 최재석, 『한국농촌사회연구』, 일지사, 1975, 508쪽.

56) 1981년에 경북 칠곡군 왜관읍 매원2동의 중매마을과 하매마을에서는 동족과 각성들이 모여살고 있는데, 품앗이에 있어서 동족구성원들은 동족끼리, 각성은 각성끼리 결합되는 양상을 보인다. 품앗이를 한 농가 40호 중에서 동성끼리 품앗이를 한 경우가 23가구이며, 각성끼리 한 경우가 23가구인데, 동성과 각성 간에 품앗이가 이루어진 경우는 2가구뿐이다. 이것은 반상의식이 일정하게 작용한 것으로 보인다. 이

품앗이는 마을 안에서 이루어지고 있으면서도 계층간의 차이뿐만 아니라 동족과 타성과의 갈등에 따라 그 결성형태가 특수하게 나타나기도 하고, 또 교회가 마을에 뿌리내리고 있는 경우에는 신자와 비신자로 나뉘어지는 경우가 있다.57)

이처럼 품앗이는 다양한 인간관계 속에서 서로 마음에 맞는 사람끼리 이루어진다. 그러나 품앗이가 이루어지기 위한 기본 조건은 서로 동질의 노동력을 지니고 있어야 한다는 것이며, 동시에 서로 확실하게 교환이 된다는 보장이 있어야 한다. 물론 여기서 확실한 보장이라는 것은 농사일을 계속한다는 의미에서이다.

그렇기 때문에 농사일도 하고 다른 일도 하는 사람(겸업자)과 품앗이를 하기는 어려운 일이다. 이러한 현상은 전겸업별 품앗이 참여정도를 보면 잘 드러난다. 전업농의 경우에는 품앗이에 의한 노동력충당의 비율이 겸업농가에 비해 훨씬 높은데, 전업농은 농사일에 전념하여 언제든지 품을 서로 앗을 수 있기 때문이다. 겸업농가는 농외수입의 획득을 위해 일하면서 농사는 가족노동으로 대처하고 가족노동으로 하기 어려운 작업은 날품노동을 고용하든가 작업을 위탁하기 때문에 품앗이노동에의 참여율이 낮다.58)

마을은 원래 광주 이씨의 동성마을이었는데, 각성들은 대부분 다른 지역에서 들어오거나 또는 이 지역의 노비출신자들이었다. 동성들의 전출이 늘어나고 각성가구들이 전입해 오면서 각성의 비중이 더 커졌지만 동성과 각성 간에는 갈등이 존재하고 있다. 성태규, 앞의 글, 18쪽. 필자는 1992년 가을 충북 괴산군 감물면 유창리 유창마을에 대한 조사에서도 동족간의 품앗이가 타성간의 품앗이에 비해 훨씬 활성화되고 있음을 확인하였다.

57) 충청북도 청원군 옥산면 덕촌리의 경우(1988년 조사).

58) 농협조사부, 앞의 책, 40쪽.

3) 품앗이의 조직

품앗이는 마을 안 농가간 필요에 따라서 서로 노동력을 교환하는 것으로, 두레와는 달리 수시적 임의적 성격이 강하여 성원도 일정하지 않고 지속기간도 일정하지 않다. 그런 의미에서는 고정적인 조직이 아니며 필요에 따라서 수일 전에 또는 바로 전날에 약속이 이루어져 조직되기도 한다.

이처럼 임의적 성격이 강하면서도 나름대로의 기본원칙이 있다. 품앗이는 기본적으로 동등한 노동력의 교환을 원칙으로 하고 있다. 동등한 노동력 교환의 원칙 위에서 농가간의 협업적 작업이 이루어지며 이는 농업노동에 있어서 공동노동의 출발점이기도 하다. 대체로 품앗이는 동등한 노동력끼리 같은 작업을 하여 서로 노동력을 교환하는 것이 원칙인데, 각 농가의 사정에 따라서 이 원칙이 파기되는 경우도 있지만 기본적으로 이 원칙이 준수되면 그 품앗이는 반복성이 강하게 된다. 품앗이의 기저에는 바로 동등한 교환이라는 평등원칙이 바탕을 이루고 있으며, 그 교환이 노동력만의 교환이 아닐 경우도 마찬가지이다.

노동력의 교환일 경우에는 보통 하루의 노동일을 단위로 하여 일대일로 이루어진다. 품앗이를 원하는 사람은 (비슷한 수준의 노동능력을 가지고 있는) 품앗이상대자에게 언제 어떤 일을 해 줄테이니 먼저 일을 해 달라고 구두로 신청한다. 이 때 상대방이 응하여 서로 간에 대체로 노동의 종류와 시기에 대한 계약을 하면 품앗이가 조직된다.

이렇게 조직된 품앗이로 서로 일을 해나가는 과정에서 계약한 대로 하지 못하는 경우가 발생할 수 있다. 그럴 때에는 노동력의 등가교환이라는 기본원칙 위에서 융통성 있게 운영된다. 즉 자신이 품을 앗지 못할 경우에는 제3자를 보내서 품을 앗도록 하는 것이 일반적으로 행해지고 있으며, 계약한 시기의 작업으로 품을 앗지 못했을 때에는 다른 시기에 다른 작업에서의 일로 앗기도 한다. 그리고 모내기와 같이 일손이 매우 부족한 시기에나 특수한 사정이 있는 농가(병약하여 일을 할 수 없거나 일할 수 있는 사람이 소년이나 여성밖에 없는 농가)와는 예를 들어 성인 남성노동력에 대해서 여성노동력이나 소년노동력으로 교환하기도 한다. 이처럼 부분적으로 마을 안에서 어려운 농가를 도와주는 측면도 가지고 있지만, 이러한 경우는 예외적인 것이고 일반적으로 품앗이는 건강한 노동력 간의 교환으로서 행해진다.

노동력이 부족해지면서는 노동력에 대한 평가가 엄격히 이루어지는 경향이 있으며, 지역에 따라서는 성인 1명의 노동력에 대해서 미성년은 2명의 노동력으로 교환되기도 하였으나,[59] 이러한 교환형태도 점차 사라져 간다.

다음으로 노동력간의 교환이 아니라 축력과 인력의 교환인 "소품앗이"가 있다. 1950,60년대의 농가역축소유상황을 보면 일제시대보다는 나아졌지만, 소가 없는 농가가 많았다. 1970년대 중반에도 역축을 차용해서 쓰는 것이 약 반 정도에 달했다. 농사일을 하는데 있어서 없어서는 안 될 농우가 없는 농가는 농우를 가진 사람에게 작업을 청부하거나 농우를 빌려서 사용해야 했다. 이렇게 우경작업을 청부하거나 소를 빌려 사용하는 과정에서 소품앗이가 행해졌다.

일제 시대에는 한 마을에 농우를 소유하고 있는 농가가 몇 농가밖에 없었고, 따라서 우경작업을 청부하든가 농우를 빌려 사용하는 일이 흔하였는데, 그에 대한 댓가를 품으로 갚는 소품앗이

---

59) 문화공보부 편, 『한국민속종합보고서』, 제2책, 전북편, 1980, 20쪽, 전북 부안군 내산면 격포리 궁항부락에 대한 1969년의 조사.

가 널리 행해졌다. 8·15 이후에도 소를 농경의 원동력으로 사용하였고 계층간에 소유정도가 달랐기 때문에 소품앗이가 널리 행해졌다. 축력이 중요한 원동력이었던 시기에 이루어진 소품앗이는 소와 노동력 간에는 일대일 내지 일대이의 비율로, 그리고 소와 소를 부리는 사람이 함께 작업을 할 경우(소+노동력)에는 일대이 내지 일대삼의 비율로 교환되었다. 물론 그 교환비율은 지역에 따라 차이가 있었다.[60)]

또 같은 지역이라도 시기에 따라 축력소유정도와 축력수요에 따라 소품앗이의 비율이 달라졌다. 그리고 소와 노동력 뿐만 아니라 다른 생산도구들을 함께 사용할 경우에는 그 비율 또한 달라졌다.[61)]

축력에 의한 작업이 경운기로 대체되면서는 경운기를 부리는 작업자와 일반 손노동자 간에 이와 같은 품앗이가 이루어지고 있

---

60) 충남 도서지방의 농촌에서는 소를 빌렸을 경우, 마을에 소가 많은 지역에서는 대개 한 사람의 품으로 앗지만, 마을에 소가 귀한 지역에서는 소 한마리가 한 마지기를 갈게 되면 두 사람의 품으로 앗는다. 충남 보령군 오천면 원산도에서는 소를 하루 빌려 쓸 경우에는 한 사람의 품으로 갚아주며, 한 사람의 일군이 소를 가지고 가서 논이나 밭을 갈아주면 한 마지기(200평)당 하루 품씩 갚아주는 식으로 하였다. 문화공보부 편, 『한국민속종합보고서』, 제6책, 충남편, 1977, 351쪽, 1973년의 조사. 경북 칠곡군 왜관읍 매원2동의 중매마을과 하매마을의 경우, 1975년 이전에는 소를 빌려 쓰는 대신 품앗이를 하는 당사자들의 편의에 따라 집수리(3일간)를 도와주거나 모내기를 해주는 사례가 발견되었다. 성태규, 앞의 글, 16, 30쪽. 강원도 일부 지역에서도 농우와 인력 간의 품앗이가 일대일 또는 일대이의 비율로 지역마다 다르게 적용되고 있었다. 문화공보부 편, 『한국민속종합보고서』, 제8책, 강원편, 1977, 279쪽, 1975-76년의 조사.

61) 충북 청원군 옥산면 덕촌2리의 경우 농우가 귀할 때인 1950, 1960년대에는 소만 빌릴 때 2사람의 품, 마차까지 빌릴 때 3사람의 품, 거기다가 마차주인이 일을 해줄 경우는 4사람의 품으로 교환되었다.

다. 또 소가 경운기로 대체되면서는 현금이 없는 소농가는 경운기작업을 부탁하고 그에 대해 2일간의 모내기작업의 품으로 갚기도 하였다. 농민들은 흔히 이렇게 하는 것을 '경운기품을 갚는다'고 한다.[62] 이것은 소품앗이와는 달리 "기계품앗이"라고 할 수 있겠다.

기계품앗이는 주로 경운기를 중심으로 이루어졌는데, 축력을 이용한 경운정지가 거의 사라지고 경운기를 비롯한 기계로 경운정지작업을 하면서 새로이 나타난 형태이다. 경운기의 보급률이 높다 하더라도 모든 농가가 소유하고 있는 것은 아니어서, 또 기계운전능력을 갖추었는가 여부에 따라, 기계품앗이는 다양하게 나타날 수 있는 것이다.

물론 경운기에 의한 심경작업이나 운반작업 등에서는 마지기당 혹은 노동일수를 단위로 하여 품값을 주고 있는 경우가 많은데, 그 품값은 보통 손노동 품값의 두 배에 해당하였다. 즉 품앗이형태로 이루어지는 것과 같은 비율로 현금결제가 이루어지고 있었으며, 이것이 바로 다름 아닌 경운기의 '임경' 작업이다.

기계를 빌리거나 기계작업에 대해서 일정한 삯을 주는 방식이 늘어나고 있지만, 부분적으로 기계품앗이는 계속되고 있다. 그런데 기계화가 더욱 진전되고 특히 대형화되어 기계작업만을 주로 하는 사람이나 조직이 생겨나면서는 기계품앗이가 성립되기 어려워졌다.

기계품앗이는 기계의 소유자나 기계작업자가 손노동을 필요로 하는 한에서 이루어 질 수 있다. 그런데 기계작업자들은 점차 기계작업으로 농작업을 해결해 나감으로써 노동력으로 품을 받지 않고 작업료를 받는 방식을 취한다. 즉 기계가 없거나 기계조작

---

62) 성태규, 앞의 글, 16, 30쪽. 그리고 강원도 춘성군 신동면 증2리 한들마을 농민들의 말.

을 하지 못하는 농민들은 기계조작자에게 작업을 위탁하고 일정한 작업수수료를 지불하는 방식이 일반화되고 있다. 이러한 방식으로 전개되어 나타나는 것이 임작업의 확산과 농기계 공동이용조직의 활성화이다. 특히 기계를 중심으로 결합된 작업조가 작업을 할 경우에는 기계품앗이는 찾아 볼 수 없으며, 개인임작업형태에서는 간혹 대형농기계작업에서도 기계품앗이가 나타나고 있으나 극히 드물다.

이처럼 노동력간의 교환이 아닌 기계품앗이가 행해지지만 품앗이의 가장 기본적인 형태는 노동력간의 교환이다. 이 노동력간의 교환이 이루어지려면 품앗이를 하는 농가에는 품앗이를 할 수 있는 노동력이 있어야 하는데, 보통 남자들은 20세 정도가 되어 성년이 되면 품앗이에 참여할 수 있게 된다.[63] 물론 연령상의 하한이 정확하게 정해져 있는 것은 아니며 마을 안에서 농사일을 하는 젊은이면 참여할 수 있다. 일제시기에는 15-6세면 농사일을 시작하였으나 농촌에서도 학력이 높아지면서 농사일을 시작하는 연령이 높아졌다. 그리고 연령상 상한은 없으나 다른 사람들에게 빠지지 않게 일을 할 수 있을 때가 되면 품앗이에 참여할 수 있다.

품앗이는 앞에서 살펴본 바와 같이 여성들의 참여율이 높아지고 있으며, 점점 더 여성이 주로 담당하는 것으로 된다. 여성들의 경우는 대개 주부들이 참여한다. 결혼 이전에 농사일을 하면서 품앗이에 참여하는 여성들을 찾아보기는 힘들며, 여성들은 결혼 직후 육아에 신경을 쓰는 시기가 지나면 농업노동에 적극적으로 참여하게 되며 부인도 그야말로 기간노동력으로 된다. 그리고 품앗이에 참여할 때에 한 집에서 두 사람 이상이 나올 경우가 있는

63) 문화공보부 편, 『한국민속종합보고서』, 제7책, 충북편, 1976, 249쪽.

데, 이 때 대개는 부부가 함께 참여하는 경우가 많다. 노동력부족이 심각해지고 있는 상황에서도 노동력수요가 많은 작물, 예컨대 담배농사에 있어서는 몇 농가가 "품앗이반"을 이루어 품앗이를 하며 이 때 보통 부부가 함께 참여하여 구성한다. 이것은 공동작업반에 가까운 형태라고 할 수 있다.[64)]

다음으로 품앗이의 규모에 대해 알아보자. 품앗이의 규모는 2호 이상으로 조직되며 1960년대 말의 한 조사에서는 6-10호가 가장 많은 것으로 나타나고 있다. 그리고 11호 이상의 대규모로 이루어지는 것도 상당수에 이르고 있었다.[65)]

표본수가 적어 일반화하기에는 무리가 있으나 1960년대 후반에 영농종사자수가 많았을 당시에는 영농종사자가 적은 농가일수록 품앗이 참여율이 높고 영농종사자가 많은 농가일수록 품앗이 참여율이 낮은 것으로 나타나고 있다. 품앗이의 규모는 6-10호로 이루어지는 것이 가장 많으며 그 다음이 5호 이내로 이루어지는 것이었다. 그리고 경지규모가 클수록 대규모 품앗이에 참여하는 비율이 높다. 1970년대를 거치면서 특히 1980년대 들어 가구당 영농종사자수는 줄어들고 있으며 현지조사들에 의하면 실질적인 영농종사자는 대개 1-3명 정도이며 부부에 의한 영농이 가장 기본적이고 많은 것으로 나타나고 있다. 즉 부부 2명의 노동력에 의한 영농이 기본을 이루며, 윗세대 또는 아랫세대 가족구성원 중에서 1명 정도가 참여하는 것이 일반적인 농가노동력구성 형태이다. 이렇게 부부가 노동력의 기본단위가 되면서는 앞의 담배 재배지에서의 예처럼 부부가 함께 참여하는 품앗이반이 조직되기도

64) 담배인삼공사 강원도지부의 관계자와의 면접, 1989년 8월. 괴산군 감물면 유창리 유창마을의 조사(1992년)에서도 확인된다.

65) 농협중앙회 조사부, 『농민들의 협동적 행동 참여에 관한 조사 연구』, 1969, 60-61쪽.

한다.

품앗이는 두 농가 간에 일시적으로 이루어지는 가장 단순한 형태에서 여러 농가가 서로 품앗이관계에 편입되는 형태가 있으며, 조직적 성격도 느슨한 것에서 노동력의 부족과 함께 보다 조직적인 것으로 변화된 것이 있다. 즉 두 사람간의 임의적인 결합에서 여러 사람의 조직적 결합에 이르기까지 품앗이의 조직적 특성은 다양하게 나타난다.

또한 품앗이의 규모는 작업의 종류에 따라 달라지기도 한다. 모내기와 같이 집중적이고 많은 노동력이 필요한 경우에는 품앗이 규모가 큰 반면에, 거름펴기, 못자리설치, 병충해방제, 벼베기 등 적은 노동력으로 할 수 있는 작업의 경우에는 품앗이규모가 2-3호 정도에 머물고 있다.[66]

여기에서는 다수 농가가 조직적인 결합의 형태를 띠는 품앗이를 중심으로 하여 품앗이가 어떻게 조직되는가를 설명해 보자.[67] '가' 농가가 작업을 하기 위해서는 가족노동력(2명) 이외에 5명의 노동력을 필요로 한다. '가' 농가는 '나' 농가로부터 2명, '다' 농가로부터 1명, '라' 농가로부터 1명을 품앗이로 빌리고 나머지 1명은 날품노동력을 고용하여 조달하며, 7명이 공동으로 작업해 나간다. 이처럼 품앗이는 한 농가와 다른 한 농가의 노동력교환을 기초로 하여 이루어지지만, 품앗이를 통해 실제로는 동시에 여러 농가가 관계를 맺으면서 결합된다.

'가' 농가는 '나' 농가에게 2명, '다' 농가에게 1명, '라' 농가에게 1명, 모두 4명에 해당하는 노동력을 반환해야 한다. '가' 농가는 '나', '다', '라' 농가에게 뿐만 아니라 '마', '바', '사' 농가에게도 품

66) 강원도 춘성군 신동면 증2리 한들마을의 한 농가의 영농일지 참고.

67) 倉持和雄, '70年代韓國における農業勞動構造の變動', 『アシア經濟』, 25卷 1號, 1984년 1월, 38쪽.

앗이로 일을 해 준다. 그 과정에서 '가' 농가는 '나', '다', '라' 농가로부터 품을 앗아 달라는 부탁을 받으면 자신의 일보다 우선하여 해주어야 한다. 또한 '나' 농가와 '다' 농가의 작업요청이 겹치는 경우에는 '나' 농가의 일은 자신이 해 주고, '다' 농가의 일에는 '마', '바', '사' 농가 가운데 한 농가에게 '다' 농가의 일을 해 주도록 한다('마' 농가의 경영주는 자신이 '가' 농가에 앗을 품을 '가' 농가와 품앗이관계를 맺은 다른 농가의 일을 해 주는 방식으로 앗는다).

이처럼 품앗이관계는 규모가 커지면 사슬처럼 엮어지며, 실제 작업에 있어서는 이러한 품앗이로 동원한 노동력 뿐만 아니라 고용노동력 및 가족노동력이 결집하여 작업을 해 나간다.

모내기와 같은 작업을 품앗이로 하는 경우에는 각 농가가 노동력이 부족하기 때문에 조직적인 조정이 필요하여, 여러 농가가 일정한 집단을 형성하여 집집마다 돌아가면서 공동작업을 하는 형태를 취하게 되는데, 이것을 "품앗이반"이라고 할 수 있다.

품앗이반과 같이 규모가 커지고 조직화된 품앗이는 두레와 같은 것으로 인식되고, 흔히 두레라고 불리는 것 가운데는 조직화된 품앗이가 많다. 두레가 지닌 마을단위의 조직적 성격이 약화되어 가고 있던 일제말기 부터 이미 농민들은 두레와 이러한 품앗이를 뚜렷이 구분하지 않고 있다.[68] 농업노동의 어떠한 조직형태도 그 기저에는 품앗이적인 성격이 있어서 개별적으로 하는 경우가 아니면 모두 품앗이라고 하는 경향이 있으나, 그렇다고 두레를 품앗이의 특수형태에 지나지 않는 것으로 보는 것[69]은 문제가 있다. 왜냐하면 두레가 변형되어 해체되어 가는 과정에서 그리고 해체된 이후에 새로이 나타난 형태가 조직화된 품앗이였기

68) 강원도 춘성군 신동면 증2리 한들마을의 임상원씨와의 면접(1989년 7월).

69) 倉持和雄, 앞의 글, 39쪽.

때문이다. 물론 지역에 따라서는 이렇게 조직화된 품앗이를 두레라고 부르기도 한다.

그리고 품앗이가 조직적 성격을 강화해 나가 두레가 된 것이라고 볼 수도 없는데, 왜냐하면 두레가 점차 약화되어 가고 있던 일제시기에는 두레가 먼저 조직되고 난 뒤 두레패에 들지 않은 사람들이 중심이 되어 소규모로 품앗이반을 구성하였으며, 또한 농민분화가 가속화되는 조건 속에서 중농층간에 새로이 품앗이를 조직해 갔기 때문이다. 이처럼 조직화된 품앗이는 두레보다는 소규모이며 마을 단위의 공동체적 강제가 거의 없는 것이었다.

품앗이가 조직적 성격을 강화해 가는 것은 노동력부족에 대처해 나가기 위하여 노동력을 조정하려는 과정에서 나타나며, 또한 농업노동이 주로 마을 안에 한정되어 이루어지기 때문이기도 하다. 1980년대에 들어서도 기계화가 별로 진전되지 않은 마을에서는 품앗이가 조직적으로 이루어져 영농에 대처하기도 한다. 또한 협업의 효과를 살리기 위해서 일찍부터 마을을 단위로 하거나 하위집단별로 품앗이를 조직하는 경우가 있었다.[70)]

70) 충남 서산군 근흥면 정죽리에서는 모내기철이 되면 마을사람들끼리 20명씩 조를 짜서 품앗이를 한다. 한 가구에서 2명씩(보통 부부) 품앗이에 참여하기 때문에 10호의 농가가 결합되어 모내기를 하였으며, 벼벨 때에도 품앗이를 하는데 일이 쉽기 때문에 보통 10명씩 조를 짜서 하였다. 최근에는 반별로 품앗이를 조직한다고 한다. 경희대학교 민족문화연구소, 『서산민속지』, 상권, 1988, 1986년 조사; 강원도의 한 산촌마을에서는 여러 가지 작업에서 품앗이를 하였는데, 특히 녹비를 마련하기 위한 품앗이가 대규모로 이루어졌다. 이것을 "잿물품앗이"라고 하였는데 금비를 별로 사용하지 못하던 시기의 산촌에서 퇴비마련은 마을의 큰 행사였다. 입추에서 시작하여 처서 후 10여일까지는 마을 전체가 몇 개의 조로 나뉘어 품앗이를 한다. 잿물품앗이는 일하기 10여일 전에 마을의 사랑방이나 "덕"에서 10명 내지 20명씩 질(품앗이)을 짜고 일의 날짜를 받아 놓는다. 같은 조의 사람들은 조원의 수대로 같은 조원끼리만 10여일을 계속해서 일한다. 약간 먼 곳에 사는

즉 품앗이에 있어서 규모의 차이가 크며 특히 규모가 크고 조직적 성격이 강한 것은 노동력이 많이 필요하고 일시에 작업을 끝내야 하는 모내기, 김매기, 탈곡작업 등에서 많이 이루어진다.

이처럼 품앗이가 단순히 노동력을 교환하고 마는 경우가 아니라 일정한 틀을 가지고 계속적으로 집단적인 작업을 해 나가는 경우에는 품앗이반으로 전화되는 것이며 조직적 성격을 띠지 않을 수 없다. 소규모 품앗이에는 특별한 관리체계가 없다. 대개 품앗이를 신청하면 특별한 이유가 없으면 이에 응하며, 당사자들 간에 일시적으로 이루어지고 서로 다른 일이 겹치거나 특별한 사정이 없는 한 조정할 일이 별로 없기 때문이다.

품앗이의 규모가 큰 경우는 앞에서 본대로 마을 안에서 몇 개의 조가 이루어져 같은 조원끼리 작업을 하기도 하지만, 개별 품앗이반이나 각 품앗이반 간에는 조직적인 조정이 필요하게 된다. 품앗이반은 품앗이를 시작하기 전에 함께 모여서 품앗이 순서를 정하게 된다. 이처럼 품앗이의 규모가 커지면 조직적 성격이 강화되어 그 내부에 두레와 유사한 형태를 지니고 있는 것이 아닌가하는 생각마저 들게 하지만,71) 그 내용에 있어서는 공동작업반에 접근하는 것이었다.

그런데 규모가 큰 품앗이라 하더라도 품앗이반을 단위로 하여 이루어지는 것은 오히려 소수라고 할 수 있다. 또한 규모가 큰 품앗이가 이루어지는 작업은 품앗이만으로 작업을 하는 경우가

사람은 그 다음날 일할 집에 가서 먹고 자기도 하였다. 잿물품앗이의 결합범위는 마을(자연부락)단위를 넘기도 하였으며 한 집에서 일군이 두 사람 혹은 세 사람이 나오기도 하였다. 한상복, 「한국산간촌락의 연구」, 『사회학논총』, 제1집, 1964, 164-5쪽.

71) 최재석은 11호 이상의 규모가 큰 품앗이 안에는 일종의 두레조직과 유사한 형태가 포함되어 있다고 보았으며, 사례조사에서도 그러한 현상을 지적하고 있다. 최재석, 앞의 책, 1975, 321쪽.

매우 드물고 품앗이노동력, 고용노동력, 가족노동력 및 다른 보조 노동력이 결합되어 함께 작업을 하는 것이 일반적인 현상이다. 즉 농번기에는 마을 단위에서 서로 협의하여 작업일을 정하고 서로 그 날짜에 맞추어 작업을 한다. 그런데 실제로 마을에서 몇 농가가 같은 날짜에 작업을 하며 그 몇 농가의 일에 마을 안의 거의 모든 노동력이 다양한 형태로 동원된다. 농가 간에 그 날짜를 미리 정하여 하므로 겹치는 경우가 많지는 않지만, 겹치는 날이 생기면 다른 사람을 사서 보내거나 품을 받을 것이 있는 사람을 대신 보낸다. 그리고 농번기에는 비가 오거나 기타 기상이상으로 작업을 하지 못하는 경우에는 전체적으로(마을 단위에서) 작업일이 미루어져 전체적인 작업일정이 순조롭게 진행되는 데 아무런 지장이 없게 된다.

1970년대 접어들면서 노동력부족이 심각해지고 기계화도 충분히 이루어지지 않은 상태에서 농작업을 하기 위해서는 노동력에 대한 조정이 필요하게 되었다. 그 과정에서 일정한 집단을 이루어 공동작업을 하는 방식으로 변하였다. 즉 좀 더 조직적인 성격이 강화되면서 일정한 책임자가 있고 조직을 지도, 관리하는 방식이 나타나게 되었다. 이것은 새로운 품앗이 형태[72]라고 할 수 있으며 그 이후 광범하게 발생하는 공동작업반으로 전화한다. 즉 공동작업반의 기저에는 바로 품앗이반이 있음을 상기할 필요가 있다.

또한 품앗이반은 밭농사지역의 탈곡작업에서 많이 조직된다. 벼 탈곡처럼 많은 노동력을 필요로 하지는 않으나 집중적으로 작업을 하고 소형기계를 이용하기 위해서 조직화가 필요하게 된다.[73]

---

72) 최재석, 『한국농촌사회변동연구』, 일지사, 1988, 348쪽.

73) 정선군 동면 호촌리 호명마을에서는 (1987년 겨울) 몇몇 농가씩 짝을 지어 돌아가면서 각자의 옥수수를 탈곡한다.

여기서는 기계품앗이처럼 기계와 노동력간의 교환이 이루어지는 것이 아니라, 품앗이반이 소형기계를 공동으로 사용한다. 즉 기계화에 따라 품앗이반은 내부적으로 소형기계를 이용하게 되며, 따라서 농기계공동이용조직에 접근하게 된다. 벼탈곡작업에서는 소수의 인원이 서로 돌아가면서 족답탈곡기를 사용하여 탈곡작업을 하는 농기계 공동(이용)작업반으로 전화한다.

이상에서 살펴본 대로 품앗이는 좀더 조직화되어 품앗이반으로 나타났으며, 이러한 품앗이반은 한편으로는 노동력만의 결합체인 공동작업반으로 발전하였고, 다른 한편으로는 농기계를 이용하는 농기계공동이용조직으로 발전하였다.

4) 품앗이의 작업내용 및 노동방식

품앗이로 하는 작업은 농촌에서 이루어지고 있는 거의 모든 작업종류에 걸쳐 있었으나, 점차 농사일에 한정되어 간다. 품앗이노동은 농업노동 일반과 마찬가지로 6,7,8월과 10,11월에 집중적으로 이루어진다. 즉 품앗이는 농번기의 농사일에서 주로 이루어진다.

6,7,8월과 10,11월에 집중되던 품앗이가 1980년대 들어와서 4,5,6월과 9,10월로 앞당겨졌다. 이것은 농업노동 일반의 변화를 반영한 것으로서 다수확 품종의 보급에 따라 벼농사의 일정이 빨라진 데 따른 것이다.

품앗이에서의 노동력교환은 균질적인 노동력의 교환이 기본적이다. 그리고 대개 집중적인 작업이 필요한 농번기에 여러 농가간에 품앗이를 통해 대처해 나가므로 이 과정에 품앗이가 집중된다. 그렇기 때문에 또한 동일한 노동(작업)종류 간의 노동력교환이 이루어지는 것이 대부분이다. 모내기품은 모내기품으로 갚으며 탈곡품은 탈곡품으로 갚는다. 그러다가 교환하려던 품이 남았을 경우에는 계속 품앗이를 할 의사가 있는 경우에는 가을의 수확작업에서 품을 앗을 수 있다. 물론 계약 당시 서로 다른 일을 해주기로 하기도 한다.

품앗이의 작업종류는 지역에 따라 다르기도 하지만, 품앗이로만 하는 특별한 작업이 있는 것은 아니다. 지역에 따라 농업노동 이외에 여러 가지 작업이 있으며, 또 계절에 따라 농업노동의 종류가 다르기 때문에 품앗이로 하는 작업의 종류는 매우 다양하였다.[74] 특히 노동력에 여유가 있었던 1950, 1960년대에는 일제시기와 유사하게 농사일 뿐만 아니라 농촌의 거의 모든 일에서 품앗이가 이루어졌다.

품앗이로 이루어지는 노동종류는 보통 농업노동과 별 차이가 없는데, 1960년대 중반의 품앗이노동의 연간 상황을 살펴보면, 음력 4월에서 6월 사이에는 모내기, 논매기, 밭매기를 많이 하고, 다음으로 7월에서 9월 사이에는 추수와 타작일에서 품앗이를 많이 하게 된다. 정월과 3월 사이에는 가래질을 위해서 그 다음에는 보리밭을 매기 위해서 품앗이를 많이 한다. 품앗이가 가장 적은 시기는 10-12월로서 이 때에는 아직 추수와 타작을 하지 못한 농가가 품앗이를 많이 이용하게 되지만 그것이 끝나면 이엉엮기에 노동력교환이 빈번해 지고 또 눈이 내리기 전에 땔감을 마련하는 데에서도 품앗이가 이루어진다.

이처럼 품앗이 종류가 다양하여 어떤 지역에서는 품앗이를 "일

---

74) 1960년대에 경기도 지역의 6개 부락에 대한 이만갑의 조사에 따르면 이 지역에서는 농사일 이외에도 나무채취, 소먹이기, 가옥수축, 특히 이엉엮기 등의 작업에도 품앗이로 하며, 혼사나 장례에 손이 부족할 때에도 품앗이를 하는 경우가 적지 않았다. 이만갑, 『한국농촌사회의 구조와 변화』, 서울대출판부, 1972, 161쪽.

품앗이"와 "길흉사품앗이"로 분류하기도 하였으며 그 내용도 조금 달랐다. 일품앗이는 모내기, 김매기, 추수 등 일손이 필요할 때 하는 것이고, 길흉사품앗이는 혼상례 등 친구의 집안에 큰 일이 있을 때 하는 것으로서, 일품앗이가 직접적이고 단기간에 걸쳐 이루어지는 것임에 비해 길흉사품앗이는 장기적이다.[75)]

실제로 농촌에서는 길흉사가 있을 때에는 마을 사람들이 함께 모여서 일을 하는 것이 일반적이다. 길흉사품앗이는 농업노동에서처럼 정확한 교환이 이루어지는 것이 아니라, 친지나 친구 간에 이루어지는 상호부조적 성격을 강하게 띠고 있다. 1980년대에도 농촌 마을에서는 길흉사 때에 마을의 젊은 사람들이 모여서 일을 해주지만, 그들은 품앗이를 한다는 의식이 거의 없을 뿐만 아니라 마을 젊은 사람의 일이라고 생각한다. 이것은 공동체적 성격으로 설명될 수 있을 것이다.

품앗이노동의 종류는 1950, 1960년대에는 이처럼 여러 가지 작업에 걸쳐 이루어지고 있었다. 농사일에 있어서 뿐만 아니라 농촌에서 하는 거의 모든 작업에 있어서 품앗이가 이루어졌다. 그런데 농촌노동력이 급속히 유출되면서 품앗이의 작업종류는 점차 농번기의 농작업에 집중되는 경향이 나타났으며 동시에 그 교환노동의 종류가 단순화되었다. 품앗이에 있어서 대체로 모내기와 타작은 남자의 소관이고 김매기와 풀베기는 주로 여자들이 하였다. 물론 여자들이 모내기에 적극 참여하면서 모내기에서도 여성들이 품앗이를 많이 하게 되었다.[76)]

---

75) 『한국민속종합보고서』, 3책, 경남편, 1970, 74쪽, 경남 창녕군 영산면 죽사리 1구 죽전부락의 경우, 1970-71년 조사.

76) 농가주부를 대상으로 한 1985년도의 한 조사에 따르면 품앗이의 주 작업대상은 논일로 나타나고 있는데, 품앗이작업으로 논일을 한다고 응답한 농가주부가 83.3%, 밭일 41.1%, 과수일 0.6%로 나타날 정도로, 여성들이 논농사에 있어서도 품앗이에 적극적으로 참여하고 있다. 한

어떤 지역에서는 김맬 때는 이웃, 친척들 끼리 하되 마음 맞는 사람들과 하며, 타작할 때는 밭이웃끼리, 풀 벨 때에는 일의 속도가 비슷한 사람들 끼리 하는[77] 것에서 처럼, 품앗이는 작업의 종류에 따라 그에 적합한 상대와 작업을 함께 함으로써 능률적인 작업을 할 수 있는 장점도 있다.

또 품앗이노동은 어느 정도 남녀 차이가 있어 논농사에서는 남자들이 많이 하고 밭농사에 있어서는 남자들보다 여자들의 품앗이가 많았다. 가까운 친척이나 친한 사이일 경우나 밭이 가까이 있는 경우에 부인들끼리 품앗이를 하는데, 밭갈이를 제외한 흙깨기, 골매기, 씨뿌리기, 밭매기, 풀뽑기 등은 여자들끼리 품앗이를 하는 경우가 많다.[78] 품앗이는 가까운 친척이나 이웃끼리 행하는 경우가 많기 때문에 일의 능률도 상당히 높으며, 자신도 직접 작업에 참여하여 일의 흐름을 지켜나가 섬세하고 충실하게 할 수 있는 이점도 있다.

품앗이노동의 작업시간을 보면, 대개 하루에 일이 다 끝날 수 있도록 되어 있으나, 일감이 나쁘거나 작업조건이 나쁘면 남기는 수도 있으며, 좋으면 더 할 수도 있다. 여름이면 보통 8시 정도에 일을 마치며 겨울에는 좀 더 빨리 일을 마친다.[79]

품앗이에서는 노동일을 단위로 하여 교환이 이루어지며 도시 공업에서의 노동처럼 단위시간(예를 들어 8시간)이 기준이 된다기보다는 품앗이 주인집의 '작업완료'가 일을 끝내는 기준이 된다.

국여성개발원, 앞의 책, 51쪽.

77) 『한국민속종합보고서』, 6책, 충남편, 1977, 58쪽, 충남 논산군 노성면 교촌리, 1973년 조사.

78) 성태규, 앞의 글, 16쪽.

79) 경희대민족문화연구소, 『서산민속지』, 상권, 215쪽, 서산읍 덕지천리의 조사, 1986년 조사.

품앗이주인은 하루 정도에 끝낼 수 있는 일의 양을 계산하고 그에 상응하는 수의 일꾼을 모아 작업을 한다. 그러다 보면 일이 약간 일찍 끝나기도 하고 좀 늦게 끝나기도 한다. 자주 있는 일은 아니지만 반나절에 일을 끝낸 경우에도 하루일을 한 것으로 하여 교환이 이루어진다. 그러나 일을 하다가 비가 오거나 다른 자연적 기상변화로 인해 일을 중단했을 경우에는 다음으로 미루어 하는 것이 일반적이다.

품앗이작업은 혼자 하기 어려운 것으로 공동작업을 통해 작업능률을 높이고 적기에 완료해야 하는 것에서 이루어진다. 또한 품앗이노동은 가족노동의 연장으로서 소규모로 이루어질 때에는 가족협업적 성격을 띠고 있어 갈등의 소지가 적으며, 또한 미리 품앗이를 위해 여러 개의 품일을 해 놓은 사람은 하루에 여러 사람을 동원하여 협업의 효과를 거둘 수 있다. 실제로 품앗이일꾼은 가족노동력과 고용노동력 및 보조노동력 등과 함께 공동노동을 하는 경우가 적지 않다.[80] 이 경우에 작업의 양이나 속도는 지역이나 마을 단위 마다 일정한 기준이 있다. 그러한 기준을 과도하게 넘으면 품앗이상대자로부터 불평이 나오게 되며 앞으로 품앗이를 하기가 어려워진다.

그런데 노동력조달이 잘 안되면 노동강도가 강화될 수밖에 없게 된다. 물론 이러한 사태는 품앗이 주인의 의도적인 결과가 아니고 노동력이 부족하기 때문에 일어나는 것이면 불평은 하더라도 주인을 비난하지는 않는다.

실제로 품앗이에 참여하는 사람들은 농사일에 어느 정도 숙달된 사람들이기 때문에, 서로 간에 하루에 어느 정도의 일을 할 수 있다는 기준이 설정되고 그에 적합한 노동력을 동원한다. 그

80) 농협조사부, 『농가노동력구조의 변화에 관한 조사연구』, 조사보고서 88-6, 121-131, 142쪽 참조.

리고 노동시간이나 노동강도가 다르다 하더라도 지나친 경우가 아니면 별 문제가 발생하지 않으며, 여러 사람이 공동작업을 할 경우 작업 중에 게으름을 피우는 사람은 다른 사람들로부터 비난을 받으며 습관적으로 그러는 사람은 같이 품앗이하기를 꺼리는 상대로 되어 버린다. 작업중에는 서로 농담을 주고받거나 노래를 부르면서 해 나가기도 한다.

5) 품앗이의 분배체계

품앗이는 노동력 간의 교환이기 때문에 작업을 서로 해 주면 다른 분배관계가 성립하지 않는다. 품앗이는 임금을 지불하지는 않지만 품을 얻을 때 식사는 물론이고 대부분 술이나 담배도 제공한다. 그러나 이것은 '품을 얻는 집의 가정형편에 따라서 하는 것'으로 대접을 받은 만큼 보답해야 하는 것은 아니다. 즉 저쪽에서 술, 담배를 주었다고 해서 이 쪽에서도 반드시 그렇게 대접해야 하는 것은 아니다. 물론 그만큼 대접받고 이 쪽에서도 그만큼 대접할 수 있는 능력이 있는데도 그렇게 하지 않았을 때에는 후에 비난을 받기도 하지만 대개는 자신의 형편과 사정에 알맞도록 한다.[81]

모내기, 수확, 탈곡작업 등 여러 사람이 결합되어 품앗이를 할 때에는 품앗이하는 사람이 자기 집에서 아침을 먹고 정해진 시간(보통 오전 8시)에 일할 집에 모인다. 작업이 시작되면 일하는 집에서 아침과 점심 중간에 먹는 실참을 준비해 온다. 실참은 다른 집의 실참을 기준으로 준비하는 데 술이나 고구마, 음료수 등 대체로 간단하게 허기를 채울 수 있는 것들이다. 물론 여유가 있는 집이면 더 많이 준비할 수도 있다. 점심과 저녁 사이에 실참이 한번 더 있으며, 실참과는 달리 점심과 저녁식사는 품앗이를 제

81) 이만갑, 앞의 책, 160쪽.

공받는 집에서 최대한의 성의를 베푼다. 저녁식사를 내는 지역도 있으나 대개 아침과 저녁식사는 각자 집에서 먹으며, 식사 이외에 남자들은 주로 술을 먹고 여자들은 국수나 다른 간단한 요깃거리를 먹는다.

소규모 품앗이에서는 각자 자기의 집에서 점심을 마련해 가지고 와서 먹거나 자기 집에 가서 먹는 경우도 있는데, 이것은 서로 폐가 되니까 경제적인 부담을 줄이자는 의도에서 나온 것이다.[82)]

품앗이노동은 농번기작업에 집중되어 있어 대개 동일한 노동끼리의 교환이 지배적이지만, 다른 종류의 노동 간에도 교환이 이루어지며 봄에 해준 품을 가을에 받기도 한다. 상대가 노동력을 갖추고 있고 또 노동력의 유동성이 적을 때에는 이러한 관계가 광범하게 이루어지지만, 노동력의 유동성이 커지면서는 일정 기간 품앗이를 하고 난 뒤에 품앗이 일수에 차이가 나면 현금으로 보상한다. 기본적으로 품앗이는 노동력을 필요로 하여 이루어지는 것이기 때문에 현금으로 결제되는 것은 예외적인 경우이다.

보통 품앗이 일수의 차이가 현금으로 보상될 때에는 그 마을에 적용되는 품값에 따라 계산된다. 품값은 대개 연초의 부락회의에서 결정되며 연중 큰 변동이 없이 유지된다. 농사일이 바쁘고 일손이 모자랄 때에는 품값을 더 주고 사는 경우가 많아 품값은 모내기 쯤에서 오르는 경우가 많으나,[83)] 품앗이에서의 결제는 대개 마을에서 정한 품값에 따른다.

6) 품앗이의 변모

품앗이는 농업노동에 있어서 여전히 중요한 위치를 차지하고

---

82) 성태규, 앞의 글, 16쪽.

83) 『한국민속종합보고서』, 제8책, 강원편, 1977, 279쪽, 강원도 6개 마을에 대한 1975-1976년의 조사.

있다. 그러나 품앗이의 내용도 노동력구성의 변화 및 기계화 등 생산력발전에 따라 일정한 변화를 보이고 있다.

먼저 1970년대에 들어서 농번기에 노동력부족현상이 나타나면서 마을의 노동력을 조정할 필요가 생겨나게 되었다. 자연스럽게 조직화된 품앗이가 발전하고 더욱 체계화되면서 품앗이의 내용을 간직하면서도 새로운 형태로 전화되어 나타나기도 한다.[84] 품앗이반과 같이 일정한 성원이 결합하여 일정기간 지속적으로 공동작업을 하는 조직으로 변했으며 그 내부에는 주도자가 생겨나기도 한다.

점차 마을 단위에서 하나 내지 몇 개의 품앗이반이 조직되어 이 조직을 중심으로 마을 전체의 중요 작업(노동력수요가 많은 모내기, 수확, 탈곡 작업 등)이 이루어진다. 품앗이처럼 임의적이고 개별적 접촉에 의해 형성되기 보다는 집단 전체로서 운영되고, 작업순서나 노동방식 등에 대해서도 집단 전체의 회의를 거쳐서 하는 식으로 된다.

이러한 품앗이반에서 더 나아가 자가작업이 없는 사람도 참여하고 또한 자신은 작업에는 참여하지 않고 작업을 맡기는 공동노

---

84) 경북 칠곡군 왜관읍 매원2동의 중매마을과 하매마을에서는 이 전화의 과도적인 것이라고 할 수 있는 것으로 "품앗이고지"가 나타나고 있다. 그 사례를 소개하면 다음과 같다.
'가'씨, '나'씨, '다'씨는 셋이서 함께 모내기 작업에서 품앗이고지를 하였다. 모내기 작업면적은 '가'씨가 자작지와 소작지를 합하여 16마지기, '나'씨는 자작지 9마지기, '다'씨는 자작지와 소작지를 합하여 10마지기인데, 이들은 1980년에 3명의 공동작업을 통하여 모내기 작업을 하였다. '나'씨와 '다'씨는 가씨와 9촌간으로 모두 친척간이었는데, 이들은 일단 모내기 면적이 제일 많은 가씨의 모내기부터 먼저하고, '나'씨, '다'씨의 순으로 모내기 작업을 하였다. 모내기 작업 후 '나'씨와 '다'씨는 마지기(200평)당 4,000원씩 해서 6마지기의 품삯을 받아내고, 이를 10:9의 비율로 나누어 가졌다. 성태규, 앞의 글, 32-33쪽.

동조직이 나타나는데, 이것을 공동작업반이라고 한다. 즉 품앗이반은 노동력이 부족해지면서 노동력을 총동원하는 공동작업반으로 변해갔다.

농업노동력의 부족을 이와 같이 노동력을 조직화함으로서 대처하는 한편 기계를 도입하여 노동을 절감함으로써 대처해 나가기도 한다. 1970년대 중반 이후 농기계의 도입이 본격화되면서 품앗이도 변화를 보인다. 품앗이반은 내부적으로 기계를 이용하면서 기계를 중심으로 한 소규모의 작업조직으로 바뀐다. 이에 기초하여 새로운 농기계이용조직이 생겨나기도 한다.

축력을 원동력으로 사용하였을 때에는 소를 중심으로 한 소품앗이와 소겨리가 형성되었었으나, 1970년대에 들어 기계화가 진전되면서는 기계품앗이와 기계이용조직이 형성, 발전하였다.

논농사의 주요 작업 및 여러 가지 작업이 기계로 이루어져 손노동의 수요가 줄어들자, 품앗이는 더욱 규모가 작아진다. 기계를 이용하지 않는 농가끼리 소규모의 품앗이를 하기도 하며, 또한 기계로 할 수 없는 작업은 이전과 마찬가지로 소규모 품앗이에 의존하기도 한다.

농업노동력은 계속 감소하고 게다가 노령화, 여성화되는 상황에서 다른 한편으로는 기계화가 더욱 촉진되어(대형기계의 도입 및 일관기계작업의 부분적 실현), 기계조작자 및 기계이용조직을 중심으로 농사일이 이루어지게 된다. 이러한 과정에서 점차 기계작업자나 기계작업조에 작업을 의뢰하게 되고 가족노동력은 보완적인 작업에 치중하게 되며, 그러한 보완적인 작업에서 품앗이가 이루어지기도 한다. 예컨대 4명으로 구성된 탈곡작업반은 한 농가의 탈곡을 해줄 때에 주인집에서 2-3인의 노동력을 내도록 요구하며 6-7명이 함께 작업을 한다. 그래야 작업이 원활히 이루어 지는데, 이러한 것은 농사일을 전업으로 하는 건장한 사람이 줄어드는 상황에서 나온 방식이다. 그럴 때에 주인은 가족노동만으로는 부족할 경우 품앗이를 해서 탈곡작업의 보조노동력을 조달한다.[85] 기계화의 진전에 따라 이렇게 품앗이가 보조노동에 집중되는 경향은 더욱 확대될 것으로 보이며, 논농사지대에서는 특히 수위탁작업이 급속히 확대되어 품앗이노동은 급속히 줄어들고 보조작업에 집중되는 경향이 있다.[86]

그러나 기계화와 관련된 품앗이의 이러한 변화는 노동력의 집중적인 투하가 필요한 작업에서 주로 나타나는 것이며, 소수인 사이의 품앗이는 여러 가지 작업에서 여전히 지속되며, 특히 기계화의 진전 속도가 느린 밭농사에 있어서는 여전히 품앗이노동이 광범하게 이루어지고 있다. 노동력이 부족해지고 있는 상황에서 도시근교지역은 도시에 살고 있는 부인 노동력을 집단적으로 고용하여 해결하기도 하지만, 도시와 거리가 멀고 부근에서 고용노동력을 조달할 수 없는 지역에서는 품앗이를 하지 않고는 농사를 지을 수 없다.

품앗이는 이처럼 농업생산력의 변화에 따라 변화되어 왔지만 여전히 계속되고 있으며, 앞으로도 다양한 내용을 담으면서 계속될 것으로 보인다.

---

85) 강원도 춘성군 신동면 증2리 한들마을의 탈곡작업반 사례. 1989년 9월 조사.

86) 농협조사부, 『농가노동력구조의 변화에 관한 조사연구』, 조사보고서 88-6, 121-142쪽 참조.

4장 고지

고지[1]는 일제시기에 중남부 지역을 중심으로 하여 성행했던 농업노동청부제도로서, 빈농이나 농업노동자가 임금을 미리 받고 다음해(철)에 일을 해주는 것이었다. 고지에는 빈농 및 농업노동자가 개별적으로 청부하는 것이 있었고, 또 일군의 빈농 및 농업노동자가 단체를 조직하여 그 대표자로 하여금 지주나 광농(廣農, 대농이나 대소작농)과 노동의 청부계약을 하게 하고 그 대표자의 지휘에 따라 노동에 종사하여 계약임금의 분배에 참여하는 단체적인 것이 있었다.

고지라는 말은 주로 남부 지방에서 사용되던 것인데 일정의 경작노동을 청부한다는 의미이며, 중부 이북지방에서는 황해도를 제외하고는 거의 사용되지 않았다.

고지라는 말이 가장 널리 사용되었으나, 지방마다 그 명칭은 매우 다양하였다.[2] 경기도에서는 고지 이외에 자리품, 도급(都給), 도급작, 매독, 양자리, 맥김, 매기, 어우리 등으로 불렸으며,[3] 강

---

1) 고지에 관한 이 장은 久間健一의 논문 「勞動隊制度と雇只隊制度」, 『朝鮮農業の近代的樣相』, 1935, 211-297쪽의 내용에 의거하여 작성하였다. 그런데 이 논문은 전북지방에 한정된 것이어서 다른 지방에 관해서도 가능한 자료들을 첨가하여 보완하려고 하였다.

2) 각도, 『小作慣行調査書』, 특수소작관행 부분.

원도에서는 고지, 모들떼기, 고원(雇員), 도급이라는 말이 사용되었고, 충청북도에서는 고지(雇只, 雇地), 동두레, 매기, 매기논, 고지논(雇只논, 雇地논), 고지농사(雇只농사)라는 이름으로 표현되었다. 정작 고지가 성행했던 전북지방에서는 고지라는 말이 주로 사용되고 다른 이름이 없었던데 반해서, 고지가 덜 행해졌던 다른 지방에서 여러 가지 이름이 있었다. 충청남도 지방에서는 고지 이외에도 세지도리, 자리품, 선품팔이, 마지기고지, 두락고지, 고지작 등 여러 가지로 불렸으며, 고지의 종류 구분도 세밀하게 이루어지고 있었다. 전남지방에서는 고지 이외에 봉창고지(封脹雇只), 검고지(檢雇只), 한게, 감가(減價), 매기돈(제초비) 등으로도 불렸고, 고지가 드물었던 경상북도에서는 고지 이외에 세경(貰耕), 전노(全勞), 삯논, 자리품 등의 이름이 있었으나, 고지가 좀 더 많이 행해졌던 경상남도에서는 고지 이외에 다른 이름이 없었다.

중부 이북지방에서 유일하게 고지라는 말이 사용된 황해도에서는 전임(全任)이라는 이름이 있었다. 성격이 약간 다르긴 했지만 평안남도 지방에서는 판삭, 판뜨기 등으로 불렸고, 평안북도에서는 색김(삯김의 사투리)이라고 하였다. 함경남도에서도 드물게나마 있었는데 안변군 지방에서는 '제'라고 하였고, 영흥군에서는 '중간소작'이라고 하였다.[4] 함경북도에서도 극히 드물게 행해졌는데 어떤 이름을 가질 정도는 아니었다.

3) 久間健一, 앞의 글, 212쪽; 京畿道産業部農務課, 『京畿道小作慣行の數字的調査, 1930年調』, 26-28쪽.

4) 1930년도 조사, 각도, 『小作慣行調査書』,(강원도, 충청북도, 충청남도, 전라북도, 전라남도, 함경북도, 함경남도); 朝鮮總督府, 『朝鮮の小作慣行』, 下卷, 後編, 41-45쪽.

1. 일제 시기의 고지

고지에는 단체(집단)고지와 개인고지가 있었는데,[5] 보통 이 두 가지를 구분하지 않고 다 고지라고 하였다. 그러나 일제시기에 일반적으로 고지라고 할 때에는 단체를 조직하여 공동노동을 하는 것을 의미하였다. 단체를 조직하지 않고 개인적으로 청부노동하는 것을 고지에 있어서 특례로서 다루고 있는 데서 짐작할 수 있겠다.[6]

여기서는 일단 개인적으로 청부하여 노동하는 것보다는 단체를 조직해서 공동노동을 하는 것을 '고지대(고지패, 고지단)'라 하고 이를 분석해 보고자 한다. 물론 일제시대에는 현실적으로는 고지대가 많았지만 개인고지도 적지 않았다. 개인고지에 대해 언급할 때에도 주로 조직적 측면에 촛점을 맞추어 설명하겠다.

1) 고지의 발생

고지는 17세기 말엽부터 특수한 고용형태로서 적용되기 시작하였다. 처음에 고지는 겨울이나 보리고개에 빈농민들이 낟알이나 돈을 꾸어 쓴 댓가로 채권자의 논밭을 경작해 준데서 발생하였는데, 후에는 돈과 곡식을 선대하는 형식으로 보수를 미리 받고 김매기 등 농번기의 작업을 해주는 고용관계로 되었다.[7]

『후생록(厚生錄)』에 기록된 용고지법(傭雇之法)은 초기의 고지관계를 반영한 것으로 보이는데, '땅이 많고 노역이 적으면 세전

---

5) 久間健一은 고지를 이렇게 두 가지로 구분하고 전자를 관례대로 고지라 하고 후자를 고지대라고 하여 조사분석하고 있다. 여기서도 이러한 구분에 따라 단체화된 것을 고지대(雇只隊)라고 하여 주로 분석한다.

6) 忠淸南道, 『小作慣行調査書』, 1931, 196쪽.

7) 전석담, 허종호, 홍희유, 『조선에서 자본주의적 관계의 발전』, 이성과 현실, 1989, 149쪽.

혹은 봄에 먼저 그 땅의 경작에 쓰일 품삯을 타산한 후 많은 노역을 모집하여 돈 또는 곡식으로 미리 지불해 줌으로써 경작기에 이르러 그들이 농사에 힘을 다하도록 한다'고 적혀 있다. 이것에 의하면 고지는 이미 17세기 말에 경기도의 진위, 수원, 평택, 직산 등지와 황해도의 재령지방에서 행해지고 있었으며, 그 후에는 부안, 옥구, 정읍, 고창, 김제, 전주, 익산 등 몇 개 군을 중심으로 한 전라북도의 일부 평야지대에서도 행해졌다.[8)]

이러한 고지노동은 특히 광작(廣作)과 관련하여 18세기 중엽에 널리 발전하고 있었다.[9)] 청부고용노동의 한 형태로서 평야나 대도시 부근의 논농사지대에서 널리 행해지고 높은 임금과 후한 식사를 주는 곳으로 이동하는 특성까지 지니고 있었다고 하는데 대개는 개인적으로 행해진 것으로 보인다.

대체로 개인적인 관계에서 행해진 것으로 보이는 이러한 고지가 고지대로 발전한 것에 대해서는 서로 다른 주장이 있는데, 그 하나는 고지는 본래 발생 당초에는 단체를 이루지 않은 개인적인 노동청부제도였다고 하는 주장이다.[10)] 즉 한 문헌에 따르면, "고지의 창시 연혁은 기록에 준거한 것이 없어서 정확히 밝힐 수는 없지만 지금(일제말기)으로부터 대체로 2-3 백년 전 중산계급 이상의 농가에 있어서 농번기의 노동력조절을 위하여 보통 세농 또는 무산계급자와 미리 그 작업시기를 계약하거나, 혹은 그들 무산자

8) 앞의 책, 150쪽. 이 시기의 고지의 보수는 아주 낮은 편이었으며 채무적 성격을 띠는 고용노동이었다고 주장한다.

9) 최윤오, 「조선후기 농업고용노동에 관한 연구 - 18,19세기를 중심으로」, 연세대학교 사학과 석사논문, 1987, 48-53쪽. 고지노동이 널리 행해졌음을 알려주는 자료로는 위에 언급한 『후생록』과 함께 辛敦復(1692-1779)의 『山林經濟(補說)』을 들 수 있다. 위 논문, 1-2쪽.

10) 久間健一, 앞의 글, 217-8쪽. 그는 고지대의 발생과 관련하여 개인기원설과 단체기원설로 나누어 설명하고 있다.

들에게 금전이나 식량을 대여하고 그 반제방법으로서 농번기에 노동으로서 갚아 왔지만, 왕왕 중도에 행방불명되든가 계약을 이행하지 않기에 이르렀기 때문에 점차 연대계약을 맺기에 이르렀다. 이것이 고지대의 기원인 것 같다."[11]고 하고 있다.

이 주장에서는 개인고지가 고지대로 된 시기를 밝히고 있는데, 그 시기는 1900년 전후로서 농촌사회 안에 계급분화가 급속히 일어나고 있던 시기이다. 일제의 토지침략이 이루어지기 시작하고 계급분화의 가속화에 따라 수많은 농민이 토지로부터 분리되어 빈민층으로 침전하게 되었으며, 그리하여 개인적으로 행해져 오던 고지가 농민의 빈궁과 위의 인용에서와 같은 연유에서 연대계약을 하여 공동노동을 하기에 이르렀다고 하는 견해이다.

또한 채무적 성격의 고용노동으로 개인적으로 이루어져 온 고지는, 19세기에 넘어와서 고지의 형식도 발전하고 작업대상도 넓어졌으며(산고지→전고지) 고용규모도 커짐에 따라 채무적 성격을 점차 벗어났다. 그러면서 쌀 몇 말이나 돈 몇 냥을 꾸어 쓴 댓가로 며칠 간의 모내기를 해주던 본래의 고지는, 얼마의 돈 또는 쌀을 미리 받고 몇 종류의 작업, 심지어는 1년 농사를 맡기로 하고 단체로 계약하는 고지대로 변하였다[12]고도 한다.

이에 반해서 고지라는 것은 원래 단체적 노동청부제도라는 주장이 있다. 이 주장에 있어서도 그 발생 시기에 대해서는 구구하지만, 일제시기에 이미 수백 년 전부터 행해져 왔다고 하였다.[13]

---

11) 全羅北道 農會,『全北の農業』, 1928, 29-30쪽; 久間健一, 앞의 글, 217-8쪽.

12) 전석담.허종호.홍희유, 앞의 책, 150-151쪽.

13) 久間健一, 앞의 글, 218쪽. 충청북도 단양군 당국의 견해에 따르면 일제시기에 이미 단체고지는 수백년 전부터 행해져 왔고 개인고지는 1-2년 전부터 시작되었다고 하였으며, 또 충청북도 보은군 당국은 수백년 전이라고 하며, 괴산군에서는 약 백년 전이라고 하는 것처럼 여러 가

고지대의 발생에 대해서는 이상과 같이 두 가지 견해가 있는데, 개인고지가 먼저 발생하고 나서 고지대가 발생하였다는 주장은 자본주의화에 따라 농촌에 고용-피고용 관계가 발생하고 고용주층이 피고용자층을 통제하기 위하여 고지대를 형성하였다고 하는 것이다. 물론 그러한 측면이 없는 것도 아니지만 자본주의화가 본격화되기 이전부터 행해져 왔던 공동노동의 형태가 완전히 분해되고 임노동자층이 광범하게 형성된 뒤에 고지대가 발생했다기보다는, 이전에 행해져 왔던 공동노동 형태가 농촌 내부의 계급분화에 따라 변질되면서 발전했다고 보는 것이 옳을 것이다. 조선 말기에 들어 봉건지배계급의 수탈이 한층 강화되면서도 신분질서가 붕괴되어 가고 신분적 사회계급이 사회경제적 사회계급으로 변화하고, 또한 토지조사사업을 계기로 토지사유권이 더욱 확립되고 화폐경제가 침투하여 토지가 상품화됨에 따라 농민의 토지로부터의 분리가 본격화되는 사회경제적 조건 속에서, 종래의 노동협동체인 두레가 점차 그 물질적 기초를 상실하고 점차 고지대와 같은 청부노동단체로 변화된 것으로 생각된다.

고지대가 조선시대의 두레로부터 변질, 생성되었다고 하는 주장에 대한 증거로는 몇 가지를 들 수 있는데, 우선 계에 관한 조사에서 농업생산에 관계한 계로서 농계를 서술한 후에 "농계는 이상과 같이 동일한 장소에서 농사작업을 하는 자가 노동력을 합해서 공동작업을 하기 위해서 조직하는 것이지만, 지방에 따라서는 계속 농사작업을 할 수 없는 사람 즉, 소작지도 없고 노동력을 팔아서 생활을 영위하는 사람들이 함께 그것을 조직하여 농번기에 농가에 고용되어 모내기나 김매기의 청부작업을 하는 것도 있다."14)고 쓰고 있는 연구자가 있다.

지로 얘기되었다.

14) 李覺鐘, 「契に關する調査」, 朝鮮民政資料, 『朝鮮』, 1923년 7월, 8쪽; 久

또 다른 한 연구자는 한일합방 후 두레의 변화에 대해 서술하면서, "노력공동조합인 농사(두레)는 지금도 행해지고 있다. 병합 후 농부는 소작인으로 되었던 것이지만 그 권리가 인정되어 소작인으로 이동하지 않고 부락정신이 유지되는 한 이 농사도 존재하는 것이리라. 그러나 이미 소작지를 갖지 못하고 일용노동자로서 농촌에서 생활하는 자가 적지 않은 것이다. 그들은 농번기에는 왕년과 같이 농사를 조직하여 자기 소작지를 경작할 수가 없다. 이에 부락의 일용노동자는 농계를 조직하여 대량수요에 응하여 노동청부단체로 되는 것이다. 이 노동청부단체의 발생은 농사의 향방을 암시하는 것이 아닐까?"라고 하면서, "전대의 노동이용조합인 농사로부터 농업노동자의 노동청부단체가 발생한 것은 주목할 만한 현상"이라고 쓰고 있다.[15] 또한 전북지방에서도 '두레 해산 이후 경지가 적은 빈곤자 등이 그것을 해산하지 않고 일종의 노동단체로서 미리 돈을 받고, 경작 기타 집단적 작업에 종사하는 것'을 '한게' 또는 '모군일'(고지를 말함)이라고 하였다고 한다.[16]

구간건일(久間健一)이 조사한 지역에서는 "단체고지는 부락의 공동생활을 조장하기 위해서, 그리고 관혼상제 등에 필요한 필수품 구입의 자원조달을 위해서 유산자의 경지에 공동노역을 행하는 데서 시작되었다"고 한다.[17] 그러나 이것은 농계와 밀접한 연관을 가지면서 고지가 발생했다는 것을 보여주는 견해이며, 오히려 고지가 그 선행제도인 두레와 밀접한 관련을 갖고 있음을 입증하는 것이라고 생각된다.

間健一, 앞의 글, 217-8쪽.

15) 狙谷善一, 『朝鮮經濟史』, 1928, 87-88쪽, 116쪽; 久間健一, 앞의 글, 222쪽.

16) 全羅北道, 『小作慣行調査書』, 1933, 242쪽.

17) 久間健一, 앞의 글, 218쪽, 충북 단양군의 사례.

이처럼 고지대라는 단체적 노동청부제도는 조선시대에 널리 행해지던 두레 및 농계[18]의 노동관행이 시대의 변화와 함께 변화되면서 계급분화가 현저한 지방에서 정착되어 온 것으로 이해된다. 여기서 시대의 변화라 할 때에는 위의 인용문에서 알 수 있듯이 무엇보다도 전통적인 관행들이 지속되는 가운데에서도 농민층분화의 급속한 진전과 그에 따른 지주소작관계의 확대와 빈농층의 광범한 형성을 의미한다. 전북지방의 보고에 의하면 고지는 '어떤 지방에서는 오래 전부터 행해져 왔으며…… 분명한 것은 근래 빈궁소작인의 증가와 함께 점차 증가경향이 보인다'고 한다.[19]

전라북도 순창군과 같은 곳에서는 "고지는 수년 이래 무림, 쌍치, 복흥, 귀암 등의 여러 면에서 조금 고용되었는데, 작년(1924)의 가뭄 이래 빈민이 현저하게 증가하였기 때문에 고지수가 격증하는 경향을 나타내고 있다"고 한다.[20] 함경북도에서는 1929년경 이후에 발생했다고 하며 경기도와 황해도에서는 빈곤한 소작인이나 일용노동자가 세밑에 식량이나 금전이 부족하여 고지라는 것이 발생하기에 이르렀고, 그 후 관리인이 없는 소작인, 공직자, 회사, 이민자 등이 선호하여 많이 사용하였는데 일반 소작인들이 이를 본받아서 널리 행하게 되었다고 한다. 그러나 고지가 자작지에서 먼저 생겨났는지 아니면 소작지에서 먼저 생겨났는지는

18) 농계는 부락민이 주인이 없는 토지를 공동경작하고 그 수확물을 분배하기 위해 조직했던 것으로, 토지조사사업과 함께 토지의 사유권이 확립되면서는 공동비용으로 민유지를 구입하거나 임차하여 공동경작을 하기 위해 조직되었던 계였다. 그 명칭은 농계 이외에도 경작작목에 따라 다르게 불리었다. 狙谷善一, 『朝鮮經濟史』, 1928, 34-5쪽; 朝鮮總督府, 『朝鮮の契』, 調査資料 第17集, 1926, 18-19쪽; 朝鮮總督府, 『農山漁村における契』, 1937, 19-24쪽.

19) 全羅北道廳, 「雇只調査資料」, 久間健一, 앞의 글에서 재인용.

20) 忠淸南道, 『小作慣行調査書』, 1931, 300-301쪽.

분명하지 않다.[21]

여기에서 나타나듯이 고지, 특히 고지대는 농촌빈민 즉 빈농이나 농업노동자계급의 확대와 더불어 급속히 증가하였다.

그 변화과정을 상세히 밝힐 수는 없지만 일제시대의 단편적인 보고들을 보면, '연대 불상이지만 오래 전부터 행해져 왔고, 일설에는 머슴 또는 일고 인부로 경작케 하였어도 그 후 노동능률의 합리화와 경종법의 다소의 발전에 따라 고지, 매기의 예가 행해져 왔다고 한다.'[22] 나아가 '특히 평야지방에 있어서 미작의 반당 수량이 적어 가급적 대면적의 경작을 행할 필요에 처해 고지는 점차 발달하여 근년에 이르렀으며(1930년대 중반), 일본농업자들의 이주에 따라 점점 더 고지를 이용하는 자가 많이 증가'하였다고 한다.[23] 즉 부농이나 광농은 합리적으로 빈농이나 농업노동자를 착취할 수 있는 것이고, 넓은 면적을 적기에 작업하는데 있어서 필요한 노동력을 공동노동의 형태로 고용할 수 있었기 때문에 고지를 선호하였다. 더욱이 노동력 확보에 난점이 많았던 일본인 지주나 부농들이 특히 선호하였던 것으로 보인다.

한 연구자는 고지제도가 발생 이후 기본적으로 두 단계의 발전과정을 거쳐온 것으로 보고 개인고지에서 단체고지로 이행했다고 주장하기도 한다.[24] 개인고지는 일제 강점 초기 즉 1910년대 경까지 지배적인 형태였고, 1920년대 이후로는 고지대 또는 고지패라고 하는 단체고지가 지배적이었다고 추정하고 있다. 그리고 이러한 개인고지로부터 고지대로의 이행은 지주 즉 고지주인과 고

21) 朝鮮總督府, 『朝鮮の小作慣行』, 下卷, 後編, 37-8쪽.

22) 忠淸北道, 『小作慣行調査書』, 1933, 235-235쪽.

23) 全羅北道, 『小作慣行調査書』, 1933, 242쪽.

24) 김덕호, 「강좌: 해방전 조선농촌에 존재한 고지에 대하여」, 『역사과학』, 1964년 제3호, 95쪽.

지군 간에 존재하는 계급적 모순 발전의 필연적 결과로서 설명할 수 있다고 한다.

"종래에는 지주들이 봉건적 각종 특권과 채권자라는 텃세에 빙자하여 고지군에게 구두계약에 의한 품삯을 그대로 지불하지 않거나 작업과정에서 소처럼 혹사하거나 계약 이외의 각종 노동력 착취 및 인격적 멸시 등이 극심하였다. 때문에 고지군은 지주에 반대하여 농사일을 태만히 하며 지주의 농구와 농우에 손실을 주며 작업에 대한 공공연한 거절 등의 각양한 형태의 반항투쟁을 진행하였다. 이러한 투쟁과정에서 고지군 상호간에는 계약된 품삯의 보호, 즉 고지주인과의 관계에 있어서 그들의 공통적 이해관계는 대항, 단결이라는 하나의 공통적 사상으로서 그들을 결합시키지 않을 수 없었다. 이와 같이 고지군의 단결은 생활상 절실한 요구로부터 분산적인 개인고지로부터 점차 그들의 자위적 조직인 고지대(고지패)라는 단체조직으로 나아가게 되었다. 고지대의 조직은 지주 즉 고지주인에 대한 집단적 반항과 해당 지방의 계절적 고용노동을 독점하는데 중요한 의의가 있었다"[25]고 설명한다.

물론 개인고지에서 고지대로의 발전에 있어 고지군들의 자기이해 보호의 측면이 없지 않았을 것으로 보인다. 특히 개인적으로 하던 것에서 보다 단체를 이루어 하는 고지대에 있어서는 임금도 다른 고용노동의 임금에 비하여 결코 낮지 않았던 것도 이채롭다. 부농의 노동력확보 요구와 빈농의 빈궁에 의한 선불임금의 획득이라는 양자의 이해관계가 결합되는 것이었고, 나아가 개인적인 고지에서보다 고지대에 있어서는 고지군의 이해가 좀더 확보되었을 것으로 보인다. 그러나 고지대가 어느 정도나 빈농 및 농업노

25) 김덕호, 앞의 글, 95쪽.

동자가 부농에게 대항할 수 있는 물적 기초로 되었는지는 확실하지 않다.

부농으로서는 농번기에 필요한 노동력을 미리 확보할 수 있고, 빈농 및 농업노동자로서는 마을 외부의 노동력 유입을 방지할 수 있으며 또한 자신들이 필요로 하는 시기에 현물이나 현금을 확보할 수 있었기 때문에, 이 양자는 대립적이면서도 서로 결합될 수 밖에 없는 관계를 맺게 되었으며, 그 형태가 바로 고지대였다. 계급대립을 내포하고 있는 제도였음에도 불구하고, 당시의 사회경제적 조건 속에서 그러한 대립이 현재화하지는 않고 있었다.

전체적으로 보아서 고지대는 개인고지가 점차 조직화되면서도 그 이전의 전통적인 공동노동조직이 변하며 생겨난 것으로 보이지만, 일본 제국주의의 지배 아래에서 농촌사회 내부의 계급분화가 격화되어 빈농 및 농업노동자계급이 광범하게 발생하고 다른 한편으로는 노동력을 구매하려는 부농 및 광농이 성장하여, 더욱 성행하게 되었다고 생각된다.

조선 말기에 개인적으로 행해진 고지관행에 대한 언급은 보이나, 고지대는 1900년대 이후 특히 일제시기에 들어 계급분화의 가속화와 빈농 및 농업노동자계급의 빈궁화 그리고 대규모경작자의 등장과 함께 정착 발전해 온 것으로 보인다.

2) 고지의 분포

고지는 거의 대부분 논농사에서 행해졌고 특히 남부지방의 미작지대에서 많이 행해졌다. 충청남북도의 소작관행조사서에서는 고지노동은 밭에서는 하지 않는다고 적고 있다.[26] 그러나 드물긴

---

26) 1930년 久間健一의 조사에 의하면 전라북도 금산군에서는 고지에 논

하지만 밭농사에 있어서도 고지노동이 행해진 것으로 보이며, 단지 밭의 경우에는 김매기만을 고지로 하는 것이 보통이었다.[27)]

고지의 지역적 분포를 살펴보면, 〈표 4-1〉에서 알 수 있는 바와 같이 전라북도를 중심으로 하여 충청남북도, 경기도, 황해도, 경상남도, 전라남도, 강원도의 여러 지역에서, 그리고 나아가 경상북도에서 드물게 행해졌고, 함경남북도, 평안남북도의 일부 지방에서도 행해져 전국적으로 행해졌음을 알 수 있다.

농업지대상으로 보면 전라남북도, 충청남도, 경기도 등 고지가

〈표 4-1〉 일제하 조선에서 고지의 분포

도 명	고지가 행해지고 있는 군
전라북도	전주, 익산, 옥구, 김제, 정읍, 부안, 고창, 진안, 금산, 무주, 장수, 임실, 남원, 순창
전라남도	나주, 장성, 담양, 함평
경상북도	드물게 행해진다
경상남도	산청, 진주, 의령, 함안, 창녕, 동래, 김해, 하동, 함양
충청북도	청주, 보은, 단양, 괴산, 진천, 음성 등 각군
충청남도	아산, 서산, 부여, 공주, 대전, 홍성, 당진, 서천, 논산, 천안, 연기, 예산, 보령, 청양
경 기 도	진위, 김포, 고양, 이천, 용인, 안성, 수원, 시흥, 부천, 파주
강 원 도	철원, 준양 기타 지방
황 해 도	황주, 해주, 평산, 송화, 은률, 안악, 신천, 재령
평안북도	정주군의 일부 지방에서 행해진다
평안남도	드물게 행해진다
함경북도	드물게 행해진다
함경남도	영흥, 안변 지방에서만 드물게 행해진다

자료: 久間建一의 조회결과(앞의 글, 227쪽); 각도 1930년도 조사, 『小作慣行調査書』(강원도, 충청남도, 충청북도, 전라남도, 전라북도); 朝鮮總督府, 『朝鮮小作慣行』, 下卷.

고지와 밭고지가 있었다고 한다. 久間健一, 앞의 글, 217-8쪽.

27) 朝鮮總督府, 『朝鮮の小作慣行』, 下卷, 後編, 39쪽.

성행하던 남부지방은 저지대로서 평야지대이다. 전라남북도, 충청남도, 경기도의 논면적은 1938년 당시 전국 논면적 175만 정보의 44%가 넘는 77만 5,600 정보에 이르고 있었다.[28] 더욱이 고지가 가장 성행했던 전라북도 평야지역은 경지비율이 높으며 경지 중에서도 논의 비율이 매우 높은 지역이었다. 또한 곡창지대로서 일본인의 경지점유율이 가장 높았던 지역이기도 하다. 이러한 점들을 두고 볼 때에 고지는 농촌계급분화가 진전된 논농사지역에서 농번기 노동력수급을 조절하는 조직적 대응책으로서 나타난 것으로 보인다.

자가노동력으로 영농을 감당할 수 없는 농가가 고지를 살 가

〈표 4-2〉 각도의 소작에 있어서 고지상황(1930년)

도 별	고지주인(명)	고지군(명)
전라북도	1만 1,698	3만 9,731 *
전라남도	4,581	1만 4,271
경상북도	129	230
경상남도	1,539	2,723
충청북도	2,450	7,092 *
충청남도	5,679	1만 7,941
경 기 도	2,850	5,210
강 원 도	290	636
황 해 도	358	645
평안북도	소수	소수
평안남도	30	90
함경북도	13	42
함경남도	20	66 *
계	2만 9,637	8만 8,677

* 는 두 자료 간에 차이가 나는 것으로 『小作慣行調査書』의 수치를 취함.
자료: 『朝鮮の小作慣行』, 下卷, 後編, 41-45쪽; 각도, 『小作慣行調査書』.

28) 朝鮮總督府, 『1938年 農業統計表』, 1940, 6쪽.

능성을 지니고 있었다. 비록 소작을 한다하더라도 경지면적이 넓으면 노동력을 동원해야 하기 때문에 고지를 살 가능성이 있다. 실제 일제하에서 지주나 대규모 자작농 뿐만 아니라 대규모 소작농도 고지를 샀다. 즉 자작, 소작에 관계없이 광농은 고지를 살 가능성이 있었으며, 실제 소작지에서도 고지가 많이 행해졌다.

소작경영에 있어서 이루어진 고지상황에 대해 살펴보면 〈표 4-2〉와 같다. 지주나 경지규모가 큰 자작농은 물론이지만, 경지규모가 큰 자소작농이나 소작농(광농)도 고지를 주어 작업을 해 나갔다. 전라북도에서의 그 규모는 엄청난 것으로 소작지에만 관련해서도 4만 명에 가까운 고지군이 고지노동에 참가한 것으로 나타나고 있다. 전라북도를 필두로 해서 충청남도, 전라남도, 충청북도, 경기도, 경상남도의 순으로 많은 것으로 나타나고 있고, 그 외에 황해도와 강원도에서도 행해졌으며, 북부지방에서는 아주 드문 것이었음을 알 수 있다. 전남북, 충남북의 고지군 수는 엄청나게 많은 것으로 농업노동의 상당량이 고지노동에 의해서 이루어졌음을 짐작할 수 있다. 또한 고지를 사는 소작인의 수도 엄청나 전북에서는 1만 1천명 이상이고 전국적으로는 3만 명에 가까운 소작인이 고지를 산 것으로 나타난다. 고지군 수도 전라북도의 4만여 명, 다음으로는 충청남도와 전라남도의 소작경영에서는 1만 명이 넘었으며 전국적으로는 9만 명에 육박하였다.

지역적인 차이가 있지만 중남부 지방의 미작지대에서는 상당히 광범하고 빈번하게 고지가 행해졌음을 알 수 있다. 소작에서의 고지의 분포상황은 전체 농업경영에서의 고지의 일부만을 보여주는 것이다. 소작에 있어서만도 이 정도였으니 자작지에서의 고지까지 포함한다면 고지는 훨씬 많이 이루어졌음에 틀림없다. 그리고 고지는 대개 고지대의 형태로 이루어졌다.

고지가 가장 성행했던 전라북도 각 지방의 고지대 분포상황을 좀 더 자세히 살펴보자.

〈표 4-3〉에서 알 수 있듯이 1926년 8월말의 조사에 의하면 전라북도 지방에서 행해진 고지대의 수는 3만 6,071개에 이르며, 고지군 수는 약 12만 4천 명에 달하고 있다. 이는 한 농가에서 고지군 1명이 고지노동에 참여한다고 할 때, 1926년 당시 전라북도의 전체농가 21만 807명의 59%에 이르는 숫자이다. 더욱이 지주(갑,을)와 자작농 및 화전민을 제외한 농가수 19만 5,349명에 대한 비율은 63.4%에 이를 정도이다. 물론 고지주인 중에는 대규모 소작인이나 다른 사정으로 직접 경작을 할 수 없는 자소작농도 많이 있었으므로 실제로 농작업에 종사하는 직접적 생산자의 더 많은 부분(비율)이 고지노동에 참여하였다고 볼 수 있겠다. 전라북도의 분포상황에서 볼 때에 평야지역에서 더욱 많이 행해졌으며, 지역에 따라 차이가 있었다.

이렇게 고지가 널리 행해졌다는 당시의 통계가 과장되었거나 품앗이와 1-2명의 계절노동까지도 합쳐서 계산한 것으로 추측하

〈표 4-3〉 전라북도 내 군별 고지대 및 고지군 수(1926년 8월)

군 명	평야지역		군명	산간지역	
	고지대 수	고지군 수		고지대 수	고지군 수
전 주	7,284	15,103	진 안	220	4,994
정 읍	4,333	14,165	금 산	306	1,224
고 창	1,272	8,908	무 주	3,854	3,854
부 안	720	6,232	장 수	858	12,568
김 제	4,725	28,350	임 실	2,151	2,445
옥 구	3,730	2,502	남 원	1,972	4,390
익 산	3,650	18,254	순 창	996	996
지역합계	25,714	93,514	지역합계	10,357	30,471
도합계	36,071	123,985			

자료: 全羅北道 農會, 『全北の農業』, 33쪽; 久間健一, 앞의 글, 230쪽.

기도 하지만,[29] 근거가 없다.

소작인이 고지를 사는 것에 대해서는 충청남도에서의 상황도 확인할 수가 있다. 앞에서도 언급했듯이 대규모소작농이나 대규모 자소작농(광농), 또는 기타 사정으로 소작지의 경작이 어려운 농가가 고지를 사는 경우도 많았다.

〈표 4-4〉에서 알 수 있는 바와 같이 소작인이 고지를 사는 경우도 상당히 많았다. 소작인에게서 고지를 먹은 고지군이 4만여 명에 이르고 있으며, 고지를 산 소작인이 1만 2천여 명에 근접하고 있다. 특히 평야지역에서는 전체 고지군 중에서 소작인에게서

〈표 4-4〉 전라북도의 소작경영에 있어서 고지상황(1930년)

군명	고지주인	고지군	고지군 수/고지주인
전 주	2,535 명	6,783 (44.9%)	2.7
정 읍	1,989	6,766 (47.8)	3.4
고 창	564	2,681 (30.1)	4.8
부 안	1,613	4,261 (68.4)	2.6
김 제	1,858	7,881 (27.8)	4.2
옥 구	810	3,113 (12.4)	3.8
익 산	1,660	6,030 (33.0)	3.6
진 안	107	294 (5.9)	2.7
금 산	30	90 (7.4)	3.0
무 주	-	- (-)	-
장 수	100	560 (4.5)	5.6
임 실	113	373 (15.3)	3.3
남 원	101	176 (4.0)	1.7
순 창	213	723 (72.5)	3.4
계	11,693 명	39,731 (32.0%)	3.4

자료: 全羅北道, 『小作慣行調査書』, 243쪽.

* %는 〈표 4-3〉의 고지군 수에 대한 비율을 표시. 동일 시점이 아니어서 직접적 비교를 하는데는 문제가 있으나 전체고지군 수와 소작에 있어서의 고지군 수를 간접적으로 비교해 본 것임.

29) 김덕호, 앞의 글, 97쪽.

고지를 먹은 고지군의 비율이 산간지역에 비해서 높은 것으로 나타난다. 시차가 있어 숫자대로 인정할 수는 없지만 전체 고지의 약 30% 이상이 소작지에서 이루어지고 있었으며, 이는 대규모소작인의 부농적 성격을 엿볼 수 있는 것이라 하겠다. 물론 고지를 산 소작인이 모두 부농적 성격을 지녔다고 볼 수는 없으나 어쨌든 타인노동에 의한 수익확보를 기도하였다고 하겠다.

충청남도의 경우도 전라북도와 마찬가지로 여러 지역에서 고지가 행해졌다. 이 자료는 소작지에서의 고지분포표이지만 전체 고지의 분포상황의 대강을 보여 준다고 하겠다. 소작지에서의 전체 고지군 수는 약 1만 8천명에 달하며, 소작인으로서 고지주인도 5,679명에 달한다. 먼저 고지군의 수로 보아서 4천명에 이르는 논산을 비롯하여 아산, 서산, 천안, 예산, 공주, 연기 지역이 많은 편이고, 보령, 홍성, 청양 등지가 적은 것으로 나타났다. 여기서도 평야지역에서 고지노동이 많이 이루어지고 있음을 알 수 있다(〈표 4-5〉).

다음으로는 경기도 지역의 소작경영에서 고지의 분포 및 고지주인, 고지군 수를 군별로 파악해 보자.

〈표 4-5〉 충남의 소작경영에 있어서 고지주인 및 고지군 수(1930년)

군명	고지주인	고지군(*)	군명	조지주인	고지군(*)
공주	351 명	1,168 (3.3)	보령	48 명	123 (2.6)
연기	481	1,088 (2.3)	청양	156	395 (2.5)
대전	252	889 (3.5)	홍성	65	261 (4.0)
논산	1,271	3,938 (3.1)	예산	624	1,632 (2.6)
부여	286	984 (3.4)	서산	364	2,152 (5.9)
서천	220	602 (2.7)	당진	262	819 (3.1)
아산	803	2,203 (2.7)	천안	496	1,687 (3.4)
			합계	5,679	17,941 (3.2)

(*)는 고지주인과 고지군 수의 비율을 나타냄.
자료: 忠淸南道, 『小作慣行調査書』, 1931, 295-6쪽.

〈표 4-6〉은 경기도 소작지에서의 고지상황을 나타낸 것이다. 이것을 통해서 전체 고지상황을 짐작할 수 있겠는데, 〈표 4-5〉의 자료와는 약간의 차이를 보이지만 고지군 수는 거의 일치하고 있다. 이 자료에 근거해 볼 때 경기도 지역의 고지분포는 군별로 차이가 많아, 고지가 행해지지 않는 군도 여럿 있으며, 많이 행해지는 군은 시흥, 안성, 진위, 수원, 용인, 이천 등지이며, 고양, 부천, 파주 등지에서도 일부 행해졌으며, 포천에서는 도급이라는 이

〈표 4-6〉 경기도 지방의 소작경영에 있어서의 고지상황(1930)

군명	고지 이름	고지주인 수	고지군 수*	비율
고양	고지	50 명	200 명	4 배
광주	-	-	-	-
양주	-	-	-	-
연천	-	-	-	-
포천	도급	2	2	1
가평	-	-	-	-
양평	-	-	-	-
여천	-	-	-	-
이천	고지, 매기, 도급	222	242	1.1
용인	고지, 자리품	151	330	2.2
안성	고지	433	1,133	2.6
진위	고지, 도급, 어우리	388	867	2.2
수원	고지	302	747	2.5
시흥	자리품, 매김, 양자리, 고지	262	1,556	5.9
부천	고지, 자리품	20	95	4.8
김포	-	-	-	-
강화	-	-	-	-
파주	도급작	13	40	3.1
장단	-	-	-	
개풍	-	-	-	
합계		1,581 명	5,212 명	3.3 배

* 비율은 고지주인에 대한 고지군 수의 비율임.

자료: 京畿道産業部農務課, 『京畿道小作慣行の數字的調查, 1930年調』, 26-28쪽.

름으로 극히 드물게 행해졌다.

전체적으로 봐서 고지주인이 1,581명, 고지군이 5,212명에 이르는 것으로 파악되고 있다. 소작경영에서의 분포이기 때문에 자작경영에서 이루어진 것을 포함한다면, 현실적으로 행해진 것은 훨씬 많을 것으로 보인다. 고지주인에 대한 고지군 수의 비는 3.3으로 전북의 3.4, 충남의 3.2와 큰 차이가 없다. 즉 고지대의 규모가 거의 비슷했다고 할 수 있겠다.

전북에서도 그러하지만 경기지방에서도 평야지역은 농민층의 분화가 다른 지역에 비해 진전되어 있었으며, 고지가 많이 행해진 것은 바로 이러한 평야의 미작지대였다.

다음 고지군의 밀도로서 고지대의 분포상황을 살펴보자. 앞에서 제시한 〈표 4-3〉에 따르면 1926년도 전라북도에 있어서 12만 3,874 명의 고지군이 존재하였다. 고지군 1명을 1호로 가정한다면, 전라북도의 전체 조선인호수 25만 5,956호(1925)와 대비해 볼 때 약 반에 해당한다. 또한 20세 이상의 성년 남자수 36만 1,822명(1925)의 1/3에 상당하며, 노동가능남성인구수(15세 이상 55세 미만) 37만 6,750명의 약 1/3에 상당하여, 고지군이 얼마나 많았는가를 나타내 준다.[30]

나아가 전북의 고지군의 밀도를 각 군별로 파악해 보면 〈표 4-7〉과 같다.

고지군의 1 방리당 밀도는 도 평균 224명인데, 평야지역의 1 방리당 밀도는 360명, 산간지역의 1 방리당 밀도는 108명으로 크게 차이가 난다. 평야지역에 있어서는 옥구군을 제외하고는 모든 군이 평균을 넘고 있으며, 김제군과 익산군은 특히 높게 나타나고 있다. 산간지역에서는 장수군의 364명을 제외하고는 모두 100명 이하로 낮게 나타난다. 1방리당 고지군의 밀도로 파악해 본

---

30) 朝鮮總督府, 『朝鮮の人口現象』, 1927, 184-6쪽.

〈표 4-7〉 전북의 군별 고지군의 밀도(1926)

군별	평야지대			군별	산간지대		
	고지군	방리	밀도		고지군	방리	밀도
전주	15,103 명	67.00	225 명	진안	4,994 명	51.12	98 명
정읍	14,165	45.06	314	금산	1,224	37.37	33
고창	8,908	38.35	232	무주	3,854	40.79	94
부안	6,232	26.85	233	장수	12,568	34.49	364
김제	28,350	32.70	867	임실	2,445	38.42	64
옥구	2,502	24.98	100	남원	4,390	49.99	88
익산	18,254	24.72	730	순창	996	31.01	32
합계	93,514	259.66	360	합계	30,471	283.20	108
도합계	123,985	553.12	224				(평균)

* 평야지역과 산간지역의 방리의 합계가 도합계와 일치하지 않는 것은 군산부를 제외했기 때문이다.

자료: 久間健一, 앞의 글, 230쪽.

고지의 분포는 경작면적별로 파악한 것과 같이 평야지대에 집중되어 있음을 알 수 있다. 또한 대체로 고지에 의한 경작면적이 넓은 군일수록 1방리당 고지군의 인구밀도가 높은 것으로 나타나고 있다. 그러면서도 고지에 의한 경작면적과 고지군의 밀도가 완전히 일치하지 않는 것은 고지군 1인당 경작면적에 차이가 있다는 것이며 이는 바로 고지대의 조직구성원의 크기와 직결되는 것이다. 이에 대해서는 뒤에서 다시 다루고자 한다.

다음으로 마을당 고지대 수 및 그 밀도를 통해 고지분포상황을 파악해 보자.

마을(동리수)당 고지대 수를 보면(〈표 4-8〉), 평야지역은 평균 26개, 산간지역은 18개를 보이고 있다. 평야지역에서는 전주, 옥구의 마을당 밀도가 높으며 그 다음으로 김제, 정읍, 익산 순이다. 고창과 부안은 산간지역 평균보다도 낮아 한 마을당 고지대 수가 7,8개에 불과한 것으로 나타나고 있다. 산간지역에서는 무주

〈표 4-8〉 전북의 군별 마을에 있어서 고지대 수 및 마을당 밀도(1926)

군별	평야지대			군별	산간지대		
	고지대 수	동(리)수	밀도		고지대 수	동(리)수	밀도
전주	7,284	173	42	진안	220	77	3
정읍	4,333	168	26	금산	306	106	3
고창	1,272	189	7	무주	3,854	48	80
부안	720	91	8	장수	858	73	12
김제	4,725	151	31	임실	2,151	130	17
옥구	3,730	93	40	남원	1,972	186	11
익산	3,650	144	25	순창	996	126	8
합계 평균	3,637	1,009	26	합계 평균	1,479	746	18
도합계 평균	36,071	1,778	20				

자료: 久間健一, 앞의 글, 233쪽.

군이 마을당 고지대의 밀도가 가장 높아 80개에 이르고 있으며, 그 다음으로는 아주 적어져서 임실이 17개이고 장수, 남원, 순창 순이며 진안과 금산은 각각 3개에 불과한 것으로 나타나고 있다.

마을당 고지대 수의 분포로 보아서도 일반적으로 평야지역에서 고지의 마을당 밀도가 높으며, 산간지역에서는 낮은 것으로 나타나고 있다.

이상에서 보아온 대로 고지군의 밀도, 마을당 고지대의 밀도 등 어느 것으로 보나 평야지역에서 고지가 성행했음을 알 수 있다. 또한 뒤에서 보게 되겠지만 평야지대일수록 경작면적도 넓고 고지군도 많으며 마을당 고지대 수도 많은 것으로 나타나고 있다. 전라북도의 경우 특히 전주, 익산, 김제, 정읍, 옥구 등 전주평야에 위치한 지역에서 성행하였으며, 충청남도 지방에서도 마찬가지로 나타났다.

3) 고지대의 구성원과 결합범위

(1) 고지대의 구성원(고지군) 수

고지대당 고지군 수는 대체로 4-5명에서 20명 사이였다. 물론 지역에 따라서 그 크기가 아주 달랐으며, 최소 2명에서 최대 50명까지 있었다. 고지대당 고지군 수를 각도별로 파악해 보면 〈표 4-9〉과 같다.

〈표 4-9〉에서 확인할 수 있는 바와 같이 고지대당 고지군 수는 지역에 따라 약간의 차이는 있으나 2,3명에서 7,8명 정도였던 것으로 나타난다. 많은 것은 수십 명에 이르는 것도 있었다고 하는데 그 정확한 규모는 확인하기 힘들다. 경상북도, 경기도에서는 개인고지가 행해진 것으로 확인되고 있다. 그 외에도 개인고지는 여러 지역에서 행해진 것으로 보이는데, 고지계약서를 확인해 보면 황해도와 충청남도 고지계약서 중에는 개인적으로 고지계약을 한 것이 있다.[31)]

참고로 소작고지주인 1명에 대한 고지군 수를 보면 전라남북도, 충청남북도 지방과 함경남북도 및 평안남도 지방이 2.9명에서 3.4명까지로 많은 것으로 나타나고, 경상남북도, 경기도, 황해도 지방이 1.8명, 강원도 지방이 2.2명으로 적은 것으로 나타난다. 충청남도의 상황은 〈표 4-5〉에 나타나 있는데, 지역에 따라서 차이가 나고 있다. 보통 한 고지주인이 여러 개의 고지를 주며 고지군도 보통 여러 개의 고지를 먹는다. 그리고 한 고지주인이 여러 고지대에 고지를 주기도 하며, 한 고지대는 또한 여러 고지주인으로부터 고지를 먹기도 한다. 전라남도 지방에서는 '고지군 중에는 1인이 4,5인분을 청부하는 자가 있어 농번기에는 사방에서 오라고

---

31) 朝鮮總督府, 『朝鮮の小作慣行』, 下卷, 後篇, 48-54쪽 ; 忠淸南道, 『小作慣行調査書』, 1931, 296-300쪽 ; 그리고 이 장의 부록에 실린 고지계약서를 참조.

해서 고지주인과 분쟁을 일으키는 경우'도 있었다고 한다.[32] 그렇기 때문에 이 수치가 고지의 구성원수를 직접 보여주는 것은 아니지만 지역간의 차이를 보여주며, 더욱이 고지주인은 부농적 성격을 띠고 고지군은 농업노동자나 영세빈농의 성격을 띠는 존재이므로 각 지역의 계급분화 상황의 차이를 간접적으로 보여준다고 하겠다. 즉 전라남북도 지방은 경상남북도나 황해도 지방보다도 계급분화가 더욱 진전되어 있었다. 북부 지방에서 고지주인에 대한 고지군 수가 많은 것으로 나타나는 것은 1인당 경지면적이 넓었기 때문이 아닌가 생각된다.

전체상을 파악하는데 자료가 부족하지만 일단 좀더 구체적으로

〈표 4-9〉 각 도별 고지대의 구성원규모(1930년)

도 별	보통	많을 경우	고지주인	고지군	비율
전라북도	4,5 - 7,8명	20-30 명	11,698	39,731	3.4
전라남도	수 명		4,581	14,271	3.1
충청북도	2,3 - 7,8	십 수 명	5,679	17,941	3.2
충청남도	4,5 - 15,16		2,450	7,096	2.9
경상북도	개인 또는 4-5		129	230	1.8
경상남도	2,3 - 7,8		1,539	2,723	1.8
경 기 도	개인 또는 2,3	수십 명	2,850	5,210	1.8
강 원 도	2,3 - 5,6	14,5 명	290	636	2.2
황 해 도			358	645	1.8
평안북도	2,3		소수	소수	
평안남도	3 - 6,7		30	90	3.0
함경북도			13	42	3.2
함경남도			20	66	3.3

* 빈칸은 확인할 수 없는 것임.

자료: 각도, 『小作慣行調査書』; 朝鮮總督府, 『朝鮮の小作慣行』, 下卷, 後編, 41-5쪽.

32) 全羅南道, 『小作慣行調査書』, 1931, 220쪽.

〈표 4-10〉 전라북도에 있어서 고지대당 고지군 수(1926년 8월)

평야지대	구성인원			산간지대	구성인권		
	최다	최소	보통		최다	최소	보통
전 주	20 명	2	6	진 안	50 명	5	30
정 읍	40	2	3	금 산	8	2	4
고 창	22	4	7	무 주	15	2	9
부 안	50	3	8	장 수	30	3	15
김 제	10	2	6	임 실	50	15	30
옥 구	35	2	9	남 원	각단체 연합으로 함		
익 산	42	3	5	순 창	20	5	12
평균	31	3	6	평균	29	5	17
총평균			11				

자료: 全羅北道 農會編, 『全北の農業』, 33쪽 ; 久間健一, 앞의 글, 251쪽.

전라북도의 고지에 관한 조사를 통해 나타난 결과를 보면 〈표 4-10〉과 같다.

〈표 4-10〉에서 확인할 수 있는 바와 같이 고지가 가장 성행했던 전라북도에 있어서 대체로 고지대의 규모는 가장 큰 것이 50명에 이르렀으며, 평균적으로 평야지역이 산간지역에 비해 약간 크지만 각 군마다 차이가 커서 비교는 별 의미가 없고, 대체로 규모가 큰 고지대는 30명 정도로 구성되었다고 볼 수 있겠다.

가장 작은 것은 2명의 결합체이며, 평야지역에서는 2-5명, 평균 3명인데 반해서 산간지역에서는 3-15명, 평균 5명으로 구성되어 있었다. 보통 고지대당 고지군 수는 평야지역에서는 3-9명으로 평균 6명이지만, 산간지역에서는 4-30명으로서 평균인원은 17명에 이르고 있었다. 그러므로 성급히 일반화해서 말한다면 고지대는 평야지역에서 보다는 산간지역에서 그 규모가 더 컸다고 말 할 수 있겠다. 이는 평야 지대에서는 마을이 널리 퍼져있는데 반해서, 산간지역에서는 마을이 비교적 가깝게 모여 있기 때문이 아닌가 한다.

그리고 전체적으로 고지대당 평균 고지군 수는 11명으로 나타나고 있다. 이것은 소작관행조사서에 나타나 있는 수치와 비교해 볼 때 좀 많은 것으로 보이는데, 이는 소작고지주인 1명에 대한 고지군 수가 가장 많았던 전라북도이기 때문이라고 생각되기도 하지만, 또한 자작농이나 지주의 경우에는 더 큰 규모의 고지대를 샀다고 추정해 볼 수도 있겠다. 이는 또한 당시 논농사에서 공동작업의 적정규모가 11명 정도라는 것을 보여 준다고도 하겠다. 그러나 산간지역에서는 평균 17명, 평야지역에서는 평균 6명으로 나타나고 있는 것에서 알 수 있듯이 공동작업의 적정규모는 경지조건의 차이, 마을구조의 차이 등에 따라 달라질 수 있다. 또한 작업의 종류에 따라서, 더 나아가 남원군에서 그 실례를 볼 수 있는 것처럼 마을 단위를 넘어서 그 조직을 확대 운영해 나갈 때에는 그 규모는 더욱 커질 수도 있을 것이다. 따라서 고지대의 구성에서 나타난 규모를 공동작업의 적정규모라고 확정해서는 안 될 것이다.

다음으로 고지주인 1명에 대한 고지군 수는 전라북도의 경우 3.4명이었는데, 보통 고지군 수가 11명이었으므로, 지주 및 자작농이 사는 고지가 소작농이 사는 고지보다 규모에서 컸다고 하더라도, 결국 고지군은 여러 고지대에 참여하든가 여러 고지주인에게서 고지를 먹든가하였음에 틀림없다.

(2) 고지군의 결합범위

고지대의 성원은 일반적으로 성년남자 혹은 충분히 일할 수 있는 청년(17-20세)이었으며 부인, 아동 등은 포함되지 않았다. 고지노동은 노동강도가 높았고 주요하고 힘든 작업이었기 때문에 건강한 노동능력을 갖추지 않으면 하기 힘들었다.

그리고 고지군의 공간적 결합범위는 마을이었으며, 경지의 위치나 취락구조에 따라 융통성이 있었을 것으로 생각된다. 예외적으로 전북 남원지역에서 처럼 각 고지단이 연합하여 작업을 하기도 하였다.

보통 농업노동에서는 마을 안에서 노동력이 조달되며, 농촌노동력의 이동은 아주 적었다. 머슴노동력의 경우 다른 마을이나 지방에서 들어오기도 하였지만 일시적인 노동력 고용은 거의 대부분 마을 사람들에 의해서 이루어져 왔다. 농촌 내부에 계급분화가 진전되어도 대개는 마을 내부에서의 고용-피고용관계로 나타났으며, 노동의 장소도 대개 마을 안의 경지에 한정되어 있었다.

고지군들도 대개는 마을 안의 작업을 하였을 것으로 보이지만 적극적으로 고지를 먹으려고 하였기 때문에 다른 마을의 일도 하였을 것으로 보인다. 즉 고지군은 기존의 날품노동자들 보다는 유동성이 큰 노동집단을 이루고 있었을 것으로 보인다.

고지군의 계급적 성격을 자료가 가능한 선에서 분석해 보자.

고지대의 발생에 대한 서술에서 언급하였듯이 고지대가 성행하게 된 것은 농촌 내부의 계급분화가 급격하게 진전되면서 농민중에서 빈농화되어 가던 부분이 생계대책으로서 조직화되면서 였다. 그렇기 때문에 고지군은 주로 소규모 토지를 경작하는 소작농과 경작할 소작지조차 없는 농업노동자(날품팔이노동자)였다. 그리하여 당연히, 지주소작관계가 확대되어 소작빈농이 광범하게 형성되고 나아가 농업노동자계급이 가장 광범하게 형성된, 그러면서도 경작규모가 매우 영세한 지역(평균적으로는 영세하더라도 계층간의 차이는 더 큰 지역)에서 고지대가 성행할 수 있었던 것으로 볼 수 있다. 또한 소작농 내부에도 계급분화가 있어서 대규모소작농은

〈표 4-11〉 지대별 농민계급분화양상(1938)

지 역 별	총호수	자작농	자작겸소작	소작농	순화전민	피용자
전 국	3,052,392	18.1 %	23.9 %	51.9 %	2.3 %	3.8 %
평야지대	1,651,496	12.6 %	23.4 %	58.8 %	0.2 %	5.0 %
중간지대	740,320	19.2 %	27.1 %	46.8 %	3.4 %	3.5 %
산간지대	660,576	30.7 %	21.5 %	40.4 %	6.4 %	1.0 %
전라북도	236,969	4.8 %	17.0 %	68.7 %	0.5 %	9.0 %

* 평야지대 : 전라남북도, 경상남도, 충청남도, 경기도, 황해도
중간지대 : 강원도, 충청북도, 경상북도
산간지대 : 평안남북도, 함경남북도
자료: 『農業統計表』, 1938년, 8쪽에서 작성.

고지를 사고 소규모소작농은 농업노동자들과 함께 고지노동에 참여하는 처지에 있었다. 이러한 것의 대표적인 예로서 전라북도를 들 수 있겠는데, 참고로 지대별 농민계급분화 상황을 보면 〈표 4-11〉과 같다.

지대별로 구분하여 보면 계급분화의 특징이 선명하게 드러난다. 〈표 4-11〉에서 알 수 있는 바와 같이 평야지대일수록 계급분화가 진전되어 있으며, 농업노동자계급도 5%에 이르고 있다. 물론 자작빈농, 자소작빈농, 소작빈농들도 농업노동자계급에 진배없는 생활상태에 처해 있었으며, 소작농 중에도 상층은 위에서도 살펴보았지만 고지를 사는 경우가 많았다. 따라서 계급관계에서 볼 때 〈표 4-10〉이 정확한 것은 아닐지라도 계급분화의 지역적 차이 및 진전정도를 가늠할 수 있게 해준다.

산간지대에서는 평야지대보다는 지주소작관계도 덜 확산되어 있었고 따라서 자작농층이 다른 지역에 비해서 많은 비중을 차지하고 있다. 그러나 40% 이상이 순소작농이며 더욱이 소작도 어려워 화전민이 되기도 하였다. 평야지대에서는 농업노동자가 되었을 농민들이 화전을 경작하게 되었으며, 화전에 있어서까지도 소작이

발생하였다.

고지대가 가장 성행했던 전라북도 지방만을 보면 계급분화는 더욱 진전되어 있었다. 순소작농이 68.7%에 이르고 농업노동자계급도 9%에 달하고 있다. 이처럼 전라북도 지방의 계급분화가 다른 지역보다 두드러지게 된 것은 비옥한 토지를 노린 토지투하자본의 침투로 인한 것이며, 특히 일본인 대지주경영자가 다른 어떤 도 보다도 많았고, 대농장들(東拓농장, 不二농장, 賀田농장, 態本농장 등)은 일본인 농업이민까지 받아들여,[33] 조선농민의 토지로부터의 분리를 가속화시켰으며 특히 고지대의 성행을 가져왔다.

고지군은 주로 보통 소작농 중에서 궁민(窮民) 또는 일용노동자 즉, 소작빈농과 농업노동자로 이루어져 있었다. 전라북도 지역에서 나타난 고지대에 있어서 고지군의 계급구성에 대해 분석해 보자.

〈표 4-12〉에서 알 수 있는 바와 같이 전라북도에 있어서 고지군의 구성은 전반적으로 보아서 세농이 가장 많아 총고지군 수의 63%를 차지하며, 순농업노동자가 그 다음으로 32%를 차지하고 있다. 기타에 속하는 고지군 수는 9,093명으로 전체의 7%를 차지하고 있다. 여기서 세농은 주로 경작규모가 크지 않은 소작농을 중심으로 일부의 영세한 자소작농을 포괄하고 있는 빈농으로 볼 수 있다.

순농업노동자는 머슴과 함께 농업노동자계급을 이루고 있는 층으로, 전북지방에서는 특히 농민 가운데 많은 비중을 차지하고 있었다. 이들은 노동력을 팔아서 생계를 유지하는 전형적인 노동자계급에 속하고 있었으며, 날품노동에 종사하기도 하지만 이처럼 조직화된 고지대에 참여하여 생계를 유지할 수 있었다.

이를 다시 평야지역과 산간지역으로 나누어서 살펴보아도 커다

---

33) 全羅北道 農會編, 『全北の農業』, 1928, 17-24쪽.

〈표 4-12〉 전라북도 있어서 고지군의 계급구성(1926)

군별	순농업노동자		세농		기타		총계	
(평야부)								
전 주	8,088	54%	5,975	40%	1,040	6%	15,103	100%
정 읍	4,138	29	9,226	65	801	6	14,165	100
고 창	3,706	42	5,082	57	29	1	8,817	100
부 안	1,321	20	4,050	66	861	14	6,232	100
김 제	8,375	30	17,913	63	2,062	7	28,350	100
옥 구	888	36	1,466	60	148	4	2,502	100
익 산	869	4	16,209	89	1,176	7	18,254	100
계	27,385	29	59,921	64	6,117	7	93,423	100
(산간부)								
진 안	1,851	38	2,125	40	998	20	7,974	100
금 산	452	33	707	57	65	9	1,224	100
무 주	1,132	30	2,402	60	320	10	3,854	100
장 수	4,174	33	7,601	60	793	7	12,568	100
임 실	399	16	1,652	68	394	16	2,445	100
남 원	1,240	30	2,830	63	320	7	4,390	100
순 창	545	50	365	40	86	10	996	100
계	9,793	32	17,682	58	2,976	10	30,451	100
총계	37,178	32	77,603	63	9,093	7	123,874	100

자료: 全羅北道 農會編, 『全北の農業』, 33쪽; 久間健一, 앞의 글, 253쪽.

란 차이는 보이지 않는다. 즉 고지군의 계급구성은 순농업노동자와 영세빈농이 93%를 차지하고 있으며, 농업노동자의 비중이 작은 지역에서는 영세빈농이 많은 비중을 차지하고, 영세빈농의 비중이 작은 지역에서는 농업노동자의 비중이 크게 나타난다.

1940년에 조사한 한 마을의 사례를 보면, 전체 농가수 80호, 농업노동자가구 21호인데, 농업노동자가구 중에서 71.4%에 해당하는 15가구가 고지노동에 참가하고 있었으며, 1정보 미만의 소작지를 경작하는 소작농 22가구 중에서 6가구가 고지노동에 참여하고 있었다. 이 마을에서 고지에 참가하는 소작농의 실태를 살

〈표 4-13〉 김제군 부량면 신용리 소작빈농의 고지참가상황(1940)

가구 번호	가족수			고지수	일고노동 (환산일수)	계절고(머슴)	연고	소작지면적
	남	여	계					
(1)	5	2	7	10 구	(40)	100 일 2;90일		논 2,400평
(2)	3	3	6	2	(8)	2		2,400
(3)	4	4	8	8	(32)	20	1명	1,600
(4)	5	1	6	4	(16)	150		1,200
(5)	3	4	7	10	(40)	150		1,200
(6)	2	2	4	10	(40)	40		논100,밭200

* 고지노동 1구는 1반보(3백평)에 대한 모내기와 김매기 3회로 4회노동을 말한다.

자료: 大野 保, 「朝鮮農業の實態的硏究」, 滿洲大同學院, 『論叢』, 第4集, 1941, 262-265쪽.

펴보면 〈표 4-13〉과 같다

〈표 4-13〉에서 알 수 있는 바와 같이 경지규모가 작은 소작빈농은 날품팔이노동뿐만 아니라 고지노동에도 참여하고 있으며, 다른 농가에 비해 가족수가 많은 편이다. 자료상으로 확인할 수는 없지만 노동력인구에 비해 경지면적이 협소한 소작빈농으로 볼 수 있겠다.

이처럼 고지에 참가하는 소작빈농은 자가노동력 투하에 한참 못미치는 경지를 경작하였을 뿐만 아니라, 고율소작료를 바치고 나면 생계가 어려웠다. 농업노동자는 더 말할 나위도 없었으리라. 그리하여 이들은 고지노동에 참여할 뿐만 아니라 땔나무를 해서 팔고 가마니를 짜고 짚신을 삼거나 다른 품팔이를 하여 생계를 유지하였다. 이를 계절별로 보면, 3,4,5월 경에는 생계가 가장 어려워 노동임금이나 돈을 빌려서 생활하고, 6,7,8월 경에는 고지노동에 종사하면서 일반노동에 의한 임금수입으로 생활하며, 9월 이후 11월경까지에는 날품팔이에 의한 임금 및 소작벼의 일부분을 가지고 살아가고 나서, 12월부터 3월까지는 노동력을 미리 판매하여 즉, 고지계약 임금에 의해서 겨우 겨우 살아갔다.[34]

이처럼 고지군은 경제생활에서 큰 차이가 없었던 농업노동자와 영세빈농으로 구성되었으며, 고지는 다른 어떤 공동노동조직보다도 계급성이 분명하였다.

물론 소작빈농 중에는 가족노동력의 부족이나 특별한 사정이 생겼을 경우에 고지를 사기도 하였다. 그러나 이러한 경우는 예외에 속하였다.

그러면 이러한 고지군을 고용한 고지주인의 계급적 성격은 어떠했는가를 보자. 지주의 경우에는 자신의 토지를 소작 주어 경영을 소작인에게 일임하였으므로 고지를 살 필요가 없었다. 따라서 고지관계는 지주와 소작인의 대립형태로 나타나기 보다는 광농(대규모소작농, 자소작농, 자작농)과 영세한 소작인 및 농업노동자간의 대립형태로 나타났다. 흔히 고지를 사는 경우는 경작면적이 넓어서 자가노동력으로는 작업을 감당할 수 없었던 농가, 다른 직업을 가지고 있어서 농작업을 제 때에 할 수 없던 상인, 관리, 직인 등이거나, 성인노동력이 없어 농사일을 제대로 할 수 없는 유부녀, 어린이, 환자만이 있는 농가였다.[35]

위에서 인용했던 사례마을을 다시 살펴보면, 이 마을에는 일본인 농장이 대부분의 토지를 소유하고 있었고 대부분의 농민이 소작인이었다. 경지면적이 5천평 이상인 농가 28호 가운데 23가구가 고지를 사고 있었다. 이들 광농은 고지 뿐만 아니라 머슴, 계절고, 날품노동 등도 상당히 많이 이용하고 있었다. 9천평 이상을 경작하는 농가의 실례를 살펴보면 〈표 4-14〉와 같다.

〈표 4-14〉에서 보는 바와 같이 대규모 소자작농가들이 머슴,

---

34) 全羅北道 農會編, 『全北の農業』, 1928, 31쪽.

35) 朝鮮總督府, 『朝鮮の小作慣行』, 下卷, 後編, 41-45쪽.

계절고, 일고 외에도 고지를 다량 사고 있었다. 물론 이 농가들보다 경작면적이 작은 소작농가들도 고지를 사고 있으나 규모면에서는 이들 농가에 훨씬 못 미치고 있으며, 소작빈농들도 고지를 사는 경우가 있었으나 극히 드물었으며 주는 농가와 먹는 농가가 상쇄되어 버린다. 즉 그들 간에 노동력 부족이 생기는 농가와 노동력에 여유가 있는 농가 간에 교환이 이루어 졌다고 할 수 있다. 그러나 경지가 매우 적은 소작빈농과 경지가 전혀 없는 농업노동자는 품팔이를 해야만 생계를 유지할 수 있었으며, 이에 반해 부농들은 다량의 고용노동을 사용하였다. 그러한 고용-피고용관계의 한 형태로서 고지대가 많이 이루어 졌으며, 특히 고지주인과 고지군 간에 서로의 이해가 일치되면서도 이해의 대립이 필연적으로 내재해 있었다.

고지대는 지주-소작관계로만 표현되어 왔던 농촌 안의 사회관

〈표 4-14〉 전라북도 김제군 부량면 신용리의 고지주인(1940)

가구	가족수			고용상황				경기면적	자작지면적
	남	녀	계	머슴	계절고	고지	일고		
(1)	5	3	8	5명	6개월	60구	1,000일	45,600평	5,600평
(2)	2	3	5	5	18	-	1,000	36,600	16,600
(3)	2	1	5	4	16	40	1,000	36,000	4,000
(4)	4	2	6	3	9	10	800	33,000	5,000
(5)	3	5	8	2	24	2	600	20,400	-
(6)	3	5	8	1	7	5	450	13,200	2,800
(7)	5	2	7	-	4	20	120	10,000	-
(8)	5	2	7	1	5	13	100	9,400	-
(9)	2	3	5	-	5	21	100	9,000	-
(10)	5	5	10	-	-	10	100	9,000	-

* 고지1구는 1인 1반보, 4고지를 말하며, 4일 노동에 해당한다.

자료: 大野 保, 「朝鮮農業の實態的研究」, 滿洲大同學院, 『論叢』, 第4集, 1941, 262-264쪽.

계에 내재해 있는 부농과 빈농 및 농업노동자 간의 계급대립을 보여주는 제도라고 생각된다. 지주-소작의 확대를 들어 봉건적인 성격이 온존, 강화되었다는 주장에도 불구하고, 부농-빈농(및 농업 노동자)의 계급대립이라는 이러한 현실이 엄존하였다.

4) 고지대의 조직

고지대는 각기 독립적인 농업노동자나 소작빈농이 임의의 단체를 조직하여 그 대표자가 지주나 광농(대규모 소작농, 자소작농, 자작농)과 미리 임금을 받고 노동을 하는 것이었다. 고지대에 고지일을 맡기는 사람을 고지주인, 고지대의 대표자를 고지두목이라고 하였으며, 고지노동에 참가하는 사람들을 고지군이라고 하였다. 고지대는 이 삼자간의 관계로 이루어져 있었으며, 이들에 대해서는 지방에 따라 다양하게 불렸다.[36]

〈표 4-15〉 각 도별 고지주인 및 고지대의 조직구성원 이름(1930년)

도별	고지주인	고지두목	고지군
전북	고지주인	고지두목, 통수	고지꾼, 통고지꾼, 모군사람
전남	고지주인	고지모개비	고지꾼
충북	고지주, 고지주 고지주인		고지꾼, 품팔이
충남	고지주인, 고지주 세지도리	고지두목, 수고지 고지아리, 도고지 좌상, 총대	고지꾼, 고지작인, 식고인 일고지, 세지도리작인 품팔이
강원	고지주, 도급장 도급주		고용인, 도급인, 농계
함남	중간소작주, 제주		중간소작인, 제꾼

자료: 각도, 『小作慣行調査書』 ; 朝鮮總督府, 『朝鮮の小作慣行』, 下卷, 後編, 41-5쪽.

36) 朝鮮總督府, 『朝鮮の小作慣行』, 下卷, 後編, 41-45쪽; 각도, 『小作慣行調査書』.

〈표 4-15〉에서와 같이 고지주인, 고지두목, 고지군이라는 이름이 가장 널리 사용되었으나, 지역마다 특이한 이름들이 있었다. 이 삼자 중에서 고지대의 조직구성원은 고지두목과 고지군이다. 고지대에 있어서는 각 고지군이 대등한 권리를 가지고 의무를 수행하였다. 고지두목은 일체의 위험과 책임을 지고서 단체의 통제를 행하는 대장이라고 할 수 있는 사람[37]은 아니었고, 고지군과 함께 노동을 하고 여러 가지의 교섭을 주로 담당하였으며 또한 공동노동을 함께 하면서 고지군을 지휘하였다. 즉 고지두목은 지주나 광농(고지주인)과 교섭하여 작업의 종류, 면적, 동원인원, 임금액수, 임금지불방법, 고지주인의 부담내용, 고지군의 연대책임 등에 대해서 계약을 체결하였다.

고지주인이 고지대를 고용하는 것을 '고지를 산다', '고지를 쓴다'고 하며, 고지군이 고지노동에 종사하는 것을 '고지를 먹는다'고 하였다.[38]

고지의 계약은 대부분 구두계약이었는데 일제 후기에 들어서 문서계약이 점차 증가하였으며, 특히 전라북도 정읍지방에서는 보증금까지 적립하고 계약하기까지 하였다.[39] 어쨌든 고지군은 대부분 마을 안의 소작빈농이거나 농업노동자로서 고지주인과 서로 사정을 빤히 아는 처지였고, 당시의 조건상 다른 일을 하거나 이출할 가능성이 거의 없었기 때문에, 대부분 대인신용에 근거한 구두계약이 많았다.

---

37) 久間健一은 영국의 생산대조직에서의 생산대장은 이러한 사람이었다고 하면서 고지대에 있어서의 고지두목과 비교하고 있다.

38) 大野 保, 「朝鮮農業の實態的研究」, 滿洲大同學院, 『論叢』, 第4集, 1941, 283쪽.

39) 全羅北道, 『本道における雇只の狀況』, 9쪽 ; 久間健一, 앞의 글, 256쪽에서 재인용.

고지계약을 하는 시기는 일반적으로 연말로부터 다음해 3월까지였으며, 극단적인 경우에는 심기 직전에 계약하는 것도 있었으나 예외적인 것이었다. 연말에서 다음해 봄까지의 시기는 농민의 생활이 가장 곤란할 때이므로, 계약과 동시에 임금(전부 또는 일부)을 선불받는 것이 통례였다. 물론 계약임금은 계약시기에 따라서 약간의 차이가 있었다.

계약이 이루어지고 나서 작업시기가 되면 고지주인은 작업일정을 고지두목에게 알리며, 고지두목은 고지군에게 알리어 작업에 참가하게 한다. 이처럼 고지두목은 고지주인과 고지군 사이에서 매개역할을 하였으며, 한 고지대의 작업인원이 작업종류에 따라 차이가 날 때에는 고지두목은 고지군을 조정하여 출역케 하였다. 예컨대 모내기 작업에는 9명, 1회 김매기 작업에는 7명, 그 후 김매기 작업과 벼베기, 옮기기 작업에는 6명으로 계약을 했을 경우에 고지두목은 고지군을 그에 맞게 편성하여 작업을 실시하였으며, 각 고지군의 작업일수에 따라서 임금을 분배하였다.

그런데 실제로 미리 임금을 받아 분배하기 때문에 대개는 동등하게 분배하고 다음해의 작업일을 서로 조정하여 하였다. 대부분의 고지대는 각 작업의 작업인원이 같았기 때문에 이러한 조정이 필요하지 않았지만, 애초에 고지작업에 참여하기로 한 고지군이 부득이한 사정으로 고지노동에 참가할 수 없는 경우에는, 고지두목 및 다른 고지군들이 연대로 책임을 졌는데 새로운 고지군을 충원하기도 하였다. 고지군이 고지노동 가운데 일부를 할 수 없을 경우에는 일고나 품앗이로 대체하여 동원하였다. 일부지역에서는 소작인이 경작을 모두 상호간에 교환·청부하여서, 농사철에 이르러 일손이 부족한 경우에는 날품노동자를 사서 고지주인에게 보냈다.[40)]

고지두목은 고지군이 임의로 정한 이른바 대표자로서 다른 고지군에 대해서 어떠한 권력을 가진 것은 아니었다. 물론 한 농민이 우두머리가 되어 고지를 계약하고 고지군을 모집편성하여 기업적으로 움직이는 고지도 있었다고 한다.[41] 또한 임금분배에서 특권을 가진 경우도 있었다. 그러나 그러한 고지는 예외적인 것이었다고 생각된다.

요약하자면 고지대는 일반적으로 고지군 상호간에 연대책임을 지고 성립한 노동조직으로서 농업노동자 및 소작빈농으로 구성되어 있었으며, 그 대표자인 고지두목은 다른 고지군과 마찬가지로 공동노동에 참여하고 극히 일부 지역을 제외하고는 임금의 분배에도 동등하게 참여하였다.

고지대의 조직은 구성원이 미리 예정되어 있다가 작업에 당해서 결성되어 공동노동하는 성격을 가지고 있었으며, 대개 여러 가지 작업을 하였기 때문에 작업이 계속되는 동안에는 조직도 계속되었다. 그러나 고지대는 항상적으로 움직이는 것이 아니고 작업일에 공동노동을 하는 방식으로 일시적으로 그 모습을 드러내며, 일이 끝나면 고지계약이 자연스럽게 해소되면서 고지대 조직도 해체된다.

그러나 고지대의 공간적 결합범위가 마을 내부였고 고지군의 계급적 성격이 분명하였기 때문에 다음해에도 쉽게 재조직될 수 있는 특성을 가지고 있었다. 즉 해마다 고지를 먹는 사람과 고지를 사는 사람이 어느 정도 정해져 있었고, 같이 고지를 먹던 사람들(고지군)이 계속 같이 고지를 먹는 식으로 고지대가 편성되었다.

그리고 한 고지군이 여러 개의 고지를 먹는 것은 물론이고, 한 고지대도 여러 고지주인과 여러 개의 고지계약을 체결하고 있는

---

40) 忠淸南道, 『小作慣行調査書』, 301쪽, 부여군 임천면의 일부 지역.

41) 久間健一, 앞의 글, 255쪽.

경우가 적지 않았기[42] 때문에, 현실적으로는 다수의 고지대가 병존하면서 또한 연속하여 존재하는 양상을 띠었다. 그래서 실제로 빈농이나 날품노동자는 농번기에는 개인적으로 날품팔이노동에 종사하고 또한 고지군으로서 고지노동(그것도 여러 개)에 참여하였기 때문에 쉬는 날 없이 계속해서 일을 하였다.

이러한 고지대조직은 외부적으로는 고지주인과 관계를 맺게 되는데, 고지주인은 고지군을 직접 통제하거나 지휘하는 경우는 드물었다. 고지주인은 양호한 작업이 이루어지도록 하기 위해서 작업장에 나와 감독하기도 하였으나, 일반적으로는 고지두목에게 작업통솔을 일임하였다.

고지대는 이처럼 고지군 내부의 평등한 관계를 유지하면서 단체로 노동력을 팔 수 있는 제도였다.

5) 작업내용 및 노동방식

고지대의 작업은 주로 논농사 즉 벼농사 작업에 집중되어 있었다. 밭에서도 고지노동이 행해지긴 하였으나 아주 드물었으며, 경기도 지방과 같이 밭에서는 고지가 없었던 지방도 있었다. 논농사에서 고지노동은 주로 모내기, 김매기, 벼베기, 수확작업에서 이루어 졌으며, 거기에 덧붙여 논갈기, 조제, 옮기기 작업에서도 일부 이루어졌다.

고지주인과 고지군은 작업내용에 대해서 미리 계약을 하며, 고지군은 고지주인이 원하는 시기에 작업을 한다. 고지의 작업내용 즉, 청부노동의 종류 및 횟수는 매우 다양하였으며, 그에 따라 고지도 다양한 이름으로 불리게 되었다. 청부한 노동의 종류 및 횟수에 따라 고지의 종류를 나누어 보면 다음과 같다.[43]

---

42) 朝鮮總督府, 『朝鮮の小作慣行』, 下卷, 後編, 39쪽.

(1) 산고지(散雇只) 또는 단고지(短雇只)

산고지 또는 단고지는 논갈기, 모내기, 김매기, 벼베기 등의 노동 가운데 한 가지 작업만을 청부하는 것이었다. 전라북도 지방에서는 산고지라고 하였으며, 충청남도 지방에서는 단고지, 산고지라는 말이 다 쓰였다. 아산군, 연기군 지방에서의 단고지는 주로 우경작업을 하는 경우였다. 충청북도에서는 하루에 한다고 해서 일고지(日顧只)라고 하였으며, 대전지방에서는 모내기만을 하는 것을 모내기고지라고 하였다. 그러나 전라남도 나주군에서는 이러한 종류의 고지를 단순히 고지라고 하였다. 이처럼 지방에 따라서 여러 가지로 불렸지만 한 가지 작업에 한하는 고지라는 점에서는 같은 것이었으며, 또한 그렇기 때문에 이러한 고지는 다시 노동의 종류에 따라 예를 들면 경운고지, 모내기고지, 김매기고지, 벼베기고지 등으로 구별되었다.44)

(2) 중간고지

실제로 중간고지라는 이름은 사용되지 않았으나 청부노동의 종류나 횟수에 있어서 산고지(단고지)와 전고지(장고지, 거의 모든 작업을 청부노동하는 형태)의 중간적인 형태를 중간고지라는 이름으로 포괄하고자 한다.45)

고지는 그 작업종류나 횟수에 있어 계약에 따라 매우 융통성이 있었으며 그리하여 산고지와 전고지의 중간적인 형태는 다종다양하였는데, 전고지의 범위가 지방에 따라서 차이가 있었기 때문에 어떤 지방에서는 전고지인 것이 다른 지방에서는 중간고지에 해

43) 久間健一, 앞의 글, 247-250쪽.

44) 각도, 『小作慣行調査書』; 朝鮮總督府, 『朝鮮の小作慣行』, 下卷, 後編, 41-45쪽.

45) 久間健一, 앞의 글, 261쪽.

당하기도 하였고, 또 그 역도 가능하였다. 그 종류가 다양한 만큼 중간고지의 이름도 다양하였는데, 대개는 작업횟수를 기준으로 하여 이름을 붙였다.

중간고지의 작업은 주로 모내기와 김매기였으며, 벼베기까지 포함하는 경우도 있었다. 즉 중간고지의 작업의 기본단위는 모내기와 김매기였으며, 김매기는 1회에서 3회까지 있었다. 충남지방에서는 모내기, 김매기 2회, 벼베기 작업을 하는 4고지를 단고지라고 하였으며, 연기군에서는 4고지를 두락고지라고도 하였다. 전남지방에서는 모내기와 김매기 3회의 작업을 4고지라고 하여 가장 널리 행해졌고, 5고지는 4고지의 작업에다가 모내기 전에 녹비채취작업이나 벼베기, 벼거두기 등의 작업이 추가되었다.

충남 연기군, 아산군에서는 횟수에 따른 고지구분이 잘 되어, 우경을 하는 단고지에서부터 모내기, 김매기3회, 벼베기, 조제작업을 포괄하는 6고지까지 단계적인 구분이 행해졌다. 다른 지방에서도 작업횟수에 따라 고지의 이름을 붙이는 것이 보통이었으며, 지방에 따라 다른 이름이 사용되기도 하였다.46)

(3) 전고지(全雇只) 또는 장고지(長雇只)

전고지 또는 장고지는 모내기부터 벼베기 또는 옮기기까지 논농사 전체의 노동을 청부하는 것으로, 전라북도에서는 전고지라는 이름을 사용하였고, 충청남도 아산군, 서산군, 홍성군에서는 장고지라는 이름을 사용하였다. 또 이와 유사한 것으로 여겨지는 것을 전라남도 나주지방에서는 봉창고지라 하였고, 함평지방에서는 봉창지라고 하였다.47)

---

46) 忠淸南道, 『小作慣行調査書』, 296-7쪽 ; 朝鮮總督府, 『朝鮮の小作慣行』, 下卷, 後編, 41-5. 全羅南道, 『小作慣行調査書』, 1931, 218쪽.

47) 久間健一, 앞의 글, 249쪽.

그러나 지방에 따라서 작업의 범위는 조금씩 차이가 있어서, 충청북도 지방에서는 모내기, 호미질, 김매기 작업을 청부하는 것을 장고지라고 하였으며, 모판만들기와 수확, 조제는 고지주인이 담당하였다. 충청남도에서는 모내기, 김매기 2회, 벼베기(단고지라고 함)에 조제작업을 더 하는 고지를 장고지라고 하였으며, 연기군과 아산군에서는 횟수에 따라 고지를 구분하여 모내기, 김매기 3회, 벼베기, 조제 모두를 하는 것을 6고지라고 하였는데, 이것은 전고지라고 할 수 있는 것이었다. 전라북도에서는 모내기, 김매기 2회, 벼베기, 옮기기, 조제 등을 하는 고지를 통고지, 종고지, 6고지라고 하였는데, 이것도 전고지에 해당하는 것이었다.[48]

이처럼 전고지는 지방에 따라서 그 작업횟수가 달랐고 그 작업내용도 달랐지만, 그 지역에 있어서의 실질적인 농작업을 거의 다 청부하여 공동노동하였다는 공통점을 갖고 있었다.

이외에도 전라남도 지방에서는 소가 없는 소작인이 지주로부터 소를 빌려 사용하고 자신의 노동력을 제공하는 것을 "환고지(換雇只)"라고 하였는데, 이것은 고지라기 보다는 품앗이에 해당하는 것[49]이었다.

이상에서 벼농사에 있어서 고지를 노동의 종류 및 횟수에 따라서 구분해 보았는데, 고지노동은 논농사의 거의 모든 작업을 포괄하기도 하였으나 주로 노동력이 일시적으로 많이 필요하면서도 건강한 노동력만이 할 수 있는 작업에 집중되고 있었다. 그리고 일반적으로 몇 가지 작업을 계속하였고, 4고지가 가장 보편적인 고지의 노동단위였으며, 일제 후반기에 들어서면서 모내기, 김매기, 벼베기 이외에 다른 작업들이 부가되는 경향이 있었다. 보통

48) 忠淸南道, 全羅北道, 『小作慣行調査書』, 각각 296-301쪽, 238쪽.

49) 이것은 소품앗이에 해당하는 것이다. 자세한 내용은 3장의 품앗이에 대한 논의를 참조.

고지라고 할 때에는 4고지를 말하며, 당시에 가장 중요하면서 또한 시기를 놓치면 안 되는 작업으로서 모내기와 김매기를 주로 하는 것이었다.

고지노동은 주로 호미, 낫, 지게 등 단순한 노동도구를 가지고 할 수 있는 일과 순전히 손으로만 할 수 있는 일에 한정되는 특성이 있었다. 물론 부분적으로는 경운, 조제 등이 고지노동에 의해서 이루어지기도 하였으나, 대부분의 작업은 손노동에 의한, 즉 육체노동의 직접적 투하에 의한 작업이었다. 소를 부리거나 탈곡기와 같은 기계를 사용하는 작업은 고지노동에 의해서 이루어지는 경우가 드물거나 없었다.

이처럼 고지노동은 생산수단으로부터 분리되어 생존을 위해서는 노동력밖에 팔 것이 없는 빈농 및 농업노동자들과 생산수단(토지)을 소유 내지 점유한 광농 간에 이루어진 전형적인 임노동 형태였다. 단지 농민들의 빈궁이라는 조건 아래에서 그리고 (도시의 자본주의적 공업의 미발달로 인해서, 또 형성된 부분에 있어서도 제국주의 자본이 지배하고 유기적 구성도가 상대적으로 높기 때문에, 농업 인구에 대한 흡인력이 낮은 상태에서 노동력이 자유롭게 이동할 수 있는) 전형적인 자본주의적 노동시장구조가 형성되지 않은 조건 속에서, 임금을 선불 받고 그렇기 때문에 일반적으로 임금이 좀 낮다는 특성을 갖는, 즉 당시의 사회적 조건 속에서 특수한 형태로 나타났을 뿐이다.

밭농사에서는 고지가 아주 드물게 행해졌는데 작업은 주로 김매기였다. 전라남도의 경우 콩 재배지에서는 2회의 김매기를 하였고, 면화재배지에서는 4회의 김매기를 하는 것이 보통이었다. 황해도 지방에서는 김매기뿐만 아니라 파종에서 수확까지의 모든 작업을 청부하기도 하였다.50)

---

50) 朝鮮總督府, 『朝鮮の小作慣行』, 下卷, 後編, 43-44쪽; 全羅南道, 『小作慣

〈표 4-16〉 전북에 있어서 군별 고지에 의한 경작면적(1926)

군별	평야지대			군별	산간지대		
	전체논면적	경작면적	%		전체논면적	경작면적	%
전주	16,137	4,367	27	진안	6,261	125	2
익산	22,567	7,140	32	금산	5,366	423	8
옥구	13,420	2,068	15	무주	3,906	894	25
김제	22,167	3,804	17	장수	5,283	1,841	35
정읍	18,838	4,503	24	임실	7,221	896	12
부안	11,822	2,076	18	남원	13,813	930	7
고창	14,236	1,942	14	순창	7,126	204	3
지대별합계	119,187	25,900	22		48,891	5,376	11
도 합계	168,168	31,275	19				

자료: 全羅北道, 『本道における雇只の狀況』, 1926, 9쪽; 久間健一, 앞의 글, 230-231쪽에서 재인용.

앞에서도 언급하였지만 고지에 참여하는 사람은 대개 여러 가지 고지를 먹었으며 여러 개의 고지대에 참여하기도 하였다.51)

고지대에 의한 작업이 어느 정도를 포괄하고 있었는지를 고지가 가장 성행했던 전북지방을 중심으로 살펴보면 〈표 4-16〉과 같다.

〈표 4-16〉에서 보는 바와 같이 전라북도에 있어서는 전체 논면적 16만 8,168 정보 중에서 3만 1,275 정보 즉, 19%가 고지에 의해서 경작되고 있다. 더욱이 평야지대에 있어서 고지에 의한 경작면적은 전체 논면적의 22%에 달하고 있으며, 전주, 익산, 정읍

行調査書』, 1931, 218쪽.

51) 1930년대 중엽에 경남 산청군 신덕면의 한 마을에서는 200평 한 마지기를 1두락으로 해서 고지를 먹었는데, 가장 많이 먹는 사람은 30두락까지 먹었다고 한다. 이 경우 한 고지대에 참여해서는 할 수 없는 규모이며 실제로 고지군은 여러 개의 고지대에 참여하여 작업하였다. 김덕호, 앞의 글.

등의 각군은 고지에 의한 경작면적이 매우 넓으며 전체 경작면적에 대한 비율도 매우 높다. 그 다음에는 부안, 김제군 등이 고지에 의한 경작면적이 넓은 것으로 나타났다.

이에 반해서 산간지역에서는 고지에 의한 경작면적이 평야지역에 비해서는 적지만 전체 논면적의 11%에 달하고 있는데, 그 중에서 진안, 금산, 남원, 순창군 등에 있어서는 10%에 미달하고 있다. 그러나 장수군과 무주군은 전체 논면적에 대한 고지경작면적의 비율이 매우 높아 산간지역 경작면적의 반 이상을 차지하고 있다.

고지에 의한 작업면적이 차지하는 비중은 고지대의 분포도와 유사한 지역적 차이를 보이고 있다. 물론 전북지방은 고지대가 가장 성행했던 지역이며 다른 지방에서는 고지에 의한 경작면적이 훨씬 적었을 것으로 판단된다.

고지의 노동방식은 공동노동이었지만, 두레와 같은 의식과 농악이 동반되지는 않았다. 그리고 작업단위로 노동계약을 체결했기 때문에 가능한 한 빠른 기간 내에 작업을 끝내려고 하였다. 그리하여 고지노동은 질적인 측면을 일단 접어두고 볼 때 노동속도란 면에서는 보통 일고 노동자의 노동보다 빨랐다.

〈표 4-17〉에서 알 수 있듯이 고지노동자의 노동은 보통 노동자의 노동보다 1일 노동시간이 짧았는데, 이는 짧은 시간 내에 일정한 작업량을 마치려고 하였기 때문이다. 그리하여 하루 작업량은 보통노동자의 경우가 많았지만 시간당 작업량은 고지노동자에 의한 것이 많았다. 3백 평의 고지논에 모내기, 김매기3회, 베고 묶기, 옮기기 등 여섯 가지의 작업을 하는데, 보통 노동자의 경우에는 44.8시간의 노동이 필요한데 반해 고지노동자의 경우는 42.7시간의 노동시간이 필요하였던 것이다.

이처럼 고지노동자는 계약한 작업을 신속하게 완료하였으며 그러한 과정에서 작업이 소홀하게 이루어지기도 하였다. 예컨대 모내기 작업에서와 같이 논둑 부근은 촘촘히 심지만 논 가운데는 드문드문 심어서 평당 주수가 아주 적은 것이 많았으며, 전라북도 지방에서는 이러한 것을 일러 속칭 '산식'(傘植)이라고 하였다. 이것은 수확에 영향을 끼치는 것은 물론 벼베기 작업을 어렵게 하기도 하였다. 또한 김매기에서 호미질을 균등하게 하지 않아서 벼의 성장이 균일하지 않게 되는 경향이 있었으며, 수확에서도 적절한 시기를 놓치거나 건조를 불충분하게 함으로써 쌀의 질을 떨어뜨리기도 하였다. 고지노동이 이처럼 조악하게 이루어지기도 하였으므로 '미작 개량의 여하는 이 고지의 전폐여하에 지배된다고 말해도 과언이 아님을 인정한다'고 까지 하였다.[52)]

고지노동의 이러한 단점을 없애기 위해서 고지주인은 계약할 때에 작업내용 및 작업방식에 관해서 확인하려고 하였으며, 일부 고지주인은 산식을 막기 위해서 정조식을 요구하기도 하였다.[53)]

그러나 전북지방에서 처럼 고지노동이 일반적인 노동형태로 자리 잡은 경우에는 다른 노동과 비교하여 노동의 질에서 큰 차이가 있을 수 없었다. 그리고 마을 안에서 서로 대인신용에 근거하여 이루어지는 것이었기 때문에 작업에서 큰 하자가 발생하지는 않았으리라고 보인다.

고지대의 노동방식은 다른 농번기의 농작업과 마찬가지로 공동노동이었다. 예를 들어 마을의 대농의 모내기에는 가족노동력, 머

52) 全羅北道 農會 編, 『全北の農業』, 1928, 32쪽.

53) 鈴木榮太郎, 『朝鮮農村社會の硏究』, 1973, 65쪽; 이 장의 부록의 고지 계약서 참조. 정조식은 사방으로 줄을 맞춰 심는 것으로 기존의 모심기와는 아주 달랐다. 그런데 정조식으로 심는 것이 힘들게 되면서는 대개 옆줄만 띄우고 심는 것이 일반적이었다. 이러한 줄모가 8·15 이후에도 계속되었고, 기계모를 내기 이전까지 손모를 내는 경우에는 이런 방식으로 모를 심었다.

〈표 4-17〉 고지노동자와 보통노동자의 노동비교(1926)

노동 종류	노동자 구분	1일 노동시간	1일 작업면적	1시간 작업면적	300평 작업시간
모내기	1	10.0	260 평	26 평	15.4
	2	10.0	300	30	13.3
1회김매기	1	7.0	550	79	5.1
	2	5.0	400	80	5.0
2회김매기	1	7.0	550	79	5.1
	2	5.0	400	80	5.0
3회김매기	1	6.5	550	85	4.7
	2	4.5	400	89	4.5
베고묶기	1	7.0	300	43	9.3
	2	7.5	320	43	9.4
옮기기	1	6.5	500	77	5.2
	2	5.5	400	73	5.3
총계	1				44.8
	2				42.7

1) 1은 보통노동자, 2는 고지노동자를 말함.
2) 전라북도 옥구군 대야면 접산리의 영농자의 경험에 근거하여 작성.
자료: 久間健一, 앞의 글, 273-4쪽

슴노동력, 날품노동력, (가족노동력 및 머슴의 품앗이에 의한) 품앗이일꾼 등 여러 종류의 노동력이 결집하여 공동노동을 한다. 그런데 고지대에서는 공동노동을 하는 점에서는 이와 다를 바 없지만, 다른 형태의 노동력이 함께 참가하지는 않는다. 즉 고지대의 작업에서는 고지군만이 공동작업을 하는 것이다. 따라서 작업을 할 때 보다 일사불란하게 움직일 수 있으며, 계속 함께 작업하던 사람들끼리 작업을 하기 때문에 작업능률도 올릴 수 있었다.

임금을 미리 받고 면적단위로 일을 맡기 때문에 빨리 끝내려고 하여 작업이 소홀해질 가능성이 있으나, 동시에 균질적인 노동력이 결집되고 단체화되어 움직일 수 있었기 때문에, 작업능률을 극대화할 수도 있었다. 문제는 당시의 조건에서 어느 방향으로 갈 가능성이 현실화되었는가 하는 점이다. 일제 시기에는 아무래도 전자의 방향으로 나아가는 경향이 있었다. 8·15 이후 고지의 변모과정에서는 후자의 방향으로 현실화되는 경향이 있다.

6) 임금 및 분배방법

고지의 임금은 고지종류에 따라서 그리고 지방에 따라서 차이가 많았다. 그래서 일률적으로 말하기는 힘들지만 대체적으로 볼 때 작업종류, 작업횟수, 현물급여여부에 따라서 각 지방마다 일정한 기준을 가지고 있었으며 거기에서 약간씩의 편차를 보였다.

〈표 4-18〉에 나타난 바와 같이 4고지를 기준으로 해서 볼 때에

〈표 4-18〉 반보당 고지임금(4고지를 기준) (1930년)

도 명	임 금
전라북도	3 - 5원
전라남도	3원50전 - 4원
경상북도	3 - 10원
경상남도	4 - 5원
충청북도	3 - 3원50전
충청남도	2 - 4원, 5 - 7원
경 기 도	1원40전 - 3원40전
강 원 도	3원60전 - 4원50전
황 해 도	4원
평안북도	3원20전 - 4원80전
평안남도	2원30전
함경남도	2원40전 - 4원

1반보 = 300평, 4고지로 환산하여 정리.

자료: 朝鮮總督府, 『朝鮮の小作慣行』, 下卷, 後編, 41-45쪽, 각도, 『小作慣行調査書』.

1반보당 고지임금은 3원 내지 5원 사이였으며, 지방에 따라서 차이가 있었다. 이는 작업종류나 노동강도가 차이가 있었기 때문이기도 하겠지만, 경지분포와 고지군 수에 따라서 각 지방마다 표준적인 고지임금이 다르게 설정되었기 때문일 것으로 보인다.

대체로 고지임금은 1회 작업당 약 1원에 해당하는 것이었는데, 한 가지 작업만을 하는 단고지의 경우에는 대부분 그 이상이었다. 물론 단고지도 작업의 종류에 따라서 차이가 많이 났다. 예를 들어 강원도 지방에서는 모내기 작업의 경우 1반보당 1일에 60전 내지는 1원 50전 정도를 받았는데, 여기서 정조식을 하는 경우에만 1원 50전을 받을 수 있었다. 논고르기 작업, 김매기 작업의 경우에는 1반보당 1원을 받았음에 반해서 녹비채취 작업에서는 1반보당 2-3원을 받았다.[54] 이처럼 노동강도에 따라서 고지임금에는 일정한 차이가 있었는데, 이러한 차이는 다른 형태의 노동에서도 비슷하게 적용된 것이었다. 또한 기본적으로 노동횟수의 많고 적음에 따라서 임금총액이 결정되었다.

그리고 임금은 현금뿐만 아니라 현물로도 받았으며, 노동일에 식사나 담배, 술 등의 현물급여에 따라 현금 임금액은 차이가 났다. 함경북도 지방에서는 지주와 계약한 소작료의 5분 내지 1할 이상을 고지를 산 소작경작주로부터 받기도 하였으나, 이러한 관행은 이 지역에서만 행해진 특수한 것이었다.[55]

고지는 이처럼 노동일에 고지주인이 고지군에게 현물(식사, 술, 담배 등을 말하며 선불하는 쌀은 아님)을 지급하는가의 여부에 따라 종류가 나뉘어 졌으며, 이름도 달랐다. 노동일의 현물지급 여부에 따라 고지종류를 분류해 보면 다음과 같다.[56]

---

54) 江原道, 『小作慣行調査書』, 1932, 225-226쪽.

55) 咸鏡北道, 『小作慣行調査書』, 1932, 162쪽.

56) 久間健一, 앞의 글, 258-262쪽.

(1) 통고지(統雇只) 또는 막고지(莫雇只)

이것은 화폐임금 이외에 노동일의 현물급여(식사, 술, 담배 등)를 전혀 하지 않는 고지이다. 통고지라는 이름은 전라북도에서 사용되었는데 전고지를 의미하기도 하였으나, 현물급여의 여부를 두고서도 사용되었다. 통고지라는 말은 또한 충청남도 홍성군 및 전라남도 함평군에서도 사용되었으며, 충청남도 예산군에서는 이러한 것을 순고지(純雇只) 또는 막고지라고도 하였다. 함평군에서는 장고지(현물 제공하는 고지)가 주로 행해져 왔었지만 일제시대에 들어 쌀값이 오르게 되자 이러한 종류의 고지가 발생하였다고 한다.[57] 식사를 장만하기가 어려운 농가의 경우 즉, 노령자나 홀애비, 다른 직업을 가진 사람들은 이러한 막고지를 이용하였으며, 특히 일본인 농업자들은 식사를 만드는 것이 어려웠을 뿐만 아니라, 고지군들로서도 음식이 입에 맞지 않았기 때문에 화폐임금을 좀 더 받고 식사는 스스로 마련하여 해결하고자 하여 막고지가 더욱 많이 행해졌다.[58]

(2) 식고지(食雇只)

통고지나 막고지와는 반대로 화폐임금 외에 현물급여를 하는 것으로 식고지라는 이름은 충청남도, 전라북도 지방에서 사용되었다. 전라북도에서는 고지군의 가족 전부가 고지주인 집에서 식사를 하는 경우도 있었다. 노동일에 지급되는 현물은 식사, 술, 담배 등이었으며 식사는 점심만을 제공하는 것이 보통이었고 드물게는 저녁을 제공하기도 하였다.[59]

또한 화폐임금으로만 지불하는 것이 있었고 화폐임금과 현물임

---

57) 久間健一, 앞의 글, 249쪽.

58) 久間健一, 앞의 글, 250쪽.

59) 朝鮮總督府, 『朝鮮の小作慣行』, 下卷, 後編, 41-45쪽.

금을 함께 지불하는 것이 있었으며 현물임금으로만 지불하는 경우도 있었다. 그리고 임금지불의 시기에 따라서 임금액에는 차이가 나기도 하였다.

이처럼 임금의 액수는 고지의 종류에 따라 다양하였으며 지방에 따라 차이가 있었는데, 여기서는 전라북도의 실례를 들어서 살펴보자.

먼저 고지임금을 고지노동의 종류 및 횟수에 따라 살펴보자.

① 산고지 또는 단고지의 임금

산고지의 임금은 대체로 1두락(마지기) 1명에 40-90전의 범위였고, 계약노동의 종류는 대개 모내기와 벼베기에 한하였다. 물론 임금은 해에 따라서, 작업일에 현물급여를 하느냐 안하느냐에 따라 차이가 있었다.

〈표 4-19〉 전라북도에 있어서 산고지의 임금(1926, 두락당 임금)

군명	노동종류	화폐임금	노동일의 현물급여
전 주	모내기	50-70 전	없다
정 읍	모내기	50	없다
익 산	모내기	40	점심과 담배 제공
진 안	모내기	40	점심과 저녁식사 제공
금 산	모내기	90	없다
무 주	모내기	60	점심 제공
장 수	모내기	40	계약시에 미리 쌀 1되 또는 금 30전을 지급
임 실	모내기	85	없다
정 읍	벼베기	50	없다
익 산	벼베기	40	점심과 담배 제공
진 안	벼베기	40	점심과 저녁식사 제공
금 산	벼베기	90	없다
장 수	벼베기	40	모내기에서와 동일
임 실	벼베기	85	없다

자료: 全羅北道, 『本道における雇只の狀況』; 久間健一, 앞의 글, 259쪽에서 재인용.

모내기에서 화폐임금은 최저 40전에서 최고 90전까지 였다. 식사나 담배 등 현물을 받는 경우는 화폐임금이 적고, 현물을 받지 않는 경우에는 그에 상응하는 정도에서 화폐임금을 많이 받는다. 벼베기에서도 모내기와 다를 바 없다. 그리고 〈표 4-19〉에서 알 수 있듯이 모내기와 벼베기의 임금이 비슷한 것으로 나타난다. 또한 평야지대일수록 임금이 낮은 것으로 나타나고 있다.

그외 충청북도 보은지방에서는 1반보당 김매기에서는 1원 10전, 모내기에서는 1원 30전의 임금을 고지군 1인마다 지불했다고 한다.[60] 평안남도 지방에서는 모내기의 경우는 1반보당 3원이었고 벼베기의 경우는 50전이었다.[61] 또 앞에서 지적한대로 강원도 지방에서도 작업의 종류에 따라 산고지의 임금이 차이가 났다.

② 전고지 또는 장고지의 임금

전고지는 작업과정 전체 또는 중요한 작업종류 대부분을 청부노동하는 형태이며, 따라서 임금총액은 다른 고지에 비하여 많았다.

〈표 4-20〉 전라북도에 있어서 두락당 전고지의 임금(1926)

군명	계약노동의 종류 및 회수	현금	현물급여
고창	모내기, 김매기3회, 벼베기:5회	3.00원	없다
부안	위와 동일	2.50	모내기, 벼베기에 술, 음식, 담배 준다
김제	위와 동일	1.20	매회 식사, 담배 준다
옥구	위와 동일	2.50	없다
남원	위와 동일	2.25	없다
전주	5회작업+ 수확물운반 :6회	3.50	없다
김제	6회작업+ 김매기 :7회	1.50	매회 식사, 담배 준다

자료: 위 표와 동일.

60) 『雇只調査資料』, 久間健一, 앞의 글, 259쪽에서 재인용.

61) 朝鮮總督府, 『朝鮮の小作慣行』, 下卷, 後編, 41-5쪽.

우선 전고지의 임금을 전라북도의 사례를 통해 살펴 보면 〈표 4-20〉과 같다.

〈표 4-20〉에서 알 수 있는 바와 같이 전라북도에서 대체로 전고지의 임금은 2.00-3.50원의 범위에 있었다. 현물로 주는 것이 있을 경우에는 화폐임금이 낮은 것은 전고지에서도 마찬가지이다. 전고지도 지방에 따라 작업종류나 작업횟수가 달랐기 때문에 단위당 임금액의 차이를 도외시한다 해도 임금차이가 많았다. 대체로 노동의 종류 및 회수가 늘어남에 따라 임금이 높아지고 있다. 다른 지방에 있어서도 임금은 매우 다양하게 나타난다.[62]

이처럼 전고지에 있어서 계약임금은 노동종류, 노동횟수, 현물급여의 내용에 따라서 차이가 나며, 또한 지방에 따라서 차이가 났다.

③ 중간고지의 임금

계약노동의 종류 및 횟수로 볼 때 산고지와 전고지의 중간적인 것을 중간고지라고 범주화하였다. 고지의 주요한 작업은 앞에서도 언급했던 대로 모내기, 김매기, 벼베기였다. 따라서 가장 널리 행해지던 고지는 모내기와 김매기 2회, 모내기와 김매기 3회, 그리고 거기에 벼베기를 더한 것이었다. 그래서 고지는 흔히 3고지, 4

62) 충청남도 서산에서는 일반 표준으로서 모내기, 김매기 2회, 벼베기, 조제 등 모두 5회의 노동을 1회당 25전의 임금을 선불하고 각 노동일에 당해서 고지주인은 1일 3식을 주었는데, 이는 현금으로 선불한 임금 1원 25전, 매회 식사를 최저 10전으로 해도 1일 30전으로 전기간을 통하여 1원 50전이 되어 합계 2원 75전의 임금으로 된다. 또 충청북도 음성에서는 논갈이 3회, 모내기, 호미질 2회, 김매기 2회, 벼베기의 노동을 현금으로는 4원에, 쌀을 지급하는 경우에는 한 말 닷되로서 청부계약을 이루었다(이 경우의 임금은 반당 임금이다). 충청북도 단양에서는 모내기부터 탈곡까지의 노동을 1두락당 쌀 닷되 혹은 그에 상당하는 현금으로서 계약했다. 久間健一, 앞의 글, 260쪽.

고지, 5고지가 많았으며 많은 지방에서 4고지를 단고지, 5고지를 장고지라고 하였던 것은 바로 4고지가 고지의 전형적인 형태였음을 보여주는 것이라고 하겠다.

전라북도와 충청남북도의 실례를 통해 중간고지의 임금을 살펴보면(〈표 4-21〉), 중간고지는 노동량이 산고지와 전고지의 중간이었고 따라서 임금총액도 그 중간이었다. 앞에서 살펴본 대로 산고지의 두락당 임금은 현물급여를 고려할 때 50전에서 90전이었

〈표 4-21〉 중간고지의 두락당 임금

군명	계약노동	횟수	화폐임금	현물급여
(전북)			원.전	
금 산	모내기, 김매기 3회	4	1.60	없다
장 수	위와 같음	4	1.60	없다
순 창	논갈기, 모내기, 김매기 3회	5	2.00	매회 식사
정 읍	모내기, 김매기 4회	5	2.00	없다
익 산	위와 같음	5	1.40	매회 식사, 담배
임 실	위와 같음	5	2.65	없다
남 원	위와 같음	5	2.20	없다
무 주	모내기, 김매기 4회, 땅고르기 3회, 녹비채취 2회	10	4.00	모내기 때에 식사제공
(충북)				
청 주	모내기, 호미질, 김매기	3	-	쌀5되,매회 식사
	위와 같음	3	1.50	없다
	위와 같음	3	-	쌀8되
	위와 같음	3	2.00	없다
진 천	모내기, 김매기 2회	3	-	쌀(백미)5되
	갈아 일구기, 고르기	2	0.70	없다
괴 산	모내기, 김매기 2회	3	-	쌀(백미)5되
	모내기, 김매기 1회	2	0.80	없다
(충남)				
대 전	모내기, 김매기 2회	3	-	쌀(백미)5되

* 전라북도는 1926년 수치, 충청남북도는 1929년의 수치이다.
자료: 久間健一, 앞의 글, 261-2쪽.

으며 평균 65-70전 정도였다. 산고지의 노동은 대부분 모내기, 김매기 등 중요한 농작업이었고 이 작업들은 농번기에 행해졌기 때문에, 산고지의 단위당 임금은 다른 고지의 단위당 임금에 비해서 높았던 것으로 보인다. 그럼에도 불구하고 고지노동자의 임금은 보통 노동자의 임금에 비해서는 낮았으며, 더욱이 임금이 등귀할 때였기 때문에 그 임금은 결코 높은 것이 아니었다. 전고지노동의 두락당 임금은 40전에서 60전이었으며 평균 50-55전이었다. 중간고지의 경우에도 그 분포는 유사하지만 평균은 전고지보다 조금 낮아 두락당 40-45전이었다.

이상에서 나타난 것처럼 고지노동의 임금은 현금만으로 지불되기도 하였고 또는 현물로만 지불되기도 하였다. 그리고 현금으로 임금을 지불할 경우에도 노동일에 식사, 술, 담배 등을 주는 경우와 그렇지 않은 경우에는 그 액수에 차이가 있었다. 작업할 때의 현물급여 내용에 따른 화폐임금의 차이를 가장 잘 나타내 주는 대표적인 사례로서 전라남도 장성지방에서 시행되고 있던 것을 살펴보면 〈표 4-22〉와 같다.

〈표 4-22〉는 고지의 임금결정에 있어서 현물급여의 정도와 화폐임금액의 차이를 잘 보여준다. 계약노동이 동일한 경우 화폐임금과 작업할 때의 현물급여를 고려하면 임금차이가 그리 크지 않음을 알 수 있다.

〈표 4-22〉 현물급여의 회수와 화폐임금의 관계

계약노동	현물급여의 횟수	환산액	화폐임금	임금합계
모내기, 김매기 3회, 벼베기, 운반 (모두 같음)	매회 3식을 제공	1.80	1.50	3.30
	매회 점심만 제공	0,60	2.40	3.00
	제공하지 않음	-	3.00	3.00

* 1회 식사를 10전으로 환산.

자료: 久間健一, 앞의 글, 261쪽

노동공정에 따른 고지노동의 임금과 날품팔이노동의 임금을 비교해 보면, 〈표 4-23〉에서 확인할 수 있는 바와 같이 보통의 품팔이군을 고용하여 3백 평을 경작하는 경우에는 약 5원 23전이 필요하지만, 고지를 살 경우에는 4원 87전이 필요하였다. 그 차이가 크지는 않은 것으로 나타나고 있으며 또한 임금을 작업 5-6개월 전에 지급하였으므로 이자를 따지면 고지임금이 결코 낮지 않다고 말할 수도 있겠다.

그러나 이 표는 비교적 고지임금을 높게 지불한 일본인의 경우이며, 그리고 실제 작업시기는 농번기이기 때문에 임금이 상승할

〈표 4-23〉 보통노동자와 고지노동자의 임금비교 (단위: 전)

노동종류	노동자	1일 화폐임금	작업시 현물급여	1일 임금합계	3백평 작업임금
모내기	1	80.8	14.5로 동일	94.5	146.3
	2	125.0		138.5	139.5
1회 김매기	1	70.0		84.5	64.8
	2	47.0		61.5	61.5
2회 김매기	1	70.0		84.5	64.8
	2	47.0		61.5	61.5
3회 김매기	1	70.0		84.5	61.1
	2	42.0		56.5	56.5
베고 묶기	1	70.0		84.5	118.1
	2	88.0		102.5	102.5
옮기기	1	70.0		84.5	67.6
	2	51.0		65.5	65.5
총계	1	430.0	87.0	517.0	522.7
	2	400.0	87.0	487.0	487.0

* 1은 보통노동자의 임금이고, 2는 고지노동자의 임금이다.
* 현물급여는 식사1회는 15전, 담배는 2전 5리로 계산함.
* 고지군의 1일 화폐임금 및 임금합계는 2두락 경작에 필요한 작업별 노동시간에 기초하여 비례산출하였다.

자료: 久間健一, 앞의 글, 273-274쪽.

때였다. 고지주인으로서는 임금상승을 막을 수 있을 뿐만 아니라 특히 경작에 안정성을 기할 수 있었기 때문에 고지를 선호하였고, 실제 고지임금은 날품노동의 임금에 비해 좀 싼 편이었다.[63]

그런데 고지임금이 이처럼 날품노동의 임금에 비해 아주 낮은 경우는 있었지만 일반적인 것은 아니었다고 생각된다. 1930년에 농업노동자의 임금을 보면 조선인의 경우 남자가 73전, 여자가 42전이었다.[64] 산고지의 임금이 40-90전인 것을 보면(물론 고지노동의 경우는 작업면적이 같다), 고지노동의 임금이 다른 날품노동임금의 절반이라는 것은 과장이다. 물론 지역에 따라 마을에 따라 또는 고지계약에 따라 그러한 경우가 없지는 않았다. 그러나 고지가 많이 행해져 일반적인 노동형태로 정착된 지역에서는 그 차이가 적었을 것으로 보인다.

물론 고지임금은 그 마을의 춘궁농가수, 다른 취업기회 여부, 고지군 수 등에 따라 차이가 있었으며, 또한 그러한 조건에 따라서 날품노동의 임금과도 차이가 났다.

고지에서는 임금이 작업 이전에 지급된다는 것이 큰 특징이었다. 즉 노동을 예약하고 미리 임금을 받는 제도였다. 물론 작업 후에 지급되는 것이 있었으며, 작업 전과 작업완료 후에 나누어서 지급하는 경우도 있었지만, 작업 전에 받는 것이 일반적이었다.

---

63) 〈표 4-23〉에서 조사된 농가와 멀지 않은 곳에 있던 한 농가의 고지계약 사례를 보면, 420평의 논에 모내기, 김매기 3회, 벼베기, 옮기기 등 6회의 작업에 대해서 매회 두 번의 식사와 담배를 제공하면서 화폐임금은 2원 80전을 지급하였다. 위 표와 같은 방식으로 계산하면 임금합계는 4원 50전이 된다. 이는 3백 평 작업임금으로 보면 3원 38전으로 더 싼 것임을 알 수 있다. 어쨌든 고지임금은 보통 농업노동임금보다 싼 편이었다.

64) 이훈구, 『조선농업론』, 1935, 395쪽. 이것은 도시근교지역 8개 마을에 대한 것임.

작업 후에 임금을 받는 경우는 전형적인 고지라 할 수 없고, 이런 경우는 대개 도급이라고 하였다. 도급이라는 이름이 쓰인 지역에서 임금을 후불하는 것이 종종 나타나는 것은 우연이 아니다.

도별 고지임금의 지불시기 및 방식을 정리한 〈표 4-24〉에서 알 수 있듯이 고지임금의 지불은 거의 대부분이 경작 이전인 음력 12월에서 다음 해 2월이나 3월에 계약과 동시에 이루어졌다. 이것은 고지가 가지는 독특한 특성으로 현금이 부족한 빈농 및 농업노동자들로서는 설을 맞아 현금조달을 위해, 또한 특별한 수입이 없는 겨울을 나기 위하여 현금이나 식량이 필요하였기 때

〈표 4-24〉 도별 고지임금 지불시기 및 방법(1930)

도명	임금지불 시기 및 방법
경기	·음력 12월, 정월, 2월경 ; 작업착수10일전 또는 20일 전쯤에 반액이나 전액을 지불
충북	·일고지(산고지)는 작업직전에 지불, 삭고지(전고지)는 식부 전 음력 정월에서 3월 사이에 지불하고, 드물게는 작업 후에 지불
충남	·음력 12월에서 다음해 1,2월 ; 드물게는 반액을 경작종료 후에 지불하는 것도 있다
전북	·음력 12월에서 3월까지 사이에 계약과 동시에 임금지불, 일부에서는 내금을 지불하고 작업기에 잔금을 지불하는 지방도 있다
전남	·음력 정월 전
경북	·음력 12월에서 다음해 2월까지 사이에 계약 즉시 지급
경남	·전불로하는 것이 많고 음력 정월에서 3월까지 계약교부
황해 강원	·밭에서는 보통 수확후 현물로 지급, 드물게는 대금으로 지급 작업종료 후에 지불
평북	·전금
평남	·음력 연말경에 지불
함북	-
함남	·춘경기에 계약과 동시에 직접 지불, 가을 수입을 완료한 후지불하는 것도 있다

자료: 朝鮮總督府, 『朝鮮の小作慣行』, 下卷, 後編, 41-45쪽; 각도, 『小作慣行調査書』.

문에 이러한 임금지불방식이 필요하였던 것이다. 고지주인으로서는 임금을 미리 지불하더라도 노동력을 확보할 수 있을 뿐만 아니라 좀 더 낮은 임금으로 고용할 수 있었기 때문에 이 방법을 선호하였다.

물론 이러한 노동제도를 존속할 수 있게 하는 것은 농민에게 있어서 광농(대규모 토지를 경작하는 경영지주 · 자작농 · 자소작농 · 소작농들)이었으며, 따라서 소작지에서도 고지는 많이 이루어졌다. 특히 소작관리인 즉 마름들 가운데 일부는 넓은 소작지를 경작하였고 그러다 보니 자가노동력으로 감당할 수 없게 되어 고지노동을 사용하게 되었다. 그 외에도 고지를 사는 사람은 다른 직업을 가지고 있으면서 농사를 짓는 상인, 관리, 직인 등이 있었으며, 또는 스스로 농업노동을 할 수 없는 부녀자, 어린이, 환자 등 만이 있는 농가에서 상호부조적인 노동조직이 없어지자 고지노동을 살 수밖에 없게 되었다.[65] 이처럼 그 이유야 어떠하든 간에 고지를 사는 고지주인은 타인노동을 통해 자신의 이익을 추구하려는 착취적 성격을 지니고 있었다.

이렇게 12월에서 2,3월 사이에 받는 고지임금은 고지주인과 고지두목이 협상하여 고지의 노동종류 및 노동횟수에 따라 그 총액이 결정되고 대부분 계약과 동시에 총액이 고지두목에게 교부된다. 대개의 고지군이 동일한 성원끼리 공동노동을 하였기 때문에 임금을 똑같이 나누면 되었지만, 노동일수에 차이가 나는 경우도 있었기 때문에 고지두목은 노동일수에 따라서 임금을 분배하였다. 그러나 임금을 미리 받고 작업은 다음해에 하기 때문에 노동일수에 따른 임금분배는 고지일을 몇 번 하기로 미리 결정할 경우에만 행해졌다. 대부분의 고지에서 임금분배는 고지두목이 고지주인

65) 朝鮮總督府, 『朝鮮の小作慣行』, 下卷, 後編, 41-45쪽.

과 협상하여 반보당 액수를 정하고 그에 따른 총액을 받아서 고지군 간에 균등하게 분배하였다. 특수하게는 전라북도 전주지방에서처럼 그 대표자가 계약임금의 1할을 가지고 나머지를 균등분배하는 경우도 있었다.[66]

그러나 기본적으로 고지대에서 고지군은 고지두목과 함께 공동노동을 하였으며, 임금분배는 원칙적으로 균등분배였다.

7) 고지대의 변모

일제시기에 나타난 고지대는 빈농 및 농업노동자들의 노동단체로서 조직적 성격을 강하게 띠고 있었다. 고지대는 1920년대 이후 농민층분해가 가속화되면서 증가한 것으로 보이며, 1930년대에도 여전히 광범하게 행해졌으나, 1930년대 후반에 들어 도시 및 해외로의 인구유출이 증가하여 농촌노동력구성에 변화가 나타나면서는 점차 줄어들었을 것으로 생각된다.

특히 전시체제로 들어가 노동력수탈정책이 취해진 이후에는 농촌노동력부족이 심각해지면서 공동작업반과 같은 강제적인 조직이 만들어져, 고지대는 줄어들었을 것으로 보인다. 그러나 농촌안의 계급관계가 상존해 있고 빈농 및 농업노동자의 생존조건이 열악한 상태에서 고지대는 쉽게 사라질 수 없었다.

8·15 이후 농민들의 토지요구 투쟁과정에서 그리고 농지개혁을 계기로 많은 농민이 토지를 소규모로 분할하여 소유하게 되었다. 그러나 토지를 갖지 못한 농업노동자층이 농촌 안에 잔존하였고 노동력에 비해 지극히 적은 토지밖에 갖지 못한 농민층이 많았다. 따라서 이들 빈농과 농업노동자는 생존을 위해서는 노동력을 팔지 않으면 안 되었다. 또한 춘궁은 일정기간 여전히 지속

66) 全羅北道 農會 編,『全北の農業』, 1938, 33쪽.

되었기 때문에, 일제하에서 보다는 덜 했겠지만 부분적으로는 계속 고지노동이 이루어졌다.

2. 8·15 이후 고지의 변모

8·15 이후 농민의 토지개혁 요구가 확산되고 더욱이 북한에서 토지개혁이 전격적으로 이루어지면서 남한에서도 토지개혁을 검토하지 않을 수 없게 되었다. 그러나 미군정과 자본가 및 지주세력들은 기층 민중의 요구를 억누르면서 우익정권을 세우려는 구도 속에서 개혁을 지연시키고, 1950년도에 가서나 토지개혁 아닌 "농지개혁"을 수행하게 되었다. 그 과정에서 지주들이 미리 소작지를 매매하는 경우도 상당수에 이르렀다. 농지개혁이 이렇게 불철저하게 이루어졌으나, 일단 지주적 토지소유는 해체되고 농민적 토지소유가 이루어지게 되었다. 물론 토지소유의 형태는 바뀌었지만 기본적으로 이전과 다름없이 자본주의적 사적소유가 지속되었으며, 소유규모의 차이도 줄었고 경지규모의 차이도 어느 정도 완화되었지만, 영세경영 문제는 해소되지 않은 채 생산력발전이 이루어지지 않은 상태에서 이전에 이루어지던 노동관행들은 여전히 지속되었다.

고지도 일제시기와는 약간씩 다른 모습을 보이면서 널리 행해졌다. 고지를 특수한 소작제도로 파악하면서 농지개혁 후에 소작제의 음성화와 더불어 점차 증가하기 시작하였다는 견해가 있으나,[67] 고지는 이미 일제하에서도 미작지대를 중심으로 광범하게 행해졌으며, 농지개혁으로 인하여 농민층 내부의 계급분화가 일시적으로 완화되었기 때문에 오히려 고지의 존립근거가 약화되었다고 보는 것이 옳을 듯하다. 특히 일제시기에 농업노동자 및

67) 최재석, 『한국농촌사회의 연구』, 일지사, 1975, 444쪽.

영세빈농들이 단체를 조직하여 노동을 청부하였던 고지대는 농촌계급관계가 완화됨으로써 그 존립근거가 크게 약화되었다고 볼 수 있다.

1) 고지의 분포

자료가 가능한 선에서 농지개혁 이후 자본주의화가 가속화되는 과정에서 고지가 어떻게 변화해 왔는지 살펴보겠다.

1950년대의 상황에 대해서는 자료가 거의 없어서 알 수는 없으나, 1960년대 이후의 상황은 단편적으로 확인가능하다. 1965년 전남 영광군의 3개 부락에 대한 한 조사연구에 따르면 논에서는 고지가 널리 행해진 것으로 확인된다.[68]

확인가능한 또 다른 자료에 따르면 충남 천원지방과 전북 정읍지방,[69] 경북 월성군 안강지방,[70] 전북 옥구군 안의 마을,[71] 전북

---

68) 정병휴, 「한국의 농업노동에 관한 일 고찰: 전라남도 영광군하 3개 부락의 조사를 중심으로」, 『경제논집』, 6권 2호, 서울대 경제연구소, 1967, 46쪽. 조사지역은 전체경지면적 35만 8,286평 중에서 논면적이 25만 3,532평으로 71%를 차지하고 있는 논농사 지대이다. 1965년 이 지역 농가 173호 중에서 35호가 고지를 주고 49호가 고지를 먹은 것으로 나타난다. 그러므로 전 농가의 48.6%인 84호가 고지제도와 관계를 가지고 있다. 1965년 1년간에 이 지역의 농가들이 준 고지의 수는 393.0개, 먹은 고지의 수는 339.5개에 달하고 있다(준 것과 먹은 것의 차이는 인근 부락에 준 고지수와 인근부락의 고지를 먹은 수의 차이를 나타낸다). 이것을 면적으로 환산해 보면, 준 고지의 면적은 78,600평으로 이 지역의 전체 논 면적 25만 3,532평의 31.0%, 이 지역 농가가 먹은 고지의 면적은 6만 7,900평으로 전체 논 면적의 26.8%에 이른다.

69) 최윤목, 「농업노동층의 사회적 성격」, 『사회학논총』, 제1집, 1964, 13-15쪽.

70) 최재석, 앞의 책, 445쪽.

71) 한국토지경제연구소, 『한국농지제도연구보고서』, 1966, 72-75쪽 ; 1965년 전북 옥구군내의 마을에서도 심을고지, 보통고지, 통고지 등의 이

익산군 오산면 만수부락,[72] 그리고 충북 청원군 안의 4개 마을[73]에서도 고지가 행해지고 있었다.

전국적인 조사가 이루어지지 않아서 상황을 속단하기는 어렵지만 이들 사례에서 알 수 있는 바와 같이 1960년대에는 고지가 여러 지방에서 행해졌으며 지역에 따라서는 매우 광범하게 행해졌음을 알 수 있다.

1970년대 중후반에도 보리베기, 모내기 등으로 한참 바쁠 때에 일정 면적의 일을 해 주기로 하고 품삯을 미리 받는 '자리품'이라는 고지관행이 행해지고 있었으며, 특히 이러한 것은 천수답이 많아 모내기 기간이 짧고 춘궁농가가 많은 지역에서 성행하였을 것으로 보인다.[74]

전국적 수준에서는 체계적으로 정리된 자료가 없어 고지상황을

름으로 고지가 행해지고 있었다. 이 세 가지 형태를 합하면 이 지역 총경지의 약 25%가 고지에 의해 경작되고 있었다고 한다.

72) 문화공보부 편, 『한국민속종합보고서』, 제2책, 전북 편, 1971, 22-25쪽. 전북 익산군 오산면 신지리 만수부락의 경우 1969년에 97호 중에서 15호가 고지를 먹고 있는 것으로 나타났다. 가마니짜기가 부업으로서 도입되고 수입도 좋기 때문에 고지를 먹으려는 사람이 줄어들고 있었으나, 2정보 이상의 경지를 갖고 있는 농가들은 고지를 주려고 하고 있었다.

73) 이용덕, 「한국농업노동력에 관한 연구」, 고려대학교 교육대학원 석사논문, 1969, 53쪽. 1969년에 조사된 이 자료에 따르면 조사대상농가 411호 중에서 고지를 주는 농가가 47호이고 고지를 먹는 농가가 83호에 이르는 것으로 나타난다. 이 지역에서는 고지주는 농가는 그들의 전체 논면적 135,500평의 60.2%에 해당하는 81,600평을 모내기와 두벌 김매기의 고지를 주고, 31.4%에 해당하는 42,600평을 벼베기 고지로 주는 것으로 나타났다.

74) 경기도 화성군 정남면 발산리 마을의 사례, 1977년 조사. 물론 이러한 고지도 작업반이 만들어 지고 난 뒤에는 별로 행해지지 않았다고 한다. 문화공보부 편, 『한국민속종합보고서』, 제9책, 경기도 편, 1978, 164쪽.

확인할 수 없지만, 고지는 이처럼 1960년대에는 물론 1970년대에도 행해졌다. 필자가 조사한 바에 따르면 전남 나주군의 일부 지방에서는 손모를 내는 경우에는 1980년대 말에도 고지가 행해지고 있었다. 고지는 일제시기와 마찬가지로 미작지대를 중심으로 계속되어 왔으며, 특히 전라남북도, 충청남북도를 중심으로 경기도와 경상도 등지에서도 행해진 것으로 보인다.

고지는 임금을 선불하는 것이어서 곤궁한 농민들이 많은 지방이나 마을에서 더 많이 행해졌을 것으로 보인다. 농민의 곤궁정도의 완화와 더불어 노동력의 이출로 말미암아 노동력이 점차 부족해지고 나아가 노동력의 유동성이 증가하면서 고지는 급속히 줄어들었을 것으로 보인다.

일제시대에는 고지대가 널리 이루어지고 있었는데, 1960년대 이래 자료에 나타난 것을 보면 집단적인 고지인 고지대보다는 개인고지가 많은 것으로 보인다. 물론 하루아침에 고지대 형태가 사라질 수는 없었을 것이다.

2) 고지의 구성원과 결합범위

고지일을 맡기는 것을 '고지를 산다' 또는 '고지를 준다'고 하고, 고지를 맡는 것을 '고지를 먹는다'고 한다. 고지를 주는 사람을 "고지주인"이라고 하고 고지를 먹는 사람을 "고지군(꾼)"이라고 하는데, 고지주인은 기본적으로 경지가 넓은 농가(광농)이다. 광농이라 하더라도 보유노동력(가족노동력과 머슴노동력 및 보조노동력)이 많으면 고용노동을 사용하는 양이 많지 않으며, 또한 품앗이 등을 통하여 농번기에 노동력을 조달할 수 있기 때문에 고지를 살 필요가 별로 없다. 경지규모에 비해 보유노동력이 적은 농가는 고용노동을 사용하여 영농을 해 나가야 했는데, 특히 농번기

〈표 4-25〉 논경작면적별 고지 먹은 가구와 고지 준 가구(1965년 전남 영광지역)

(단위: 정보, %)

	논없는가구	0~0.5	0.5~1.0	1~2	2 이상	합계
가구	34호	78	37	18	6	173호
준가구	-	8 22.9 10.3	13 37.1 35.1	9 25.7 50.0	5 14.3% 83.3%	35호 100% 20.2%
먹은가구	11 22.4% 32.4%	32 65.3 41.3	6 12.3 15.8	-	-	49호 100% 28.3%

1. 전남 영광군하 3개부락의 사례.
2. 하단의 %는 계층별 가구수에 대한 비율임.
자료: 정병휴, 앞의 글, 47쪽.

에 노동력 조달이 어려운 농가는 고용노동의 한 형태로서 고지를 샀다.

〈표 4-25〉와 〈표 4-26〉에서와 같이 1960년대 말에 행해진 고지노동의 사례를 보면 경지규모가 큰 농가일수록 고지를 많이 주고 있다. 1-2정보의 답작층에서는 반수의 농가가 고지를 주고 있으며, 2정보 이상의 답작층의 6농가 중 5농가가 고지를 주고 있다. 또 고지를 주는 농가 중에는 0.5정보 미만인 농가도 있고, 0.5-1정보층 중에서도 고지를 주는 농가가 35.1%에 달한다.

자료의 성격상 일반화하는데는 무리가 있으나, 〈표 4-25〉에서처럼 절대숫자로 보면 0.5-1정보층에서 고지를 주는 농가가 가장 많지만, 경지규모가 클수록 고지를 주는 농가의 비율이 높다. 이처럼 고지를 주는 것은 경지면적의 크기가 일차적 규정요인이겠지만, 결코 광농이라 할 수 없는 0.5정보 미만층이나 0.5-1정보층에서도 고지를 주는 농가가 있다. 여기서 알 수 있는 것은 고지를 주는 것은 경지규모가 넓은 것이 주원인이지만 또한 가족노동

〈표 4-26〉 고지주는 농가의 경지규모별 분포(1969년 충북 청원지역) (단위: 정보)

경지규모	0.5미만	0.5-1.0	1.0-2.0	2.0-3.0	3.0 이상	합계
농가호수	1	5	9	9	6	30호
구성비	3.3	16.7	30	30	20	100%

* 충북 청원군의 4개 부락의 사례.
자료: 이용덕, 앞의 글, 53쪽.

력이 부족하다든가 다른 직업을 가지고 있기 때문이기도 하다는 사실이다. 다시 말해서 경지규모와 보유농업노동력 간의 차이가 고지를 주고(사고) 먹는데 있어 규정요인이 되고 있다.

대개 고지주인은 광농이지만, 보유노동력이 빈약한 영세농도 고지를 샀으며, 비록 소농일지라도 다소 생활에 여유가 있으면 농번기의 일손을 확보하기 위해서나, 또는 농번기에 자가노동을 자유로이 활용하기 위하여 고지를 샀다.75) 즉 고지를 주는 농가는 경지규모가 큰 층에 집중되어 있지만 영세소농들 중에도 간혹 있었다.

고지를 먹는 농가는 고지를 주는 농가와는 정반대로 경지가 없는 농업노동자이거나 경지가 아주 적은 영세빈농들이다. 〈표 4-27〉에서 나타난 것을 보면 고지를 먹은 농가는 토지 없는 또는 토지 적은 층이 87.7%라는 압도적인 비중을 차지하고 있으며, 1정보 이상층에는 거의 없다. 〈표 4-28〉에서도 거의 같은 내용을 확인할 수 있다.

〈표 4-25〉에서는 논의 경지면적만을 고려한 것인데, 〈표 4-27〉에서는 밭면적까지도 합해서 1정보 이상의 경지를 가지면서도 고

75) 이용덕, 앞의 글, 53쪽. 표5-2에서 0.5정보 미만의 한 농가가 고지를 주고 있는데, 이 농가는 논 1천평을 가지고 있으면서 아버지는 노인이고 아들들은 공무원 생활을 하고 있다.

〈표 4-27〉 고지먹은 농가의 경작규모별 분포(1969년 충북 청원지역) (단위: 정보)

경지규모	무답층	0.5미만	0.5-1.0	1.0-2.0	2.0 이상	합계
농가호수	17	22	14	2	0	30호
구성비	30.9	40.0	25.5	3.6	0	100%

* 충북 청원군의 4개 부락의 사례.
자료: 이용덕, 앞의 글, 53쪽.

지를 먹는 농가의 경우는 논이 비교적 적은 경우이다.[76]

고지를 먹는 농가는 거의 다 논이 없거나 매우 적은 경우이며, 자기노동력을 선매하지 않으면 먹고 살기 어려운 빈농들이다. 그런데 〈표 4-25〉와 〈표 4-26〉에서 알 수 있듯이 경지가 없는 층보다는 0.5정보 미만층이 고지를 먹는 비율이 높고 절대수도 많은 것으로 나타난다. 이는 경지가 없는 가구들 중에는 농업 이외의 직업에 종사한다든가 농외노동을 통해 소득을 올리는 가구가 있기 때문에 참여하는데 제약이 따르는 반면, 0.5정보 미만층은 적은 경지를 가지고 농사를 지으면서도 농업이외의 다른 노동에 종사하기가 어렵기 때문에 고지를 많이 먹는 것으로 보인다.

고지를 주는 농가와 고지를 먹는 농가는 이처럼 토지를 매개로 하여 계층적 차이를 보이며, 고지관계는 농업노동자 및 빈농들로서는 빈궁함을 벗어나려 하고 부농 및 중소농들 중 일부는 농번기의 농업노동력을 확실하게 동원하려고 하는 이해가 일치하여 나타난 것이라고 할 수 있겠다.

이렇게 계층성을 강하게 띠고 있는 고지관계를 자료를 통하여 좀 더 자세히 살펴보자.

〈표 4-28〉에 나타난 조사지역의 호당 논 경작면적은 1,466평이

76) 〈표 4-27〉에서 1정보 이상의 농가는 논 1천평과 밭 1천 3백평을 가진 농가와, 논 1,600평과 밭 1,900평을 가진 농가이다.

〈표 4-28〉 논 경작면적별 고지수와 고지면적(전남 영광군의 3개 부락 사례, 1965년)

	0정보	0-0.5층	0.5-1층	1-2층	2 이상층	합계
전체 논면적	0	60,995	74,279	72,924	45,334평	253,532
호당 논면적	0	782	2,008	4,051	7,556	1,466
생산연령인구당			-			
논면적	0	202.0	461.4	714.9	1,225.2	362.2
고지를 준 갯수	0	38.5	76.5	133	135	78,600
호당 갯수	0	4.8	5.9	14.8	27	31.0
고지먹은 갯수	86.0	201.5	52.0	0	0	
호당 갯수	7.8	6.3	8.7	0	0	2,246
고지를 먹은 면적	17,200	40,300	10,400	0	0	67,900
고지를 먹은 농가						
호당 고지면적	1,564	1,259	1,733	0	0	1,386

자료: 정병휴, 앞의 글, 47쪽.

며 계층간의 격차가 크다. 고지를 준 갯수는 전부 393개이며 호당 평균갯수는 11.2개이다. 그런데 0.5정보 미만층의 4.8개에서 2정보 이상층의 27개에 이르기까지 계층간 차이가 매우 크다. 이를 노동일로 환산하면 28.8일에서 162일에 이르는 것이며, 특히 고지를 주고 먹는 기축점이 되는 1정보 이상층과 그 이하층에서의 호당 고지를 주는 수가 현격한 차이를 보인다. 1-2정보층도 고지를 통해 고용한 노동일이 88.8일에 이르고 있어 2정보 이상층과 함께 부농적 성격을 보이고 있다.

고지를 준 논면적은 전체 논면적의 31%에 달하며, 각 계층의 전체논면적에 대한 고지작업면적의 비중도 크게 차이가 나서 0.5정보 미만층의 12.6%에서 2정보 이상층의 59.6%에 까지 다르다. 또한 고지를 준 농가의 호당 경작면적도 계층간에 현격한 차이를 보이고 있다. 경지가 많을수록 고지를 주는 면적도 많으며, 2정보 이상층에서는 5,400평에 이르고 있다. 이 지역의 호당 경지면적(논)이 1,466평임을 감안할 때 대단히 많은 면적의 작업을 고지로 주고 있음을 알 수 있다.

이 지역의 농가가 먹은 고지는 339.5개에 이르고 고지를 먹은 농가의 호당 고지면적은 1,386평이며, 고지먹는 농가는 1정보 미만층에서만 나타난다. 그런데 특이한 것은 고지를 먹은 농가의 호당 고지갯수 및 고지경작면적이 계층간에 큰 차이가 없다는 점이다. 고지먹은 농가의 호당고지수 6.9개를 노동일로 환산하면 41.4일이며, 37.8일에서 52.2일에 걸쳐있다. 이것은 당시 이 지역에서 고지노동에 의한 경작의 규모를 말해 주는 것으로 볼 수 있겠다. 고지주인의 고지주는 면적은 계층간에 커다란 차이를 보이지만 고지를 먹는 농가들의 고지면적은 차이가 별로 없다는 것은, 고지군은 일정한 작업규모 단위로 고지를 먹었으며 동시에 고지주인은 여러 개의 고지를 여러 사람에게 주었다는 것을 보여준다.

그리고 고지를 준 농가의 호당 갯수가 11.2개인데 반해 고지먹은 농가의 호당 갯수가 6.9개에 불과하다는 사실도, 고지주인 한 사람이 여러 고지군에게 고지를 준다는 것을 보여주며, 특히 0.5정보 미만층과 0.5-1정보층의 농가가 고지를 주는 갯수가 4.8개와 5.9개이므로 이들이 여러 농가에게 고지를 줄 가능성은 적으며, 반대로 1-2정보층과 2정보이상층은 고지를 준 갯수가 14.8개와 27개이므로 각각 최소한 2.1호 및 3.9호의 농민(농가)에 고지를 준 것이라고 할 수 있다.

그런데 현실적으로 고지를 먹는 농가가 고지를 주는 특정한 농가의 작업만을 할 수는 없었으며, 고지를 주는 2정보 이상층의 농가는 훨씬 더 많은 농가에게 고지를 주었을 것으로 생각된다. 고지를 먹을 경우 평균 6.9개를 먹기 때문에 고지노동자의 경우 1,386평의 면적에 대한 고지노동을 하였는데, 이는 이 지역의 호당 경지면적 1,466평에 근접하는 것이다. 이들 중에는 자기의 경지를 가진 사람도 있었기 때문에 실제로는 평균 또는 그 이상의 경지에 대한 노동을 하였다고 볼 수 있다.

1969년 충북 청원지역에 대한 조사자료도 이와 유사한 특성들을 보여주는데, 고지를 준 농가와 고지를 먹은 농가별로 나누어 본 것이 〈표 4-29〉와 〈표 4-30〉이다.

이 지역에서도 고지관계의 계층적 성격은 명확히 드러난다. 고

〈표 4-29〉 고지준 가구의 고지 종류별, 계층별 고지상황(1969년, 충북 청원지역)

종류		0	-0.5	0.5-1	1-2	2-3	3-	합계
모내기 김배기	총면적	1,000	7,200	22,100	21,500	29,800		81,600
	호수	1	5	9	8	6		29
	호당면적	1,000	1,440	2,456	2,688	4,967		2,814
벼베기	총면적		7,200	11,700	12,900	10,800		42,600
	호수		5	5	4	2		16
	호당면적		1,440	2,340	3,226	5,400		2,663
합계	총면적	1,000	14,400	33,800	34,400	40,600		124,200
	구성비	0.1	12	27	28	33		100%

* 충북 청원군의 4개 부락 사례.
자료: 이용덕, 앞의 글, 59쪽.

〈표 4-30〉 고지먹은 농가의 고지 종류별, 계층별 고지상황 (단위: 평)

종류		무토지층	-0.5정보	0.5-1	1-2	2-	합계
모내기 김배기	총면적	28,600	19,100	14,500	1,200		63,400
	호수	18	19	17	2		56
	호당면적	1,589	1,005	853	600		1,132
벼베기	총면적	4,200		5,100	1,800		11,100
	호수	3		7	2		12
	호당면적	1,400		729	900		925
합 계	총면적	32,800	26,900	19,600	3,000		82,300
	구성비	39.8	32.6	23.8	3.6		100%

* 충북 청원군의 4개 부락 사례.
자료: 이용덕, 앞의 글, 59쪽.

지를 주는 면적이 경지규모가 큰 농가일 수록 크게 나타나며, 전체 면적에 대한 비율도 경지규모가 큰 농가일수록 높게 나타난다.

고지를 먹는 농가는 위의 자료에서와 같이 토지 없는 또는 토지 적은 농민들이 중심을 이루고 있다. 모내기 및 두벌 김매기의 고지를 보면, 호당 고지면적이 계층간에 뚜렷한 차이를 보이고 있다. 즉 무토지 농민은 1,589평의 논에 대한 고지를 먹은데 비해서 그 이상층들은 점차 줄어 1-2정보층에서 고지를 먹은 농가는 600평의 고지를 먹고 있다. 약간의 편차가 있기는 하지만 벼베기 고지의 경우에도 이러한 현상은 나타나고 있다. 즉 경지면적이 어느 정도 되는 농민들은 고지를 먹어도 적은 면적에 대해 먹지만, 영세빈농 및 농업노동자들은 평균경작면적에 해당할 정도의 면적에 대한 고지를 먹고 있었다.

그리고 고지를 먹는 농가의 비율이 영광지역과는 달리 무토지 농민이 가장 높으며, 고지를 주고 먹는 기점은 여기에서도 1정보로 나타나고 있다.

이 지역에서 고지를 주는 이유에 대해서는 고지주인 모두가 농번기에 품사기가 어려워서 준다고 대답하고 있으며, 고지의 임금이 날품노동의 임금보다 싸기 때문이라든가 하는 다른 이유를 대는 사람은 없었다.

〈표 4-31〉 고지를 먹는 이유 (충북 청원의 4개 부락 사례)

이유	농가호수	구성비
생계유지를 위해서	31	56.3
급히 돈쓸 일이 생겨서	17	30.9
자녀의 교육비 때문에	7	12.8
고지주인의 부탁 때문에	0	0
합계	55	100%

자료: 이용덕, 앞의 글, 60쪽.

또한 고지를 먹는 이유에 대한 질문에 대해서 고지군들은 〈표 4-31〉과 같은 응답을 보이고 있다. 여기에서 알 수 있듯이 고지를 먹는 농가는 현금지출이 급박해서 또는 빈궁을 헤쳐 나가기 위해서 고지를 먹는 것으로 나타나고 있다. 1950년대, 1960년대만 해도 농민의 생계가 불안정한 상태였고, 따라서 영세빈농 및 농업노동자들이 대부분인 고지군들은 고지를 먹기 위해 경쟁을 하기도 하였다. 그 당시에는 고지주인이 자청해서 먼저 고지를 주기 보다는 고지군이 고지를 먹겠다고 나서는 상황이었다. 물론 이러한 상황은 지방이나 마을의 조건에 따라 차이가 있었으며, 농민들의 기본적인 생계유지가 안정화되면서 고지군의 입지가 좀 더 강화되었을 것으로 보인다. 특히 노동력의 유출이 급속해져 농번기의 농업노동력이 부족해지면서 그 상황은 점차 역전되어 갔다.

고지주인은 고지계약을 통해 농번기의 노동력을 미리 확보해 두기 위하여, 그리고 고지군은 다음해에 일을 해 주기로 하고 미리 임금을 받음으로써 농한기의 생계유지를 위해서 고지를 택하였다. 이처럼 고지는 빈농 및 농업노동자가 농한기에 다른 생계대책을 찾기 어려운 상황에서 나타난 특수한 노동력 판매방식으로서, 다른 부업이 생기거나 농한기에 대처할 수 있을 정도로 경제적 조건이 나아지면 점차 사라질 수밖에 없었다.

3) 고지대의 조직

일제시대에는 고지가 주로 집단화된 형태로, 즉 고지대로 이루어졌다. 고지대의 발생에 대해서는 집단발생을 주장하는 사람이 있는가 하면, 고지는 원래 개인적으로 행해져오던 것이 집단적인 것으로 변질되었다고 하는 사람도 있다. 일제시대에도 개인적으로 이루어지는 고지는 있었으나 오히려 예외적인 것이었고 집단적으로 이루어지던 고지대가 일반적인 형태였다.

8·15 이후에 집단적인 고지가 행해졌는지를 확인할 수는 없지만 고지가 담당하는 작업의 성격상 집단적으로 이루어질 가능성은 얼마든지 있었다. 그런데 노동은 공동노동을 하더라도 계약은 개인적으로 하는 식으로 이루어질 가능성도 있다. 몇 가지 연구보고에서 나타난 것으로 보건대, 8·15 이후의 고지는 일제시대의 것처럼 조직적인 성격을 띤 고지대로서 이루어지는 것이 줄어들고, 특히 고지계약은 대개 개인적으로 이루어진 것으로 보인다.[77]

일제시대와 같이 농민층의 분화가 격심하여 빈농과 농업노동자층이 광범하게 형성되어 있던 상황에서는 고지노동을 통해서 생계를 유지하는 일련의 사람들이 있었고, 이들은 연대책임을 지고(연대계약) 단체를 이루어 공동작업을 하였다.

그런데 농지개혁을 통해 영세하나마 경지가 없는 농민이 줄어들면서 빈농 및 농업노동자층에 의해 조직되던 단체고지로서의 고지대는 점차 그 단체적 성격을 잃어 간 것으로 보인다. 그럼에도 하루아침에 바뀔 수는 없었다. 1960년대에도 기존의 고지두목들은 부농, 광농들과 연계를 가지고, 농업노동자 및 빈농들을 모집하여 고지대를 형성하고 있었다.[78]

고지주인-고지두목-고지군의 삼각체제가 안정된 구조로 움직여져 왔기 때문에 고지대는 일정 기간 동안은 지속되었다. 광농으로서는 노동력동원에 어려움이 많았기 때문에 노동력을 동원하는 고지두목을 활용할 수밖에 없었으며, 마을 안에서 특정한 고지주인과 특정한 고지두목 간에는 지속적인 관계가 유지되어 왔다.

77) 최윤목, 앞의 글, 47-49쪽.

78) 한국농촌경제연구원의 정명채 님의 언급.

만약 고지주인이 다른 고지두목에게 고지를 주었을 경우에는 기존의 고지두목은 노동력 조달에 협조하지 않게 된다. 그러면 고지주인은 기존의 고지두목을 통해 노동력을 조달하는데 어려움을 겪게 되고, 따라서 농사일을 원활하게 해 나가기 어렵게 된다.

농업노동력이 줄어들게 됨에 따라 고지대가 구성되기는 더욱 어렵게 되었으며, 고지는 개별적인 형태로 변화되어 갔다. 그러한 변화 속에서도 기존의 고지두목들(또는 다른 사람들)은 계속 노동력 조달의 역할을 담당하였으며, 광농들은 이들과 연계를 맺어야 영농이 가능하였다.[79)]

1989년도에 전남 나주군의 한 마을에서 조사한 바에 따르면, 고지의 단체적 성격이 약화되었음을 확인할 수 있다.[80)] 이 마을에서는 당시에도 고지가 행해지고 있는데, 논이 1,200평 단위로 경지정리가 되어 있어 고지계약 및 고지작업의 단위도 1,200평 단지로 한다. 경지규모는 일정 정도 되는데 병약해졌거나 다른 일로 노동력을 조달할 수 없는 농가가 겨울(음력 12월 및 1,2월)에 다른 농가(빈농)에게 미리 임금을 지불하고 모내기를 부탁한다. 고지를 맡기는 농가는 자가노동력이 부족할 뿐만 아니라 생활에 어느 정도 여유가 있는 경우이다. 고지를 먹는 사람도 대개 자기의 경작지를 적으나마 가지고 있는 사람들이다.

이 마을에서는 손모로 1,200평 단지에 모내기를 하려면 9명이 하루의 작업을 해야 한다. 고지를 먹은 사람은 품앗이에 의해 조달한 노동력과 고용노동력을 동원하여 9명의 작업인원을 확보하

79) 충남 대덕군 기성면 평촌3리에서는 노동력 조달을 담당하는 사람을 "모개비"라고 한다. 1970년대 후반에 뿐만 아니라 1980년대 중반에도 이들은 노동력조달에 있어서 핵심적인 역할을 하고 있다. 모개비는 바로 고지두목을 말한다. 농촌경제연구원의 조사자료(미간).

80) 전남 나주군 왕곡면 양산1리 상사마을에 대한 조사, 1989년 9월.

여 작업을 한다. 여기서 9명은 고지대와 같은 것을 조직하지는 않으며 고지먹은 농가와 품앗이를 한 농가들이 많이 포함되어 있어 중농층에 속하는 사람도 있다. 이처럼 집단적 성격이 약화되고, 고지를 먹은 사람이 스스로 8명의 작업인원을 품앗이를 통해 조달하는 방식을 취한다.

고지를 먹는 사람은 (대개 영세한 경지를 경작하는데) 건강한 노동력을 지니지 않으면 안 된다. 마을 안에서 품앗이노동에 참여하고 그 품을 동원하여 고지노동을 해 나가야 하기 때문이다. 물론 고지군이 품앗이로 확보한 노동력이 부족하면 품을 사서 충당하기도 하였으나 이런 경우는 아주 적었다. 워낙 노동력이 부족한 상황에서 품앗이로서가 아니면 품을 확보하는 것이 어려워졌기 때문이다. 이처럼 개별적으로 계약하여 개별적인 책임 아래 이루어졌지만, 품앗이를 통한 노동력의 결집이라는 형태로 고지가 이루어지고 있었다.[81]

이처럼 개인적으로 계약하고 개인적으로 책임을 졌기 때문에 고지대에서 볼 수 있는 고지두목이라 할 만한 고지대표자는 점차 없어졌다. 물론 앞에서 지적한 대로 고지두목의 이름은 남아 마을 안에서 노동력을 동원하는 역할을 하는 사람을 일컫고 있기도 하다.

보통 고지를 먹을 때 한 개(1마지기의 작업)를 먹는 것이 아니라 여러 개를 먹기 때문에 혼자서 작업하기는 어렵다. 따라서 집단적인 고지의 형태를 취하지 않는다 하더라도 고지주인이 원하는 시기에 작업을 하려면, 품앗이로 노동력을 동원하거나 날품노동력을 고용해서 대처하는 식으로 조직화해 나가야 했다.

---

81) 다른 한 마을에서도 이러한 모내기고지가 계속 있었으나 이앙기가 들어오면서는 완전히 사라졌다. 전남 나주군 노안면 장동리 내동마을에 대한 조사, 1989년 9월.

1965년의 전남 영광군 지역에 대한 노동조사에서도 경지를 갖고 있지 않은 농민(농업노동자)이 품을 사거나 품앗이를 한 것으로 나타난다.[82] 이는 바로 고지노동에 대처하기 위한 것이었으며, 영세한 경지면적을 가진 농가에서도 이러한 일은 적지 않았을 것으로 생각된다.

고지가 임금을 추후 지급하는 도급제의 형태로 변화한 후에도, 일을 맡기는 사람은 한 마지기를 일거리로 주지는 않는다. 면적 단위로 일감을 주는데 보통 3-4마지기에서 10마지기까지의 일감을 한 사람 또는 도급반에게 맡기며, 개인적으로 일감을 맡은 사람은 다른 일군을 사거나 품앗이로 조달하여 작업을 하였다. 그런데 도급제의 형태는 이렇게 개인적으로 이루어지는 것은 드물었고 대개 몇 사람이 도급반을 형성하여 고지대와 유사한 조직 및 작업방식을 지니고 있었다.[83] 이러한 형태는 빈농층과 농업노동자층이 임금획득을 위해 조직한 것이다.

4) 고지의 작업내용 및 노동방식

고지는 노동의 종류 또는 횟수에 따라 여러 가지로 분류되었는데, 노동의 횟수에 따라 분류해 보면, 한 가지 작업만을 하는 것을 단고지 또는 산고지라 하고, 논농사의 거의 전 작업을 수행하는 것을 전고지 또는 장고지라고 하며, 그리고 단고지와 전고지 사이에 해당하는 중간고지가 있었다.[84]

8·15 이후에 여러 지역에서 행해진 고지를 살펴보면 이러한

---

82) 정병휴, 앞의 글, 47쪽.

83) 『서산민속지』, 상, 1987, 330쪽. 충남 서산군 근흥면 정죽리에서 1986년에 행해진 것에서도 이러한 모습을 볼 수 있다.

84) 중간고지라는 말은 없었고 대개 중간고지에 해당하는 것을 보통고지라고 하였다.

여러 가지 고지형태들이 나타나고 있다. 일제시기에는 모내기, 김매기2회, 벼베기의 작업을 하거나 모내기와 김매기3회를 하는 4고지가 고지의 기본단위로서 행해졌는데, 8·15 이후에 특히 1960년대에 나타난 고지를 보면 고지노동의 단위가 축소되고 있는 것으로 보인다.

(1) 단고지(또는 산고지)

1960년대에 각 지방에서 나타난 단고지를 보면 대개 모내기 작업과 벼베기 작업에서 나타나고 있다. 모내기작업만을 청부하는 고지가 가장 널리 행해졌는데,[85] 보통 "심을고지"라고 불렸다. 가장 집중적인 노동력을 필요로 하기 때문에 고지주인이 크게 환영하는 것이었다.

이것은 단고지의 가장 전형적인 것인데, 모내기 작업은 보리수확과 겹치는 시기이면서 일시적으로 노동력을 집중적으로 필요로 하는 작업이었기 때문에 노동력을 조달하기 힘들어 고지로 많이 행해졌다. 또한 작업관리와 음식제공 등 번잡한 일을 피할 수 있었기 때문에, 직접 농사를 짓지 않는 사람뿐만 아니라 농지의 규모가 비교적 큰 농가들은 심을 고지를 선호하였다. 모내기작업은 1970년대에도 가장 널리 공동작업으로 행해졌고 고지가 1980년대말까지 남아있는 경우도 바로 모내기작업이다. 1970년대 접어들어서는 고지(대)와 같은 노동조직으로는 감당하기 어렵게 되어 마을의 노동력을 총동원하는 공동작업반이 활성화된다.

모내기작업과 더불어 단고지로 많이 이루어지던 작업은 벼베기였다. "베주는 고지",[86] "벼베기고지"[87]라고 하였는데, 모내기처럼

85) 60년대 초에 천원지방의 일부지역에 대한 조사에서는 고지를 주는 총면적의 65%가 심을고지였으며(최윤목, 앞의 글, 47-48쪽), 전남 옥구군내의 일부 지역에 대한 다른 조사에서도 마찬가지였다. 한국토지경제연구소, 앞의 책, 73-74쪽.

집중적인 작업이 필요하지는 않아 노동력조달이 좀 쉬웠기 때문에 모내기에서와 같이 고지가 많이 행해지지는 않았다.

이처럼 1960년대에 나타난 고지를 보면 단고지가 가장 널리 행해졌으며, 특히 모내기작업에 집중되어 있었다.

(2) 중간고지(또는 보통고지)

중간고지라는 말은 쓰이지 않았고 "보통고지",[88] "쌀고지",[89] "반고지,"[90] "모내기-김매기 고지",[91] "돗내기"[92] 등 지방에 따라 다양한 이름을 가지고 있었으며, 보통고지라는 말이 가장 널리 사용되었다.

보통고지는 대개 모내기+김매기3회, 또는 모내기+김매기2회+벼베기를 단위로 하는 4고지에 해당하는 것으로, 모내기+김매기3회의 형태는 김을 세 번씩 매는 지역에서 많이 나타난 형태였다. 이 보통고지는 고지의 기본단위였다. 물론 지방에 따라서 4고지가 아니라 3고지나 5고지가 기본단위가 되기도 하였다. 전남 영광 지방에서는 전형적인 고지의 경우에는 1두락(200평)의 논넓이를 계산단위로 하여 그 논에 모심고, 세 벌의 김매기와 벼를 베어서 주인집까지 져들이는 1년 동안의 일을 모두 해주는 것을 '고지 한개'라고 불렀다.[93] 충북 청원군 지역에서 "모내기-김매기 고지"의 경우는 모내기와 두 벌의 김매기를 하는 것으로 모내기는

86) 최윤목, 앞의 글, 47-48쪽. 충남 천원 지방.
87) 한국토지경제연구소, 앞의 책, 73-74쪽. 전북 옥구 지방.
88) 한국토지경제연구소, 앞의 책, 73-74쪽. 전북 옥구 지방.
89) 최윤목, 앞의 글, 47-48쪽. 충남 천원 지방.
90) 최윤목, 앞의 글, 47-48쪽. 전북 정읍 지방.
91) 이용덕, 앞의 글, 59쪽. 충북 청원군 지방.
92) 최재석, 앞의 책, 445-447쪽. 경북 월성군 안강 지방.
93) 정병휴, 앞의 글, 48쪽.

0.8일, 두 벌 김매기는 1.7일 정도의 노동일을 필요로 하였다.[94)]

(3) 전고지(또는 장고지)

거의 모든 농작업을 청부하는 고지를 전고지라고 하는데, 1960년대의 자료를 보면 "싹고지",[95)] "온고지,[96)]" "통고지"[97)] 등의 이름으로 불렀다.

전고지는 지방에 따라서 작업의 범위에 약간씩 차이가 있었지만 그 지방에서 행해지는 고지 중에서는 가장 많은 작업을 하는 것이었고, 탈곡작업을 제외한 거의 모든 주요 작업을 포괄하고 있었다.

충남 천원지방에서 행해지던 "싹고지"는 심어주고 뜯어주고 매주고 또 뜯어주고 나서 베고 묶어주는 고지, 즉 모내기와 세 벌의 김매기 및 수확(베고 묶기)을 해주는 것[98)]으로서 5고지였으며, 전북 정읍 지방에서 행해진 "온고지"는 심기(1일), 호미질(1), 매기(2), 베기(1), 운반(1)등 6일간의 노동을 제공(노동일에 대한 계약)하여 6고지에 해당하는 것이었다.[99)] 전북 옥구군에서 행해지던 "통고지"는 벼농사에서 탈곡작업을 제외한 모든 작업 즉, 모자리 만들기 작업에서부터 벼베기 작업까지를 청부하는 것[100)]으로 못자리설치까지 포함하고 있었다.

이상에서 단편적으로 고지의 작업내용에 관하여 살펴보았는데, 작업의 종류 및 양에 따라서 다양하게 분류할 수 있었다. 고지노

94) 이용덕, 앞의 글, 59쪽.
95) 최윤목, 앞의 글, 47-48쪽. 충남 천원 지방.
96) 최윤목, 앞의 글, 47-48쪽. 전북 정읍 지방.
97) 한국토지경제연구소, 앞의 책, 73-74쪽. 전북 옥구 지방.
98) 최윤목, 앞의 글, 47-48쪽.
99) 최윤목, 앞의 글, 47-49쪽.
100) 한국토지경제연구소, 앞의 책, 73-74쪽.

동이 노동력을 조달하기 어려운 작업에서 이루어지기 때문에 대개 모내기, 김매기, 벼베기 등의 작업에 집중되었다. 그런데 고지노동의 종류를 보면 주로 모내기, 논김매기, 벼베기와 거두기, 수확물운반, 드물게는 못자리설치 등의 작업이고 경운과 탈곡은 거의 없었다. 모내기에는 못줄과 맨손을, 논김매기에는 맨손이나 호미를, 벼베기에는 낫을, 그리고 수확물 운반에는 지게를 이용하는데, 이러한 작업에 쓰이는 농기구는 간단하여 노동력을 가진 농가라면 이런 일을 손쉽게 맡을 수 있다. 그러나 소와 쟁기를 이용하는 경운, 정지작업과 탈곡기를 이용하는 탈곡작업은 이러한 생산수단을 갖지 못한 농가에게 단독으로 맡길 수 없는 것이었다.[101] 이처럼 고지노동은 간단한 농기구를 가지고 할 수 있는 작업에 한정되는 특성이 있었으며 그야말로 노동력 밖에 팔 것이 없는 빈농 및 농업노동자의 작업이었다.

이상에서 살펴본 대로 고지작업의 종류는 한 가지 작업만을 하는 단고지에서 탈곡을 제외한 거의 전 작업을 하는 전고지 또는 온고지까지 계약에 따라 천차만별이었다. 일제시대에는 고지라고 하면 모내기와 김매기 또는 벼베기까지 하여 4고지가 기본 단위였는데, 8·15 이후에도 지역에 따라서 고지라고 할 때에는 이처럼 몇 가지 작업을 하는 것을 기본단위로 하는 식으로 전개되었다.[102]

---

101) 정병휴, 앞의 글, 45쪽.

102) 전남 영광군의 경우에는 1두락(200평)을 단위로 하여 그 논에 모내고(1일), 3회의 김매기 작업(1일)과 벼를 베어서(1일) 주인집까지 져들이는(1일) 1년 동안의 일(6일의 노동에 해당)을 모두 합쳐서 '고지 한 개'라고 하였고(정병휴, 앞의 글, 48쪽), 전북 익산군 오산면 신지리 만수부락에서는 논 3단보를 단위로 하여 모내기(7인의 노동 소요됨), 세 벌 김매기(7인 노동분), 벼베기 (3인 노동분), 주인집까지 운반(3인 노동분)등의 작업을 하는 20인분의 노동을 '고지 한 개'라고 하였

그리고 고지는 일정 단위면적을 작업해 주기로 계약하는 것이 일반적이었다. 예를 들면 200평 한 마지기의 모내기+김매기2회+벼베기를 해주는 것을 고지 한 개라고 하며, 또 고지군이 고지를 먹을 때에 한 두 개를 먹는 것이 아니라 여러 개를 먹는다. 고지주인으로서는 자신의 1,000평 짜리 논의 고지작업을 한 사람에게 고지 다섯 개로 몰아서 주지 여러 사람에게 나누어주지는 않는다. 물론 고지군이 고지대를 이루어 작업을 할 경우에는 분배상 그러한 결과가 될 수도 있다.

고지는 대개 이렇게 작업면적 단위로 계약을 하였지만, 지역에 따라서는 노동일수에 대한 계약으로 하고 그렇게 작업을 하는 경우도 있었다.[103)]

고지군이 고지대를 이루어 작업을 하면 당연히 공동작업을 하며, 개인적으로 계약을 해서 고지를 먹었을 경우에도 여러 개의 고지를 먹기 때문에 작업을 혼자 할 수는 없다. 물론 가족협업을 통해 대처할 수도 있으나 작업의 성격상 가족협업으로 감당하기에는 노동력 수요가 많았다. 대체로 품앗이를 통해 동원하여 하였다.

그리고 단위면적으로 노동계약을 하고 임금을 미리 받기 때문에 고지군은 일을 빨리 끝내려고 하였다. 그러나 고지를 먹는 사람은 계속해서 고지를 먹으려고 하였기 때문에 작업을 소홀히 하는 경우는 드물었다. 또한 품앗이를 통해 동원된 노동력으로 고지작업을 하는 경우에는 마을의 작업관행을 따를 수밖에 없었다.

고지주인으로서도 벼농사의 산출량을 결정하는데 가장 중요한 모내기작업으로부터 벼베기 작업까지를 고지주기 때문에 고지를

다 (문화공보부 편, 『한국민속종합보고서』, 제2책, 전북 편, 1971, 22-25쪽).

103) 최윤목, 앞의 글, 47-49쪽. 전북 정읍 지방.

희망하는 사람 가운데 가장 성실한 사람을 선택하려고 하였다. 고지를 먹은 고지군은 산출량과 무관한 고정임금으로서 현물임금을 대부분 곤궁기에 선불받으므로, 작업을 성실하게 해주지 않을 가능성이 있었다. 그런데 노동력이 과잉한 상태에서 (일시적으로 노동력이 부족하더라도) 고지군은 가급적 고지주인 측으로부터 호평을 받기 위하여 성실하게 일을 하였다.

단지 작업을 빨리 끝내기 위하여 좀 더 일찍 작업을 시작하고 휴식시간을 적게 갖는다는 특징을 계속 지니고 있었다. 이러한 방식은 고지가 변형되어 나타난 도급반에서 더욱 두드러지게 나타나고 있다.

또한 일제시대에도 개인적인 계약에 의해 이루어지는 고지가 있기는 했으나 예외적인 것이었던데 반해서, 8·15 후에 행해진 고지는 개인적인 계약으로 이루어지는 것이 많았던 것으로 보인다. 물론 개인적인 계약을 통해서 이루어진다 하더라도 고지로 하는 작업의 특성상(대부분의 농번기의 논작업이 공동노동으로 이루어졌다) 고지노동은 공동노동으로 이루어 졌다. 고지먹은 사람은 개인적으로 계약을 하더라도 앞에서도 지적했듯이, 품앗이나 날품노동력의 고용을 통해 노동력을 조달하여 여러 사람이 집단적으로 공동작업을 하였다.

그리하여 일제시대에 기록에서 확인된 그러한 고지두목이라 할 만한 대표자는 잘 나타나지 않는다. 그렇지만 1950,60년대에 고지두목으로서 역할을 했던 사람들은 여전히 마을 안에서 노동력을 동원하는 역할을 해 나갔다.

대개 일하는 날짜는 고지주인이 요청하는 때에는 언제라도 응하는 것이 보통이었다.104) 즉 작업의 일시는 고지주인이 대부분

104) 이용덕, 앞의 글, 59쪽. 고지먹은 농가 55호 중에서 응답농가의 92%가 고지주인의 의사에 따라 작업일정이 결정된다고 하였다.

결정하였고 작업에서는 고지주인의 의사를 따랐다. 그렇지만 고지 관계는 마을 안에서 서로 잘 아는 사람들 사이에서 이루어졌고 또 고지군들 간의 경쟁이 있었기 때문에, 고지노동의 질은 크게 문제로 삼을만한 것이 아니었고 고지주인은 특별히 감독을 하지는 않았다. 더욱이 작업과정을 관장할 수 없어서 고지를 주는 경우도 많았다.

노동력부족이 더욱 심각해지면서 고지대가 도급반으로 변형된 경우에는 작업과정은 전적으로 도급반의 자체 책임 아래 이루어졌다.

5) 고지의 분배체계

고지의 가장 큰 특징은 임금을 미리 받는다는데 있다. 임금을 일한 후에 받는 것은 도급(제)이라고 한다. 도급(제)도 일정한 작업량을 청부하여 일을 해주고 그에 대한 임금을 받는다는 점에서는 고지와 동일하였다. 그러나 영세빈농 및 농업노동자들의 생계곤란을 헤쳐 나가려는 요구와, 농번기에 노동력을 안정적이고 또한 저렴하게 확보하고자 하는 광농의 요구가 결합되어 나타난 고지는 그만큼 특수한 조건 속에서 나타난 청부제도였다. 그러나 그러한 특수성이 임금노동이라는 고지노동의 성격을 바꾸지는 않는다.

8·15 후에도 고지의 경우는 임금을 미리 받았다. 미리 받는 시기는 설날을 맞이하기 전이나 춘궁기에 받는 것이 일반적이었다. 이는 빈농 및 농업노동자들이 가장 어려운 조건에 처해 있을 때에 자신의 노동력을 미리 판매함으로서 생계를 유지해 가려고 하였기 때문이다. 1960년대에도 농민들은 겨울철의 생계를 걱정해야 했다.

일제시기에도 임금을 설 명절이나 겨울에 지불하는 것이 일반적이었으며, 지방에 따라 또 작업에 따라 작업에 당해서 또는 작업을 마치고 주는 경우가 있었지만 예외적인 것이었다. 8·15 이후에는 일제시기 보다는 농민들의 생활형편이 나아지면서 임금선불의 관례가 점차 줄어들고, 작업시에 또는 작업을 마치고 임금을 주는 방식으로 바뀌어 가면서 고지는 점차 도급제로 변하였다.

한편 임금을 선불하는 전형적인 고지가 계속되면서도,[105] 지불시기가 다양해지는 것을 볼 수 있다. 충북 청원군에서 행해진 모내기-김매기고지는 1,2월경에 임금을 받는데 비해서 벼베기 고지는 6월 경에 받고 있었다.[106]

임금은 명절이나 겨울을 나는데 필요한 현물이나 현금으로 받았으며, 현물은 주로 쌀이었다.

고지노동의 임금총액이 기본적으로 노동의 양에 따라서 정해진 것은 일제시기와 마찬가지였다. 1965년도 전라북도 옥구군의 예를 보자.[107] 이 지역에서 가장 광범하게 행해지고 있는 심을고지는 모내기 작업만을 청부하는 것인데, 고지주인은 논 1,200평(4단보)에 벼 100리터(1,600원에 상당)를 임금으로 지불한다. 이것은 9일치의 임금에 해당하는 것으로 단보당 2.2일의 날품팔이노동 품삯에 상당하는 임금이었다.[108]

모내기 작업에서부터 벼베기 작업까지 청부하는 보통고지의 경우는 논 1,200평에 쌀 200리터를 지불한다. 이는 1단보당 4.4일의

---

105) 전남 나주군 왕곡면 양산1리 상사마을에서는 1989년에도 임금을 선불하는 고지가 행해지고 있었다. 1989년 9월 조사.

106) 이용덕, 앞의 글, 57쪽.

107) 한국토지경제연구소, 앞의 책, 74쪽.

108) 벼 100리터는 쌀 5말(소두)에 상당하는 것으로 당시 미가로 환산하면 1,600원에 해당하는 금액이다. 1일 농업노동의 임금을 180원이라고 하면 1,600원은 9일치의 임금에 상당한다.

날품팔이노동에 해당하는 임금이다. 날품팔이 노동자를 고용할 때에는 1단보당 5일 이상의 노동을 투하하여야 했으므로 고지주인으로서는 날품팔이노동자를 고용하는 것보다 고지를 주는 것이 더 유리하였다.

탈곡을 제외한 모든 작업을 청부하는 통고지의 경우는 논 한 배미(1,200평; 4단보)의 고지노동에 대해서 벼 500리터를 제공한다. 이것은 쌀 두 가마 반으로 1단보당 2,000원이며 11일간의 날품팔이노동의 임금에 해당하는 것이었다.

이처럼 고지노동의 양(횟수)에 따라서 임금액은 차이가 있었다. 고지의 임금액은 지역에 따라 달랐지만 한 마을 안에서는 일정한 기준이 있었다. 그리고 고지 노동계약 및 임금지불의 단위가 기본적으로는 마지기(두락, 단보라고 표현하기도 하며 보통 200평이었으나 마을에 따라서 평수는 조금씩 차이가 났다)였지만, 위의 사례에서 보는 것처럼 경지정리를 한 경우에는 단지크기(1,200평)를 단위로 하는 지역도 있고 또 그와는 다른 단위로 하는 지역도 있었다.

고지노동의 임금은 품팔이노동에 비하여 낮은 편이었다.[109] 그

---

109) 전라남도 영광군 지역의 3개 부락 조사에 따르면 고지를 먹은 사람은 고지 하나당 현물로 정조 2두(또는 그에 상당하는 현금)를 받는데, 고지 한 개는 6일간의 노동에 해당하므로 고지를 먹는 사람의 1일 임금은 평균 1백원 꼴이었다(정조 1두는 300원). 김매기와 수확작업에 있어서 남자하루의 품삯은 100원이었지만 모내기, 수확물운반작업에 있어서 남자 1일 품삯은 150원이었다.

충북 청원 지역에서 1969년 당시 모내기-김매기고지의 임금은 마지기당 1.3두였으며, 이 고지는 모내기 0.8일, 김매기 1.7일, 합계 2.5일의 노동을 필요로 하였다. 벼베기 고지의 임금은 1마지기에 평균 297원이었으며, 이 고지는 1일의 노동을 필요로 하는 것이었다. 이 경우 고지노동의 임금은 쌀 또는 현금 지불 일당 평균 276원(모내기-김매기고지에서 받는 쌀 1.3두는 1967년도 정부수매가격으로 670원이며, 벼베기 고지는 평균 297원이므로 (670+297)/3.5=276원)과 작업 당일의 식사 및 술, 담배에 대한 평가액 80원을 합하면 356원

러나 날품팔이노동은 임시적이고 불안정한데 비하여 고지노동은 확정적이며, 날품팔이노동의 품삯은 보통 선불되지 않는데 비하여 고지는 새해 농사가 시작되기 전에 한꺼번에 선불되기 때문에 빈한한 농가는 서로 고지를 먹으려고 한다. 뿐만 아니라 고지에 대한 보수는 필지면적에 따라 지불되었기 때문에 고지논의 필지면적(고지의 갯수)에 따라서 여러 개의 고지를 먹을 수 있고, 따라서 한몫에 많은 임금을 받는 이점이 있었다.

고지에 대한 보수는 선불인 데다가 고지노동은 거의 1년간 모내기에서 수확물운반에 까지 걸쳐 이루어지기 때문에, 고지주인은 이주할 위험성이 없으며 노동능력이 있고 착실한 사람을 골라서 고지를 주려고 한다. 그리고 일단 고지를 먹은 사람은 이와 같은 조건의 변화가 생기지 않는 한 매년 되풀이해서 그 고지를 먹을 수 있다. 고지를 먹은 사람이 사망할 경우라도 그의 가족은 고지노동을 담당할 책임이 있다. 이 책임을 수행하기 위해서는 가족이 머슴으로 나가는 것이 불가능하게 되기도 하고, 경우에 따라서는 품앗이를 하거나 품팔이노동자를 고용하기도 한다.

고지주인은 고지를 먹은 사람을 자기의 뜻대로 움직이려고 정규의 보수 이외에 다른 것을 제공하게 되었다. 전남 영광 지역에서는 고지에 "봉창고지"와 "통고지"가 있어 전자는 식사와 간식을 고지먹는 사람의 부담으로 하고 비교적 높은 보수를 제공했던 반면에, 후자는 식사와 간식을 주인에게서 받는 대신에 낮은 보수를 받았다. 그러나 봉창고지를 주게 되면 작업이 조잡해지고 지시감독하기가 어려우므로 이 지역의 모든 고지는 통고지로 일원화되는 경향이 있었으며, 따라서 고지 일을 하는 사람도 품앗이나 품팔이노동과 마찬가지로 고지주인으로부터 점심, 저녁 두 번

이 된다. 이것은 성년 남자 날품노동의 하루 품값 462원보다 낮은 수준이었다.

의 식사와 두 번의 간식 및 담배 등을 제공받게 되었다.[110)]

고지노동이 임시적인 날품팔이노동보다 임금이 낮은 편이었지만 식량이 부족하고 또는 현금이 절실하게 필요한 고지군은 고리채나 장리쌀을 먹는 것보다는 고지를 먹는 것이 나았기 때문에,[111)] 고지를 선호하였다.

이처럼 1960년대에 나타난 자료를 보면 고지노동의 임금은 품팔이노동의 임금에 비하여 약간 낮은 편이었지만, 그 차이는 그리 크지 않았던 것으로 보인다. 노동력부족이 심각해지면서는 고지임금은 품팔이노동의 임금과 같은 수준으로 되기도 하였다.

전남 나주군의 한 사례 마을의 날품노동임금은 1만원인데 고지를 줄 때에는 1,200평 단지에 9명의 작업인원을 상정, 계산하여 9만원을 고지임금으로 준다.[112)] 고지먹은 사람은 이 임금을 미리 받아쓰고 모내기작업으로 갚는 것이다. 즉 고지 임금은 다른 농업노동과 같은 수준이며, 고지를 줄 때에는 점심식사를 내지 않는 봉창고지가 일반적이었는데(그리고 식사는 안 주기로 하고도), 작업주인(고지주인)은 농사철에 자기의 논에 작업을 하는데 식사를 안 낼 수 없어 식사를 낸다. 자기집 농사일을 해주는데 어떻게 식사대접을 안하느냐고 하지만, 사실은 노동력부족이 심각해지면서는 고지임금이 선불임에도 불구하고 다른 농업임금과 같은 수준으로 되었으며, 더욱이 식사도 내야하기 때문에 날품노동력을 사서 모내기를 하는 것보다 비용이 많이 든다고 고지를 준 농민은 말하였다. 그럼에도 노동력을 제대로 조달할 수 없는 농가는 바쁜 철에는 돈을 주고도 날품노동력을 살 수가 없어 고

110) 정병휴, 앞의 글, 48-9쪽.

111) 이용덕, 앞의 글, 57-59쪽. 고지먹은 사람 55명 대부분은 고지를 먹는 것이 장리쌀을 먹거나 부채를 쓰는 것보다 유리하다고 한다.

112) 전남 나주군 왕곡면 양산1리 상사마을의 사례. 1989년 9월 조사.

지를 주고 있다.

1960년대까지만 해도 농촌노동력의 과잉상태에서 농민 특히 빈농 및 농업노동자들의 생활이 어려워 임금을 선불 받는 이러한 고지가 행해진 것으로 보인다. 그러나 농촌노동력이 부족해지고 특히 빈농 및 농업노동자층의 이농이 급속하게 이루어졌을 뿐만 아니라 노동력의 이동성이 커지면서 임금선불의 관례가 점차 사라져 갔다.

6) 고지의 변화

농촌노동력의 유출이 급속하게 이루어지면서 농업노동력의 일시적 부족이 심각해지기 시작하여 마을 단위의 노동력조정이 필요하게 되고, 또한 빈농 및 농업노동자층의 이농으로 말미암아 고지는 급속히 줄어들어 갔다. 빈농 및 농업노동자의 생활도 좀 나아져 겨울철의 빈궁을 모면하기 위해 노동력을 미리 판매해야 할 필요성이 줄어들면서 고지는 점차 사라져갔다. 더욱이 농업노동력의 유동성이 증가하면서 1년간의 노동력을 미리 예약하는 고지는 변화하지 않을 수 없게 되었다.

고지는 임금을 선불 받는 것이 가장 큰 특징이었다고 할 수 있겠는데, 1970년대 이후에는 임금을 선불하는 경우는 오히려 드물게 나타난다. 노동력이 부족해지면서 노동력의 조직화가 필요하게 되었고, 이에 발맞추어 빈농 및 농업노동자들은 "고지패"와 같은 도급작업반을 구성하여 일정면적을 작업해 주고 작업완료 후 작업료를 받아 분배하게 되었다. 이처럼 "고지", "고지모군", "고지패"라는 이름의 작업조를 이루어 작업을 해나가면서, 고지는 점차 도급제로 바뀌어 갔고 고지대는 도급반으로 변하였다. 이러한 도급반은 기계화가 진전되면서 점차 규모가 줄어들고 있으며, 기계이앙을 하지 않는 논에서의 모내기에서 일부 나타나고 있

다.[113)]

그리고 전에는 마을 단위로 농업노동력공급이 이루어졌으나 점차 마을 간에 노동력의 부족 정도에 차이가 생기면서, 다른 지역에서 작업조가 들어오는 경우가 생기게 되었다. 이들 이입노동력은 개인적으로 들어오기도 하지만 집단을 이루어서 들어오는 경우가 많다.[114)] 또 상업적 농업이 발전한 지역의 경우에는 도시지역의 반실업노동자들(대개 아주머니들)이 집단을 이루어 이동하면서 작업을 한다.[115)]

다른 한편 마을 안의 농업노동력이 급속히 줄어 마을 단위로 노동력조정이 요구되고 마을의 거의 전 성원이 참여하여 작업을 해야 할 필요성이 커졌다. 이런 상황의 전개에 따라 빈농과 농업

113) 경기도 시흥군 소래면 포1리에서는 1977년 당시 몇 명이 조를 짜서 마지기 당 얼마를 받기로 하고 모내기를 하는 것을 "자리품" 또는 "웃게"라고 하였다. 화성군 정남면 발산1리에서는 "자리품"이라는 이름의 고지가 행해져 왔으나, 작업반이 만들어지고 난 후부터는 별로 행해지지 않았는데, 그러면서도 작업반만으로는 모내기 때의 일손이 부족하여 다른 지역(전북 김제)에서 사람을 데려다가 도급모를 주었다. 도급군들은 줄잽이 2명만 남자이며 처녀로부터 50대에 이르기까지 여자들로만 30-40명으로 이루어지는데, 이들은 모내기 한철 동안 발산리를 비롯하여 이웃 마을들을 돌아다니며 도급모를 심으며, 품삯은 평당으로 계산하여 받아서 노동량에 따라 분배하였다. 문화공보부 편, 『한국민속종합보고서』, 제9책, 경기 편, 1978, 164쪽. 서산군 성연면 명천리 1구와 음암면 유계리 2구, 해미면 동암리, 지곡면 중왕리에도 고지가 있으나 모내기고지는 이앙기의 보급을 비롯한 기계화의 진전과 기계화영농단 등의 등장과 함께 점차 소규모화하고 그 이용도 또한 약화되고 있다. 『서산민속지』, 상, 1987, 70, 76, 87, 96쪽.

114) 충남 서산군 고북면 장용리의 모내기철의 경우. 『서산민속지』, 상, 1987, 59쪽.

115) 광주지역에서 전남 무안지방의 양파재배지역으로 양파 뽑는 작업을 위해 집단을 이루어 이동하여 작업하는 형태가 나타난다.

노동자 중심의 고지대는 마을의 전계층이 참여하는 공동작업반으로 변하게 되었다. 공동작업반은 마을단위로 계층차이가 있는 농가들도 참여하는 작업조직으로서 농번기에 조직되었다. 빈농 및 농업노동자들은 마을의 거의 전 성원으로 구성되는 이 공동작업반에 참여하여 노동임금을 획득할 수 있었으며, 따라서 빈농 및 농업노동자들이 주축이 되는 고지대는 쇠퇴하게 되었다.

나아가 고지대의 다른 커다란 변화는 임금(품삯)이 날품노동의 임금에 근접하였고, 나아가 고지대가 도급제의 성격을 지니게 되면서, 임금을 작업 전후에 받고 임금도 보통의 날품노동임금보다 높아지기까지 하였다는 점이다. 이것은 사실 고지대에서 도급반으로 바뀐 것이다.116)

즉 고지가 도급제로 바뀌고 임금을 받는데 있어 성과급제의 성격을 띠어갔으며, 고지주인으로서는 모자라는 노동력을 충당하고 일의 능률을 올려 하루라도 빨리 일을 끝내기 위하여 도급반인 고지패를 고용하였다.117) 고지군들(도급반원들)은 일정 작업량을

---

116) 서산군 근흥면 정죽리에서 고지는 일정량의 일거리를 주고 하루에 마치면 보통 품삯의 두 배를 준다(날품노동의 품삯 6,000원, 고지의 품삯은 12,000원). 보통의 날품노동의 경우 하루에 한 사람이 한 마지기의 모를 심는다. 그런데 고지는 한 마지기를 일거리로 주지는 않고 대개 3-4마지기에서 10마지기까지 주는데, 고지를 받은 사람은 다른 사람을 6-7명 사서 함께 일을 한다. 고지군은 보통 새벽 4시반 정도면 일하러 집을 나가서, 모를 쪄두고 아침을 먹으면 곧바로 모내기를 시작한다. 『서산민속지』, 상, 1987, 330쪽.

117) 서산군 태안읍 평천리에서는 모자라는 노동력을 충당하고 일의 능률을 올려 하루라도 빨리 일을 끝내기 위하여 '고지'를 하고 있다. 이 마을에는 개인이 하는 고지와 집단으로 하는 고지가 있다. 개인이 하는 고지는 일당을 보통 날품 노동의 두 배인 12,000원을 지불하는데 주인과 일 배당량을 미리 정한다. 일반적으로 논 한 마지기의 모내기가 하루일거리의 기준이 된다. 집단으로 하는 고지는 논이나 밭에 열 사람이 일하는 것이 보통이라면 다섯 사람의 고지군을 사서 개인에

계약하고 작업을 하는데 실제로 보통 날품노동의 작업량보다 많은 작업을 한다. 그렇기 때문에 새벽부터 일을 시작하고 휴식을 줄이는 방식으로 작업을 해나가며 그 작업량에 상당하는 임금을 받는다.

또한 고지에는 고지주인이 식사를 비롯한 작업일의 현물을 제공하지 않는 것이 많았다. 일제 시기에는 작업일에 현물의 제공 여부에 따라 고지임금에 차이가 있었다. 8·15 이후에도 식사를 제공받지 않는 고지가 행해졌으나 노동력이 부족해지고 또한 생활형편이 나아지면서는 식사를 제공하는 경향이 있었다.[118] 물론 도급제로 변한 것에서는 작업자들이 식사를 마련해와 먹는 것이 많다.

노동력부족에 따라 마을 안의 노동력으로는 감당할 수 없을 경우에 다른 지역이나 이웃마을에서 고지패가 들어오기도 하였고,[119] 고지대가 공동작업반으로 바뀌어 가는 과도적 형태로서 품앗이를 겸한 고지패로서 "품앗이고지"가 나타나기도 하였다.[120]

그리고 일제시기에 고지대의 대표자였던 고지두목은 8·15 이후에는 고지가 주로 개인적인 계약을 하는 것으로 변화함에 따라

게 평균 일당의 두 배를 지불하는 것이다. 일거리가 정해지면 하루에 그 일을 다 마쳐야 하기 때문에 고지군은 새벽 6시부터 나와서 일을 시작한다. 『서산민속지』, 상, 1987, 347-8쪽.

118) 서산읍 덕지천리에서는 식사제공이 없는 삯고지가 점차 없어져 가고 어떤 고지라도 점심대접, 술대접을 받는다. 주인은 성의대로 고지일꾼에게 음식을 대접하지만 해야 한다는 의무는 없다.

119) 서산군 고북면 장요리 1구에서는 "고지패"가 주로 모내기철에 결성되었는데, 모내기 철의 고지패는 부락 내의 품앗이를 겸한 고지패가 있고 외부에서 들어오는 전문 고지패도 있었다. 『서산민속지』, 상, 1987, 59쪽.

120) 성태규, 앞의 글, 32-33쪽. 경북 칠곡군 왜관읍 매원2동의 중매마을과 하매마을의 사례. 이에 대해서는 품앗이 장을 참조.

점차 사라져 갔다. 그렇지만 노동력이 부족해지는 상황 속에서 특히 모내기철에 이들은 앞서 지적한대로 마을 안의 노동력 동원의 역할을 하기도 하였다.[121]

1970년대에 들어 노동력 부족이 심각해지면서 모내기에 있어서 고지라는 이름으로 공동노동이 행해지지만 앞에서 언급했듯이 대개 도급제로 변한 것들이며, 기계화가 아직 안된 지역이나 기계작업이 어려운 지역에서는 이러한 도급제가 활성화되고 있다.[122]

노동력부족의 심화와 더불어 빈농과 농업노동자계급이 중심이 되었던 고지가 없어지기도 하였고, 단체적인 성격을 일부 간직하고 있으되 임금은 후불받는 것이 일반화되고 성과급제의 성격을 띠어 가고 있다. 생활정도가 나아지면서 고지군은 빈궁한 철을

---

121) 경북 칠곡군 왜관읍 매원2동의 중매마을과 하매마을에서는 고지군의 우두머리로서 "대가리"가 있으며 일제 시대의 고지두목과 같은 역할을 하고 있었다. 성태규, 앞의 글, 24-28쪽. 충남 논산군 채운면 야화2리에서는 이러한 사람을 "모개비"라고 한다. 이 마을에서는 40대의 4명의 모개비가 모내기에서 노동력동원을 담당하는데, 대농의 경우 흔히 이들에게 일손을 부탁하고, 소영세농의 경우 이들에게 일감을 부탁하면 모개비가 작업계획에 맞추어 일정을 조정해가면서 일을 한다. 물론 벼농사가 기계화되면서 모개비의 역할은 축소되고 있다. 이 마을은 51호로 구성되어 있는 평야답작마을이다. 한국농촌경제연구원, 『한국농촌 사회경제의 장기변화와 발전』, 1986, 50쪽; 1987, 56-7쪽.

122) 충남 대덕군 기성면 평촌3리는 58호의 도시근교의 농촌마을로 각성이 9호뿐인 동족마을인데, 1987년도에 모내기에서 도급이 많이 행해졌다. 15호의 농가가 27,200평에 달하는 모내기를 도급으로 하였는데, 도급료는 평당 100원 (200평 마지기당 2만원)이었으며 농가가 지원하는 노동력, 식사 등에 따라 감액조정되기도 하였다(75-100원). 도급으로 이앙한 면적을 날품팔이 노동으로 환산하면 약 400일에 해당하는 것이다. 한국농촌경제연구원, 『한국농촌 사회경제의 장기변화와 발전 1985-2001』, 1988, 26쪽.

버터나가기 위해서라기보다는 임금소득을 올리려는 목적으로 고지노동을 하게 된다. 그리고 일제하에서와 같이 몇 가지 작업을 하는 고지가 어느 정도 행해져 왔으나 점차 한 가지 작업 특히 모내기에 집중되었다. 그리하여 일제하에 이루어지던 고지는 거의 자취를 감추고 공동작업반이나 빈농층의 작업조인 도급반(공동작업반의 한 형태)으로 변모해 갔다.

고지 계약증서의 실례

경기도

계 약 증 서

일금 삼십 원

1. 위 금액은 파주군 임진면 당동리 ○○ 번지 논 6반보(6두락)의 1개년 농업 경작 도급금으로서 아래에 적은 대로 계약을 체결하고 위 금액을 미리 도급으로서 정히 영수한다.

2. 1. 논둑 흙바르기　2. 1회 논갈이　3. 2회 논갈이　4. 개량묘대
5. 땅 고르기　6. 정조식　7. 1회 김매기　8. 2회 김매기
9. 피 뽑기　10. 논둑 풀깎기　11. 벼베기　12. 베고 말리기
13. 벼 옮기기　14. 조제

3. 논 주인은 이번 달 중 이 논에 사용할 소를 부담하고, 만약 중간에 이의가 생길 경우 또는 경작 시기를 놓쳐서 생기는 손해를 입을 경우에는 손해금 삼십 원을 변상하기로 약정하고 이 증서를 후일 증명하기 위하여 서명 날인한다.

1930년 1월 24일

파주군 임진면 운천리

○ ○ ○ (인)
○ ○ ○ (인)
○ ○ ○ (인)
외 3인

전라남도

고 지 계 약 서

일금 16원

장성군 북일면 성덕리 소재 논 5두락을 내년 농사시 모내기 때부터 추수에 이르기까지 전부 책임을 지고 절반 8두락마다에 분을 시비하고 만약 농작업시에 아래 연명자인 본인 등이 고장자의 책임을 부담하여 귀하에게 손해를 끼치지 않도록 하기 위하여 이에 증명을 만듭니다.

년 월 일

○ ○ ○ (인)

논 주인 ○ ○ ○ 전

계 약 서

일금 6원

위 계약은 1930년도 전동리 ○○ 번지 530평에 대하여 모판 식부로부터 김매기 4회, 호미질 1회를 논 주인 입회하에 실행하며 추수 적당한 때에 베어 논 주인 집에까지 옮겨주기로 함. 단 실행치 못할 때는 논 주인이 손해를 청구하여도 이의가 없을 것.

1929년 12월 22일

계 약 자 ○ ○ ○ (인)

○ ○ ○ 전

황해도

계 약 서

1. 신천군 가산면 서정리 ○○ 번지 3,959평(조 경작)

위 토지 경작 일체(파종기로부터 추수까지)를 경작 수당금 40원에 청부하되 만일 부주의로 파종·제초·수확, 기타 일체에 시기를 놓쳐 손해가 생기는 경우에는 보증인이 연대 책임으로 손해 전부를 변상하며 경작 수당은 수확 후 지불하기로 하고 이와 같이 계약함.

1930년 음력 1월 20일

계약인 ○ ○ ○ (인)
보증인 ○ ○ ○ (인)

계 약 서

김상돈은 갑, 이기욱은 을이라 하여 아래와 같이 계약함.

해주군 동강면 덕현리 ○○ 번지 토지 1,311평

1. 위 토지는 갑의 소유로 갑이 농작업하는데 을을 고용인으로 고용할 것.
2. 을은 위 토지의 논갈이·씨뿌리기·모내기·김매기·비료주기·피뽑기·관개·수확·타작·운반 등 농작업에 관한 일체의 노동에 종사할 것.
3. 을은 위 토지의 농작업에 관해서는 갑이 지정하는 농장 감독자의 지휘를 따를 것.
4. 을의 고용 기간은 5년으로 정할 것.
   단 갑은 을이 농작업에 근면하지 않을 때는 시한 이내라도 해고할 수 있을 것.
5. 갑은 추수 때에 위 토지 산물 중 벼 2석을 130근씩 만들어 고용료로 을에게 지불할 것. 단, 선용금 12원은 고용료에서 공제함.

1927년 2월 3일

해주군 해주면 ○○ 정 ○○ 번지
갑 ○ ○ ○ (인)
해주군 동강면 ○○ 리
을 ○ ○ ○ (인)
동
증인 ○ ○ ○ (인)

전라북도

계 약 서

아래에 기록하는 논에 부쳐 우리들은 연대하여 고지 청부를 조건으로 다음 각 조대로 확약함.

제1조. 본 계약은 김제군 김제면 갈공리 번지 논 **두락에 대한 경작 노역을 청부하고, 그 선차 임금으로서 일금 12원 50전을 받고 체결함.

제2조. 본 계약에 따른 경작 작업은 다음과 같이 행하는 것으로 한다.
1. 제1회 모내기 5인　　2. 제2회 1번 김매기 5인
3. 제3회 2번 김매기 5인　　4. 제4회 3번 김매기 5인

제3조. 작업은 고지주인이 통지하는 선정일에 반드시 그 노역에 종사하는 것으로 한다. 단 작업 일정은 10일 전에 일시를 정하여 고지두목에게 미리 통지하는 것으로 한다.

제4조. 본 계약은 4고지로서 1일 1인당 2두락의 공정으로 4회 1인에 부쳐 금 2원 50전, 5인조 12원 50전으로서 고지를 청부하는 것으로 한다.

제5조. 고지주인은 매 작업일에 고지군에 대해서 점심 식사 및 담배를 급여하는 것으로 한다.

제6조. 고지주인은 고지군에 대한 제통지의 전달은 물론, 작업 당일에 있어서 고지군 영솔의 책임을 진다.

제7조. 작업 당일에 소정의 인부가 부족하여 작업을 못 끝내는 경우 또는 소정의 날짜를 놓쳐 작업 불능의 경우에 있어서 손해는 우리들이 배상하는 것으로 한다.

위 각 조항대로 준수하기로 하고 이에 증서함.

1930년 1월 10일

김제군 김제면 갈공리

고지청부인 최 자 범 (인)

동
동 이 승 봉 (인)

동
동 장 수 복 (인)

동
동 장 동 오 (인)

동
동 최 목 입 (인)

고지주인 전전상차랑 전

고 지 계 약 서

이 계약은 본인 등이 귀하의 소유 경지 논 정읍군 정토면 산북리 510번지 9 두락(1727평)의 금년 경작을 청부한 바 아래의 조항을 계약함.

1. 경작청부금액은 22원 50전임 (두락당 2원 50전, 반보당 3원 70전).
1. 경작에 대하여 출역할 인부 46인
   [모내기 9인, 1번 김매기 7인, 2번 김매기 6인, 3번 김매기 6인, 만두레(4번 김매기) 6인, 벼베기 6인, 옮기기 6인]
1. 귀하의 출역 지정일에 본인 등이 이의 없이 어떠한 사고가 있을지라도 위에 적은 인원을 출역함 (귀하는 출역일자를 미리 두목에게만 통지하면 두목은 각원을 독려하여 출역케 함).
1. 인부의 식사는 귀하에게는 어떤 관계도 없음.
1. 본인들 중 1인이라도 출역치 아니하거나 혹은 사고로 인하여 출역치 아니할 때에는 본인 등이 연대로써 위 인원을 출역함.

1930년 1월 27일

정읍군 용북면 신태인리

계약인두목 ○ ○ ○ (인)
계약연대인 ○ ○ ○ (인)
동 ○ ○ ○ (인)
동 ○ ○ ○ (인)

○ ○ ○ 전

계 약 서

일금 원 전

위 금액은 귀전의 경답 ○○ 두락에 대해서 ○ 고지(4고지. 5고지 구별)의 청부금으로서 정히 영수하여 이 작업에 대해서는 귀전의 요구와 지시에 따르기로 하여 이 증을 제출함.

년 월 일

주소
고지대표자 이름 ○ ○ ○ (인)

○ ○ ○ 전

충청남도

계 약 증 서

일금 27원

1. 위 금액으로 우리들이 공동으로 귀하가 가지고 있는 청양군 정산면 역촌리 19번지 10두락을 귀하의 지시에 따라서 모내기·김매기 3회, 벼베기 등을 귀하의 청구 기간에 이상 없이 실시할 것.
2. 우리들 중 1인이라도 이전·파산 혹은 행선지 불명의 경우에 있어서도 우리가 대신 적기에 이의 없이 작업을 할 것.
3. 만약 이상의 각 항에 위반한 경우에는 귀하의 청구에 따라서 손해를 배상할 것.

위 각 항을 정히 계약합니다.

1927년 2월

이 정 삼 (인)
박 춘 일 (인)
김 일 선 (인)

○ ○ ○ 전

영 수 증

금 3원

광정평 소재 논 3두락에 대한 모내기·김매기에 대해서 선불하는 것으로 위 금액을 영수함.

1929년 3월 20일

영수인 박 덕 삼 (인)

고지 주인
이 응 규 전

청부계약

우리들이 귀하의 논 ○ 반보의 고지를 청부하는 데 있어 다음의 조건을 착실히 준수하며, 그것의 시행에 있어서는 귀하의 지시를 받아 시행하기로 하고 이 증을 차입함.

다음

1. 모내기에 있어서는 지시하는 방법대로 정조식을 한다.
2. 김매기 때에는 지정한 시간을 어기지 않는 것으로 한다.
3. 벼베기는 반드시 귀하가 지정하는 기간에 한다.

년 월 일

고지청부대표자 ○ ○ ○ (인)

증 서

금 4원 50전

위 금액은 우리들이 아래의 논을 4고지로 청부 경작하기로 하고 그 요금으로 받은 것이며, 그 시기를 놓치지 않고 성의껏 양호한 작업을 하여 손해되지 않게 책임을 다할 것으로 하여 이에 증거함.

1. 광천면 광천리 소재는 논 53 번지
2. 평수 3두락
3. 고지주가 요구하는 때는 작업에 임할 것.

1930년 12월

홍성군 광천면 신진리 20
청부대표자 최 갑 룡 (인)
동
연 대 자 이 두 성 (인)

고지주
김 일 성 전

계약 겸 영수증

1. 매두락 고지 가격 0 원

○○ 년 귀하의 농사에 대한 3차 고지(또는 4차 고지)금으로서 약정한 바, 우리들이 농사 시기에 고지 의무를 행하지 않는 경우에는 동 농사수입에 대한 손해를 배상하는 것으로 하고 위 금액을 영수함.

년 월 일

군 면 리 ○ ○ ○
군 면 리 ○ ○ ○
군 면 리
위 대표자 ○ ○ ○ (인)
군 면 리
보증인 ○ ○ ○ (인)
군 면 리
동 ○ ○ ○ (인)

○ ○ ○ 전

5장 소겨리와 소배내기

전통적으로 농경에 있어서 원동력으로 축력을 이용해왔던 관계로 소는 농작업에 있어 대단히 중요한 것이었다. 조선 말, 일제하에 있어서도 노동대상으로서의 토지(농지) 이외에 생산수단으로서 가장 중요한 것이 소(축력)였다. 물론 원동력으로서 인간노동력 자체에 의거하기도 하였으나 경운·정지·운반 등의 작업에 있어서는 축력에의 의존도가 컸다.

원동기를 중심으로 하는 본격적인 기계화가 진전되지 않은 조선말, 일제하 시기에 있어서 농업노동도구의 발전은 축력(소)을 원동력으로 하는 쟁기 및 운반 장비와 인력을 원동력으로 하는 제초기, 수확도구, 조정기 등을 광범하게 이용하는 식으로 전개될 수밖에 없었다. 그 과정에서 축력은 농경의 기초 작업을 하는데 있어서 필수불가결한 것이었다.

그런데 이처럼 농업경영에 있어 필수적인 생산수단인 소(축력)를 장만하는 것이 쉽지 않았으며 사육도 그리 쉬운 일이 아니었다. 따라서 농업에 있어서 생산관계는 농지의 소유관계를 중심으로 해서뿐만 아니라 중요한 노동도구인 축력을 둘러싸고도 나타나게 되었다.[1)]

1) 유럽이나 러시아에서는 축력으로서 말을 사용하였으며 말의 소유 정도는 농민층의 계급 및 계층 구분의 지표로서 이용되기도 하였다. 레닌,

이 장에서는 우리나라에서 소를 둘러싸고 나타난 관계를 살펴보고자 하며, 특히 농지를 중심으로 나타났던 토지소작과 유사한 이른바 '소소작'이라 할 수 있는 '소배내기'에 대해서 자료가 가능한 일제시기를 중심으로 정리해보고자 한다.[2] 일제 시기의 농업연구가 토지를 둘러싸고 나타나는 관계(지주소작관계)에 집중한 나머지 생산과정에 관한 연구가 부족한 데, 이러한 점을 보완하는 기초로 삼고자 한다.

먼저 그러한 관계가 나타나게 된 배경으로서 일제시대의 역축 소유 현황을 보면, 일제 강점 초기인 1911년에 소의 총수는 약 90만 마리였다. 1911년 농가호수가 238만 호이고 총 소 마리 수가 90여 만 마리였으므로 2.6호당 한 마리의 소를 보유하고 있으나, 성우 수는 약 65만 마리로서 3.7호당 한 마리를 보유하고 있는 것으로 계산된다. 그런데 성우가 모두 농우로 사용되지는 않았으므로 실제 농우 보유 정도는 4호 내지는 그 이상 호당 한 마리 정도였을 것으로 추정된다. 물론 지역에 따라 마을에 따라 농우의 소유 정도는 차이가 있었으며, 또 한 마리의 소가 쟁기를 끄는 지방과 두 마리의 소가 쟁기를 끄는 지방 간에는 소유 정도가 비슷하더라도 소를 둘러싼 관계는 다르게 나타날 수 있었다.

일제시기를 통해 사육되는 소의 총수는 1940년에 약 174만 마리로 1911년에 비해 두 배 정도 늘어났지만, 농우의 수는 크게 늘진 않았을 것[3]으로 보인다. 소의 총수는 늘었지만 해마다 많은

『러시아에 있어서 자본주의의 발전 1』, 태백, 1988, 제2장.

2) 여기서 다루려는 것들은 사실상 조선 말기에도 널리 나타났던 것으로 보이며, 8·15 이후에도 나타나고 있다.

3) 1927년말 전북의 경우 축우 총수는 5만 3,656 마리에 이르러 농가 4호당 한 마리의 소를 가지고 있는 것으로 나타나며, 농우 한 마리가 경작하는 면적은 4.76 정보에 달하였다. 그러나 이 수치도 지방별로 큰 차이가 있어서 산간지역은 2호당 한 마리를 가지고 있고 평야 지

소가 특히 숫소가 농업 이외의 이른바 차우(마차소)[4]로 전환하였고 또한 많은 소가 일본으로 반출되었기 때문이다.

이처럼 농가 4~5호당 한 마리의 농우를 가지고 있었으며,[5] 계급적으로는 중부농 및 지주만이 농우를 소유하고 있었고 특히 '부잣집'만이 마차를 가질 수 있었다. 따라서 중요한 생산수단인 소(축력)를 둘러싸고 부농과 빈농의 계급관계를 드러내는 다양한 방식이 나타나게 되었다.

1. 소겨리

먼저 소가 없는 농가는 소를 가진 농민에게 작업을 부탁하거나 소를 빌려서 사용하였다. 이렇게 작업을 부탁하거나 소를 빌려 사용할 경우에는 일정한 작업비나 임대료를 소 가진 농민에게 지불하였다.

소도 없을 뿐만 아니라 노동력도 없는 농가는 소를 가진 농민에게 작업을 부탁하는데, 대개 경운정지 작업을 부탁하며 운반작업을 부탁하기도 한다. 경운정지 작업을 부탁하는 경우에 작업에

역은 7호당 한 마리를 가지고 있었다. 소 한 마리당 경작 면적도 차이가 있어 산간 지역의 경우는 2정보이고 평야 지대는 8정보에 달하였다. 全羅北道 農會, 『全北の農業』, 1928, 59-60쪽. 이러한 상황은 30년대의 다른 자료에서도 확인된다. 全羅南道, 『農家經濟調査成績』, 1934, 6쪽.

4) 마차소는 전적으로 운반작업만을 하는 소를 가리킨다. 농우라고 해도 경운정지 작업 이외에는 수확물 운반, 연료 운반, 퇴비 운반 등등 운반작업을 많이 한다(「畜牛の飼養に關する經濟調査」, 『朝鮮農會報』 14券 9號・10號, 1919). 그렇지만 이 경우는 농업과 직접 관련된 것으로서 농작업으로 볼 수 있으며, 마차소와는 구별된다.

5) 인정식은 1937년 171만 3천 마리의 전체 소 중에서 축력으로 이용된 소는 60~70만 두에 불과할 것이라고 추정하였다. 印貞植, 『朝鮮農村再編成の硏究』, 人文社, 1943, 199쪽.

필요한 농구 및 농구의 마모 비용은 작업주가 감당하며, 소의 점심 및 작업주의 식사는 작업위탁자가 책임진다(지방에 따라서는 약간의 차이가 있다). 작업을 부탁한 사람은 소를 빌려 쓴 대가와 인건비를 지불한다. 지역에 따라 한 마리의 소를 빌려 쓰는 비용 및 인건비가 정해져 있었으며, 두 마리의 소가 쟁기를 끄는 지방에서는 소 두 마리에 대한 비용과 인건비를 합해서 지불해야했다.[6] 전북 김제의 한 마을에서는 이러한 것을 '가다리'라고 하였다.[7] 운반작업을 부탁하기도 하였는데, 운반작업의 작업비는 운반도구의 마모비 및 인건비를 포함하는 것으로 하되 운반해주고 돌아가는 것에 대해서는 비용을 지불하지 않는 것으로 하였으며, 경운정지 작업의 작업비보다 약간 적었다.[8] 이것은 운반작업에는 한 마리의 소가 작업을 하였기 때문이다.

소는 없지만 노동력을 갖추고 특히 소를 부릴 수 있는 사람은 소만 빌려서 자신이 직접 작업을 한다. 이럴 경우에는 소 한 마리를 빌리는 비용만을 지불한다.

그런데 소를 가진 농가는 대개 경영지주이거나 중상층농으로 노동력을 필요로 하였고 소가 없는 농민은 소를 필요로 하였기 때문에, 서로 축력과 노동력을 교환하는 방식이 행해졌다. 이것은 '소품앗이'라고 할 수 있겠다.

품앗이는 기본적으로 동일한 인간노동력의 교환형태를 취하였

---

6) 1917년 황해도 곡산군 운중면 평야 지대의 한 농가에 대한 조사에 따르면, 소 한 마리에 대한 비용이 90전이고 인건비가 70전인데 두 마리의 소가 쟁기를 끌기 때문에 합해서 90×2+70=2원 50전을 지불하였다. 「畜牛の飼養に關する經濟調査」, 『朝鮮農會報』 14卷 9號, 1919, 17쪽.

7) 大野 保, 「朝鮮農村の實態的研究」, 滿洲大同學院, 『論叢』 第4集, 283-84쪽. 전북 김제군 부량면 신용리의 사례.

8) 「畜牛の飼養に關する經濟調査」, 『朝解農會報』 14卷 9號, 1919, 17쪽 ; 10호, 15쪽.

는데, 여기서 말하는 소품앗이는 소(축력)와 인간노동력 간의 교환이다. '소품앗이'는 소 자체가 인간노동력과 교환되는 것과 소와 소를 부리는 사람(노동력)이 결합되어 인간노동력과 교환되는 것이 있었다. 소품앗이를 황해도 지방에서는 '손바숨'이라고 하였으며[9] 고지가 많이 행해지던 전라도 지방에서는 '환고지(換雇只)'라고 하였다.[10]

보통 소만 빌려다가 하룻동안 부리는 경우는 인간노동력 1명의 품으로 앗으면 되었고, 소를 부리는 사람까지 함께 와서 일을 해주면 인간노동력 2명의 품으로 앗는 것이 보통이었다.[11] 교환 비율은 지역에 따라 마을에 따라(예를 들어 소가 적은 마을에서는 소+인간노동력에 대해서 3명의 노동력으로 교환되었다) 약간 다를 수 있었지만, 대체로 비슷하였다.

소품앗이는 대개 경운정지 작업에서 나타난 것이며 교환노동력은 남자 노동력이었다.[12] 물론 소를 부리는 작업은 남자들이 도맡아 하였다. 마을 안에서 소를 소유한 농가는 대부분 중농 이상이었기 때문에 소품앗이는 계급성을 띠고 있었다. 소가 없는 빈농들은 농사를 짓기 위해서는 소품앗이를 하지 않으면 안 되었으며, 노동력을 조달하는 데 어려움이 있었던 부농들은 소를 빌려

---

9) 鈴木營太郎, 『著者集5-朝鮮農材社會の研究』, 未來社, 東京, 1973, 445~446쪽.

10) 朝鮮總督府, 『朝鮮の小作慣行』 下卷, 後編, 44쪽.

11) 大野 保, 앞의 글, 194쪽 ; 『韓國土地農産調査報告』, 경상도・전라도 편. 인정식은 소 하루품에 대해서 노동력 2-3명 이상으로 반제되었다고 주장하면서 인간 노동력에 대한 저평가를 한탄하고 있지만, 소와 노동력 1명에 대한 반제로서 2~3명의 노동력이 교환되었다는 것을 간과하고 소 하루품과 인간노동력 하루품 간의 교환으로 생각하고 있는 듯하다. 印貞植, 『朝鮮農村雜記』, 1943, 22쪽.

12) 鈴木營太郎, 『著者集5-朝鮮農材社會の研究』, 未來社, 東京, 1973, 326쪽.

주고 '노동품'을 받기를 원하였다.

현금 부족에 허덕이던 빈농들로서도 노동품으로 갚는 소품앗이를 선호하였다. 중부 이북 지방과 같이 두 마리의 소가 쟁기를 끄는 지방에서는, 소가 없는 농가는 물론이려니와 소를 가지고 있는 농가도 대개 한 마리를 기르는 것이 일반적이었기 때문에,[13] 소품앗이에 참여하기도 하였다.

이처럼 소를 가지고 있는 농가도 두 마리가 끄는 쟁기를 사용하는 지역에서는 소품앗이에 참여하기도 하였지만, 대개 소를 가진 다른 농가와 짝을 이뤄 서로 겹치지 않는 날에 상대방 농가의 소를 가져다가 논갈이나 밭갈이를 하는 방식을 취하였다. 이렇게 하는 것을 '서로 어울러서 소를 부린다'고, 또는 '교호 임차(交互賃借)한다'[14]고 하였는데, '소짝짓기'라고 할 수 있겠다. 이러한 것이 발전하여 여러 농가(및 노동자)가 결합되는 경우 이것은 소이용공동작업반이라고 할 수 있는 '소겨리'로 발전하였다.

소겨리는 우우(耦牛, 耦는 쟁기를 말함), 겨리(結의 의미), 보후치(보는 논쟁기, 후치는 밭쟁기를 의미) 등 여러 가지 이름으로 불렸는데,[15] 보통 '소겨리'라고 하였으며, 몇 농가가 소와 쟁기를 중심으로 결합하여 공동작업을 하는 조직이었다. 물론 두 마리의 소가 쟁기

---

13) 한 농가가 소를 여러 마리 키우는 것은 곤란하였다. 물론 머슴을 여럿 둔 농가에서는 소를 여러 마리 키울 수 있었으나 그런 경우는 그리 많지 않았다. 소 사육의 방법이 지금과는 달리 여름에는 풀을 베어서 먹이고 겨울에는 여물을 끓여줘야 했다. 또한 외양간을 마련하는 것도 많은 비용이 드는 것이어서 한 농가가 한 마리씩 키우는 것이 적절하였다. 물론 노동력이 있어야 가능했다. 그리고 증식의 방법으로는 송아지를 낳는 것이 좋은 것이었기 때문에 암소를 키우는 경향이 있었다.

14) 「畜牛の飼養に關する經濟調査」, 『朝鮮農會報』 14券 9號, 1919, 16쪽.

15) 姜鋌澤, 「朝鮮における共同勞動の組織とその史的變遷」, 『農業經濟研究』, 17-4, 1941, 536쪽.

를 끄는 북부지방에서 많이 나타난 형태였다.

남부 지방에서 사용하던 연장(쟁기)과는 달리 중북부 지방 특히 함경남도의 북부와 함경북도에서는 기경도구(쟁기)를 '가대기'(가데기)라고 하였다.[16] 이는 연장의 일종으로 밭농사 지역에 알맞게 변용된 것이었다. 특히 두 마리의 소가 끄는 것을 '쌍멍에가대기'라고 하였으며 함흥 이북 지역에 널리 분포해 있었는데, 조선인이 연변·연해주에 이주하면서 그곳까지 전파되었다[17]고 한다. 쌍멍에가대기를 다른 말로는 '겨리'라고 하였다.[18] 중북부 지방에서도 소 한 마리가 끄는 것도 있었지만, 일반적으로는 두 마리가 끄는 쌍멍에가대기가 사용되었다. 특히 화전경작에 있어서는 일반적으로 쌍멍에가대기가 사용되었다.[19] 물론 논의 경운정지에서도 심경을 요하는 지역에서는 쌍멍에가대기를 사용하였다.

---

16) 쟁기의 이름은 지방마다 다르게 쓰였다. 전국적으로 포괄할 수는 없지만 일부 지역에서 쓰인 이름을 열거해 보면 다음과 같다. 호리(경기 양주, 함남 안변에서는 '후리'라고 함), 국정이(경기 광주), 소비(경북 의성), 훌칭이(경남 함안, 거창에서는 '훌치미'라고 함), 귀보, 걸귀(해주), 비연장(평남 강서), 보연장(평남 평원, 함남 북청에서는 '보'라고 함), 병우리, 반보섭, 큰보섭, 반평(평북 구성), 논보, 밧보(강원 준양), 후치(평남 강서, 평북 경원), 가대기(강원 준양, 강원 평강, 평북 경원, 함남 안변), 버섭(강원 춘성), 森 周六, 『朝鮮に於ける犁耕法に關する調査』, 京城, 1937, p. 10. 그런데 논밭의 심경용 농기구를 보통 '쟁기'라고 하며 '보래' '보거래' '가대기' '보쟁기' '탑조지' '보' '장기'라고 부른데 반해, 밭의 골을 파는 정도의 농구를 보통 '극젱이'라고 했으며 그 외에도 굽젱이, 훌쳉이, 후치(지방에 따라 발음이 차이가 남) 등으로 불렀다. 김광언, 『한국의 농기구』, 1969, 25쪽.

17) 강석준, 「쌍멍에 가대기」, 『문화유산』, 1959년 제2호(주강현 엮음, 『북한의 민속학-재래농법과 농기구』, 역사비평사, 1989년), 257쪽.

18) 쌍멍에 가대기를 '겨리', 외멍에 가대기를 '호리'라고 한다.

19) 「畜牛の飼養に關する經濟調查」, 『朝鮮農會報』 14券 9號·10號, 1919, 각각 15-19쪽.

쌍멍에가대기는 소 두 마리가 멜 수 있도록 긴 멍에를 사용할 뿐만 아니라 다른 쟁기나 연장보다 복잡한 구조로 되어 있으며, 흙을 떠번져 일구고 토양을 진압하며 이랑을 짓고 씨를 덮고 잡초를 절단하며 비료를 흙에 섞어주는 역할을 한다. 이러한 작업을 하는 농기구였기 때문에 가대기는 농가에 있어서 아주 귀중한 것이었다. 더욱이 가대기의 동력인 소까지 합한다면 농가에 있어서 토지 다음가는 생산수단이었다. 그런데 소까지 포함한 가대기를 준비하자면 농민으로서는 적지 않은 경제력을 갖추어야 했으며, 소가대기를 충분하게 갖춘 농민은 부유한 중농·부농 및 경영지주들이었다. 이들처럼 충분하지는 않지만 중농 및 빈농의 일부도 농사를 지을 정도의 준비는 할 수 있었다. 그러나 절대 다수의 빈농들은 소와 가대기를 갖출 수가 없었다.

가대기를 운용하자면 소 두 마리의 밭갈이에 수반되는 노동력이 있어야 했고, 이 노동력이 소 및 가대기와 결합되어 '소겨리'[20]를 구성하여야 원활하게 작업을 할 수 있었다. 소를 두 마리 이상 가지고 있고 소를 부릴 수 있는 노동력을 다수 가진 경영지주·부농·중농상층들은 대개 가족노동력(머슴 포함)을 동원하여 '독겨리'를 차리거나, 또는 노동력이 부족하면 소 두 마리를 기간으로 삼고 일 잘하는 빈농을 겨리에 끌어들이거나 고용노동을 사용하여 독겨리를 차렸다. 여기서 맨주먹만 들고 소겨리에 참여하는 빈농을 '보도치'라고 하였으며, 이러한 방식은 당시 널리 이용되었고 보도치 제도라고 하였다.

소겨리를 차리자면 적어도 지탑군·자귀꾼, 씨두는 사람, 밭갈이 시작 며칠 동안 소를 훈련시키며 인도하여 주는 소몰이꾼, 조밭 파종 때에는 끌개 끄는 사람 등이 필요하였다. 따라서 소 및

20) 강석준, 앞의 글, 265쪽.

가대기는 충분하나 노동력이 부족한 소겨리에서는 보도치를 끌어들여 함께 작업을 하고 그 대가로 그의 밭을 갈아주었다.

보도치는 그 소겨리 안에서 가장 많은 일을 하고 힘든 일을 도맡아 하였으며, 노동력만 제공하는 것이 아니라 소먹이로 짚이나 콩을 제공하기도 하였다. 그리고 보도치의 밭갈이는 소 가진 자들의 밭갈이가 다 끝난 뒤에 하였다.[21)]

이처럼 소를 둘러싸고 (경영)지주·부농과 빈농 간에, 또는 중농들 간에 '소겨리'라는 소이용공동작업반을 구성하여 작업을 해나갔다.

그러면 이러한 소겨리를 좀더 자세히 살펴보자. 예를 들어 소를 기르는 농가 2호와 영세 소농가 3호, 즉 두 마리의 소를 중심으로 다섯 농가가 하나의 조를 이룬다. 조를 이루는 범위는 대개 같은 마을 사람으로 경지가 가까이 있는 사람들 중에서 서로 마음이 맞는 사람들이었으며, 반드시 동족일 필요는 없었다. 공동작업의 범위는 1년 중에 소를 이용하여 하는 모든 작업이었으며, 연자방아에 의한 쌀 찧는 일까지도 포함하였다. 조원들은 서로 협력하며 노동력에 대한 많고 적음을 계산하지 않았다.[22)] 그런데 이러한 조직은 (일제 시대에) 이미 사라져가고 있었다.

또 다른 예로서 소를 가진 농가 1호를 중심으로 3~5호가 결합하여 조를 이루는 방식이 있었다. 조를 이루는 것은 친척이나 동족 뿐만 아니라 일반적으로 가까운 친구끼리 소의 능력과 경지의 크기에 따라 적절히 결합하는 형태로 이루어진다. 공동작업의 범위는 논갈이부터 모내기까지에 한정된다. 그 작업에 관한 한 조원들은 소는 물론 소를 키우는 농가의 보습 및 전식기까지도 자유로이 차용하여 이용할 수 있었다. 단 소를 가지지 않은 농가는

---

21) 강석준, 앞의 글, 266쪽.

22) 姜鋌澤, 앞의 글, 536~537쪽. 평안북도 정주 지방의 예.

일 년에 일정량의 사료를 소를 가진 농가에게 제공하는 것이 관례로 되어 있었다. 조원은 공동작업 기간 중에는 이해 타산 없이 서로 협력하며, 대차의 정산을 하지 않는다. 특히 조원이 병 등으로 움직일 수 없게 된 때에는 공동작업 기간을 넘어서까지 철저하게 원조한다. 이와 같은 것은 소 사역에서도 발견되는데, 조직 당초의 약속에서는 소를 모내기까지만 이용하기로 하지만 실상은 조원의 편의에 따라 벼의 운반에도 소를 차용하며, 그 대신 차용자는 소 주인에게 가서 2-3일 허드렛일을 도와주었다(소품앗이에 근접).[23]

이상과 같이 소를 중심으로 해서 몇 사람이 결합하여 공동작업을 하는 조직은 북부지방에서 많이 나타났으며, 그것은 기경에 있어서 두 마리의 소가 끄는 방식을 취하고 또 소를 많이 이용하는 데서 유래하는 것으로 보인다. 원래 이 지역에서는 보습(쟁기)이 매우 무겁고 또 그 장비가 두 마리가 끄는 것이지 않으면 안 되었다.[24] 소를 사육하는 지주나 부농들도 소를 한 마리밖에 가지지 못한 한에는, 다른 소 사육 농가와 짝짓기를 하지 않으면 안 되었고, 축력을 필요로 하는 중농・빈농들은 노동력을 제공하고 소를 함께 사용하는 방법을 택하였던 것이다.

뿐만 아니라 비료 및 수확물 운반, 혹은 정곡(精穀) 등 남부지방에서는 보통 인력으로 하는 것을 북부지방에서는 대체로 소의 힘을 빌려서 하는 관습이 있었다.[25] 그것은 지형적인 특성뿐만 아니라 밭 경지면적이 상대적으로 넓고 노동력이 부족하였기 때

---

23) 姜鋌澤, 앞의 글, 536-37쪽. 함경남도 함흥에서 일제 시기에 행해지던 사례.

24) 정시경, 「우리나라 재래 농기구의 유형과 그 분포」, 『문화유산』, 1960년 제6호(주강현 엮음, 『북한의 민속학』, 역사비평사, 1989), 160쪽.

25) 『韓國土地農産調査報告』, 黃海道 編, 135쪽.

문인 것으로 보인다.

특히 북부지방에서는 겨울이 늦음에도 불구하고 봄의 경종작업이 일찍 끝나지 않으면 안 되는 기후적 제약으로 인해 대소농의 상호의존이 필연화 되었으며, 여기서 소겨리 또는 보후치의 형태가 자연발생적으로 나타났던 것으로 보인다.

그리고 소겨리의 구성원 수는 소가 작업할 수 있는 능력과 그에 결합되는 적절한 노동력의 선에서 정해졌는데 보통 5호 내외였다. 이 경우 작업반원은 일 년의 모든 작업에 소겨리 안의 소를 자유로이 이용할 수 있는 대신에, 필요한 때는 언제라도 작업을 협력하여 하였다. 그런데 소풀이 적어짐에 따라 소의 사육이 더욱 어려워지는 한편, 인구는 점차 조밀해져 노동력이 머슴·데릴사위·양자·기타의 형식으로 구하는 것이 가능해지면서 소를 가진 자는 소를 빌려주기를 싫어하게 되었고 고용노동을 사용하여 소를 부리게 되었다. 그리고 적어도 소를 빌려주는 데 대해서 노동력의 반대급부가 비슷할 정도로 되는 농번기에만 소겨리의 작업기간을 한정하게 되었다. 게다가 쟁기가 가벼운 것으로 개량되고 성능이 좋은 쟁기가 도입되면서는 한 마리의 소가 쟁기를 끌게 되어 소사용을 한정하는 경향이 현저해졌으며, 소겨리의 형성이 줄어들었다.[26)]

함흥 부근에서 행해지고 이는 '보후치'[27)]는 바로 이러한 단계에서 나타난 것으로 보인다. 1929년 수리조합이 설립됨에 따라 논 개발이 대규모로 행해지고, 개량 심경쟁기가 도입되자 조작업은

---

26) 姜鋌澤, 앞의 글, 536-37쪽.

27) 보는 '쟁기(연장)'를 말하며, 후치는 쟁기와 비슷하나 작은 것으로 한 마리의 소가 끌면서 밭을 얇게 갈거나 쟁기로 갈아놓은 논밭에 골을 타는 데 쓰이는 농기구로, 평북·함남 지방에서는 '극젱이'라고 하였다. 여기서 보후치는 소겨리와 같은 것이다.

모내기작업 시기에 한정되게 되었다. 그런데 이처럼 조작업이 한정되는 경향이 있었음에도 불구하고, 결국은 벼 운반까지 작업반의 소를 이용하게 되었다. 물론 소를 사용한 것에 대해서 2-3일 정도 일을 도와준다든가 또는 한정 기간 내의 소이용에 대해서도 의식적으로 일정량의 사료를 소 주인에게 제공한다는 것은 새로이 나타난 경향이라고 할 수 있다.[28]

이처럼 소를 가진 지주나 부농에 의한 소겨리의 변형에 대응하여 중농·빈농들은 나름대로의 적응양식을 만들어냈다. 즉 소사육 및 소를 빌리는 것이 어려워지고 게다가 한 마리의 소가 쟁기를 끄는 것이 일반화되면서 소를 공동소유하는 관습이 생겨났다. 여기서 소의 공동소유는 보통 1/2, 1/3, 1/4 등 공동소유자수에 따라 지분이 달랐으며, 아울러 소에 부속된 농기구도 공동으로 소유하였다. 이러한 공동소유 및 공동이용의 형태는 일제 후반기에 관의 권장에 의해 우계(牛契)가 설치되면서 늘어나기도 하였다. 이러한 관습은 평안도 및 황해도의 논농사 지역에 널리 보급되어 있었으며, 그 중에서도 정주 지방에 일찍부터 발전하였다.

어쨌든 소를 공동으로 이용하는 조직인 소겨리는 1910년부터 개량쟁기의 도입으로 한 마리의 소가 쟁기를 끌게 되면서 점차 사라지게 되었다[29]고 한다.

이들 경영지주·부농·중농상층과는 달리 비슷한 축력과 노동력 및 경지면적을 가진 농가들끼리 상호 결합하여 소겨리를 구성하기도 하였다. 이 경우는 부농들의 소겨리만큼 충분한 준비물을 갖추지는 못하였다.

'쌍멍에가대기'에서 제외된 빈농들은 '외멍에가대기'를 사용하기도 하였다. 또 쌍멍에가대기를 마련하더라도 일반적으로 소를 가

---

28) 姜鋋澤, 앞의 글, 548쪽.

29) 姜鋋澤, 앞의 글, 549쪽.

지고 있지 못하였기 때문에 지주나 부농의 소를 빌려서 사용하였다.

이렇게 빌어 쓰는 경우에도 일시적으로(하루 이틀) 빌어 쓰는 방법 이외에 상당히 제도화된 방식이 있었다. 이것은 부농 및 지주의 소를 빈농이 맡아서 기르면서 농우로 사용하든가 사양료를 얻는 방식으로, 바로 '소배내기'였다.

2. 소배내기

여유가 있는 지주나 부농은 빈농들에게 소를 맡겨 기르게 하였다. 이러한 것을 '배내기' '어울이', 또는 '예탁(預託)', '반양(半養)'이라고 하였는데, 이것은 지주나 부농이 중소(엇부루기)나 송아지를 사주고 기르게 하여, 다 자라거나 새끼를 낸 뒤에(또는 일정 기간이 지나) 사육자와 증식분을 반분하거나 또는 큰 소를 사역케 하고 사역료를 받는 즉 소를 임대해주는 제도였다. 이러한 제도는 소뿐만 아니라 돼지나 닭에서도 행해졌으며, 이러한 방식으로 사육되는 것을 '배냇소' '배냇돼지' '배냇닭' 등으로 불렀다.[30)]

조선 말기 · 일제 시기에 이러한 배내기는 전국 각지에 보급되어 있었으며 농업과 축산에 있어서 중요한 것이었다. 지주 · 부농이나 자산가는 소를 구입할 능력이 없는 빈농에게 소를 위탁하여 키우게 함으로써 증식시키거나 사역료 소득을 올릴 수 있었고, 소를 구입할 능력이 없는 빈농은 농우를 확보하기도 하고 부업으로서 소 사육 소득을 올릴 수 있었기 때문에, 소배내기가 널리 행해지고 있었다. 그러면 이러한 소배내기를 좀 더 자세히 살펴보자.[31)]

---

30) 신기철 · 신유철, 『새우리말 큰사전』, 삼성출판사, 1987.

31) 여기서 사용하는 자료는 조선총독부가 1911년에 조사한 것으로 같은

1) 소배내기의 연혁과 분포

소배내기가 언제부터 시작되었는지는 알 길이 없으나 오래 전부터 실시되어온 것으로 보인다. 약 4백 년 전 숙종 임금이 식산흥업을 장려하면서 축우의 예탁을 장려하였다고 전해지나 확실치는 않다. 대체로 처음에는 지주가 소작인에게 수확을 많이 올리도록 하기 위하여 토지와 함께 소를 맡겼으며 그에 대한 사역료를 받으면서 배내기가 나타나게 되었다고 한다. 그러면서 화폐경제가 침투함에 따라 이식을 위해서 그리고 빈농민은 농사를 짓기 위해서 소를 임차하지 않을 수 없었던 데서 배내기는 배태되었다고 전해진다. 즉 임차하는 방식보다는 배내기의 방식이 서로에게 유리하였기 때문에 점차 확산되었다고 한다. 그런데 소병이 돌아서 피해를 입는 경우에는 배내기가 상당한 정도로 위축되기도 하였었다.[32)]

기본적으로 소배내기는 한 농가에서 소를 한 마리씩 키우는 방식이 지배적인 조건하에서 가능한 것이었다. 사료를 통해 한 농가에서 많은 소를 키울 수 있는 조건하에서는 기업적인 축산으로 발전할 가능성이 있다. 이러한 방식으로의 사육이 진전되지 않은 조건에서는 배내기와 같은 사육 방식이 존속될 수 있었다.

소배내기는 조선 말기에 전국적으로 널리 행해지고 있었던 것으로 보인다. 조선 말기의 상황을 알 수 있는 구체적인 자료는 없지만 1910년대 초의 상황으로 짐작할 수 있겠다. 1910년대 초의 소배내기의 분포를 살펴보자.[33)]

내용의 것이 『朝鮮農會報』와 『朝解總督府月報』에 각각 발표되었다. 이 글에서의 인용은 『朝鮮農會報』의 것으로 하였다.

32) 「畜牛預託調査(3)」, 『朝鮮農會報』 第8券 第10號, 1913, 13-17쪽.

33) 조사가 완료되기 전에 발표된 자료가 있으나 그 후 완전 조사된 자료가 발표되어 이를 이용하였다. 조사 완료 전에 발표된 자료(「朝鮮に於

다음의 〈표 5-1〉에서 알 수 있는 바와 같이 배내기는 전국에 걸쳐서 행해졌다. 전국적으로 89만 5천여 마리의 소 가운데 24.1%인 21만 5천여 마리가 배내기에 의해 사육되고 있었던 것으로 확인된다. 배냇소의 비율이 가장 높은 지방은 전북으로 45.8%에 이르고 있으며 그 다음으로는 전남·충남·경기·강원 지역이 30% 이상인 것으로 나타났다. 평안도와 함경도에서 배냇소의 비율이 낮으며 특히 함경도는 3-4%에 지나지 않는다. 이 지방에서 도 소배내기가 성행하였으나 소의 전염병이 돌아서 조

〈표 5-1〉 배냇소의 분포(1911년) (단위: 마리, %)

지방	총두수	배냇소					
		총수		암소		숫소	
경기	67,072	23,713	*35.4%	14,452	**60.9%	9,751	**39.1%
충북	23,156	6,424	27.7	4,789	74.5	1,635	25.5
충남	28,728	11.315	39.4	9,296	82.2	2,020	17.8
전북	27,804	12,744	45.8	8,744	68.6	4,000	31.4
전남	69,538	27,586	39.7	18,270	66.2	9,316	43.8
경북	134,238	39.561	29.5	29,229	73.9	10,322	26.1
경남	114,986	28,849	25.1	24,512	85.0	4,337	15.0
황해	54,998	13,370	24.3	8,153	61.0	5,217	39.0
평남	48,054	6,001	12.5	4,157	69.3	1,844	20.7
평북	83,773	14,196	16.9	10,460	73.7	3,736	26.3
강원	82,061	25,227	30.7	15,539	61.8	3,574	38.2
함남	101,928	4,487	4.4	3,182	70.9	1,305	29.1
함북	58,631	1,959	3.3	1,300	66.4	661	33.6
총계	984,969	215,426	24.1%	152,147	70.6%	63.279	29.4%

1) 이 표의 통계는 1911년에서 1912년에 걸쳐 조사된 것이다.
2) *는 총두수에 대한 배냇소의 비율이고 **는 배냇소의 암수 비율이다.
자료: 「畜牛預託調査(1)」, 『朝鮮農會報』 第8券 第8號, 1913, 13-14쪽.

ける畜牛預託の現況」, 『朝鮮總督府月報』 第2券 第9號, 1912年 9月, 1-9쪽)는 〈부표 5-1〉을 참조.

사 당시에는 배내기가 적은 상태였다. 그외 다른 지역들도 배냇소의 비율이 대개 1/4 정도에 이르고 있다. 즉 배내기는 전국적으로 광범하게 행해졌으며, 특히 중남부 지방에서 더욱 성행했던 제도였다.

지역적인 분포를 보면 가장 광범하게 행해지던 전북에서는 특히 무주군에서, 경기도에서는 양주군·수원군에서 가장 많이 행해졌고, 그 다음으로는 양평군·장단군·개성군에서 많이 행해졌으며 서울에서는 가장 적게 행해졌다. 전남에서도 널리 행해졌으나 제주·대정·정의의 3개 군에서는 적었으며, 충청도에서도 널리 행해졌는데 특히 음성군에서 많이 행해졌다. 다른 지역에서도 군마다 배내기가 성행하는 정도에는 차이가 있었으며 북한 지역으로 가면 전혀 행해지지 않는 군도 있었다.[34]

2) 위탁자 수와 배냇소의 규모

〈표 5-2〉에서 알 수 있는 바와 같이 위탁자 수는 지방에 따라 차이가 많은데 경북·경남의 경우 2만 명이 넘고 있다. 위탁자당 배내기한 소의 마릿수를 보면 경남의 1.40마리에서 경북의 1.82마리까지 차이가 있다. 보성 지방의 경우 7.83마리로 한 사람이 배내기한 소가 아주 많은데 이는 지방적인 특색이라고 할 수 있으며 대체로 한 사람당 1.5-1.7마리를 배내기하고 있다고 추정되며, 그렇게 계산할 때 배내기한 소의 총 마릿수가 89만 4,969마리이므로 배내기한 사람 수는 52만 6천여 명 내지 59만 7천여 명에 이르는 것으로 추정된다. 1911년 당시 농가 호수가 238만 호였으므로 호당 한 사람이 배내기를 했다고 한다면 전농가의 22.1~25.0%에 달하는 농가가 배내기를 했다고 할 수 있다. 즉 약 1/4

34) 「畜牛預託調査(1)」, 『朝鮮農會報』 第8券 第8號, 1913, 14-15쪽.

〈표 5-2〉 위탁자 수 및 위탁자 당 배냇소 마릿수(1911) (단위: 마리)

지방	위탁자수	배냇소 마릿수	위탁자당 마릿수	위 탁 규 모
경기	14,211	23,713	1.67	1～20마리
충북		6,424		30여 명은 다수 위탁(최다 30마리) 275명은 최소 2～3마리 위탁
충남		11,315		10마리 이내
전북		12,744		10마리 이내, 많아도 20마리
전남		27,586		전업자:10～50마리(최다 300마리) 겸업자:1～2마리
	보성 153	1,198	7.83	3마리 이하: 50명, 4～5마리: 65명 6～10마리: 28명, 11～20마리: 6명 20마리 이상: 4명
경북	21,779	39,561	1.82	1마리: 16,813명, 2마리: 2,570명 3마리: 1,002명, 4마리: 507명 5마리: 342명, 6마리: 150명 7마리: 122명, 8마리: 90명 9마리: 92명, 10마리: 47명 10마리 이상: 45명(최다 440마리)
경남	20,604	28,849	1.40	1～30마리
황해		13,370		1～수 마리, 많아도 30마리 이내
평남	4,860	6,001	1.23	최다 10마리
평북		14,196		2～3마리
강원	15,443	25,227	1.63	소작인에게 위탁자: 5,499명 비소작인에게 위탁자: 9,944명 평균 3마리, 최다 181마리
함남	2,623	4,487	1.71	1마리: 1,924명, 2마리: 405명 3마리: 174명, 7마리: 11명 8마리: 5명, 9마리: 14명 10마리: 10명, 10마리 이상: 21명 (최다 170마리)
함북		1,959		1마리가 보통이고 많아도 2～3마리

자료: 「畜牛讀託調査(l)」, 『朝鮮農會報幕』 第8卷 第8號, 1913, 15-16쪽; 「畜牛預託に就て」, 『朝鮮農會報』 第7卷 第7號, 1912, 30-51쪽.

에 상당하는 농가에서 배냇소를 주고 있었다는 얘기가 된다. 한 사람당 배내기하는 소의 마릿수가 많았던 보성 지방의 경우는 전 농가 1만 971호 가운데 153호가 배내기를 하여 약 1.4%의 비율을 보여 아주 낮은 특성을 보이고 있다.[35)]

위탁을 전업(專業)적으로 하는 사람은 전남 지방에서 있는 것으로 보고되었고 다른 지방에서는 없는 것으로 나타났다. 대개는 부유한 농민이 부업적으로 하고 있었으며 1911년 당시에는 아직 일본인들은 극히 적었다.[36)] 〈표 5-2〉에서 알 수 있듯이 위탁 규모는 1~2마리가 가장 많은 것으로 나타나고 있다. 경북과 함남의 경우 1마리를 배내기로 준 사람이 각각 77.2%, 73.4%이며, 2마리를 배내기로 준 사람을 합하면 각각 89.0%, 88.9%에 상당한다. 즉 거의 90%에 달하는 위탁자가 1~2마리를 배냇소로 주었다고 볼 수 있다. 그러나 여러 마리를 배내기하는 사람도 적지 않았으며 그들이 배내기하는 소의 마릿수로 보아서는 결코 무시할 수 없었다. 물론 여러 마리를 배내기하는 사람의 수는 마릿 수가 많아짐에 따라 줄어들고 있으며 지방에 따라서 최다 마릿수도 차이가 크다. 경북 지방에서는 440마리를 배내기하고 있는 사람도 있었으며, 전남 지방에서는 300마리를 배내기하고 있는 전업자도 있었다. 대체로 10마리 이상을 배내기하고 있다면 상당한 정도의 자력(資力)을 가진 것으로 볼 수 있겠다.

또한 위탁자의 경우 지주로서 자신의 소작인에게 배냇소를 주는 경우가 많았다. 강원도의 경우 위탁자 1만 5,443명 가운데 지주로서 자기 소작인에게 배냇소를 준 사람이 5,499명으로 35.6%에 달하고 있다. 소가 이식을 위해서뿐만 아니라 농경에 있어 절

35) 「畜牛預託に就いて」, 『朝鮮農會報』 第7券 第7號, 1912, 31쪽.

36) 「忠淸北道の預託牛に關する調査」, 『朝鮮農會報』 第6券 第10號, 1911, 14쪽.

대적으로 필요한 상태에서 소가 없을 경우에는 농사를 짓기가 힘들다. 가난한 소작농의 경우 소를 구입할 능력이 없고 또한 농번기에 경우를 빌리거나 사서 쓰기도 쉽지 않기 때문에 배냇소를 키우려고 하였다.[37] 그리고 지주로서는 자신의 소작지의 경작을 원활하게 할 뿐만 아니라 소작인의 소 사육으로 이식을 노릴 수 있으며, 또한 필요한 경우에는 소작인의 노동력을 쉽게 동원할 수 있었기 때문에 소작인에게 배냇소를 주었다.

위탁자는 기본적으로 소를 구입할 수 있는 자금 동원력을 가진 사람이어야 했으며, 따라서 지주나 부농이 대부분이었을 것으로 생각된다. 그러나 농촌 지역에 거주하면서 양조장이나 정미소 등을 운영하거나 상업을 하는 사람, 또는 지방 관리들도 자금력이 있었기 때문에 소배내기를 하였을 것으로 보인다. 그러나 대체로 농사를 짓거나 소작지를 경영하는 사람들이 주축이 되었을 것으로 보인다. 그리고 농가 가운데 약 1/4이 배냇소를 줄 정도였기 때문에 반드시 부농 및 경영 지주만이 배냇소를 주는 것은 아니었다.

수탁자는 대개 1마리를 길렀으며 암소인 경우 송아지를 낳더라도 대개는 위탁자에게 주든가 다시 자기 소유로 되는 것이 생기더라도 판매하였다. 또한 배내기로 낳은 소를 기르는 경우에는 다시 배내기를 할 필요는 없었다. 그렇기 때문에 수탁자의 수는 위탁자의 수보다는 많았으며, 대체로 배냇소의 마릿수에 근접하였을 것으로 보인다.[38]

---

37) 「忠淸北道の預託牛に關する調査」, 『朝鮮農會報』 第6券 第10號, 1911, 15쪽.

38) 앞에서도 말했지만 소배내기는 소를 한 마리씩 키우는 사육 방식 아래에서 널리 나타날 수 있는 제도였다. 특히 배냇소를 키우는 사람이 소를 두 마리 이상 키운다는 것은 불가능하였을 것으로 보인다.

수탁자는 소 사육을 통해 사양료를 벌거나 또는 송아지를 마련하기도 하였지만[39] 농사를 짓는 데 있어서 기본적인 축력을 마련하기 위해서 배냇소를 길렀다. 그렇기 때문에 수탁자는 대개 빈농민이었을 것으로 보이며, 또한 지주의 소를 기르는 소작인이 꽤 있었다.

따라서 지주 및 부농과 빈농민이 서로의 이해에 따라서 소배내기를 통해서 관계를 맺고 있었고, 바로 이 소배내기는 중요한 생산수단인 소를 둘러싸고 나타난 것으로 당시의 계급 관계를 보여주는 하나의 제도였다.

3) 배내기의 방법 및 계약 관행

소배내기는 소의 증식을 노리는 부농 및 지주의 이해와, 소를 마련할 경제적 여유가 없지만 농사를 위해서 또는 부업으로서 소를 기르려는 빈농의 이해가 일치하여 나타난 것이다. 소배내기는 증식을 위한 것과 소의 축력 이용을 위한 것으로 나뉘어 진다. 대체로 송아지를 맡겨서 기르게 하는 것은 증식을 위한 것이고 큰 소를 맡기는 경우는 농사에 사역시키기 위한 것이다.

경남 지방에서는 맡겨 이용하게 하고 사역료를 징수하는 소를 '공우(貢牛)'라고 하였고 사역료를 징수하지 않고 남은 송아지를 나누어 갖는 방식으로 운용되는 소를 '양우(養牛)'라고 하였다. 북한의 한 학자는 전자를 '윤돌소제도'라 하였고 후자를 '수양소제도'라고 하였다.[40] 물론 양자의 성격을 갖는 배내기도 많이 이루어

---

39) 물론 배냇소를 키우기 시작하여 부농으로 성장하기도 하였지만 예외적인 경우였고, 지주 및 부농이 배내기를 통해 더욱 부를 축적해갔을 것으로 보인다. 朝鮮畜産協會 編, 『有畜農業事例』, 京城, 1931, 39-40, 75~ 76, 96~97쪽.

40) 강석준, 앞의 글, 267쪽.

〈표 5-3〉 배냇소의 분포(큰 소)(1911년) (단위: 마리, %)

지방	총두수	배냇소					
		총수		암소		숫소	
경기	44,506	15,713	*35.3%	10.036	**63.9%	5,677	36.1%
충북	12,975	2,857	22.0%	2,661	93.1%	196	6.9%
충남	23,142	8,003	34.6%	6,911	86.4%	1,092	13.6%
전북	18,857	8,737	46.3%	6,342	72.6%	2,395	27.4%
전남	49,816	19,273	38.7%	13,102	68.0%	6,171	32.0%
경북	92,858	25,322	27.3%	19,515	77.1%	5,807	22.9%
경남	73,062	18,251	25.0%	16,520	90.5%	1,731	10.5%
황해	48,399	9,356	19.3%	5,704	61.0%	3,652	39.0%
평남	38,818	4,080	10.5%	2,890	70.8%	1,190	29.2%
평북	63,046	10,195	16.2%	7,740	75.9%	2,455	24.1%
강원	61,546	14,929	23.9%	9,198	61.6%	5,731	38.4%
함남	75,555	3,386	4.5%	2,459	72.6%	927	27.4%
함북	43,908	1,482	3.4%	995	67.1%	487	32.9%
총계	646,488	141,584	21.90%	104,073	73.5%	37,511	26.5%

1) 이 표의 총계는 1911년에서 1912년에 걸쳐 조사된 것이다.
2) *는 총두수에 대한 배냇소의 비율이고 **는 배냇소의 암수 비율이다.
자료: 「畜牛預託調査(l)」, 『朝鮮農會報』 第8券 第8號, 1913, 13-14쪽.

졌다. 그래서 배내기로 사육되는 소 중에는 농우(農牛) 또는 경우(耕牛)로서 사용되는 것이 많았고, 나아가 소겨리를 형성하는 단초가 되기도 하였다. 그러면 소배내기의 방법을 좀 더 구체적으로 알아보자.

〈표 5-3〉 〈표 5-4〉에서 알 수 있는 바와 같이 배냇소 21만 5,426 마리 가운데 큰 소가 14만 1,584마리로 65.7%를 차지하고 있으며, 송아지가 7만 3,842마리로 34.3%를 차지하고 있다. 전체 큰 소 가운데 배내기로 사육되는 큰 소의 비율은 21.9%이고, 전체 송아지 가운데 배내기로 사육되는 송아지의 비율은 29.7%이다. 즉 배냇소의 절대 마릿수 만을 볼 때에는 큰 소가 송아지의

〈표 5-4〉 배냇소의 분포(송아지)(1911년) (단위: 마리,%)

지방	총두수	배냇소(큰소)					
		총 수		암 컷		숫 컷	
경기	22,566	8,000	35.5%	4,426	55.3%	3,574	44.7%
충북	10,181	3,567	35.0%	2,128	59.7%	1,439	40.3%
충남	5,586	3,312	59.3%	2,385	72.0%	928	28.0%
전북	8,947	4,007	44.8%	2,402	59.9%	1,605	40.1%
전남	19,722	8,313	42.2%	5,168	62.2%	3,145	37.8%
경북	41,380	14,239	34.4%	9,714	68.2%	4,525	31.8%
경남	41,924	10,598	25.3%	7,992	75.4%	2,606	24.6%
황해	6,599	4,014	60.8%	2,449	61.0%	1,565	39.0%
평남	9,238	1,922	20.8%	1,267	66.0%	654	34.0%
평북	20,727	4,001	19.3%	2,720	68.0%	1,281	32.0%
강원	20,515	10,289	50.2%	6,395	62.1%	3,894	37.9%
함남	26,373	1,101	4.2%	723	65.7%	378	34.3%
함북	14,723	479	3.3%	305	63.7%	174	36.2%
총계	248,481	73,842	29.72%	48,074	65.1%	25,768	34.9%

자료: 앞의 표와 동일.

두 배이지만, 각각 총수에 비교해볼 때 송아지가 배내기로 사육되는 비율이 큰 소의 경우보다는 높다.

암수의 비율을 보면 암소가 절대적으로 높아 70.6%를 차지하고 있으며(〈표 5-1〉 참조), 암소 가운데는 큰 소의 비율이 높아서 64.8%를 차지하고 있는 데 비해서, 숫소의 경우는 큰 소의 비중이 59.3%로 상대적으로 낮은 것으로 나타나고 있다. 다시 말해서 배내기는 암소에서 좀 더 많이 이루어지며 특히 암소 중에서도 큰 소에서 많이 이루어지고, 숫소의 경우에는 상대적으로 송아지에서 많이 이루어지고 있었다. 그러면 이러한 차이가 왜 나타나는지를 배내기의 방법을 통해서 알아보자.

(1) 큰 소의 배내기 방법

배내기로 맡기는 큰 소는 대개 세 살 이상 된 소이며, 이 경우 예탁자는 수탁자로부터 사역료(使役料)를 받는다. 이것은 전적으로 농사를 짓기 위한 것이며, 1년을 단위 기간으로 하여 이루어진다. 지방에 따라서는 실제로 농사를 짓는 10개월간 맡기는 경우도 있었다.[41] 1년을 단위로 하지 않고 봄과 가을의 농번기에만 3개월 정도 맡기는 방식도 있었다. 함북 지방에서는 예탁 기간을 대개 둘로 나누어 4월부터 10월까지의 농번기로 하는 것과 11월에서 3월까지로 하는 것이 있었다.[42] 이것은 소를 부리는 기간과 부리지 않는 기간으로 나누어서 배냇소를 맡기면서 이루어진 관행이었다. 물론 계산을 위해서 1년을 단위 기간으로 하였으나 수년(2-3년) 계속해서 키우는 것이 일반화되었으며, 특히 암소의 경우에는 그러하였다.

숫소의 경우는 사역을 위해서 배내기가 이루어졌으며, 특히 예탁자와 수탁자가 서로 합의하여 필요할 때에는 소를 서로 사역시키기로 하고 맡기는 경우가 있었다. 이것은 두 마리의 소가 끄는 쟁기를 사용하는 지역에서 흔히 나타날 수 있는 방식이었다(배내기를 통해 짝짓기를 한 경우이다). 함남 지방에서는 숫소를 맡길 때 한 살 내외의 송아지를 붙여 함께 키우게 하면서 큰 소에 대한 사역료와 송아지의 사양료(飼養料)로 상쇄케 하고 기간 만료시에 예탁자가 소를 가져가는 방식이 행해졌다.[43]

암소를 맡길 경우에는 예탁자가 사역료로서 일정액을 받을 뿐만 아니라 송아지를 낳으면 수탁자와 나눈다. 낳는 송아지를 모두 예탁자가 차지하기도 하였으나 대개는 서로 나누었으며, 이러

---

41) 강원도 김화 지방의 사례. 肥塚正太, 『朝鮮之産牛』, 東京, 1911, 43쪽.

42) 「畜牛預託調査(2)」, 『朝鮮農會報』 第8券 第9號, 1913, 14-18쪽.

43) 앞의 글, 17-18쪽.

한 연유에서 배내기라는 이름이 생긴 것으로 보인다. 송아지를 예탁자의 것으로 할 경우에는 사역료를 받지 않았으며, 또 사역료 없이 낳는 송아지만으로 서로 배분하기도 하였다. 소가 송아지를 낳는 것은 1년에 한 번이므로 송아지를 서로 나누는 것은 몇 년 동안 (최소한 2년) 배냇소를 키우는 경우에만 이루어지는 것이고, 1년 이하의 기간을 정하여 키우는 경우에는 배냇소가 낳은 송아지는 예탁자의 것으로 하였다. 이럴 경우에 송아지를 수탁자에게 주고 예탁자가 수탁자로부터 사역료를 받기도 하였다.

그 나누는 방법을 보면, 첫 번째 낳은 송아지는 예탁자의 것으로 하고 두 번째 낳은 송아지는 수탁자의 것으로 하기도 하며, 첫 번째 두 번째 송아지는 예탁자의 것으로 하고 세 번째 송아지를 수탁자의 것으로 하기도 하였다. 또 첫 번째 송아지는 예탁자의 것으로 하고 두 번째 송아지부터는 서로 나누는 방식으로 하기도 하였다. 사역료를 받으면서 낳은 송아지는 가격 평가를 하여 1/3을 수탁자의 몫으로 하는 방식도 있었으며, 반분하는 방식도 있었다. 또 평남 지방에서는 농한기에 수태한 소를 맡길 경우에는 낳은 송아지는 예탁자의 것으로 하였다. 송아지는 낳은 지 4-6개월이 지나면 예탁자가 가져가거나 수탁자가 그대로 키우거나 판매하였다. 그러나 사역료를 받지 않고 배냇소가 낳은 송아지를 기간 만료까지 수탁자로 하여금 계속 키우게 하고 기간 만료시에 그 소를 예탁자가 차지하기도 하였다.[44]

(2) 송아지의 배내기 방법

송아지를 맡겨 기르게 하는 경우에는 생후 3개월 이상 된(보통 4개월 내지 6개월 된) 송아지를 맡기며, 만 2년 성장한 후 그것을 매각 또는 평가하여 원가를 제하고 나머지를 반분하거나 그에 상

44) 앞의 글, 14-18쪽.

당하는 금액을 수탁자에게 주며, 약 2년간 기르게 한 후 사양료로서 맡길 당시와 동일한 송아지를 주든가 또는 암송아지를 맡겨 기르게 할 경우에는 그 소가 낳은 송아지를 사양료로서 수탁자에게 준다. 그럴 경우 처음 낳은 송아지만을 수탁자에게 주고 두 번째 이후로 낳는 송아지는 예탁자의 것으로 하였다. 처음 낳은 송아지를 예탁자의 것으로 하고 두 번째 것을 수탁자의 것으로 하기도 하였는데, 그 이후의 것에 대해서는 새로이 계약을 하여 나누어 가지기도 하였다. 배냇소가 낳은 송아지는 생후 4-6개월 뒤에 서로 교환하였으며, 2년 뒤에 계속해서 낳아 기를 때에는 큰 소의 배내기와 동일하였다.[45] 남은 송아지로 교환하는 경우에도 현금 거래가 병행되기도 하였으며, 예탁자와 수탁자 사이의 계약에 따라 차이가 있었으나 지방에 따라 대체로 일정한 규칙이 있었다.

생후 2년 정도 된 중소는 송아지와 큰 소의 배내기 방법이 혼합된 방식으로 이루어졌다.

(3) 배내기의 계약

배내기의 계약은 계약증서를 사용하는 경우는 거의 없었고 구두로 행하였다. 계약에 있어 보증인을 세우는 경우도 거의 없었고 보증인을 세우지 않아도 계약은 쌍방간에 이행되었다. 중도에 해약하거나 사고가 발생하였을 경우에는 예탁자와 수탁자가 합의하여 이를 해결해나갔다. 그러고 사역료를 체납하거나 사육 상태가 불충분하다고 인정될 때에는 예탁자는 임의로 배내기의 계약을 해지한다.

예탁자는 필요한 경우에는 배냇소를 무상으로 사역시킬 수 있도록 계약을 체결하기도 하였다. 계약을 하지 않더라도 지주소작

45) 앞의 글, 같은 곳.

관계나 배냇소를 준 것을 기화로 예탁자는 농번기에 수탁자에게 일을 부탁하였다.

계약시기 및 해약시기는 추수 후인 11월 하순 또는 봄갈이(春耕) 전인 3월 초순의 두 번에 걸쳐 하였으며 다른 시기에 수시로 계약 및 해약을 하는 경우는 적었다.

배내기로 키우는 기간에 천재지변으로 인한 것이 아니고 사고로 인한 손해에 대해 수탁자는 변상할 의무를 지고 있었지만, 그 변상의 정도는 당시의 사정에 따라 달랐으며 수탁자의 고의나 태만으로 인한 경우에는 수탁자가 반이나 전액을 부담하였다. 도난·실종·폐사(斃死) 또는 질병으로 인하여 발생한 손해에 대한 변상의 정도는 지방에 따라서도 약간씩 차이가 있었다. 또한 배냇소의 종류에 따라서도 차이가 있었다.

큰 소가 폐사할 경우에는 예탁자가 손해를 입었으며, 송아지를 배내기할 경우에 발생한 손해를 예탁자가 부담할 경우에는 수탁자는 사양료를 받지 않았다. 또 수탁자의 태만으로 인해 폐사·도난 또는 실종되었다고 인정될 때에는 그 손해의 절반을 수탁자가 부담하였다. 그리고 배냇소의 치료비나 종부료(種付料) 또는 교미료(交尾料)는 예탁자가 부담하는 것으로 하였다.

배내기에는 기간을 정하는 경우와 기간을 정하지 않는 경우가 있었는데, 기간을 정하는 경우는 1년에서 4년까지로 하였다. 물론 기간은 배내기하는 소의 종류에 따라 차이가 있었다. 기간을 정하지 않았다고 하더라도 매년 계속 키울지를 예탁자와 수탁자 간에 언약하였다.

기간을 정하는 데 따라서 사고에 대한 배상 내용도 차이가 있었는데, 1년 이상을 기간으로 정하여 맡겨 도난을 당했을 경우에는 수탁자는 소 가격의 반액을 배상하였으며, 농번기에만 3개월 정도 예탁하였을 때에 도난을 당하면 수탁자가 해당 소가격의 전액을 배상하였다.

배내기소의 교환은 송아지의 경우에는 음력 6~7월경에 하였으며 생후 5~6개월이 지났을 때 교환하였다. 큰 소를 맡기는 것은 음력 11~12월의 농한기에 하였다. 배냇소를 많이 맡긴 사람의 집에서는 날을 잡아 잔치를 벌였으며 마을 안에서 뿐만 아니라 인근 각지에서 소를 가지고 왔다.

큰 소를 맡겼을 경우에는 사역을 해야 했기 때문에 농번기에 소의 반환을 요구할 수 없었다. 만약 농경기(農耕期: 5~6월)에 소의 반환을 요구하면 예탁자는 사역료의 반액을 징수하였고, 수확기에 반환을 요구할 경우에는 사역료의 전액을 징수하였다.[46)]

소배내기는 농민들 간의 구두계약에 의해 주로 이루어졌지만 농장회사들이 등장하고 관에 의한 사업으로서 전개되면서 일정한 계약서를 갖추고 규약을 정하여 실시되기도 하였다. 이러한 것은 특히 농장회사나 양잠모범지구 등지에서 행해졌는데, 그 예를 부록에 싣는다.

4) 소배내기의 분배체계 및 수지상황

소배내기에 의해서 소를 사육할 경우 예탁자의 운영수지를 살펴보자. 자료 자체가 예탁자 중심으로 되어 있지만 가능한 선에서 수탁자의 소득 계산도 시도해보자. 먼저 큰 소와 송아지로 나누어서 배내기의 수지 상황을 보자.

〈표 5-5〉에 나타난 자료는 각 지역에서 사례를 수집한 것이다. 이것이 어느 정도 대표성을 띨지는 모르겠으나 전체적인 상을 제시하는 데는 무리가 없을 것으로 생각된다. 이 표는 큰 소를 배내기했을 경우에 예탁자에게 돌아오는 수지 상황을 보여주고 있

46) 「畜牛預託調查(3)」, 『朝鮮農會報』 第8券 第10號, 1913, 13-17쪽.

〈표 5-5〉 큰 소배내기의 수지 상황 (단위: 원 %)

지방	지출	수입					이익	연이익률
	맡길때 소가격	기간	사육 후 가격	사역료	낳은 송아지 가격	합계		
경기	35원	2년	40	30.60	8.00	78.60	43.60	62.50%
충북	30원	1	30	11.20	6.00	47.20	17.20	57.33
충남	35원	1	35	8.00	5.00	48.00	13.00	37.14
전북	30원	1	30	7.50	-	37.50	7.50	25.00
전남	20원	1	28	3.00	-	31.00	11.00	55.00
	20원	1	30	-	7.00	35.00	15.00	75.00
경북	30원	1	35	-	8.00	38.00	8.00	26.66
	35원	1	358	9.00	-	44.00	9.00	25.71
경남	25원	2	40	-	8.00	43.00	18.00	36.00
	30원	2	30	10.00	-	50.00	20.00	33.33
황해	30원	1	30	8.80	3.33	42.13	12.13	40.43
	30원	1	30	8.00	5.00	43.00	13.00	43.33
	30원	1	30	9.60	2.50	24.10	12.10	40.33
	30원	1	30	13.60	-	43.60	13.60	45.33
평남	30원	1	30	9.00	-	39.00	9.00	30.00
평북	40원	1	40	9.00	-	49.00	9.00	22.50
강원	50원	1	57	22.00	-	79.00	29.00	58.00
함남	22원	2	33	8.00	-	41.00	19.00	43.18
	22원	2	33	10.00	7.00	50.00	28.00	63.63
	30원	2	50	12.00	-	62.00	32.00	53.33
	52원	2	55	30.00	-	85.00	33.00	31.73
함북	40원	1	40	8.00	10.00	58.00	18.00	45.00
								43.20%

* 이 표의 통계는 1911년에서 1912년에 걸쳐 조사된 것이다.

자료: 「畜牛預託調査(4)」, 『朝鮮農會報』 第8巻 第11號, 1913, 16-21쪽.
「畜牛預託調査(5)」, 『朝鮮農會報』 第8巻 第12號, 1913, 10-13쪽.
「預託牛に關する調査」, 『朝鮮農會報』 第14卷 第1號, 1919, 50-57쪽.

는데, 수탁자는 소를 축력으로서 사역시키려고 하는 경우가 대부분이다.

예탁자의 지출은 처음에 (사거나 또는 가지고 있던) 소를 맡길 때 소의 가격뿐이다. 소를 키우는 것은 전적으로 수탁자의 책임이며 오히려 예탁자는 수탁자로부터 사역료를 받는다. 일정 기간 이후 배내기소의 평가액은 사육 후의 소값·사역료, 그리고 낳은 송아지값으로 구성된다. 예탁자의 수입은 이 평가액에서 처음 맡길 때의 소 가격을 제한 부분이 된다.

그런데 큰 소의 경우 1년 정도 키워서 그 자체의 증식분이 많지 않다. 물론 소의 크기에 따라 자체 증식분의 크기도 다르지만, 사육 후에도 값이 거의 같거나 약간 증식될 뿐이다. 따라서 예탁자의 수입은 대부분 사역료로 이루어진다. 또한 배냇소가 송아지를 낳았을 경우에도 예탁자의 수입으로 되는 것이 보통이다. 그래서 예탁자의 수입은 사역료가 가장 많고 그 다음으로 낳은 송아지값, 그리고 배냇소 자체의 증식분 순이다.

사역료는 현금, 현금+현물, 현물 등 세 가지의 지불 방식이 있었으며 상호계약에 따라 하였다. 그리고 현물로는 쌀·벼·보리·콩 등 식량작물이었는데 주로 쌀과 벼였다. 사역료 수준은 지역에 따라 차이가 있었지만 일정 지역 안에서는 어느 정도 표준적인 액수가 관행적으로 행해졌다. 배냇소가 낳은 송아지는 대개 예탁자의 소유로 하였지만 계약 기간이나 사역료 수준에 따라 수탁자와 나누기도 하였다.

예탁자의 연간 수익률을 보면 22.5%에서 75%까지 지역에 따라 또 계약 내용에 따라 차이가 있다.[47] 특히 송아지를 낳은 경우에 예탁자의 수익률은 높으며 게다가 소의 증식분이 있으면 수익률

47) 이익률 계산은 이자분에 대한 고려가 있어야 하나 여기서는 원자료대로 그냥 제시하였다.

〈표 5-6〉 송아지의 배내기 수지 상황 (단위: 원 %)

지방	지출			수입				이익	연이익률
	맡길때 소가격	사료비	합계	기간	사육 후 가격	낳은 송아지 가격	합계		
경기	8원	-	8	2	35	-	35	27/2	84.38%
충북	6	6	12	2	22	-	22	10	41.66
	6	6	12	1	20	-	20	8	66.66
충남	5	5	10	2	20	-	20	10	50.00
전북	7	7	14	2	30	-	30	16	57.14
전남	8	8	16	2	27	-	27	11	34.30
경북	8	8	16	2	24	-	24	8	25.00
경남	8	-	8	4	35	8	43	65	10.98
	8	8	16	2	30	-	30	15	43.75
황해	50	-	5	2	25	-	25	20 1/4	50.00
	5	-	5	2	25	-	25	20/2	100.00
	5	5	10	3	30	-	30	20	66.00
	5	15	20	3	30	-	30	10	16.67
평남	10	-	10	2	35	-	35	25/2	62.50
	10	2	12	2	30	-	32	18	75.00
평북	10	-	10	2	30	-	30	20	100.00
강원	7	7	14	2	32	-	32	18	62.28
함남	9	6	15	2	24	-	24	9	30.00
	6	6	12	2	22	-	22	10	41.67
	13	10	23	2	36	-	36	13	28.26
	13	8	21	2	36	-	36	15	35.71
함북	10	-	10	2	40	-	40	30	150.00
	10	10	20	2	40	-	40	20	50.00
									55.82%

* 이 표의 통계는 1911년에서 1912년에 걸쳐 조사된 것이다.

자료: 「畜牛預託調査(4)」, 『朝鮮農會報』 第8券 第11號, 1913, 16-21쪽.
「畜牛預託調査(5)」, 『朝鮮農會報』 第8券 第12號, 1913, 10-13쪽.
「預託牛に關する調査」, 『朝鮮農會報』 第14卷 第1號, 1919, 50-57쪽.

은 더욱 높아진다. 이렇게 볼 때 완전히 성숙하기 전의 암소를 배내기하는 것이 수익률에 있어서 높다고 추측할 수 있겠다. 전체적으로 연수익률이 43.2%에 달하고 있다. 이것은 장리쌀을 줄 경우에 연간 수익률이 50%였던 것에 비하면 약간 낮은 수준이라고 할 수 있으나 매우 높은 수익률임에 틀림없다.

송아지를 배내기할 경우에는 예탁자는 수탁자에게 사양료를 제공한다. 따라서 예탁자의 지출 내역은 처음 맡긴 송아지값과 사양료로 제공한 비용이 된다. 그런데 실제로 사양료로 제공하는 것은 배냇소가 낳은 송아지를 주는 것이었다. 즉 수탁자가 증식시킨 부분을 주는 것에 불과하기 때문에 예탁자의 주머니에서 지출되는 것은 아니었다.

예탁자의 수익은 사육 후의 총가격(수탁자에게 준 송아지값 포함)과 예탁자의 몫으로 된 송아지값으로 이루어졌다. 송아지의 경우 2년 정도 사육하면 큰 소가 되기 때문에 배냇소 자체의 증식분이 컸다. 수탁자의 수익은 사양료로서 받은 송아지였다. 〈표 5-6〉에 따르면 예탁자의 연이익률은 55.82%에 달하고 있다. 이것은 큰소의 배내기보다 높은 수익률이며 장리쌀의 50%보다도 높은 것이다(물론 장리쌀의 경우 복리로 계산되기 때문에 해가 지날수록 이익률은 눈덩이처럼 불어갔다).

5) 소배내기의 변모

1911년의 조사에서 널리 행해지고 있던 것으로 확인되고 있는 소배내기는 일제 시기를 통해 증가하는 경향을 보여주고 있다. 비교적 배내기가 적게 나타나고 있던 평안북도의 배내기 분포를 시기별로 살펴보면(〈부표 5-2〉 〈부표 5-3〉 〈부표 5-4〉), 1910년 초에서 1920년 초까지 연도별 굴곡이 있지만 전반적으로 약간 증가한 것으로 보인다.

1920년대에는 또한 관에 의해 일정 정도 장려되기까지 하였다. 전북의 경우를 보면, 각군 축산동업조합은 3개년 연부 상환으로 1919년 이후 소를 대부(貸付)하여 왔는데, 1926년 3월까지 총 3,357마리(총금액 27만7,649원)를 대부하여 상당히 효과를 보고 있었다.

그리고 축우의 사육에 적합한 무주·장수·진안·남원·임실·순창·부안 등 7개 군의 조합에서는 1924년부터 3개년 계획으로 9,300원을 기채(起債)하여 약 330마리의 2-3살 된 우량 송아지를 황해·강원 방면에서 구입하여 2년간 배내기하여, 우량한 황소는 종모우(種牡牛)로서 공급하고 암소는 그 군 또는 다른 군에 대부우로서 공급하여 우량우의 생산에 노력하였다. 그 성적이 매우 좋았으며(농가도 환영하였다고 한다) 이미 1기 계획을 완료하고 7개 군 이외에도 금산·전주 등 2개 군을 더하여, 1927년도부터 3개년 계획을 수립하고 약 1만 4천 원으로 360마리 정도를 구입하여 이 사업을 계속 실시하려 하고 있었다.[48]

앞서 확인된 바와 같이 이익률이 매우 높았기 때문에 1930년대에 들어서는 농외자본이 소배내기 제도에 개입하였으며, 관에 의한 권장도 더욱 더해갔다. 일제는 농업정책의 시행 지주인 지주·자본가들로 하여금 빈농에게 소를 예탁하도록 권장하였으며, 나중에는 군농회를 통하여 배내기를 사업의 일환으로 삼았다. 그 구체적 방법으로서 일제는 농회와 지주를 통하여 경우저리자금(耕牛低利資金)을 대부하였는데,[49] 이는 실상 군농회가 소배내기를 하도록 하는 것이었다.

---

48) 全羅北道 農會, 『全北の農業』, 1928, 61쪽.

49) 「昭和10年度耕牛低利資金融通狀況」, 『朝鮮總督府調査月報』 7卷 11號, 1936, 37-49쪽.

또한 강원도당국에서는 1932년부터 군축산동업조합을 통하여 도내 176개 읍면 중에서 절반에 해당하는 88개 읍면에 매년 소가 없는 10명을 하나의 계로 조직하여 경우 2마리를 대부하여 번식하게 하기도 하였으며,[50] 이른바 '예탁우품평회'(預託牛品評會)를 개최하여 배내기의 활성화를 기도하였다.[51]

또한 농장회사들도 배내기에 참여하였으며(부록의 도곡산업주식회사의 경우 임대계약서 참조) 동척도 예외가 아니었다. 동척 대전 지점에서는 도농회와 협정 아래 부여·예산·홍성·서산의 4개 군에서 1933년 겨울 이래 소배내기를 실시하여 1934년 5월까지 1천여 마리를 맡겨 길렀으며, 단기간에 높은 이익을 남겼을 뿐만 아니라 더욱 확대하려고 하였다.[52]

또한 관에서는 농회를 통해 농민들로 하여금 우계(牛契)를 설치하여 배내기를 하도록 권장하기도 하였다.[53] 우계는 혼자서는 소를 구입할 수 없는 빈농들이 일정 기간 일정 계돈을 모아 차례대로 큰 소나 송아지를 구입 소유하는 것(購牛契), 비교적 자력이 있는 농민들이 계돈을 모아 계의 소로서 배내기하여 증식시키는 것(增殖契), 농민들이 계돈을 모아 계의 소로서 종자소를 구입하여 사육하면서 계원 소유의 암소에 종부(種付)하는 것 등이 있었는데, 증식계가 바로 배내기에 해당하는 것이었다.

그리고 양잠지구에서는 양잠 소작농가 가운데 농우를 가지지 못한 농가에게 제사가로 하여금 배냇소를 주도록 권장하였다. 1930년대 초에 양잠조합(양잠지구 내의 양잠가로 조직)을 설립한 뒤 조합장에게 이양하기로 한 채 잠정적으로 군농회장이 배내기를

---

50) 『朝鮮農會報』 6卷 6號, 1932, 116-17쪽.

51) 「預託牛品評會の價値」, 『朝鮮農會報』 12卷 5號, 1917년, 20~21쪽.

52) 『朝鮮農會報』 8卷 1號, 1934, 132쪽.

53) 朝鮮總督府農林局, 『朝鮮の農業』, 1942, 138~39쪽.

취급하고 있었다.[54] 그 일례로서 경기도 양잠모범지구의 소배내기상황을 〈부표 5-5〉에 제시하였다.

1940년에는 250개 군농회에서 826만 엔이 넘는 자금을 정부로부터 대부받아 12만6천 마리에 달하는 소를 배내기하고 있었다.[55]

이처럼 농외자본의 배내기 참여도 많았지만, 소배내기는 여전히 농민들 간에 널리 행해지고 있었다. 1933년 전남 지방의 표본조사에 의하면 전체 축우 수의 44%가 배내기로 사육되고 있어[56] 여전히 널리 행해진 것으로 짐작된다. 즉 점차 동척이나 군농회를 중심으로 배내기를 사업의 일환으로 해나가기도 하였지만, 전반적으로는 농민들 간에 행해지던 것이 양적으로는 많았던 것으로 보인다. 수탁자가 너무 과도하게 소를 사역시킨다든지 또는 남의 소이기 때문에 사육에 소홀한 점이 있었다고 한다. 물론 이러한 지적은 예탁자의 입장을 나타내주는 것인데, 수탁자로서는 흉년이 들면 사역료를 내기가 어려운 경우도 있었다. 또한 예탁자는 사역료를 올리려고 하였고 실제 약간 오르는 경향이 있었다.[57]

이러한 문제점이 있긴 했지만 농경에 있어서 축력의 중요성 및 농가 부업으로서 마땅한 대안이 없는 상태에서 배내기는 성행할 수 밖에 없었다. 즉 축력이 원동력으로 사용되었음에도 소를 구입할 수 없는 빈농으로서는 배냇소라도 기르지 않으면 안

---

54) 京畿道, 『養蠶模範地區の現狀』, 1933年 12月, '牛豚預託', 33~38쪽.

55) 朝鮮總督府農林局, 『朝鮮の農業』, 1942, 151~52쪽.

56) 全羅南道, 『農家經濟調查成績』, 1934, 7쪽. 각군에서 표집한 6,221호를 대상으로 한 이 조사에서 총 축우수 1,727마리 가운데 배냇소가 629마리로 44%에 달하였다. 돼지와 닭도 소에 비해서는 그 비율이 적지만 배내기하는 것이 있었다.

57) 「畜牛預託調查(5)」, 『朝鮮農會報』 제8권 제12호, 1913, pp. 13-16.

되었고, 지주나 부농도 상당한 이익을 가져오는 배내기를 계속해 나갔다.

8·15 이후에도 축력을 원동력으로서 계속 사용해왔고 소 사육방식도 크게 변하지 않은 조건에서, 일제 시기보다는 소를 장만하는 일이 덜 어려워졌지만 계층 격차는 여전하였고 따라서 소 배내기도 계속되었다. 1950, 1960년대의 자료가 없어 제시할 수는 없으나 현지 조사에서 농민들의 얘기를 들으면 배내기가 매우 성행했다는 것을 알 수 있다. 1960년대 말 1970년대 초에 걸쳐 한우의 소유형태 조사에 의하면 '개인도지' 또는 '도지소'라는 형태로 배내기가 이루어지고 있음(배내기의 조건은 대개 판매 이익을 반분하는 것임)을 확인할 수 있다.[58] 이 조사에 따르면 공공 기관의 한우 자금 대부에 의한 소가 늘어났지만 전체의 16% 정도의 한우가 다른 사람의 소를 기르는 즉 배냇소인 것으로 나타나고 있다(〈부표 5-6〉 〈부표 5-7〉).

추정컨대 1950, 1960년대에는 배내기가 성행했고 1970년대에도 어느 정도 나타나고 있으나 급속히 줄어든 것으로 보인다. 특히 1970년대 들어 소 사육방식이 사료를 통한 사육방식으로 바뀌고, 또한 축력이 경운기를 중심으로 한 동력으로 대체됨에 따라서 소 배내기는 급속히 줄어든 것으로 보인다.

이상에서 일제 시기를 중심으로 소배내기 제도에 대해 살펴보았다. 축력이 중요한 원동력이었던 농업생산에 있어서 소를 둘러싸고 다양한 생산관계가 나타나고 있었으며 그러한 생산관계의 배후에 바로 이러한 배내기 제도가 널리 행해지고 있었던 것이다.

---

58) 농림부 농업경영연구소, 『한우사육의 사적 고찰과 경제성 분석』, 농업경제연구보고 52, 1972, 12, pp. 33~34.

〈부표 5-1〉 배냇소의 분포(1911년) (단위: 마리, %)

지방	총두수	배냇소(큰소)					
		배냇소 총두수		암컷	숫컷	큰소	송아지
충북	26,109	6,424	24.6%	4,789	1,635	3,122	3,302
충남	31,395	11,316	36.0	9,306	2,010	8,003	3,313
전북	27,875	12,944	46.4	9,061	3,883	10,355	2,589
경북	150,000	39,561	26.4	29,229	10,332	25,322	14,239
경남	114,889	28,849	25.1	24,512	4,337	18,251	10,598
황해	54,990	12,747	#23.2	6,905	3,829	7,499	3,235
평남	46,696	5,133	#11.0	2,729	1,057	2,970	816
평북	89,546	7,596	8.5	5,662	1,934	5,375	2,221
강원	82,838	18,265	22.0	12,295	5,970	11,756	6,509
함남	99,390	6,602	6.6	4,278	2,324	4,737	1,865
함북	51,913	873	1.7	383	490	589	284
총계	894,969	215,426	16.4%	152,147	63,279	141,584	73,842

* 이 표의 통계는 1911년에서 1912년에 걸쳐 조사한 것이다.
경기도와 전라남도의 전부, 그리고 황해도 장연·안악·서흥의 5개 군과 평안남도의 강동·성주·영원·개천·술천의 6개 군은 조사가 끝나지 않음.
자료: 「朝鮮に於ける畜牛預託の現況」, 『朝鮮總督府月報』, 第2卷 第9號, 1912년 9월, 1-9쪽.

〈부표 5-2〉 평안북도의 배냇소 연도별 비교표(큰소) (단위: 마리, %)

연도	총마릿수	배냇소(큰소)					
		배냇소 마릿수		암 소		숫 소	
1911	63,046	10,195	16.2%	7,740	75.9%	2,455	24.1%
1914	114,030	13,711	12.0	11,056	80.6	2,655	19.4
1915	111,929	15,126	13.5	12,460	82.4	2,666	17.6
1916	107,404	13,170	12.3	10,854	82.4	2,586	17.6
1917	114,965	9,220	8.0	7,152	77.6	2,068	22.4
1918	94,545	19,328	20.4	15,983	82.7	3,345	17.3
1919	111,198	13,853	13.5	9,834	71.0	4,019	29.0
1920	113,892	12,683	11.1	8,904	70.2	3,779	29.8
1921	120,314	12,225	10.2	8,733	71.4	3,492	28.6
1922	110,552	28,553	25.8	17,573	61.4	10,980	38.6

자료: 平安北道廳 編, 『平北の農業』, 新義州, 1923, p. 26.

〈부표 5-3〉 평안북도의 배냇소 연도별 비교표(송아지) (단위: 마리, %)

연도	총마릿수	배냇소(큰소)					
		배냇소 마릿수		암 소		숫 소	
1911	20,727	4,001	19.3%	2,720	68.0%	1,281	32.0%
1914	43,044	4,106	9.5	2,676	65.2	1,430	34.8
1915	32,891	4,656	14.2	3,157	67.8	1,499	32.2
1916	36,439	5,132	14.1	3,560	69.4	1,572	30.6
1917	39,159	3,715	9.5	2,380	64.1	1,335	35.9
1918	84,936	20,582	24.2	12,614	62.7	7,668	37.3
1919	57,019	9,277	16.3	5,722	61.7	3,555	38.3
1920	54,642	8,203	15.0	4,966	60.5	3,237	39.5
1921	51,973	7,363	14.2	4,868	68.1	2,495	33.9
1922	91,255	23,440	25.7	13,119	56.0	10,321	44.0

자료: 위 표와 같음.

〈부표 5-4〉 평안북도의 배냇소 연도별 비교표(합계) (단위: 마리, %)

연도	총마릿수	배냇소(큰소)					
		배냇소 마릿수		암 소		숫 소	
1911	83,773	14,196	16.9%	10,460	73.7%	3,736	26.3%
1914	157,074	17,817	11.3	13,686	76.5	4,085	23.2
1915	144,820	19,782	13.7	15,617	75.9	4,165	21.1
1916	143,843	18,302	12.7	14,414	75.5	4,158	21.2
1917	154,124	12,935	8.4	9,532	73.7	3,403	26.5
1918	179,481	39,910	22.2	28,897	72.4	11,013	27.6
1919	168,217	23,130	13.8	15,556	67.3	7,574	32.7
1920	168,534	20,886	12.4	13,870	66.4	7,016	33.6
1921	172,287	19,588	11.4	13,601	69.4	5,987	30.6
1922	201,807	51,933	25.7	30,692	59.1	21,301	40.9

자료: 위 표와 같음.

〈부표 5-5〉 경기도 양잠모범지구의 소배내기 현황(1933년 6월 20일 현재)

군명	양잠 소작자수	배냇소를 필요로 하는 농가수	1932년 봄 배냇소		1933년 6월 현재 사육수		1933년 가을까지 배내기 예정수	
			호수	마릿수	호수	마릿수	호수	마릿수
연천	152호	94호	10	10	8	8	6	6
양평	136	65	7	7	7	7	-	-
여천	194	72	30	31	30	30	25	25
이천	165	75	53	53	46	46	21	27
용인	179	151	18	18	18	18	8	8
안성	197	113	56	56	56	56	-	-
장단	190	156	6	6	6	6	-	-
포천	188	175	-	-	-	-	13	13
수원	161	161	-	-	-	-	-	-
개풍	153	123	-	-	-	-	3	3
합계	1,725호	1,185호	180	181	171	171	76	82

자료: 京畿道, 『養蠶模範地區の現状』, 1933年 12月, 「牛豚の預託」, 37-38쪽.

〈부표 5-6〉 경지 규모별 한우의 소유형태

소유구분 / 경지 규모별	자가소유		타가소유								집계 두수
			공공기관		개인도지		기타		소계		
대농	79	83.2(%)	2	2.1(%)	12	12.6(%)	2	2.1(%)	16	16.8(%)	75
중농	173	80.1	19	8.8	19	8.8	5	2.3	43	19.9	114
소농	120	62.8	15	7.8	49	25.7	7	3.7	71	37.2	313
계 및 평균	372	74.1	36	7.2	80	15.9	14	2.8	130	25.9	502

자료: 『한우사육의 사적 고찰과 경제성 분석』, 농업경제연구보고 52, 농림부 농업경영연구소, 1972. 12, 33쪽 ; 전국 각지의 23개 부락 657호, 1,261 마리에 대한 1971년말 1972년 초의 조사.

〈부표 5-7〉 한우 소유 형태의 연도별 변화

소유 구분 / 연도별	자가소유		타가소유								집계 두수
			공공기관		개인도지		기타		소계		
1969	53	707(%)	4	53(%)	17	227(%)	1	13(%)	22	239(%)	75
1970	84	736	6	53	22	193	2	18	30	264	114
1971	235	752	26	82	41	131	11	35	78	249	313
계 및 평균	372	741	36	72	80	159	14	28	130	259	502

자료: 위 표와 같음.

경우 임대 계약서

도곡산업주식회사를 갑이라 하고 ○○○을 을이라 하여 경우 임대차에 관한 계약을 체결함.

제1조 갑의 소유인 아래 기재의 경우를 본 계약일로부터 ○○년 ○○월 ○○일까지 차입할 것을 계약하고 이를 인도받았음.

• **경우의 표시**

경우가격	연령	모색(毛色)	체고(滯固)	성별	특징

제2조 을이 아래에 기록한 경우 매입 대금의 전부 및 대부료의 지불을 완료하였을 경우, 경우는 을의 소유로 되기로 함.

• **기(記)**

제 1년 (　　년)			제2년(　　년)			제 3년(　　)		
경우대금	대부료	계	경우대금	대부료	계	경우대금	대부료	계

제3조 을은 갑의 승낙을 받지 아니하고는 대부우보다 우량우라 할지라도 함부로 교환할 수 없음.

제4조 갑은 매년 심사회를 열어 을의 비축(肥畜) 관리 상황을 심사하여 경우 가격에 값어치가 떨어졌을 경우에는 그 떨어진 가격을 을이 부담하기로 함.

제5조 을이 경운(耕耘)함에 있어 갑의 지시를 따르지 않거나 혹은 과도한 사역을 하여 경우의 건강을 해쳤다고 인정될 때 그 임차계약 기간내 일지라도 갑이 을에게 그 경우의 반환을 명하고 을은 이를 거절할 수 없음.

제6조 을이 경우 차입중 병이나 기타 사유로 말미암아 이를 죽게 하거나 또는 도난으로 인하여 잃어버렸을 경우에는 제1조의 매입 대금 및 대부료의 잔액을 변상하기로 함.

제7조 을은 경우 차입 기간중은 물론 을의 소유가 된 이후라 할지라도 경우 소유중에 갑이 지정한 방법에 따라 갑의 소유 답(畓) 가운데 이 모작지 외에는 전부 평균 5촌 이상 추경(秋耕)하기로 함.

제8조 을은 갑의 소작지는 물론 갑이 지정한 을의 동일 부락내의 갑의 소유지를 평균 5촌 이상 심경하여야 함. 단, 위의 경우에 있어서 경운임(耕耘賃)은 관습에 따라 임금을 수수하며 갑은 1반보당 20전 내외의 심경 장려금을 지급할 수 있음.

제9조 평균 5촌 이상 심경한 경우에 대하여는 을 및 소작인의 신청에 따라 갑은 경운료의 입체(立替)를 할 수 있음.

제10조 을은 대부우의 배설물로써 연 1,000관 이상의 퇴비를 제조할 것.

제11조 보증인은 을과 연대 책임을 지기로 함.

위와 같이 후일의 증명으로 본서 2통을 작성하여 각 1통 씩을 보지(保持)함.

년 월 일

김제군	김제읍	신풍리	갑	島谷産業株式會社
김제군	면	리	을	○ ○ ○
김제군	면	리	연대보증인	○ ○ ○
김제군	면	리	연대보증인	○ ○ ○
김제군	면	리	연대보증인	○ ○ ○

자료: 「일제치하의 전라북도의 농업관계자료(I)」, 『전라문화논총』, 제1집, 전북대 전라문화연구소, 1986, pp. 412-13.

養蠶模範地區牛豚預託規程

제1조 소·돼지를 배내기로 맡은 사람은 뽕밭에 사용할 것으로서 퇴비 4백 관 이상을 매년 10월 말일까지 마련한다.

제2조 송아지의 배내기는 다음과 같은 구분에 따라 금액을 수탁자에게 준다.

1. 배내기 기간이 1년 미만인 경우는 평가액과 원가액의 차액의 1/2.
2. 배내기 기간이 2년 이상인 경우는 평가액과 원가액의 차액의 6/10.

제3조 새끼돼지의 배내기는 평가액의 1/2을 수탁자에게 준다.

제4조 배냇소가 낳은 송아지는 생후 만 5개월이 되면 그것을 평가하여 그 1/2을 수탁자에게 교부한다. 배냇돼지가 낳은 새끼돼지는 만 2개월이 되면 암컷 2마리를 수탁자에게 준다.

전항의 의무가 종료했을 때에는 암돼지 및 그 외의 새끼돼지를 수탁자에게 무상으로 준다.

제5조 배냇소와 돼지에 있어서 실종·도난·질병·폐사(斃死) 기타 중요한 사고가 발생할 때나 그 사육 장소를 변경할 때에는 수탁자는 관련 지구관리자에게 알린다.

제6조 다음 각 항의 1에 해당한 때는 상당액(相當額)의 배상을 하는 것으로 한다.

1. 제1조의 조건을 실행하지 않을 때 또는 부정행위라고 인정될 때.
2. 제5조에서의 통고를 태만히 할 때.
3. 고의 또는 중대한 과실로부터 폐질도난(廢疾盜難)을 입거나 혹은 폐사할 때.
4. 배내기 기간 중에 임의로 처분할 때.

제7조 배냇소나 돼지의 사료 및 관리비는 수탁자의 부담으로 한다.

제8조 수탁자는 별기(別記) 양식의 차수증(借受證)을 제출한다.

• **借受證**

종류	성(性)	모색(毛色)	연령	체척(體尺)	특징	산지(産地)	가액(價額)	차수기간(借受期間)	비고

위 차수 사양에 있어서는 귀농회 배내기 규정을 견실히 준수함은 물론 귀농회 지시를 반드시 실행하도록 하고 만약 부적절한 행위를 했을 경우에는 어떠한 형태의 처치를 받아도 결코 이의를 제기하지 않을 것을 서약합니다.

년　　월　　일

주소

차수인　○ ○ ○ (인)

군농회장 宛

예탁규정시행내규

제1. 배내기할 소·돼지에 있어 송아지는 생후 5개월 이상의 것으로 가격 20원 이내, 새끼돼지(암컷)는 만 2개월 이상의 것으로 가격 6원 이내로 한다.

제2. 배냇소·돼지를 판매할 때는 소정의 금액을 수탁자에게 주고 잔금은 군농회장에 있어서 다음과 같은 순서에 따라 처리하되 단 구우돈 자금에 대해서는 연 7푼의 이자를 붙이는 것으로 한다.

1. 원가 및 이자는 제사 회사에 보낼 것.
2. 군농회 가축 부분을 지출할 것.
3. 폐사 등으로 잃은 소·돼지를 보충할 것.
4. 사양 성적을 봐서 겨울 동안 사료 보조 또는 표창 등을 할 것.

제3. 전항 제3호에서 보충한 소·돼지를 판매할 경우도 전항에 따라 처리한다. 규정 제2조로부터 배상금을 징수하여 소·돼지를 보충하는 경우도 역시 같되 단 배상금은 일반 이익금에 합산 경리할 것.

제4. 새끼를 낳지 않는 돼지는 평가액의 1/2을 수탁자에게 준다.

제5. 차수증은 그것을 만드는 마을마다 수탁자 전부의 연대로 할 것.

제6. 차수 기간은 3개년을 한도로 할 것.

자료: 京畿道,『養蠶模範地區の現狀』, 1933年 12月,「牛豚の預託」, 34-37쪽.

6장

공동경작

공동경작은 공동작업을 포괄하는 것으로서 공동작업보다 협업적 성격이 더욱 강하다고 할 수 있다. 공동작업은 농사일에서 한 가지 혹은 몇 가지 작업을 공동으로 하는 것인데 반해서, 공동경작은 생산과정 뿐만 아니라 농경에 관련된 일체의 작업을 공동으로 해결한다. 즉 공동작업이 협업적 작업인데 비해서 공동경작은 협업적 경영이라고 할 수 있겠다.

전통적으로 행해지던 공동경작은 동리(마을) 안의 무주한광지 또는 폐휴지 등을 마을 주민들이 공동으로 경작하는 것이었다. 토지조사사업과 함께 소유권이 확립되면서 공동비용에 의해서 민유지를 구입하거나 임차하여 공동경작을 하는 형태가 나타나기도 하였다. 일반적으로 공동경작의 경영형태에는 크게 두 가지 종류가 있었다. 첫째로는 마을 소유의 논밭을 마을 사람들이 공동으로 경작하여 그 수확물로 동장이나 이장의 보수에 충당하거나 호세, 마을비용, 동내의 관혼상제비, 빈민구제비에 보태 쓰거나, 혹은 마을의 제사나 서당의 비용에 충당하는 것이 있었는데, 이것은 동계라고 할 수 있는 것이며 또는 동계에 포함되어 있는 것이기도 했다.[1] 동계는 마을 단위로 특정한 일에 대처하기 위해 만

1) 동계의 조직 및 기능, 그리고 동계가 일제 시기에 변화되는 과정에 관해서는 다음의 글을 참조. 김경일, 「조선말에서 일제하의 농촌사회의

들어진 계로서, 그 목적에 따라서 호포계, 송계, 학계, 혼상계, 문중계 등으로 구분되었으며, 공익적인 성격을 강하게 띠고 있었다.

다른 하나는 수확물 분배를 목적으로 일정 인원이 결합하여 전체 농경작업을 공동으로 하는 것으로, 생산을 목적으로 하는 계로서 농계라고 하였다. 이러한 계는 마을 안에서 일정 성원이 결성한 것이었다. 송계도 이러한 방식으로 이루어진 것이 많았으며, 목초의 분배를 목적으로 결성된 초전계, 이엉을 엮고 그 재료의 분배를 목적으로 하여 갈대밭을 공동으로 소유하고 공동으로 작업하는 계 등도 있었다.[2)]

1912년의 조사에 의하면 전국의 공동경작지는 900개소에 경지면적은 1,621.6정보였으며, 이 가운데 마을의 공동수익지는 404개소, 농계에 의한 공동경작지는 496개소였다.

〈표 6-1〉의 자료에 따르면 1912년 당시 공동경작지 1개소당 경작면적은 논이 0.41정보, 밭이 1.39정보이며 밭이 논보다 세 배 이상 많았다. 공동경작지 1,621.6정보는 전체 경지면적에 비하면 보잘 것 없는 규모이며, 이는 공동경작이 농업생산상의 주요한 활동이 아니라 공동비용의 마련이나 부업적인 소득을 올리기 위한 것이었음을 나타내 준다.[3)]

일제시대에 들어 공동경작은 다양한 형태로 전개되는데, 한 연

동계에 관한 연구」, 서울대 사회학과 석사논문, 1984.

2) 猪谷善一, 『朝鮮經濟史』, 1928, 26-40쪽. 조선시대 계의 조직적 특징에 관해서는 김필동, 「조선시대 계의 구조적 특성과 그 변동에 관한 연구」, 서울대 사회학과 박사논문, 1989를 참조.

3) 목적별 공동경지 개소수(個所數)를 보면, 수익분배를 목적으로 하는 것이 496개소, 호세·동리비·학교비에 충당하거나 빈민구조·저축을 목적으로 하는 것이 259개소, 그리고 농사개량을 목적으로 하는 것이 145개소였다. 『朝鮮總督府月報』 第3卷 第3號, 1913년 3月, '共同耕作調査', 139쪽.

〈표 6-1〉 공동경작상황(1912년 4월 당시) (단위: 정보)

도명	사례수	면적		
		논	밭	계
경기	51	76.00	21.42	97.42
충북	11	1.58	1.36	2.94
충남	1	0.45	-	0.45
전북	12	2.76	1.66	4.42
전남	100	-	897.40	897.40
경북	67	4.27	43.41	47.68
경남	112	20.17	11.38	31.55
황해	4	-	0.20	0.20
강원	22	3.46	4.16	7.62
평남	271	173.50	103.00	276.50
평북	108	84.50	90.00	174.50
함남	140	7.40	67.90	75.30
함북	1	-	5.62	5.62
합 계	900	374.09	1,247.51	1,621.60

자료: 『朝鮮總督府月報』, 제3권 제3호, 1913년 3월, 「共同耕地調査」, 139쪽.

구자는 자발성과 동원화라는 두 기준을 교차시켜 공동경작의 유형을 구분하여 각 유형의 특성과 상호관계 및 각 유형의 변화가능성을 분석하고 있다.[4]

여기서는 시기별로 분석하면서 농민들의 자발적인 움직임 속에서 나타난 것과 일제 권력에 의해 강제적으로 이루어진 것으로 구분하여 분석하고자 한다.

먼저 〈표 6-1〉에서 알 수 있는 바와 같이 조선 말기에도 각지에서 공동경작이 행해져 왔지만, 토지조사사업을 계기로 줄어들었을 것으로 보인다. 그러면서도 부분적으로는 계속되었다.

4) 김경일, 「일제하의 농업과 공동노동조직 - 공동경작을 중심으로」, 『현대자본주의와 공동체이론』, 한길사, 1987.

1920년대에 들어 일부의 공동경작은 농민운동과 연계되어 이루어졌다. 1910년대에 토지조사사업 과정에서 토지소유권을 둘러싸고 분쟁을 일으켰던 농민들은 1920년대 들어 소작인조합을 결성하면서 대지주투쟁을 전개해 나갔다. 지주의 강권적인 소작료 징수에 대해서는 '소작료불납동맹'을 결성하여 대항하였으며, 소작권의 강제적 박탈에 대해서는 '공동경작동맹', '공동묘대 · 전식동맹', '불경작동맹', '소작권박탈방지대', '토지회수동맹' 등을 조직하여 대항하였다.[5)]

이 중에서 '공동경작동맹'은 1923년 3월 경남 진주군 명석면의 소작인들 150여명이 지세공과금 부과와 소작지박탈에 항의하면서 집단적으로 강제경작을 한 것이 그 시초였다.[6)]

진주에서의 공동경작을 시발로 남부지방에서는 공동경작동맹 투쟁이 활발히 전개되었다. 1923년 5월 순천군 황전면 해룡리에서 소작인조합에 가담했다는 이유로 소작권이 박탈되자, 소작인 100여명이 소작인조합을 중심으로 '공동경작동맹'을 결성하여 실력으로 경작권을 지키려는 투쟁을 전개했으며, 6월에는 황전면의 다른 마을과 순천면, 쌍암면 등지에서도 '공동경작동맹' 투쟁을 전개하여 모두 소작권을 회수하였다.[7)]

1924년 농사를 시작하기 직전인 4월에 들어 여러 지역에서 공동경작을 통해 항거하였는데, 구체적으로는 전남 광양군 인덕면, 전남 구례군 일대, 경북 안동군 풍산면 등지에서 소작지박탈에 대항하여 공동경작을 하면서 항거하였다.[8)]

---

5) 淺田喬二, 「항일농민운동의 일반적 전개과정」, 『항일농민운동연구』, 동녘, 1984, 28-38쪽.

6) 동아일보 1923년 4월 6일자.

7) 大和和明, 「1920년대 전반기의 한국농민운동 - 전라남도 순천군의 사례를 중심으로-」, 『항일농민운동연구』, 동녘, 1984, 127쪽.

1920년대 중반의 공동경작은 이처럼 소작쟁의의 일환으로서 소작권의 박탈에 대한 항거로서 이루어졌다. 산미증식계획이라는 미명하에 전개된 농업수탈정책의 시행과정에서 지주들은 소작인들을 여러 가지 방식으로 수탈하였으며, 이러한 수탈에 대한 투쟁과정에서 농민(소작인)들은 공동경작이라는 저항의 물적 기초를 발견할 수 있었다. 그러나 공동경작동맹을 중심으로 하여 소작쟁의의

〈표 6-2〉 소작지의 공동경작상황(1930년) (단위: 정보)

도명	사례수	인 원		면 적			
		총인원	평균인원	논	밭	합계	평균면적
경기	46	1,275 *	27.7	30.22	5.3	35.52	0.77
충북	6	146	24.3	5.35	-	5.35	0.89
충남	13	615	47.3	13.48*	5.46	18.94	1.46
전북	14	443	31.6	12.82	0.6	13.42*	0.96
전남	44	2,168	49.3	24.9	1.8	26.7	0.61
경북	5	182	36.4	1.7	-	1.7	0.34
경남	48	1,030	84.0	8.14	18.55	26.69	0.56
황해	16	640	40.0	41.3	2.0	43.3	2.71
강원	7	135	19.3	1.05	1.96	3.01	0.43
평남	10	147	14.7	6.93	1.83	8.76	0.88
평북	30	1,001	33.4	19.14	0.6	19.23	0.64
함남	1	26	26.0	1.00	-	1.00	1.00
함북	1	30	30.0	0.63	-	0.63	0.63
합계	241	10,838	45.0	166.69	38.10	4.79	0.85

* 충북과 전남은 『朝鮮の小作慣行』과 『小作慣行調査書』 간에 차이가 있어 후자를 취함.

*1. 경기도의 한 사례는 마을민 전체가 구성원인데 60명으로 계산함.

*2. 충남의 경우 논밭이 확인되지 않은 3.8정보를 논으로 계산함.

*3. 전북의 경우 77명으로 구성된 한 사례가 면적미상으로 빠짐.

자료: 朝鮮總督府, 『朝鮮の小作慣行』, 하권, 속편, 22-36쪽.

『小作慣行調査書』, 전남편, 214-7쪽과 충북편, 233-4쪽.

8) 조동걸, 『일제하 한국농민운동사』, 한길사, 1979, 116-7쪽.

일환으로서 나타난 이러한 공동경작은 일제의 탄압이 더욱 심해지고 그에 따라 소작쟁의가 점차 수그러들면서 줄어들게 되었다.

소작쟁의 과정에서 나타난 이러한 소작인들 중심의 공동경작과는 달리 마을 단위로 이루어져 왔던 공동경작도 일정하게 지속되고 있었다. 즉 마을 단위의 비용지출을 감당하기 위한 공동경작이 꾸준히 지속되어 왔다.

더구나 1920년대 후반에 들어서는 관의 적극적인 장려와 농민들 스스로의 필요에 의해 공동경작이 늘어났다. 토지의 사유권이 확정되자 마을 단위의 공동경작지도 사라지게 되어 이 시기에 들어서는 소작지를 공동으로 임차하여 공동경작을 하는 방식으로 전개되었다. 1920년대 말의 공동경작 상황을 확인할 수 있는 것으로서 1930년도 소작지의 공동경작 상황을 정리해보면 〈표 6-2〉와 같다.

〈표 6-2〉에 나타난 자료는 소작지를 공동으로 차입하여 공동경작하는 사례들이다. 공동으로 차입하되 개인적으로 경작하는 경우도 있으나 극히 드물었다. 조사된 241개의 공동경작 사례에는 1만 838명이 공동경작에 참여하고 있었으며, 한 공동경작단에 평균 45명이 참여하고 있었다. 공동경작한 소작지의 규모를 보면 논이 167정보, 밭이 38정보였다. 이처럼 일제 중반에 있어서의 공동경작은 주로 공동소작단에 의한 공동소작의 형태로 이루어졌다. 그럼에도 이는 전체 경지면적에 비하면 아주 미미한 것이며, 공동경작이 농업생산에서 주요한 생산방식이라고 할 수는 없었다.

소작지에서의 공동경작은 논이 많았으며, 한 공동경작단은 평균 0.85정보(2,550평)의 면적을 경작하였고 1인당 경작면적은 56.7평으로 아주 적었다. 밭을 공동소작하는 것은 대부분 부녀자들에 의한 것으로서, 재배 작물은 주로 면화였으며 특히 경상남도 지방에서 활발하게 전개되었다.[9] 부인들이 이처럼 밭을 공동으로 경작하면서 면화를 재배하는 것을 "공동면작"이라고 하였다.

공동경작의 조직주체를 보면 농사개량조합, 소농조합, 농사소조합, 청년단, 공제조합, 공동경작계, 부인공동경작단, 면작개량계 등 그 이름이 다양하였다. 또 공동경작을 누가 하느냐에 따라 청년의 공동경작, 부인의 공동경작, 아동의 공동경작 등이 있었다.

그런데 이러한 조직체들은 대부분 1927년 이후에 결성된 것들이며, 1924-5년에 결성된 것은 드물다. 이것은 1924,5년경에 소작인들의 대지주투쟁 속에서 결성되어 이어져 온 것은 아주 드물고, 대개 그 이후에 그러한 투쟁과정 없이 형성되었다는 것이다. 1930년도의 경기도 지역의 공동경작조사에 따르면 공동경작조합 총수 124개소 중에서 1925년 이전에 설립된 것은 4개소에 불과하며, 그 중에 1924년도에 설립된 것이 가장 오래된 것이었다.[10) 부녀자들의 공동면작도 경상남도를 선두로 하여 1928년에 조직된 이래 급속히 발전하여, 1928년 61개였던 것이 1932년에는 514개에 달하게 되었다. 또한 전북에도 1929년부터 설립되기 시작하여 보급되었다.[11)]

1920년대 말에 들어 공동경작이 활기를 띠게 되는데, 이것은 총독부의 권장에 의한 것이기도 하지만 농민들 스스로의 필요에 따른 것이기도 하였다. 공동경작의 목적은 소작인의 친목, 근검, 저축장려, 생업자금 및 기타 자금조성, 총독부 당국의 농업지도의 편의 등이었다.

이 시기에 다양한 이름을 가진 조직체에 의한 공동경작을 그 결성동기에 따라 크게 두 가지로 구분할 수 있다. 먼저 총독부

9) 朝鮮總督府, 『朝鮮の小作慣行』, 下卷, 續編, 29-32쪽.

10) 『朝鮮農會報』, 6卷 3號, 1932年 3月, 113-4쪽.

11) 姜鋌澤, 「朝鮮における共同勞動の組織とその史的變遷」, 『農業經濟研究』, 第17券 4號, 1941, 41쪽.

당국, 금융조합, 학교, 지주 등의 장려에 의해서 교화단체의 부대사업으로서 실시된 것이 많이 있었으며, 다른 한편으로는 드물지만 소작인이 소작권을 얻기가 어려운 사정에 처해서 혹은 소작인 단체원의 상호부조적인 사업 즉, 소작조합비의 조성, 소작인간의 무산아동교육 자금, 야학회경비마련 등을 위한 수단으로서 소작인이 자발적으로 실시한 것이 있었다.[12)]

이러한 조건 속에서 1920년대 후반 들어 공동경작이 일정하게 증가하였다. 그러나 전반적으로 관의 장려에 의한 것이 지배적이었다. 토지조사사업을 통해 조선지배의 기반을 정비한 일제는 산미증식계획을 통해 일본으로의 쌀 반출을 가속화시켜 나갔다. 이는 지주-소작관계의 확대에 기초하여 쌀의 상품화를 강요함으로써 실현되었다. 이 과정에서 지주-소작관계로 나타나는 계급적 대립이 표면화되었고, 다른 한편으로는 농업공황으로 일본 본토의 쌀소비가 줄어들면서 강제증산정책을 수정해 나갔다.

일제는 1930년대 들어 농민들의 저항을 약화시키기 위해, 한편으로는 농본주의, 황민화사상, 민족동화정책 등 제국주의이념을 주입하고, 다른 한편으로는 자력갱생이라는 구호 아래 '갱생3목표달성', '부락진흥운동' 등의 정책을 실시하는 이른바 모범부락을 선정하여 장려하였는데, 이 모범부락 중에는 공동작업과 공동경작을 하는 마을이 많이 있었다.[13)]

또한 일제는 여성(부인)노동력을 농사에 동원하려고 하였으며, 그 일환으로서 부인들의 공동경작을 권장하였다. 특히 1930년대 후반에 가서는 노동력이 일시적으로 부족한 경우도 발생하여, 부인들이 중심이 되어 공동경작이나 공동작업을 하는 사례들이 많이 나타났다. 충청남도 농회의 조사에 따르면 충남도내 각지에서

12) 朝鮮總督府, 『朝鮮の小作慣行』, 下卷, 續編, 22-33쪽.

13) 朝鮮總督府, 『朝鮮の聚落』, 中編, 模範部落篇, 129-297쪽을 볼 것.

마을내의 부녀자들을 중심으로 부인회 또는 부인근로제 등이 조직되어 공동작업은 물론 공동경작을 실시하였다. 부녀자들은 특히 논뿐만 아니라 밭을 빌려서 면화나 소채 등을 공동으로 경작하였고, 공동상전을 설치 운영하면서 누에를 공동으로 치기도 하였다.[14] 부녀자들은 소작지를 얻어서 공동으로 면화재배를 하거나(공동면작), 공동상전을 설치하고 공동치잠(누에치기)까지 하였다.

이렇게 당국에서 권장하면서 지주나 마을유지, 그리고 말단 행정기구의 장이나 부락조직의 책임자 등에 의해 주도되었던 공동경작은 이후 농촌진흥운동과정에서 더욱 늘어났다. 경기도의 경우 도농회의 통제 아래 1932년에서 1941년까지 매년 100개의 공동경작 단체를 조직하려고 목표를 세워놓고 있었다. 경기도의 상황을 알 수 있는 단편적인 자료를 보면, 공동경작을 하는 단체들은 대개 1931년 이후에 설립된 것들로서 자작지의 획득, 납세, 뽕잎의 분배, 근로애호 등을 목적으로 하여 활동하고 있었다. 이 단체들은 공동경작만을 위해서 조직된 경우는 드물었으며, 그리하여 공동경작 주체들의 이름도 매우 다양하였다.

〈표 6-3〉에서 알 수 있듯이 공동경작을 하는 단체는 보통의 농

〈표 6-3〉 경기도의 공동경작상황(1932.3)

구분	조합수	조합원수	조합 평균인원
보통농가	76	2,261	29.8
청년	19	443	23.3
부인	26	427	16.4
소년	3	124	41.3
합계	124	3,255	26.3

자료: 『朝鮮農會報』, 6월 3호, 1923년 3월, 113쪽.

14) 忠淸南道 農會, 『忠淸南道更生農村における勤勞婦人』, 1934, 26쪽 이후; 忠淸南道 編, 『蠶業共同經營の概要』, 大田, 1935.

가만이 아니라 청년이나 부인들로만 이루어진 것도 있었으며 소년들이 중심이 된 것도 있었다. 조합원수는 평균 26.3명으로 소작의 공동경작단 인원수에서 확인된 것보다는 좀 작게 나타나고 있다. 여기서는 보통농가의 조합원수는 약 30명이며, 청년, 부인조합으로 갈수록 규모가 작아지고 있다. 이들 조합이 경작하는 규모는 논이 42정 2반, 밭이 26정 2반으로 조합당 평균 1,973평을 경작하고 있는 것으로 나타났다. 소작지의 공동경작에서 나타난 자료에서 보다는 조합당 경지면적이 작은 것으로 나타나고 있다. 이들 공동경작단체들 중에서 논만을 경작하는 단체가 73개로 가장 많았고, 밭만을 경작하는 단체는 23개, 그리고 논밭을 다 경작하는 단체가 28개였다. 이것으로 보아 경기도 지역에서의 공동경작은 논농사에서 많았으며, 이러한 상황은 앞에서 확인한 바와 같이 중남부 지방에서는 일반적인 상황이었다.

이들 단체 중에서 공동경작을 주목적으로 또는 그것을 조합의 주요한 사업으로 하여 설립된 단체는 51개 조합이었고, 그 외 73개 조합은 단체사업의 일환으로서 공동경작을 하고 있었다. 즉 공동경작만을 위해서 보다는 부대사업으로 공동경작을 하는 단체가 더 많았다.

이들 조직체들은 대개 1931년 이후에 결성되었고, 조합장이나 회장 등은 그 마을의 중견인물[15]로서 연령적으로 30-40대가 대부분을 차지하고 있었다. 생산물은 판매하여 공동저축이나 공동이용, 공동기금 등에 충당하는 것이 일반적이었으며, 생산물을 각자에 완전히 분배하는 조합은 13개에 불과하였다. 그리고 한 조합당 평균 출역일수는 83일로서 호당 3.3일에 상당하는 것이었다.[16]

---

15) 일제는 농촌진흥운동과 더불어 그 중심으로서 농촌 안의 중견인물양성을 기도하여, 마을마다 중견인물을 선정하고 육성하였다.

16) 『朝鮮農會報』, 6卷 3號, 1932.3, 113-4쪽.

일제는 이러한 공동경작조합을 관주도의 기관인 농회의 통제 아래에 두면서 적극적으로 장려하고 있었다.17) 한편 관 주도의 그러한 공동경작의 확산과는 달리 1930년대 초반에는 농민단체에 의한 공동경작 확산도 이루어졌다. 1925년 10월에 설립되어 천도교인 중심으로 계몽운동을 해온 조선농민사가, 1930년대 들어서는 공생조합운동, 농민야학, 농민관계 간행물의 발간, 공동경작운동, 조직활동의 강화 등에 주력하게 되면서 공동경작운동을 활발히 전개하였다.18)

조선농민사의 조직이 천도교를 중심으로 이루어지고 서북지방에서 잘 조직화된 관계로, 조선농민사를 중심으로 하여 전개된 공생조합운동이나 공동경작운동도 서북지방에서 널리 실시되고 있었다.

조선농민사 각 군사에서는 공동경작에 대한 통괄적 지도가 필요할 정도에 이르렀으며, 일정한 정관을 만들어 군내 전체의 공동경작을 관장하였다. 평안남도 덕천군사에서 마련한 농민사 공동경작계 정관을 보면 공동경작계는 공생조합에 가입하도록, 협동조합운동에서 생산조합의 위치를 차지하도록 하고 있었다.19)

조선농민사가 주도한 이러한 공동경작운동이 어느 정도 이루어졌는가는 『농민』지에 실린 자료들을 통해 확인할 수 있다. 1932년부터 이미 공동경작이 실시되고 있었는데, 평남 개천군 중남면

---

17) 『朝鮮農會報』, 6卷 5號, 1932.5, 117쪽. 농회는 일제시기에 농촌을 이해하는데 있어서 가장 중요한 단체였다. 농회의 단체적 성격 및 활동에 대해서는 문정창, 『한국농촌단체사』, 일조각, 1961을 참조.

18) 조동걸, 『일제하 한국농민운동사』, 한길사, 1979, 169-180쪽; 지수걸, 「조선농민사의 단체성격에 관한 연구」, 『역사학보』, 106호, 169-207쪽; 新納豊, 「朝鮮農民社の自立經濟運動」, (富岡倍雄・梶村秀樹 編), 『發展途上國經濟の研究』, 東京, 世界書院, 1981, 295-325쪽.

19) 『農民』, 1933년 8월호, 53쪽.

광덕리에서는 산간부락임에도 농민사 회원(18명)들이 공동경작을 비롯하여 야학설치, 소비절약, 저축장려, 민풍개선 등에 힘쓰고 있었다.[20)]

평안북도 구성군사 관내 안창동사에서는, 1, 각 사원은 종자로 일정량을 갹출할 것. 2, 경작방식은 조(組)제로 하되 한 조에 4명 혹은 5명으로 함. 3, 경작지는 신임간부가 일체 책임지기로 함. 4, 경작, 제초, 추수, 타작 등은 일정하게 정해진 기일을 엄수할 것. 5, 판매 또는 공동판매하여 수입금을 농민사 기본금으로 할 것. 6, 경작지 면적은 한 조당 5백 평으로 할 것 등 공동경작의 방식을 정하여 실시하고 있었다.

이 사례에서 보는 바와 같이 공동경작이 매우 체계적으로 이루어졌음을 알 수 있다. 더욱이 일정한 책임자가 있고 조를 이루어 공동경작을 하였으며 일정량의 경지면적을 기본단위로 하여 하고 있었다. 물론 조선농민사에서 실시한 공동경작의 수입금은 대개 농민사의 기금으로 쓰였다. 또 홍천군사에서는 공동경작 뿐만 아니라 공동작업회가 설립되어 공동작업도 하였으며, 곽산의 장요리에서도 공동작업을 하였다.

이러한 농민사의 공동경작의 분포상황을 정리한 〈표 6-4〉를 보면 조선농민사를 중심으로 이루어진 공동경작은 주로 함경남도와 평안남도 지역에서, 그것도 농민사의 조직화가 이루어진 일부 지역에서만 활발하게 전개되었음을 알 수 있다. 물론 자료에서 확인되지는 않았지만 다른 지역에서도 공동경작을 실시하였던 것으로 보인다.

조선농민사의 공동경작은 북부지방의 지역적 특성상 밭작물에서 주로 이루어졌고, 1930년 이후에 발생한 것이었다. 이처럼 농

20) 『農民』, 1932년 10월호, 56-7쪽.

〈표 6-4〉 조선농민사 각 군, 이동사의 공동경작상황(1933)

도, 군	이동(里洞)사	인원	경작면적	기타
(평남) 맹산군사	삼리사	15	밭 3,600평	
	안하서	32	논 1,200평	
	강포사	5	논 400	
	고상사	21	밭 14,400	
	현봉사	16	밭 3,600	
	명장사	18	밭 300	
	공동사	5	밭 1,200	
	정광사	10	논 600	
덕천군사	산양사	30	밭 3일경	옥수수, 강낭콩
	양동사	40	화전 4,5일	조. 수확 약 2백두
	냉정동사	13	밭 1일반경	메밀 *소작료 없이 임차
	숭례동사	13	밭 3,000	종자 콩 3두락, 수확 4천
	대평리사	22	밭 4일경	31년 밭 1일경을 소작, 동유자금으로 구입.
	옥동사		?	30년에 시작.
안주군사	운천리사의 운천소년회		밭 100	고구마
(함남) 고원군사	적가슬사		밭 1,500	메밀 *개간지
	노동사		2,000	팥 *개간지
	운곡신흥사		500	콩
	중흥사		1000	조
	대웅사		1000	메밀
	상경리사		1000	메밀
	산곡신흥사		2000	메밀
	운진사		1000	메밀
	다삼포사		500	콩
정평군사	선흥리사		400	영소작권을 얻어 경작
(평북) 삭주군사	외남면 남장동사		260	*조합장 1인 재무 2인, 간사 3인

자료: 『農民』, 1933년, 7-11월호.

민들은 자주적인 농촌을 건설하기 위한 노력의 일환으로서 공동경작을 추진하였으며 이는 다른 조직활동을 위한 물질적 기반이 되었다.

일제는 1933년에 들어 간단한 기술의 전파 및 노동력의 집약화를 꾀하고 농민을 통제하기 위하여 공동경작을 장려하였다. 그리고 이것은 쉽게 조직될 수 있는 것이기도 했다. 1933년 제1차 지도부락 2,277개소에서 실시 당시에는 공동경작을 하는 마을이 161개소였지만, 1938년 3월말에는 공동경작을 하는 마을이 지도부락의 61%에 해당하는 1,185개소에 달하였다.

총독부 당국은 1938년 들어 농가를 개별적으로 지도하던 종래의 방법을 바꿔, 농가갱생5개년계획을 완료한 부락에 대해서는 부락민을 단위로 공동적인 활동을 벌이도록 하는 방침으로 나아갔다. 그러면서 공동시설을 적극적으로 장려하였으므로 공동경작은 더욱 확대되었다.

논을 중심으로 하여 이루어지던 공동경작과는 달리 밭을 중심으로 부녀자들이 하던 면화공동경작(공동면작)은 1933년 면화증식계획에 따라서 더욱 조직화되면서 전개되었다. 경남과 전북지방 뿐만 아니라 점차 전국적으로 확대되었으며, 특히 경남에서는 1934년에 공동면작지가 1,441개소에 달하고 있었다.[21)]

밭에서의 공동경작은 면화뿐만 아니라 뽕잎을 따기 위한 공동상전의 설치로도 나타났다. 공동상전의 경영은 더 나아가 누에를 공동으로 키우는 공동치잠으로까지 전개되었다.[22)] 이 이외에도 공동작업장을 설치하여 함께 가마니짜기를 한다든가 부녀자들의 경우 함께 베를 짜고 종이를 만드는 작업을 하였다. 이것들은 공동경작이라고 할 수 없는 것이지만 공동치잠의 경우는, 개인적으

21) 姜鋌澤, 앞의 글, 43쪽.

22) 忠淸南道 編, 『蠶業共同經營の槪要』, 1935.

로 뽕밭을 경영하고 누에치기만을 공동으로 하는 것도 있었지만, 공동상전을 경영하면서 공동치잠을 하는 것이 많았다.

치잠공동사육소는 1925년 1,341개소에서 1933년 2,472개소로 늘어났다가, 그 이후는 줄어들어 1940년에는 1,591개소였다. 참여 농가호수는 1933년 9만 2,620호로 가장 많았다가, 그 뒤 점차 줄어 1940년 7만 2,097호였다. 1940년 당시 한 공동치잠소에는 평균 45.3호가 참여하고 있을 정도로 공동치잠소의 규모가 컸다.[23)]

농촌진흥운동이 본격적으로 전개되기 시작하는 1933년에 들어 일제는 농가갱생계획을 세워 추진해 나갔다. 그러면서 마을 단위로 진흥운동을 추진해 나갈 조직체를 만들었는데, 이것이 '농촌진흥회'였다. 농촌진흥회는 5인조로 이루어져 있으며 상호감시, 상호경쟁을 하도록 하면서 여러 가지 생활개선운동에 관한 감시기능을 하였다. 또한 공동경작, 공동판매, 공동구입, 공동이용 등의 활동도 전개하였다. 마을진흥회의 이러한 활동을 원활히 하도록 하기 위하여 일제는 중견인물 양성에 힘을 쏟았다. 이 과정에서 중견인물을 중심으로 한 다양한 이름을 가진 단체들이 생겨났고, 그 중에서 많은 단체가 공동경작을 실시하였다.[24)]

1930년대에는 일제의 권장에 의한 공동경작이 늘어났을 것으로 여겨지는데, 농촌진흥운동의 후기에 해당하는 1938년 당시 공동경작지를 경작하고 있는 마을 또는 단체수는 1만 7,939개, 공동경작지는 1만 8,722개소에 달하였다. 공동경작면적은 논이 2,121.6정보, 밭이 4,960.6정보, 기타 268.6정보로 합계 7,350.8정보였다.[25)] 단체당 평균 경작면적은 1,229평으로, 1920년대 말에 형성

---

23) 「置蠶共同飼育成績」, (1939,1940년분), 『朝鮮總督府月報』 第11集 第4卷 第12號.

24) 한도현, 「1930년대 농촌진흥운동의 성격에 관한 연구」, 서울대 사회학과 석사논문, 1985, 12-63쪽.

되어 전개되어온 공동경작지에 비해 경지가 더욱 줄어 든 것으로 나타나고 있다.

이는 1938년 행정구역상의 동리수 28,500개를 기준으로 해서 볼 때 63%에 이르는 것으로, 공동경작이 광범하게 이루어지고 있었음을 알 수 있다. 그러나 행정구역상의 동리에는 여러 개의 자연부락(마을)이 포함되어 있기 때문에, 실제 공동경작이 행해진 마을이 그렇게 높은 비율은 아니었을 것이다. 종래의 총 마을수 7만 4,779와 비교해 보면 24%에 상당하는 비율이다.[26]

농촌 안에 적체되어 있던 노동력이 도시에서의 공업의 확대로 일정하게 유출되었고, 더욱이 일제 말기에 가면서 노동력의 강제동원이 실시되어 농촌노동력이 일시적으로 상당히 부족하게 되었다. 이에 대처하기 위해 일제는 공동경작을 권장하는 정도에서 그치는 것이 아니라, 공동작업반을 조직하여 농촌노동력의 강제적 동원과 조정을 실시하게 되었다.

25) 朝鮮總督府, 『自力更生彙報』, 第61號, 36쪽.
26) 김경일, 앞의 글, 1988, 521, 535쪽.

7장

공동작업반

1. 일제하의 공동작업반

중일전쟁 이후 전시체제로 돌입한 일제는 농민들을 전시 농산물의 증산을 위한 강제동원과 군수산업에 대한 노동력 동원이라는 두 가지 '임무(?)'를 수행하도록 몰아부쳤다. 노무공출과 농산물 증산은 상호 모순된 것이었으므로 그 대상이 되었던 조선 농민의 핍박은 이루 말할 수 없었다.

일제의 인적 자원 수탈은 이전부터 있어 왔지만 전시체제에 들어가면서 본격적으로 강행되었다. 일제는 제73회 제국의회에서 '국가총동원법'을 가결하고 1938년 7월에 공포한 '국민징용법'을 시발로 하여 그후 20여건의 노무관계 조령들을 발표, 실시하였다. 그리하여 1939년도부터 본격적으로 인적 자원에 대한 수탈, 즉 강제연행을 개시하였다. 더욱이 1943년 이후에는 '조선징병제'를 실시하여 젊은 청년들을 군대로 강제 징발해 갔다.

이렇게 군무(軍務)와 노무(勞務)를 위해 강제 동원 및 연행을 하면서 동시에 전시 농산물 증산을 위한 강제동원을 하지 않을 수 없었다. 농업노동력은 감소하고 또 농우의 감소도 급속해지면서 생산력기반이 약화되어 가는 상황에서 증산방법은 투하노동력의 집약화와 노동조정에 의한 길 밖에 없었다. 그리하여 1941년

4월 2일 조선총독부는 '농촌노동력조정방침'을 결정하고, 1941년 봄 이후 매년 농번기에는 농촌노동력조정대책을 세워 농민을 증산에 강제로 동원하였다.

농촌노동력 조정방침을 보면, "1941년 봄 농번기에는 특히 부락 공동작업의 촉진강화에 중점을 두고 속히 부락에 공동작업반을 편성함과 함께, 작업반 간부에 대한 훈련을 철저히 하여 적기작업의 실시 및 수확이 낮은 농가에 대한 협력원조에 충실을 가한다"고 하고 있다.

작업반의 편성에 관한 방침을 보면, (1), 농가의 소재노동력, 경지면적, 구역, 거리 및 공동작업반이 이용할 수 있는 농기구나 역축 등을 고려하여 부락애국단을 단위로 해서 4월말까지 작업별로 공동작업반을 편성할 것, (2), 농작업의 종류에 따라서 한 마을에 수 개의 작업반을 편성하는 경우는 부락을 단위로 하여 작업대를 조직하고 작업대의 대표자가 그것을 통솔할 것, (3), 공동작업반의 편성은 모내기, 보리베기에 중점을 두고 특히 부인공동작업반 및 학생아동작업반의 편성에서는 작업구역, 종류 및 시기 등을 고려하여 일층 적극적으로 추진할 것 등으로 정하고, 이들 작업반 간부에 대한 훈련을 시도하는 것으로 하고 있다.[1)]

이러한 조정방침에 근거를 두면서 농촌노동력조정요강을 정하고 이에 따라 농촌노동력의 조직화를 추진하였다. 농촌노동력조정요강의 내용은 노동시간의 연장, 노동능률의 향상, 머슴 및 계절고의 배제 등을 통해 노동강화를 도모하고, 공동작업 및 공동이용을 확대해 나가며, 경지 및 노동력을 조정하는 것이었다. 또한 부인들을 농업노동에 참가시키기 위하여 가사공동시설을 확충하고 부인작업반을 편성하였을 뿐만 아니라, 나아가 학생 및 아동

---

1) 「農村勞務調整狀況」, 『朝鮮總督府月報』 第13卷 第17號, 1942년 4월, 10-11쪽.

에 대한 동원방침도 정하였다. 즉 노동력 총동원을 위한 비상조치였다고 할 수 있다.[2] 1941년도 춘계농촌노무조정방침에서 작업반 간부에 대한 훈련방침을 세우고, 그에 따라 '부락공동작업반' 반장의 '노무연성(勞務鍊成)'을 실시하였다.[3]

1943년 봄철 농번기 이전에 6만 명의 공동작업반 반장을 대상으로 20만 엔의 예산으로 1개 군도에 80-100명 정도를 소집하여, 공동작업의 실시방법, 즉 출동자의 범위, 반의 조직, 작업의 분담, 농구·가축의 공동이용, 작업반 종류, 작업지구 및 시기의 결정, 특히 작업상 주의해야 할 사항에 대하여 훈련을 실시하였다. 또 1944년 봄철 농번기 전에는 중남부 지방에서 한 부락 평균 4명, 서북 지방에서는 한 부락 평균 2명의 공동작업반 반장을 읍, 면 기타 적당한 장소에 소집하여 훈련을 시켰다.[4]

이렇게 일제에 의해 강제적으로 편성된 공동작업반은 남자작업반, 여자작업반, 남녀작업반, 학생·생도·아동작업반으로 구분되었는데, 1941년 봄 공동작업반의 편성 및 작업실시 상황을 보면 〈표 7-1〉과 같다.

〈표 7-1〉에서 확인할 수 있는 바와 같이 공동작업반의 구성과 작업은 매우 광범하게 이루어졌다. 모내기 작업에서 공동작업반을

---

2) 앞의 글, 11-14쪽.

3) 앞의 글, 11쪽. 작업반 간부에 대한 훈련방침은 다음과 같았다. 1. 1941년 5월 중순까지 읍면군도에 있어서 공동작업계획의 수립실행 및 준비조사의 방법 등에 관하여 간부강습을 실시하고 그 조직적 활동을 촉진할 것. 2. 부락간부에 대한 공동작업 강습에 들어가는 경비는 생산력확충단기강습회 경비로 충당하는 외에 군도 농민회, 읍면 등의 경비로서 하여 다수의 간부를 수강케 할 것.

4) 康成殷(1988), "전시하 일제의 농촌노동력수탈정책", 최원규, 『일제말기 파시즘과 한국사회』, 청하("戰時下日本帝國主義の朝鮮農村勞動力收奪政策", 『歷史評論』, 1979年, 11月號) 29쪽.

〈표 7-1〉 공동작업반의 편성 및 작업실시 상황(1941년 봄)

작업 구분	작업반별구분	작업반편성 부락(학교)	부락당 작업반수	반당 인원수	작업 기간	총면적에 대한비율
모내기	남자작업반	35,146마을	3개	21명	11일	30%
	여자작업반	29,867	3	18	10	15
	남녀작업반	11,304	3	23	10	13
	학생,생도, 아동작업반	4,077학교	5	49	5	3
	합계	80,412	3개	21명	10일	61%
보리베기	남자작업반	29,568마을	3개	20명	7일	18%
	여자작업반	26,500	3	17	6	12
	남녀작업반	9,414	2	20	6	7
	학생,생도, 아동작업반	2,620학교	4	50	4	1
	합계	68,102	3개	20명	6일	38%

자료: 「農村勞務調整狀況」, 『朝鮮總督府月報』, 第13卷 第17號, 1942년 4월, 14쪽.

조직한 마을 및 학교 수는 8만이 넘으며, 보리베기에서도 공동작업반을 조직한 마을 및 학교 수는 6만 8천을 넘었다. 작업반 중에서 남자작업반을 조직한 마을이 가장 많고 그 다음으로 여자작업반, 남녀작업반을 조직한 마을 순이었다.

여기서 특기할 만한 것은 여자작업반을 조직한 마을이 상당히 많으며, 남녀작업반을 조직한 마을까지 생각한다면 공동작업반의 결성과 함께 여성노동력의 농작업참여가 광범하게 이루어지고 있었음을 알 수 있다.

마을당 평균작업반수는 모내기와 보리베기 모두 3개로, 모내기 작업에서는 24만 1,236개의 공동작업반이 조직되었으며, 보리베기 작업에서는 20만 4,306개의 공동작업반이 조직되었다.

작업반의 작업인원수는 모내기 작업의 경우 21명이고, 보리베기작업의 경우는 20명이었다. 학생·생도·아동작업반의 경우는 작업인원 수가 49명, 50명으로 많은 편이나 그 조직수가 적고 작업일수가 적어 작업량은 미미하였다.

이처럼 1941년 봄에 조직된 공동작업반의 상황을 보면, 한 마을에 3개 정도의 작업반이 결성되었고 공동작업반의 작업인원은 20명 내외였기 때문에, 한 마을 안에서 공동작업반에 편성된 인원은 약 60명 내외에 달하였다. 마을의 크기에 따라 다르겠지만, 이는 마을 안의 건강한 노동력을 거의 다 포괄하는 규모였다고 생각된다.

이렇게 계산하여 공동작업반에 참여한 인원을 파악해 보면[5] 모내기작업에 약 506만 6천명, 보리베기 작업에 약 408만 6천명이 동원되고 있어, 공동작업반에 동원된 인원이 얼마나 많았는가를 알 수 있다.

공동작업반의 평균작업기간은 모내기 작업의 경우에는 10일이고 보리베기 작업의 경우에는 6일로 더 짧다. 이는 모내기 작업량이 보리베기 작업량보다 많았기 때문이기도 하지만, 모내기 작업에 공동작업반의 작업이 집중되었기 때문이기도 하였다.

공동작업반이 전체 작업량 가운데 어느 정도의 작업을 담당했는지를 보면, 모내기 작업의 경우 공동작업반에 의해서 이루어진 작업량이 전체 작업량의 61%를 차지하고, 보리베기 작업의 경우에는 38%를 차지하고 있다. 보통 마을의 모내기작업 기간이 15-20일 정도였는데, 공동작업반은 10일 정도 집중적인 작업을 하였기 때문에, 모내기 작업의 상당 부분을 포괄할 수 있었다.

공동작업반은 주로 모내기와 보리베기 작업을 할 때에 결성되었는데, 특히 두 가지 작업이 겹쳐 노동력수요가 많은 논농사 지

---

5) 모내기 작업의 경우 80,412*3*21=506만 5,956명, 보리베기작업의 경우는 68,102*3*20= 408만 6,120명으로 계산한다.

〈표 7-2〉 지역별 공동작업반의 편성 및 작업상황(1941년 봄)

작업 구분	지역 구분	작업반편성 부락(학교)	부락당 작업반수	반당 인원수	작업 기간	총면적에 대한비율
모내기	경기	11,835마을	3개	18명	19일	97%
	충북	6,234	3	17	14	85
	충남	8,719	2	21	9	73
	전북	10,904	2	22	11	82
	전남	9,617	2	37	11	52
	경북	6,959	8	16	9	50
	경남	8,844	3	25	11	77
	황해	5,826	2	13	9	56
	강원	485	2	23	7	26
	평남	1,295	3	22	6	67
	평북	5,934	2	19	5	60
	함남	3,247	2	15	8	36
	함북	504	4	16	9	39
	합계	80,412마을	평균 4개	21명	10일	평균 61%
보리베기	경기	10,622마을	3개	16명	8	82%
	충북	6,402	3	14	10	54
	충남	8,277	2	23	7	65
	전북	9,874	2	22	7	63
	전남	8,862	2	29	8	26
	경북	6,676	8	15	7	32
	경남	6,267	2	25	7	63
	황해	5,234	2	12	4	34
	강원	562	1	25	5	26
	평남	144	2	20	6	84
	평북	4,748	2	13	4	55
	함남	34	3	11	2	3
	함북	480	3	12	4	20
	합계	68,102	평균 3개	평균 20명	6일	평균 38%

자료: 「農村勞務調整狀況」, 『朝鮮總督府月報』, 第13卷 第17號, 1942년 4월, 17-26쪽.

역에서 결성되었다. 그리하여 공동작업반의 편성은 지역에 따라서 약간씩 차이가 있었다.

〈표 7-2〉에서 보는 바와 같이 1941년도 공동작업반의 지역적 차이를 보면, 먼저 모내기 작업의 경우 경기도, 전라남북도, 경상남북도, 충청남북도, 황해도, 강원도 순으로 공동작업반을 구성한 마을이 많았다. 이는 논농사 지역에서 주로 결성되었기 때문이다. 보리베기에 있어서도 마찬가지이다.

마을당 작업반 편성수는 2-3개로 약간의 차이가 있으며 경상북도 지역에서는 8개로 특이하게 많은 것으로 나타났다. 작업반당 작업인원수는 모내기작업의 경우 최소 13인에서 37인까지로 편차가 크다. 보리베기 작업의 경우도 반당 작업인원수는 11인에서 29인까지 지역에 따라 약간씩 차이가 있다. 전체적으로 마을당 작업반인원수가 많으면 반당작업인원수가 적은 경향이 있었다.

공동작업반의 작업기간은 남부지방이 비교적 길고 북부지방은 비교적 짧은 것으로 나타났다. 모내기 총면적 중에서 공동작업반에 의해서 이루어 진 것을 보면, 경기도, 충청북도, 전라북도 등은 80% 이상으로 거의 대부분의 모내기작업이 공동작업반에 의해서 이루어졌다. 그 다음으로는 경상남도, 충청남도, 평안북도, 강원도 등의 순이며, 공동작업반에 의한 작업이 반도 안 되는 지역은 평안남도와 함경남북도 뿐이다. 보리베기 작업의 경우는 모내기 작업보다는 공동작업반의 활동이 좀 미진하지만, 경기도, 평안북도의 경우는 공동작업반에 의한 작업이 전체 작업의 80%를 넘고 있으며, 충청남북도, 전라북도, 경상남도, 강원도 지역도 공동작업반이 절반 이상의 작업을 담당하고 있다.

마을 단위에서 공동작업반의 활동을 보면, 노동력을 가진 자는 모두 동원되고 소정의 반에 나누어 속하였다. 편입된 각 반원들은 반장의 지휘에 절대적으로 복종하면서 작업을 하지 않으면 안

되었다.[6]

몇 마을의 사례를 통해 살펴 보면, 1941년 강원도 춘천읍 우두리의 경우, 부락을 3개의 구로 나누어 한 구마다 2개의 작업반을 편성하고, 각 작업반은 경운반 3조(1조는 가는 사람 1명, 보조자 1명, 역우 1두로 구성)와 모내기반 1조로 구성되었다. 모의 성장정도와 수로순에 따라 경운조가 경운정지 작업을 하고 그 뒤를 좇아서 모내기조가 모내기를 해나갔으며, 모내기는 아침 5시반에서 오후 7시경까지 실시하였다.[7]

경기도 안성군 도기리는 총호수가 106호이고 총인구가 598명인 마을인데, 그 중 노동능력을 가진 사람은 남녀 합해서 286명에 달했다. 1941년에는 전원이 2개의 작업반에 나뉘어졌다. 그런데 작업반원의 수가 너무 많아서 작업을 능률적으로 할 수가 없었으므로, 1942년에는 6개의 공동작업반을 만들고 각자 각 작업반에 나뉘어 작업에 참여하였다. 그런데도 반당 작업인원이 너무 많았다고 한다.[8]

전북 완주군 구이면 평촌리 원평촌의 경우 1941년에 징용, 부역 등으로 노동력이 부족해지자, 남은 노동력을 최대한으로 이용하기 위하여 모든 남녀 성인노동력을 포함하는 작업반을 만들도록 면사무소에서 요구하였고, 또 작업에서는 정조식을 하도록 강요하였다. 당시 구장(행정리의 각 마을이장)이 작업반을 운영했는데, 작업반에 참가하지 않거나 말을 듣지 않으면 징용대상자로 추천하였기 때문에 마을사람들은 참가해도 품삯을 주지 않았지만 참가하지 않을 수 없었다고 한다.[9]

---

6) 印貞植, 『朝鮮農村再編成の研究』, 人文社, 1943, 185쪽.

7) 「農村勞務調整狀況」, 앞의 글, 39쪽.

8) 印貞植, 앞의 책, 186쪽.

9) 이정덕, 「수도기술변화에 따른 농업노동의 변화 - 원평촌의 사례연구」,

이처럼 작업반의 활용이 처음부터 원활히 이루어진 것은 아니었던 듯 싶다. 더욱이 공동작업반은 전시체제 아래에서 행정력을 통한 강권에 의해 운영되는 측면이 강하였다. 그러면서도 공동작업반은 마을 단위에서는 마을규모 및 노동력구성에 맞추어 편성되어 갔으며, 작업에 알맞은 작업조(예를 들어 경운조와 모내기조 처럼)를 내부적으로 만들어 갔다.

공동작업반이 그후 어느 정도 실시되었는지에 관한 자료가 확실치는 않으나, 1942년 봄철에는 전국적으로 4만 155개의 공동작업반이 편성되었고, 가을에는 1만 9,427개가 편성되었다. 이것은 실시 첫해인 1941년 봄철에만 44만개 이상 조직되었던 것에 비해 상당히 줄어 든 것이다. 1943년의 계획에서는 모내기의 8할, 보리베기의 6할을 공동작업반 조직을 동원하여 작업하려고 하였다. 1944년 봄철의 공동작업반에는 남자 5만 3천 명, 여자 3만 명이 동원되었으며, 1944년 공동작업반 안의 남녀 비율은 남자 64%, 여자 34%였다.[10)]

공동작업반은 농업노동력이 부족해지는 상황에서 형성되었으므로 마을의 거의 전 성원이 참여하였다. 그러다 보니 경작면적에 차이가 있는 농민들이 함께 참여하게 되었다. 그리하여 공동작업반은 투여한 노동력과 경작면적을 비교하여 투하노동력이 자신의 경작면적에 필요한 노동력 이상일 경우에는 그 넘은 부분에 대한 것을 받으며, 그 반대일 경우에는 작업반에 일정액을 냈다. 여기서 노동일 또는 작업면적에 대한 임금액은, 1940년 임금임시조치령 제15조의 규정에 의해서 총독부 내무국에서 정한 '농업노무자의 임금협정기준'에 따라 결정되었다.[11)]

서울대 인류학과 석사논문, 1984, 22쪽.

10) 康成股, 앞의 글, 29쪽.

11) 朝鮮金融聯合會, 『農業勞務者の賃金に關する資料』, 1942년 8월, 21-3

공동작업반에서의 모내기 임금은 보리베기 임금보다 높았으며, 또한 공동작업반은 연령과 남녀별로 일정한 임금을 정하여 실시하였다. 즉 노동일 또는 노동시간에 대한 임금을 남녀별, 연령별로 정하고, 작업면적에 대한 임금을 정하여 노동일수와 경작면적을 비교하여 과부족을 현금결제하였다.12)

농촌노동력이 부족한 상황에서 이처럼 공동작업반을 구성하여 조직적인 대응을 시도하였으나, 농사일의 지방적 계절적 차이로 인해 마을 안 노동력으로 해결할 수 없는 마을이 발생하였다. 이를 해결하기 위하여 일제는 '농업보국 이동노동반'을 편성하여 집단적으로 마을, 리, 동, 읍면, 도 사이에 이동시켜 일부 지역의 농번기 노동력부족을 해결하려고 하였다. 1941년 봄에는 48만 2,903명의 인원을 이동시켜 다른 마을의 노동력부족을 보충케 하였다. 물론 그 이동에서 작업반을 구성하여 집단적으로 이동한 것도 있으나 그렇지 않은 것이 더 많았다. 이동반 및 공동작업반(학교공동작업반 포함)을 구성하여 이동한 인원은 약 8,300명 정도에 이르렀으며, 이동의 범위는 대개 군내로 인접 마을이나 면내의 다른 마을이 대부분이었다.

인접 마을의 공동작업반에게 작업을 해달라고 하여 그 작업반이 와서 하기도 하고 이동노동반이 조직되어 작업을 하기도 했다. 특히 산간지역이나 화전지역에서는 공동작업반을 조직하여 노동력이 부족한 지역으로 이동하여 작업토록 하였다.13)

이러한 이유로 결성된 '이동노동반'은 5-20명으로 구성되었고,

쪽. 여기서 작업종류에 따라 임금의 최고한도가 규정되었으며 농번기에는 40%의 증가를 허용하였다. 이것은 전시체제 아래에서 실시된 강력한 임금동결정책이었다.

12) 「農村勞務調整狀況」, 앞의 글, 36-40쪽.

13) 앞의 글, 26-35쪽.

임금은 통제임금으로 결제하였다.[14)]

이처럼 공동작업반의 결성은 관의 강제에 의해 이루어졌으며, 특히 임금도 관의 통제 아래 결정되었다. 대개 부락연맹이 주도하였고, 전시동원이라는 협박으로 강제동원의 성격이 짙었다. 즉 공동작업반은 값싸게 노동력을 동원하여 일본 독점자본이 주도하는 전시경제를 뒷받침하려고 하는 과정에서 나타난 하나의 정책 수단이었다.

또한 공동작업반에 여성노동력을 강력하게 끌어들이면서 더 나아가 가사노동을 공동으로 해소하고자 하였다. 부인공동작업반이 편성되어 부인들이 농사일에 참여하게 되자 마을 단위로 공동탁아소를 설치하였다.[15)] 그 외에 공동취사시설 등을 마련하기도 하였다. 공동탁아소는 농번기에만 설치되어 부인노동의 농사일 참여를 가능케 하기 위한 것이었는데, 1940년부터 본격적으로 설치되기 시작하여 1942년에는 총 3만 5천개 소에 달하였다.[16)]

여기서 탁아소는 유아보호자로부터 유아를 분리시켜 탁아소로 육아보호를 전환시키고, 그 노동력을 농업화하려는 것이 주 목적이었다. 따라서 유아에 대한 교육은 부수적인 목적이 될 수 밖에 없었다. 그런데 공동작업반이 작업을 하면서 계속 이동하였기 때

14) 康成殷, 앞의 글, 29쪽.

15) 朝鮮總督府農林局農政課 編, 『農繁期託兒所開設の手引』, 1942.

16) 1940년도에는 봄에 5,972개소, 여름에 128개소, 가을에 5,699개소 합계 11,799개소였고, 1941년 봄에는 1만 7,366개소의 탁아소가 설치되어 31만 2,207명의 탁아를 담당하여 탁아소 한 개당 18명 정도의 탁아를 돌보고 있었다. 1942년에는 봄에 1만 7,481개소, 가을에 1만 6,870개소 합계 3만 4,711개소였으며, 공동탁아의 소요경비는 39만 9,504원이었는데 그 가운데 64.42%에 해당하는 25만 7,363원을 마을에서 담당하였다. 「農村勞務調整狀況」, 앞의 글, 16쪽; 康成殷, 앞의 글, 30쪽.

문에 탁아소를 고정적으로 설치하지 않고 대개 이동식탁아소를 운영하였다. 1941년부터 설치되기 시작한 탁아소들은 대개 이동식탁아소로서, 그 대부분은 나무 밑 그늘에 자리를 깔고 유아를 둔 채 농업노동을 할 수 없는 노부인이 유아를 지키는 정도였다. 그래서 모와 유아를 분리시킨다는 농번기탁아소의 목적을 이루는 것조차 어려울 정도의 그런 조직이었다. 또 이동을 하기 위해서도 설비가 극히 제한될 수밖에 없었다. 그리고 탁아는 공동작업반에 참여한 성원에 한정되었다. 이처럼 이동식탁아소로서는 실질적 효과를 거두기가 어렵게 되자, 고정식 탁아소로 전환해 가는 경향이 있었다.17)

이상에서 살펴 본대로 노동력을 총동원하기 위한 일환으로 만들어진 공동작업반은 마을 내 모든 노동력인구를 포괄하는 조직이었으며 지주, 부농과 빈농 및 농업노동자가 함께 참여하는 조직이었다. 그리하여 공동작업에 참여하는 농가간에 이해의 불일치가 있을 수밖에 없었다. 더욱이 임금이 총독부의 저임금정책에 의하여 동결된 채로 이루어지고 있었기 때문에 더욱 그러하였다. 도시의 노동자임금에 비하여 그 임금수준은 매우 낮은 것이었기 때문에 빈농들은 도시로 전출하였고 그와 동시에 작업반에서도 이탈하였다.18)

그럼에도 다른 한편으로는 이러한 임금노동에라도 의거하지 않으면 생활할 수 없는 농가의 수가 늘어나고 있었다. 또한 청장년들이 도시로 유출하는 경우가 많아지면서 농업노동력의 질이 낮아지기 시작하였다. 이와 같은 상황에서 전개된 공동작업반은 과도적인 것일 수밖에 없었다. 즉 농업노동력의 상대적 감소를 벌

---

17) 「朝鮮における農繁期託兒所の概況」, 『朝鮮總督府月報』 第13卷 第6號, 1942년 6월, 24쪽.

18) 印貞植, 앞의 책, 189-193쪽.

거벗은 노동력의 결합강화를 통해서 종국적으로 해결할 수 없었으며 (1980년대에 실행되었듯이) 기계화를 통해서 해결해야 하기 때문에 과도적인 것일 수밖에 없었다.

그러나 동포들의 귀환과 한국전쟁을 계기로 북한 지역에서 많은 사람들이 남하하여 노동력이 과잉한 상태가 되었기 때문에 강제로 편성된 공동작업반은 곧 없어졌다. 그러나 1960년대 이후 급속한 자본주의발전에 따른 농촌노동력의 급속한 유출과 더불어 1970년대 들어 다시 (성격이 좀 다른) 공동작업반이 나타나게 되었다.

2. 1970년대 등장한 공동작업반

1968년 이후 농가인구가 줄어들기 시작한 이래, 1970년대 중반에 들어 농번기의 노동력 부족 현상이 도처에서 발생하였다. 이러한 노동력 부족에 대처하여 농민들은, 한편으로 노동력을 마을단위에서 좀 더 조직적으로 조달하려고 노력하였으며, 다른 한편으로는 농기계의 도입으로 부족한 노동력을 대체하려고 하였다. 그런데 1970년대에 널리 확산된 농기계는 경운기를 중심으로 한 소형농기계였다. 이들 소형농기계는 노동의 고통을 덜어주었고 노동절감의 효과를 가져 왔으나, 농번기의 집중적인 노동력수요를 감당해낼 수는 없었다. 이러한 상황에서 농민들은 소형농기계를 이용하면서도 농번기의 농작업, 특히 논농사에 노동력을 집중해야 할 경우에는 노동력을 마을단위로 조달, 조정하는 방식을 취해 나갔다. 이 과정에서 등장한 것이 바로 공동작업반이다.[19]

---

19) 이렇게 부족한 노동력을 결집하여 생산에 대처해 나가는 한편, 농업생산이 점차 상품생산화하면서 유통부문에서의 조직화도 필요하게 되었다. 또한 농지, 기후, 시장조건과 기술전파의 차이 등으로 농산물의 상

공동작업반은 마을 단위로 마을의 거의 전 노동력을 결집하여 농번기의 농사일을 공동으로 해 나간다. 대개 모내기와 탈곡, 벼 베기에서 많이 이루어지는데 마을의 크기나 노동력상황에 따라 조직되는 방식이 조금씩 다르며, 작업의뢰자의 작업을 해 주고 일정의 작업료를 받으며, 각 작업반원에게 작업량에 따라 임금을 분배하는 제도이다.

1) 공동작업반의 발생과 분포

농업에 있어서는 오래 전부터 두레와 같은 공동노동이 널리 행해져 왔다. 특히 논농사에 있어서 공동노동은 조직화되어 발전해 왔으며 생산조건의 변화에 따라 공동노동의 형태 및 내용도 변화해 왔다. 8·15 이후 자본주의적 발전의 길을 택한 한국사회는 1960년대에 들어 본격적인 자본주의적 산업화를 이루어 나가기 시작하였으며, 농촌에 적체되어 있던 노동력인구의 급속한 이출로 인해 1968년부터는 농가인구의 절대적 감소가 시작되었다. 1970년대 들어서도 농촌노동력의 급속한 이출은 더욱 가속화되었다. 이 과정에서 1970년대 중반부터는 지역에 따라 일시적인 노동력 부족현상이 나타나기 시작하였다.

노동력이 과잉한 상태에서도 농업노동의 집약적 투하가 필요한 경우에는 노동력을 조직화하여 생산에 대처하여 왔는데, 노동력이 부족해지면서는 조직화의 필요성이 더욱 커졌다. 두레와 같이 마

품화는 공간적으로는 재배단지화로 나타났으며, 공동화·조직화의 필요성이 더욱 증대되었다. 이에 따라 다양한 조직이 나타났으며, 여기에 국가도 농산물을 원활히 조달하기 위해서 유통조직을 활성화시켜 나갔다. 이러한 조직은 유통조직의 성격을 띠지만 생산과정에도 부분적으로 관여하였으며 주로 작목별 생산자조직으로 나타나는데, 그 기반이 된 것이 바로 작목반이었다.

을 단위의 공동노동조직이 사라지고 농업청부제도인 고지나 고지패가 일부 존속하였으나, 전체적인 노동력부족을 감당해내지는 못하였다. 품앗이도 널리 행해지고 있으나 주로 소규모 결합형태였으며, 대규모노동력을 조정하기 위해서는 품앗이반이나 그보다 더 조직화된 형태가 필요하였다.

소형농기계가 노동력부족을 어느 정도 해소해 주었으나 이앙이나 수확작업 등 노동력수요가 집중되는 작업까지는 아직 기계화가 이루어지지 않아 노동력부족은 매우 심각해져 갔다.[20) 또한 고용노동력을 마을 외부에서 구해 오기가 어려운 마을의 경우는 마을 단위로 노동력을 결집할 필요성에 직면하였다.

이러한 상황 속에서 마을에서 노동을 할 수 있는 모든 사람을 동원·조직하여 공동노동을 하는 공동작업반이 형성되기에 이르렀다. 1970년대 들어 정부는 새마을운동을 활성화하면서 농촌에 대한 관심을 북돋우었다. 협동의 가치 아래 공동작업을 강조하였으나 농업노동에서의 공동작업은 그리 중시하지 않았고, 주로 환경개선을 위한 공동작업 및 농민의식의 개혁을 강조하였다. 또한 정부에서는 농촌지도 및 농업기술의 보급을 촉진하기 위하여 집단재배단지를 조성하고 새로운 품종의 보급 및 재배방법 등을 보급하였는데, 이것은 그 자체가 공동작업조직은 아니었고 그 내부에 공동작업을 하는 조직이 결성되어 활동하는 경우가 있었다.[21)]

1970년에 충북지방의 자연부락 6,054개 마을 중에서 2.8%정도인 158개 마을이 공동작업을 하고 있는 것으로 나타나고 있었는

20) 가장 많은 노동력이 투하되었던 논김매기작업은 제초제의 등장으로 없어지게 되었다.

21) 집단재배단지에 대해서는 Reed, *Group Farming in Smallholder Agriculture: Experience and Potential in South Korea*, Univ. of Wisconsin-Madison, 1979, 제4장, 202-249쪽 참조.

데,[22] 공동작업반의 형성시기를 보면 1960년대 말에 집중되고 있었다. 그렇지만 이 당시까지만 해도 전반적으로 공동작업반이 형성된 마을의 비율은 낮은 것으로 나타나고 있었다.

노동력부족이 심각해지는 1970년대 후반으로 갈수록 공동작업반이 확산되어갔다. 1977년의 한 조사연구에 따르면 공동작업반은 1970년대 이전에 형성된 것도 있지만 대개 1970년대 들어, 특히 70년대 후반 들어 결성된 것이 많았다.[23] 1977년 당시 평택과 상주지방을 중심으로 한 조사에서 42개 마을 중에서 22개 마을이 공동작업반을 결성하고 있는데 그중 1970년대 이전에 결성된 것은 5개 마을에 불과하였다. 특히 1970년대 후반에 들어 와서 활발하게 조직되고 있음을 보여주고 있었다.

여러 사례조사들에 따르면 1980년대 초반에도 공동작업반의 활동은 활발하게 전개되고 있었다. 기계화가 진전되면서 공동작업반이 사라지는 경향을 보였만 또 한편으로는 다양한 형태로 변형되어 나타나기도 하였다.

1970년대 들어 공동작업반의 결성이 시작된 것은 정부에서 적극적으로 조직을 유도해 갔기 때문이기도 하다. 정부에서는 1970년대 초반 들어 농민의 협동을 강조하고 또한 노동력의 일시적 부족에 대처하여 공동작업반을 결성하도록 촉진하였다. 그렇지만 동시에 공동작업반을 결성하려는 움직임이 마을 내부에서 자생적으로 일어나게 되었다. 더욱이 이것은 직접생산자인 농민들의 작

---

22) 이 조사는 각 읍면의 산업계 담당직원으로 하여금 책임지고 조사보고하게 하여 수집된 설문지를 분석한 것이다. 연구자는 벼집단재배단지가 1,000여개가 넘는 것을 근거로 공동작업을 하는 마을은 이보다 많을 것으로 추산하고 있다. 연규집, 「한국농업에 있어서 공동작업에 관한 연구 -충북지방을 중심으로-」, 『청주대논문집』, 제7집, 1972, 6월, 171-172쪽.

23) Reed, 앞의 글, 159쪽.

업조직이었기 때문에 농민들의 적극적인 주도 없이는 만들어질 수 없었다.

이는 공동작업반을 주도적으로 만들어가는 사람을 보면 알 수 있다. 1970년의 조사[24]에 따르면 마을의 독농가, 청년, 어른 등의 주장에 따라 이른바 자율적으로 공동작업을 실시하게 된 경우가 반을 넘고 있다. 이는 노동력부족 문제가 심각하다는 것과 이를 해결하기 위해서는 공동작업에 의한 노동력의 합리적인 조직과 관리가 무엇보다도 중요하다는 사실을 농민들이 절실하게 인식하고 있었다는 것을 말해 주며, 따라서 공동작업반이 결성될 주체적 조건 및 객관적 조건이 성립되었음을 보여준다고 하겠다. 특히 청년층의 주도로 공동작업반을 결성하는 경우가 많아 적극적이고 능동적인 층에서 주도함을 알 수 있다. 그리고 행정당국(면 또는 농촌지도소)에서 권장하여 만들어진 경우가 반수에 가까운 것으로 나타나고 있는데, 이것도 마을 내부에 이미 공동작업반의 필요성이 고조되고 있는 상태였기 때문에 쉽게 받아들여졌다.

1970년대 말 평택과 상주지역에 대한 조사연구에서는 공동작업반이 마을 내부의 농민들에 의해 적극적이고 자주적으로 결성되었음을 확인하고 있다.[25] 공동작업반의 결성과정을 보면 마을청년회에서 제안하고 주도한다든지 부녀회에서 주도적으로 해 나가는 것처럼, 기존의 조직이 연결되는 경우가 많다. 즉 마을 내부에서 필요성이 제기되지만 그것을 실현시켜 나가는 데에서는 기존의 조직이 주도적 역할을 하는데, 그러한 조직에는 마을에서 적극적으로 활동하는 사람들이 참여하기 때문인 것으로 보인다. 또 계와 같은 농민들의 다른 자생적 조직이 공동작업반을 결성하는 기초가 되기도 한다.

---

24) 연규집, 앞의 글, 173쪽.

25) Reed, 앞의 글, 178-179쪽.

이처럼 공동작업반은 마을 안에서 주객관적인 조직화의 필요성이 제기되면서 1970년대 말 이후 급속히 확산되어 갔다.[26)]

물론 공동작업반의 결성과 그 시기는 지역에 따라 다르다. 농촌에서 노동력조달은 주로 마을 안에서 이루어져 왔으며 이웃 마을로부터 노동력을 구하는 경우도 있었지만, 전반적인 노동력부족 현상 속에서 그것이 점차 어려워지면서 마을 단위로 조직화할 필요성이 생기게 되었다. 이러한 노동력부족의 정도에 따라 또한 마을 내부의 결속력을 유지하고 촉진할 수 있는 다른 요소들(동족부락, 활동적인 지도자, 계층간 차이가 작은 것 등)에 따라 공동작업반의 결성 시기는 다를 수 있다.

1970년대 들어 확산되고 1970년대 말 이후에서 1980년대 초반까지 활발하게 이루어진 공동작업반은 특히 논농사에서는 가장 중요한 작업조직이었다. 물론 품앗이를 비롯하여 다양한 노동조직이 생산을 담당하였으나 공동작업반의 활동이 주도적이었다고 생각된다. 그리고 공동작업반이라는 이름을 가지고 있지 않더라도 내용에 있어 공동작업반과 같은 조직들이 다양하게 이루어지고 있었다. 모내기작업의 경우에는 공동작업반이라는 이름으로 운용되는 경우가 대부분이었으나 방제나 수확, 탈곡작업 등에 있어서는 공동작업반의 이름을 가지고 운용되지는 않았더라도 내용은 공동작업반에 해당하는 것이 많았다.

---

26) 일제시대에 전시체제로 돌입하면서 강제적으로 공동작업반을 구성하여 여성노동력을 농업노동에 동원하고 노동력을 조정하는 정책이 추진된 바 있으나, 농민들의 자발성에 의한 것이 아니라 노동력수탈정책의 일환으로서 이루어졌으며, 더욱이 8·15 직후에 많은 해외동포의 귀환과 북한인의 월남으로 인하여 농업노동력이 과잉한 조건에서 공동작업반은 존립할 수가 없었다. 1970년대에 들어 나타난 공동작업반과 형식에 있어서는 동일하지만 그 발생배경과 조직 운영에 있어서는 차이를 지니고 있었다.

공동작업반은 대부분 논농사의 작업에서 이루어졌지만, 특히 공동작업반 가운데 탈곡작업반은 논농사의 작업에서 뿐만 아니라 밭농사지역에서도 단지화되어 있는 곳에서는 많이 결성되었다.

그리고 탈곡작업반의 경우는 다른 마을에 가서 작업을 하는 경우가 많고 또 마을 안에 탈곡작업반이 없는 경우에는 다른 마을에서 작업반이 들어와 작업을 하는 경우가 많다. 모내기작업반의 경우도 농업노동력이 충분한 지역에서 형성된 것은 다른 마을에 가서 작업을 하기도 하였는데, 이앙기계화가 진전되지 않은 1970년대 중반 이후 1980년대 초반까지는 모내기시기가 지역적으로 차이가 있는 것을 이용해서 평야지대를 이동하면서 임금수입을 목적으로 공동작업반활동을 하는 것(이동작업반)이 많이 나타났다.[27]

기계화가 진행되면서는 공동작업반이 해체되든가 공동작업반 안에 기계를 이용하는 반원이 생겨나 농기계이용조직으로 변모해 갔다. 그러나 기계의 성능이 고도화되지 않은 상태에서는 축력의 동력으로의 대체, 간단한 동력기계의 이용과 함께 공동작업반은 지속되었다.

2) 공동작업반의 결합범위

다양한 전통적인 노동조직들은 대개 마을단위나 마을 안의 소수농가 간의 결합으로 이루어 졌다. 자본주의화의 진전에 따라 농촌수공업이 해체되고 상품유통이 활발해졌지만, 농촌의 전반적인 생활이 마을을 단위로 하여 이루어지고 있으며 농업노동은 특히 마을 단위로 이루어졌다. 즉 농촌부문은 도시산업부문과는 달

27) 경기도의 평야지대에 전남북 지방에서 형성된 여성을 중심으로 한 공동작업반이 이동하면서 모내기작업을 실시하곤 하였다. 1970년대 중후반에 많이 나타났던 이러한 현상은 기계화가 진전되어 이앙기로 모내기를 하면서는 점차 자취를 감추었다.

리 (농업)노동력의 유동성이 주로 마을 안에 한정되며, 농업 이외의 작업을 위해서는 적극적으로 이동하기도 하지만 농업노동을 위해 이동하는 것은 노동력 부족이 심각해지면서 마을 간에 노동력수요량 및 보유량의 차이가 커지면서 나타나기 시작하였다.

공동작업반은 노동력 부족을 마을 단위에서 대처하기 위해 등장한 조직으로서 변형된 두레(소규모화한 것)나 품앗이, 고지 등과는 달리 마을 전체를 포괄하는 성격이 강하였다. 즉 부족한 노동력을 채워 나가기 위해서 마을 사람들을 총동원하는 조직을 만들어 나가게 되었으며, 그러면서도 마을 외부의 사람이 공동작업반에 참여하는 경우는 극히 드물었다. 마을 외부사람이 참여하는 경우가 있다 하더라도 계절고나 머슴, 또는 빈농(농업노동자)로서 마을 안의 부농 대신 작업반에 참여하는 것이다.[28]

공동작업반은 노동력을 최대로 확보하고 잘 조정하여 능률을 올리려고 하는 것이 중요한 목적이다. 따라서 품앗이에서 처럼 서로 노동능력이 비슷한 사람들만이 참여하거나, 두레에서와 같이 성인남자만이 참여하는 식으로 참여성원을 제한할 수가 없다. 가능하면 참여성원의 폭을 확대하는 것이 공동작업반의 특징이라고 할 수 있다.

연령으로 볼 때에 공동작업반에는 미성년자도 참여한다. 그런데 실제로 농업종사자인 경우에 한하며 또한 농촌에 있는 미성년자의 대부분은 학생들이므로 일시적이고 보조적인 노동에는 참여할 수 있어도 공동작업반에 참여할 수는 없다. 노년층의 경우는 평상시 농업노동에 참여하던 사람은 반드시 참여하며, 평상시 농업노동에 참여하지 않던 사람도 공동작업반에는 참여하기도 한다. 공동작업반은 청장년층과 노년층이 함께 참여하여 연령적

---

28) Reed, 앞의 글, 165쪽; 오명석, 「농업기계화에 따른 농민경제의 변화」, 『인류학 논집』, 6집, 1983, 97쪽(1982년 조사).

차이를 두지 않는다. 마을이 규모가 작아 공동작업반이 하나가 결성될 때에는 이처럼 남녀노소 할 것 없이 하나의 공동작업반에 속하여 작업을 하지만, 마을의 규모가 커서 여러 개의 공동작업반이 결성될 때에는 청장년층을 중심으로 한 공동작업반과 노년층을 중심으로 한 공동작업반으로 나누어 구성되기도 한다.[29] 물론 이 경우 작업반 간에 서로 배타적인 것이 아니며 서로 마음이 맞고 편한 사람들끼리 조직을 하면서 연령층간의 구분으로 나타난 것이다.

다음으로 공동작업반에는 여성들이 적극적으로 참여한다. 특히 모내기공동작업반에는 여성들이 더 많기도 하다. 여성노동력이 농업노동에 적극적으로 참여하는 것은 노동력부족에 따른 것이 일차적 요인이다. 가족노동력수의 규모가 2-3인으로 대개는 부부를 기간노동력으로 하여 영농을 해 나가기 때문에 부인의 노동이 없이는 농사일을 거의 할 수가 없다. 또한 남성노동력의 절대적 감소로 남성노동력은 경운, 정지 등의 작업을 주로 하고, 모내기나 김매기 등에 있어서는 여성노동력이 담당하는 양이 많아진다.

그리고 여성노동력은 공동작업반과 같은 조직적 형태 속에서 그 참여가 더욱 촉진된다. 즉 마을 안에서 농업노동에 참여를 잘 하지 않던 부녀자도 부녀회 등을 통하여 공동작업반이 결성되고 그것이 농업노동의 주체로 되면서는 농업노동에 적극적으로 참여하게 된다. 실제로 여성들이 주도하여 공동작업반을 결성한 경우가 적지 않다.

평택과 상주 지역의 158개 마을에 대한 리드(Reed)의 조사에 따르면 작업반의 성원 중에서 여성이 차지하는 비율이 71.1%에

29) 강원도 춘성군 신동면 증2리 한들마을의 1970년대말 모내기공동작업반의 사례; 김춘동, 「이농이 소농의 재생산구조에 미친 영향」, 『인류학논집』, 제6집, 1983, 전라북도 정읍군 이평면 도계리의 사례.

달하고 있다. 더욱이 여성들이 조직을 주도적으로 만들어간 지역에서는 여성의 참여율 및 비중이 더욱 높게 나타난다.[30]

1986년에 농가주부를 대상으로 한 조사에 따르면,[31] 부부가 비슷하게 참여하거나 부인만이 참여하는 것이 일반적이어서 여성의 참여가 일반화되어 있음을 알 수 있다.

나아가 공동작업반은 마을 단위로 가능한 노동력이 총동원되는 방식으로 이루어지기 때문에 거의 전 계층의 농민들이 참여한다.[32] 즉 서로 다른 이해관계를 가지고 있어도 함께 참여하여 작업하는 형태이다. 여기서 작업량이 많은 부농과 작업량이 적거나 없는 빈농 및 농업노동자 간에 갈등이 발생할 소지가 있다. 그러나 공동작업반은 노동력이 절대적으로 부족해지고 있는 상황에서 조직된 것이고, 빈농이나 농업노동자로서도 계속해서 일정 기간 농업수입을 올릴 수 있고, 부농들은 농업노동력을 안정적으로 확보하고 농작업을 쉽게 완료할 수 있어서 적극적으로 참여한다.

공동작업반은 주로 농가들이 중심이 되어 구성되지만 노동력을 최대로 동원하려 하기 때문에, 비농가들도 농업노동력으로 가동할

---

30) Reed, 앞의 글, 164쪽.

31) 한국여성개발원, 『농촌여성의 노동실태에 관한 연구-농가주부를 중심으로-』, 1987. 조사대상자의 17.3%에 해당하는 농가주부들이 공동작업에 참여하였다. 총응답자 348가구 중에서 부부가 공동작업반에 비슷하게 참여한다는 응답이 45.4%, 주로 부인이 참여한다는 비율이 40.8%, 남편이 주로 참여한다는 비율이 7.5%로 나타나고 있다. 농민여성은 이처럼 공동작업반과 같은 노동조직을 통해서 뿐만 아니라 항상 농업노동에 종사하고 있으며, 더욱이 가사노동의 대부분을 담당하고 있어 이중적인 부담을 지고 있다. 여성농민들의 이러한 과중한 노동은 그들의 건강을 위협하고 있다.

32) 연규집의 조사연구에서는 공동작업을 실시하는 마을의 87.4%가 계층 구분 없이 공동작업에 참여하고 있다. 연규집, 앞의 글, 173-174쪽.

수 있는 인력이 있으면 참여한다.[33] 비농가 가운데는 농업노동자도 있지만 다른 일을 하는 가구가 많은데, 부부 가운데 한 사람 특히 부인들이 공동작업반에 많이 참여한다. 비농가들이 많이 참여하는 공동작업반은 도급반이나 고지대와 같이 임금 획득을 위한 농업노동단체의 성격을 강하게 띤다. 이처럼 농가와 비농가 간에 일정한 차이가 있기 때문에 어떤 지역에서는 마을 안에 농가공동작업반과 비농가공동작업반이 따로 결성되며,[34] 좀 다르게 운영되기도 한다.

이렇게 노동력을 최대한 동원하려고 하였지만 현실적으로 마을 사람이 모두 참여할 수는 없다. 기본적으로 농사일을 하는 사람들이 참여하는 것이며, 마을의 크기와 조직되는 공동작업반의 수에 따라 포괄범위도 달라졌다. 리드(Reed)의 조사연구에서는 마을의 가구 중에서 공동작업반에 참여하는 가구의 비율이 81.1%로 나타나고 있다.[35]

공동작업반의 결성정도는 농업지대에 따라서 차이가 있는데, 마을단위로 노동력이 총동원되는 모내기공동작업반은 평야지대에서 많이 결성된 것으로 보인다. 그렇지만 밭농사를 겸하는 준산간지대에서 밭농사와 작업이 겹쳐 오히려 노동력을 조직화할 필요가 더 크기 때문에, 공동작업반이 결성되는 경우가 많았다.

공동작업반의 참여도를 지대별로 살펴보면 평야지대와 준산간지대의 참여경험이 도시근교나 산간지대에 비하여 많은 것으로 나타났다

33) 연규집의 조사에 따르면 1970년 당시 충북의 156개 조사마을에서 농가만이 참여하는 경우가 62.8%로, 농가와 비농가가 함께 참여하는 것보다는 많은 것으로 나타났다. 연규집, 앞의 글, 173-174쪽.

34) 오명석, 앞의 글, 97쪽.

35) Reed, 앞의 책, 164쪽.

〈표 7-3〉 지대별 공동작업반 참여율(1986)

참여여부	도시근교	평야	준산간	산간	계
참여함	28가구 (7.5%)	182 (20.9)	117 (23.4)	19 (7.4)	346 (17.3)
참여안함	348가구 (92.6%)	690 (79.1)	383 (76.6)	237 (92.6)	1,658 (82.7)
합계	376 (100)	827(100)	500(100)	256(100)	2,004(100)

자료: 한국여성개발원, 앞의 책, 53쪽

〈표 7-3〉은 농가주부를 대상으로 한 조사이기 때문에 약간의 편차를 가져올 수 있지만 지대별 경향을 보는 데는 무리가 없을 것이다. 도시근교의 경우는 다른 지대와는 달리 겸업화가 진전되어 있고 농업 이외의 일에 취업하기 때문에 농업노동력의 부족이 심하지만, 또한 노동력의 이동성도 커서 노동력의 조직화가 어렵다. 그리하여 날품노동자들을 임시 고용함으로써 노동력부족에 대처하는 경향이 있다. 그리고 공동작업반이 주로 논농사 작업을 위해 결성되기 때문에 밭작물을 주로 재배하는 산간지대에서는 공동작업반의 결성이 드물고 품앗이에 의존하는 비율이 높다.

전반적으로 공동작업반은 노동력부족에 대처하기 위해 일시적으로 형성되는 조직으로서 노동력을 집중적으로 동원하기 위해서 노동력의 질적인 차이나 사회적 차이를 크게 고려하지 않는다. 따라서 결합범위도 마을 안에 일할 수 있는 모든 사람으로 확대된다.

3) 공동작업반의 조직 및 관리

마을의 크기에 따라서 공동작업반의 구성은 달라지기도 하는데, 규모가 작은 마을은 하나의 공동작업반을 결성하여 마을 안의 작업을 감당하며, 규모가 큰 마을의 경우에는 몇 개의 공동작업반을 구성하여 능률적으로 대처한다. 공동작업반이 성공적으로 운용되려면 노동력을 최대한으로 결집, 동원하는 것이 중요한데, 작업에 있어서도 능률적으로 운영하기 위해서는 작업조건에 적절한 인원이 작업하는 것이 필요하다. 그리하여 행정단위인 반별로 조직하거나 친근한 농가 간에 조직을 구성하여 운용한다.[36] 처음에는 마을 단위로 조직하여 운용하다가 능률을 높이기 위해서 반별로 조직개편을 하기도 한다.[37]

즉 농업노동상 능률적인 일정한 규모로 마을 단위에서 여러 공동작업반이 조직된다. 농가와 비농가, 노년층과 청장년층, 동족과 비동족, 신도와 비신도, 계원과 비계원 등 여러 가지 요인에 따라 구분·형성된다. 이 경우에 어느 한쪽이 주도적으로 공동작업반을 결성하면 나머지 사람들이 공동작업반을 구성하는 식으로 조직이 이루어지는 경향이 있다. 그렇다고 해서 작업반끼리 갈등이나 알력이 있는 경우는 거의 없다. 오히려 자연스럽게 서로 마음이 맞는 사람들끼리 조직되는 쪽으로 나아가게 된다. 그리고 필요에 따라서 작업반 간에 반원이 이동하는 경우도 있다. 즉 대농의 모내기를 할 때에 하루에 끝마치기가 어려우면 다른 작업반에서 노동력을 빌려서 작업을 완료할 수 있도록 한다.[38] 물론 이러한 경우는 예외에 속한다.

마을 단위에서 조직되는 공동작업반의 규모는 일정하지 않지만 20명 이상이 보통이고 60-70명에 이르는 것도 있다. 모내기공동작업반은 추수작업반이나 수확작업반에 비해 노동력집중도가 높은 작업을 하기 때문에 규모가 큰 편이다. 리드(Reed)의 조사연구

---

36) 倉持和雄, '70年代韓國における農業勞動構造の變動', 『アシア經濟』, 25권 1호, 1984년 1월. 경기도 이천군 대월면의 한 마을의 사례.

37) 최재석, 『한국농촌사회변동연구』, 일지사, 1988, 340쪽.

38) 倉持和雄, 앞의 글, 45쪽.

(1970년대 말)에서는 모내기공동작업반에 참여하는 가구수는 27.3호이며, 하루에 공동작업반에 참여하는 총인원은 38.5명으로 나타나고 있다. 즉 한 가구에서 2명 이상이 작업을 하는 경우가 많은 것을 알 수 있으며, 작업반원의 규모는 40여명에 근접하고 있고 평야지대인 평택지역은 40명이 넘고 있다.

물론 한 마을에서도 시기에 따라 크기가 변하고 또 여러 개의 작업반으로 나누어 구성되는 경우에는 작업반의 규모가 줄어든다. 반별로 조직하는 경우에 10-20명 정도가 보통이며, 이는 대개 그 반의 노동력인구 전체를 포괄한다. 1970년대에는 규모가 컸던데 비해서 1980년대에 들어서 줄어드는 것으로 많은 사례조사들은 밝히고 있다. 노동력이동이 급속해져 농촌노동력이 더욱 감소하면서 작업반의 규모가 축소되는 경향이 나타나며, 특히 기계화에 따른 농촌노동력수요의 감소 및 대체경향과 결합되어 더욱 축소된다.

일단 공동작업반의 결성에 대한 의견이 제기되면 거의 모든 마을주민들이 동의하고 참여하는 회의를 연다. 이른 봄(모내기철 직전)에 여는 이 마을회의에서 공동작업반 결성여부를 결정한 뒤, 작업반장의 선출, 작업의뢰비, 식사비, 보상률, 모내기 순서 등을 결정한다. 마을회의가 아니면 뜻을 가지고 있는 사람들이나 전년도에 했던 사람들이 모여서 결정한다. 특히 임금수준은 대개 연초에 마을회의에서 결정하며 이것을 따르거나 그에 준해서 결정한다. 토의 과정에서 작업순서나 작업 진행과정에서 참가율의 저하 문제가 크게 제기되며 또한 보상률의 결정에서 계층 간의 차이가 나타나기도 한다. 대농층과 소농층이 어려움들을 제기하는데 반해 중농층은 적극적으로 공동작업을 지지한다. 토의를 진행하는 데서는 마을 안에서 적극적으로 활동하고 있는 사람들이 주도적인 역할을 한다.

마을회의에서 빠지는 사람들은 농지가 없는 가구(또는 경영주가 아닌 여성들)들이다. 이들은 잉여노동력을 가진 가구임에도 불구하고, 그들의 마을 안에서의 낮은 지위 때문에 마을일에 적극적으로 참여하지 않는다.[39)]

공동작업반에는 보통 작업반장 한 명이 일을 주관하며, 반장은 공동작업반 전체 회의에서 선출되는데, 보통 사리에 밝아 일의 과정과 노동일수 및 참가자의 상황을 잘 정리할 수 있는 사람이 선출된다.

작업반장이 하는 전형적인 일은 구성원들과 협의하여 작업순서를 결정하고, 언제 어디서 일을 하는지를 성원들에게 알려주며, 매일 일일작업면적과 작업주 그리고 노동력제공자를 상세히 기록한다. 반장은 공동작업의 열정을 유지하고 각 가구가 작업에 참여하도록 독려하며 문제나 알력을 해결하는 역할도 한다. 대개 농민들은 이 일을 싫어하는데, 어떤 큰 보상을 받는 것도 아니면서 많은 시간과 노력을 들여야 하고, 또한 마을 사람들과 갈등을 불러일으킬 수도 있기 때문이다. 그 때문에 공동작업반 결성을 주도하는 사람은 대개 반장일을 맡게 되며 또한 이 주도자의 의견을 마을 사람들은 존중한다. 반장은 농민들의 평균적인 교육을 넘어서는 젊은 사람으로 중농층에서 많이 나온다.[40)]

사회경제적 위치로 봐서, 작업반장은 어떤 결정자라기 보다는 다양한 농민들의 합의를 유도해내고 조정함으로서 궂은 일을 도맡아 하는 '마을의 일군'으로서의 인상을 지니고 있다고 하겠다.

물론 작업반장이 혼자 힘으로 처리할 수 없는 일도 생긴다. 특히 작업반에 의한 모내기작업의 경우에 일단 자신의 모내기를 끝내고 나면 그 농민은 작업반에서 떨어져 나가는 경향도 있다. 물

39) Reed, 앞의 글, 180-181쪽.

40) Reed, 앞의 글, 184-5쪽.

론 이럴 경우 그 농민은 작업반에 참여해서 자신이 일한 것 보다 더 받은 노동만큼을 돈으로 지불할 것이거나, 작업반으로부터 받은 노동만큼 이미 충분히 일을 한 경우가 대부분이다. 이 경우에는 개인적으로는 합리적인 판단일 수도 있겠으나 공동작업반을 효과적으로 운영하는 데는 문제가 생기게 된다. 이럴 경우 그 농민에게 강한 사회적 압력이 행해진다. 작업반장을 비롯해 마을지도자나 이장이 그 농가를 방문하고 다시 작업반에 나와 일할 것을 강권한다. 또 그 농민에 대해서 작업반원들 사이에서 신랄한 비난이 뒤따른다. 대부분의 경우 이들 농가는 다시 작업반에 참여하여 일하게 된다.[41]

이처럼 공동작업반은 마을 단위 또는 작업반 단위의 집단적인 성격을 지니고 있으며 작업과정에서 그것을 드러내고 있다. 물론 노동력부족이 심각한 마을일수록 이러한 경향은 강하다. 그런데 대개 공동작업반 자체가 융통성이 커서 이러한 문제들을 사회적 압력을 가하지 않고 처리해 나가며, 농민들 또한 이웃으로부터 고립되는 것을 원하지는 않기 때문에 이러한 문제들을 일으키지 않으려고 한다.

이를 마을 단위의 공동체의식 및 마을 안의 상호부조정신에 의한 것이라고 할 수 있겠으나 단순히 정신적인 차원의 문제로서만 머무르지는 않는다. 품앗이 가운데 길흉사품앗이가 있듯이, 보통 농촌마을에서는 개인의 길흉사를 마을 사람들이 모여서 처리한다. 마을 사람들로부터 미움을 사면 이러한 경우에 도와주지 않아 곤혹을 치르게 된다. 즉 공동체의식이나 상호부조의식은 현실적으로 여러 가지 '일'의 형태를 띠고 나타나고 있다. 공동작업반의 경우도 공동체의식을 강화하는 하나의 기초가 된다고 할 수 있겠다.

---

41) 리드, 「농업협업화의 현실과 그 방향」, 『창작과 비평』, 1979, 가을호, 175-184쪽.

마을에 따라 작업반장은 인원배치, 작업할당, 노동력통제, 작업독려 등을 맡고, 장부정리는 총무가 담당하며 감독이 있어 전체적인 감사의 역할을 하는 경우도 있다.[42)]

또 모내기에서 줄잡이가 큰 역할을 하는 지역에서는 줄잡이가 작업반을 조직하고 통솔하기도 하는데,[43)] 작업반장과 같은 역할을 하는 것이다.

이상에서 언급해온 조직적 측면은 대개 모내기공동작업반에 한정된다. 모내기공동작업반에 못지 않게 공동작업반이 많이 결성되는 것은 탈곡작업에서이다. 수확작업(벼베기와 묶기)에서도 공동작업반이 구성되기도 하나 모내기나 탈곡작업의 경우보다는 드물다.

탈곡작업반의 경우는 족답탈곡기를 이용하여 탈곡을 하던 방식에서 소형동력탈곡기, 대형동력탈곡기를 이용하는 작업으로 변화되었다. 따라서 탈곡공동작업반은 모내기공동작업과는 달리 기계를 중심으로 조직된다. 따라서 농기계공동이용조직으로 전화되고 있는 형태를 보이고 있으며 기계가 점차 성능이 좋아지면서 노동력에 비해 기계의 중요성이 더욱 커져간다. 콤바인으로 작업하기 이전까지는 탈곡공동작업반이 결성되어 작업을 해 나간다. 그 가운데에서도 여기서 주로 서술하는 탈곡공동작업반은 족답식탈곡기나 중소형 동력탈곡기를 이용하는 조직들이다. 1980년대 중반으로 넘어가면 동력을 원동력으로 하는 탈곡작업반이 주로 결성되며 콤바인의 사용도 늘어나기 시작하여, 탈곡공동작업반은 인력중심의 공동작업반에서 기계 중심의 농기계공동이용조직이나 수위탁작업조직으로 변모한다.

탈곡기의 변화과정을 보면 1950년대에는 주로 족답탈곡기, 그

---

42) 최재석, 『농촌사회변동연구』, 일지사, 1988, 340쪽.

43) 김춘동, 「이농이 소농의 재생산구조에 미친 영향」, 『인류학논집』, 6집, 1983, 197쪽.

네와 같은 전통적인 농기구가 보급되었다. 물론 그 이후에도 그네는 계속 확산되지만, 1960년대에는 인력 족답탈곡기가 중심이 되고 회전동력탈곡기도 점차 보급되기 시작한다. 1967년에 동력탈곡기의 보급률(100호당 보급대수)은 0.98이었으나 1974년도에 4.54로 증가하였고 1981년에는 11.76에 이르고 있다.[44] 1970년대 중반 이후 동력경운기가 보급되고 여기에 연결하여 사용하는 동력탈곡기가 이처럼 널리 보급되어 탈곡작업의 동력기계화가 진행되었다. 1980년대 들어서는 반자동탈곡기보다 전자동탈곡기의 보급이 빨리 이루어져 좀 더 성능이 좋은 동력탈곡기로의 전환이 이루어진다. 물론 1980년대 중반 이후에는 콤바인이 확대 보급되어 탈곡작업은 동력탈곡기를 이용한 탈곡과 콤바인에 의한 탈곡이 거의 비슷할 정도로 이루어지고 있다.

이러한 탈곡기의 변화과정에서 족답탈곡기를 이용한 탈곡작업에서 흔히 공동작업반이 형성되었다. 물론 가족노동력을 기반으로 하고 품앗이와 날품노동의 고용을 통해 노동력을 결집하여 작업을 하기도 하였다. 7-8명의 남자들로 구성된 탈곡공동작업반은 조직화된 품앗이라고도 할 수 있는데, 작업반에 참여하지 않은 농가의 작업도 하였기 때문에 공동작업반이라고 하는 것이 옳겠다.

마을 단위로는 이러한 탈곡작업반이 3-4개가 결성되어 마을의 탈곡작업을 거의 다 해나간다. 물론 마을에 따라서는 탈곡공동작업반이 한 두 개 정도 구성되어 작업을 하고 이 공동작업반에 의해 작업을 하지 않는 농가들은 여러 종류의 노동력을 동원하여 작업을 하였다.

수확공동작업반의 경우는 모내기공동작업과 마찬가지로 단순한 농구(낫)를 사용하며 노동력의 결합형태였다. 그런데 수확작업은

---

44) 윤수종, 박사논문, 586-589쪽.

모내기와 탈곡과 같이 일시에 작업을 할 필요가 적었기 때문에, 모내기나 탈곡에서만큼 많이 형성되지는 않았다.

공동작업반에는 작업만을 의뢰하는 사람, 작업을 의뢰하기도 하고 공동작업에 참여하기도 하는 사람, 작업은 의뢰하지 않고 공동작업에만 참여하는 사람으로 나뉘어 지는데, 공동작업반의 구성원은 공동작업에 참여하는 사람만을 포괄한다. 작업을 의뢰하는 사람은 공동작업반의 내부조직운영에는 전혀 관여하지 않는다.

보통은 작업을 의뢰하고 공동작업에도 참여하는 사람이 가장 많다.

4) 공동작업반의 작업대상 및 노동방식

1968년 이후 농가인구가 감소하고 농업노동력도 점차 감소하면서 노동력부족 현상이 나타났다. 그러나 1970년대에는 전반적으로 농업노동의 계절성 때문에 일시적인 부족이라고 할 수 있으며, 겨울에는 특별한 일이 없는 경우도 많았다. 더욱이 농업기술의 발전(제초제의 사용, 동력용 농기계의 도입 등)에 따라 농업노동의 절감이 이루어지고 있기 때문에, 노동력수요는 일시적으로 감소하기도 하였다.

밭농사에서의 작업은 논농사의 작업에서처럼 집중적인 노동력 결집이 필요하지 않기 때문에 대규모 공동작업이 아주 드물었다. 노동력이 부족해지고 있는 상황에서도 노동력의 결집을 위한 조직화는 주로 논농사에서 나타나고 있으며 밭농사에서는 품앗이 이외에는 크게 활성화되지 않아 왔다. 그래서 공동작업반은 주로 논농사의 작업에서 나타나며, 밭농사에 있어서는 탈곡작업에서 일부 형성된다. 물론 1970년대 이후 상업적 농업이 밭농사지역에서 확산되면서 상업작물 재배의 경우 정식 때나 수확 때에 많은 노동력을 필요로 하였다. 이러한 경우에는 대개 마을 안팎의 여성노동력을 고용하는 방향으로 나아갔고 더욱 많은 노동력이 필요한 경우에는 인근지역이나 도시로부터 노동력을 조달하는 방식이 발달하게 되었다. 노동력을 수집하여 공동작업을 하는 방식이었지만 공동작업반처럼 조직화되지는 않았다.

논농사에 있어서는 제초제의 도입으로 논김매기가 없어져 생육기간동안의 작업은 절대적으로 감소하였다. 두레나 품앗이로 많이 하던 논김매기작업이 제초제의 도입으로 사라지면서 노동력수요가 가장 집중되는 작업은 모내기가 되었다.

물론 모내기철이 짧기 때문에 각 필지를 빨리 심어 나가야 하기도 하지만, 모내기 시기는 시비, 병충해방제, 적절한 물관리와 함께 벼의 성장과 수확에 영향을 미치기 때문에, 일정한 기간 안에 해야 한다. 그렇기 때문에 모내기작업에 가장 집중적인 노동력이 투하되어야 하며 이를 부족한 노동력으로 완료하기 위해서는 공동작업반과 같은 조직이 필요하게 된다. 따라서 공동작업반은 주로 모내기 작업에서 구성된다. 수확이나 탈곡에는 좀 적은 인원으로도 작업이 가능하기 때문에 품앗이나 품을 사서 대처하는 경우가 모내기보다는 많으며, 공동작업반이 구성되어도 그 규모가 작다.

농업노동이 가장 집중적으로 투하되는 시기인 농번기는 5,6월의 이앙 및 밭작물파종, 그리고 보리수확의 시기와 10,11월의 벼수확, 밭작물수확, 보리파종의 시기였다. 1980년대 들어서 보리재배가 적어지고 채소, 과일, 특산물 등의 생산이 증가하면서 각 작물의 생산기간이 달라 농업노동이 분산되기도 하지만, 농업노동력의 집중적 투하는 여전하며 벼재배법의 변화로 인해 농번기가 약간 빨라지기도 하였다.

1980년대의 모내기작업의 내용을 보면 못자리에서 모를 찌고 묶으며, 심을 논으로 모를 옮기고, 모를 심는 과정으로 나누어진다. 못자리는 직사각형으로 만들어 모를 키우는데, 가로 2미터, 세로 20-30미터의 크기로 만든다. 모를 찌는 작업부터 공동작업으로 하는데(이는 공동작업반에 의한 작업만이 아니라 일반적으로 이렇게 행해진다), 못자리 하나의 한편에 또는 양쪽 끝에 각 2사람씩 짝을 지어 모를 찐다. 대개 못자리가 여러 개이므로 20-30명이 동시에 작업을 할 수 있다.

모의 운반은 지게나 리어카와 같은 운반도구를 사용하기도 하고 경운기를 사용하기도 한다. 또는 모를 찐 일군들이 모를 낼 논으로 이동하면서 모를 조금씩 옮기기도 한다. 많은 경우에 모 운반은 보조노동력이 담당하는데, 특히 옮긴 모를 다시 모낼 논에 적절하게 펴는 작업은 모내기에 서툰 사람이나 보조노동자가 한다.

이렇게 해서 모낼 준비가 되면 논을 가로질러 하나나 둘 정도의 못줄을 치고 늘어서서 모를 낸다. 이 때 못줄 양쪽 끝에는 못줄을 옮기는 두 사람의 줄잡이가 선다. 많은 사람들이 못줄 뒤에 늘어서서 작업을 하는데, 작업을 수월하게 하기 위해서 두 사람씩 짝을 지어 일정한 구역을 심어나간다. 물론 이 구역은 정해져 있는 것이 아니라 일군들 간에 서로 조정하면서 이루어지는 것이다. 일이 서툰 짝은 좀 좁은 구역을 심게 되며, 짝을 이룬 두 사람이 한번은 서로 반대방향으로 모를 심고 한번은 서로 같은 방향으로 모를 심어 나간다. 이렇게 해서 4줄 내외를 심으면 줄잡이의 호령과 함께 줄이 새로 심을 앞으로 옮겨지며 모심기가 반복된다.[45)]

지역에 따라서는 못줄잡이도 모를 심기도 하며 여성들이 많이 참여하는 지역에서는 여성들이 모를 내고 남성들이 못줄잡이가

45) 강원도 준산간 지방의 모내기 작업.

되기도 한다. 또 노인들에게 줄잡이를 하도록 하기도 하는 등 일정한 분업이 이루어 지기도 한다.[46]

일단 모내기를 시작하여 한 명이라도 태만하면 줄 맞추기가 어려워질 뿐만 아니라 당사자는 다른 사람들이 허리를 펴 잠깐 쉴 때에도 계속 심어야 하기 때문에 전체적인 속도에 맞추어 나가지 않으면 더욱 힘들어 진다. 그래서 모내는 속도, 허리 펴는 시간, 쉬는 시간 등 일체를 집단적으로 하지 않으면 안 된다.

모내기 작업의 순서는 작업 시작 전에 협의하여 결정하는데, 마을 단위로 조직된 공동작업반은 마을 전체를 단위로 하여 순서를 정하며, 수리조건이나 모의 성장 정도, 농지의 위치 등에 따라서 정한다. 마을 안에 몇 개의 공동작업반이 결성되면 작업반별로 작업순서를 정한다. 모내기의 순서는 농민들이 민감하게 반응하는 문제이며 보상률 문제와 함께 공동작업반에서 갈등을 불러일으킬 소지가 많은 것이다.[47]

작업은 1일 1농가씩 하는 방식으로 하지만 작업반의 규모와 하루에 할 수 있는 일의 양에 따라서 몇 농가의 작업을 하루에 할 수도 있고, 작업량이 많은 농가인 경우에는 이틀에 걸쳐서 하기도 한다. 그러나 모내기의뢰면적이 2정보 이상 되는 경우는 드물고 영세하기 때문에, 대개는 하루에 한 농가 이상의 모내기를 마칠 수 있다. 공동작업반의 규모에 따라 다르지만, 보통 1,000-1,500평 정도를 의뢰하는 농가들의 작업은 3농가 정도를 하루에 해내며, 3,000-4000평 정도를 의뢰하는 농가의 작업은 하루 정도에 해낸다.[48]

---

46) 리드, 앞의 글, 175쪽; 김춘동, 앞의 글, 197쪽.

47) 倉持和雄, 앞의 글, 42쪽. 이 사람은 공동작업반의 붕괴요인으로 작업순서의 문제와 보상률의 문제를 들고 있다.

48) 충북 청원군 옥산면 덕촌2리 덕촌마을 모내기공동작업반의 사례.

마을의 규모가 작아 공동작업반이 하나만 결성되고 노동력이 부족한 경우에는, 공동작업반은 마을의 전 경지에 대한 작업을 돌아가면서 하지만, 보통은 작업을 의뢰받아서 한다. 공동작업반원이 아니더라도 작업을 의뢰할 수 있으며, 이런 점에서 공동작업반은 위탁작업도 하는 셈이다.

공동작업반은 농업노동을 공동으로 할 뿐만 아니라 공동취사를 하는 것이 일반적이다. 두레에서와 같은 공동오락은 거의 없으나, 두레에서는 작업주가 내던 음식을 공동작업반에서는 공동으로 마련한다. 공동취사를 하는 이유는 각 농가가 식사나 술을 제공하는 경우 필요 이상으로 음식을 장만하려고 경쟁하여 부담이 되기 때문이다. 또한 전에는 이웃 아주머니나 친척, 친지들의 보조로 음식장만을 할 수 있었으나, 여성노동력도 줄어들 뿐만 아니라 농업노동에 참여하게 됨에 따라 음식장만을 공동으로 할 필요가 제기되었다. 또 반대로 여성노동력을 농업노동에 투입하기 위해서도 공동취사가 요구된다. 즉 농업노동의 효율성을 제고하고 비용을 절약하기 위해서 공동취사를 한다. 공동취사를 할 경우에는 마을회관 등의 시설물을 이용하며 음식비용은 작업면적에 따라 거두어서 한다. 음식장만은 작업반 성원들 중에서 여성들이 돌아가면서 하거나 음식을 만드는 사람을 정하기도 한다.[49] 이 경우 음식 만드는 노동도 공동작업반의 하루의 노동으로서 평가한다.[50]

보통은 점심 1회, 간식 2회, 술 2회를 내는 등 다른 농업노동을 할 때와 큰 차이는 없는데, 여성노동이 공동작업반에 적극적으로 참여하여 가사노동에 어려움이 많기 때문에 아침과 저녁을 공동작업반에서 해결하는 경우가 많았다.[51]

---

49) 충북 청원군 옥산면 덕촌2리 덕촌마을 모내기공동작업반의 사례.

50) 倉持和雄,, 앞의 글, 45쪽.

51) 연규집, 앞의 글, 180쪽.

공동작업반은 모내기 외에도 벼베기, 탈곡 등의 작업을 하기도 한다. 물론 보리재배가 많던 시기에는 보리베기도 공동작업반의 주요 작업이었다. 1970년의 충북지방에 관한 조사에 따르면, 주로 하고 있는 공동작업은 모내기가 67%를 차지하고, 벼베기가 12%, 보리베기가 5%를 차지하고 있다. 모내기의 공동작업을 하면서 못자리를 공동으로 설치한다든가 공동방제를 하기도 한다. 이 때에는 공동작업반을 구성하지 않고 공동작업반을 구성하여 모내기를 했던 몇몇 농가가 모여 작업을 한다.[52] 이것은 품앗이에 가깝다. 단지화된 곳에서는 공동방제의 규모가 크지만 그렇지 않은 곳에서는 아주 드물고, 보통은 3-4농가가 동력살분무기를 사용하여 공동방제를 하며, 경지규모가 크지 않기 때문에 2-4시간 정도에 작업을 완료한다.

특히 모내기공동작업반의 경우는 여성들의 참여가 두드러진데 비해서 추수작업반이나 탈곡작업반은 남성들이 중심이 되어 이루어진다. 일반적으로 수확이나 탈곡 작업에는 여성들의 참여가 모내기에 비해 적은 편이며, 공동작업반에서도 그러한 경향은 관철되고 있다. 특히 탈곡작업의 경우는 일찍부터 족답탈곡기를 사용해 왔는데 남자들이 기계를 중심으로 조직되어 작업을 하였으며, 동력경운기가 도입되고 그것에 연결해서 사용하는 동력탈곡기를 이용하면서 남자들의 작업으로 인식되어 왔다. 물론 일부 여성들이 참여하기도 하지만 주요 작업을 담당하기 보다는 보조적인 작업을 담당한다.

수확작업은 벼베기작업과 벼거두기작업으로 나뉘어진다. 베어서 논에 가지런히 펴놓아 얼마간 말린 후에 묶어서 볏단으로 만든다. 볏단으로 만든 후에도 논바닥에 놓거나 볏가리로 쌓아 말린다.

52) 연규집, 앞의 글, 185쪽.

이러한 수확작업은 모내기와 같이 짧은 기간 안에 해야 할 필요가 크지 않다. 더욱이 노동력이 적어도 작업을 할 수 있기 때문에 공동작업반의 결성이 드물다.

수확작업은 간단한 도구(낫)를 가지고 하지만 탈곡의 경우는 기계를 이용한다는 특징을 지닌다. 본격적으로 기계화가 진전되기 이전에는 족답탈곡기를 사용해서 탈곡을 했는데, 볏단을 집으로 옮겨와서 마당에서 탈곡을 하였다. 온 집안 식구들이 모이고 품앗이나 고용노동을 동원하여 함께 작업을 하였다. 이러한 상황에 있던 1960-70년대에는 공동작업반이 구성되어 활동하기도 했으나 노동력이 과잉한 상태였기 때문에 많이 나타나지는 않았다.

8·15 이후 이루어져 온 족답탈곡기를 이용한 탈곡작업과정을 사례마을[53]을 예로 들어 좀 더 구체적으로 살펴 보자. 탈곡작업과정 일반과 크게 다르지 않을 것으로 생각된다.

이 마을에서는 벼탈곡작업을 그네나 채통과 같은 원시적인 도구를 사용하여 왔으나, 일제시대에 족답식 탈곡기가 도입되어 이용되었다. 그러나 족답식 탈곡기가 부족하여 다른 원시적인 도구를 이용하기도 하였고, 마을 안의 탈곡작업을 순번으로 돌아가면서 하는 경향이 있었기 때문에 탈곡기가 없는 집에서는 빌려서 사용하곤 하였다.

1970년대 초반까지 탈곡작업은 족답식탈곡기를 중심으로 많은 노동력이 결합되어 이루어졌다. 이 시기에는 벼를 베어서 논바닥에 깔아 놓은 채 20여일 정도 말린다. 벨 때에 볏단으로 만들어 깔아 놓기도 하나 대개는 베어서 말린 후 다시 묶어서 볏단으로 만들어 놓는다. 이 상태에서 더 말린 후, 볏단을 모아서 군데군데 끝이 뾰족한 건물 모양으로 쌓아 볏가리를 만들어 그 상태에서

53) 강원도 춘성군 신동면 증2리 한들마을의 사례.

더 말린다.

이렇게 충분히 건조를 한 뒤에는 볏단을 집으로 운반해 온다. 이 작업은 하루 이틀에 걸쳐 하며 많은 노동력이 일시에 필요하기도 하였다. 그래서 1960년대에는 4-H 회원들을 중심으로 공동 운반작업을 하기도 하였는데, 낮에 각자의 일을 마치고 밤에 모여서 어느 한 집의 운반작업을 공동으로 하였고 일정한 임금을 받아 회의 운영비로 충당하기도 했다.

마당이나 집 울타리 밖에 볏단을 산처럼 쌓아 놓고 날을 잡아 탈곡을 한다. 마당에서 탈곡을 하기 위해서는 2-3년에 한번씩 봄에 황토흙을 갖다가 마당을 다져놓는다. 탈곡(타작)날에는 온 가족이 모이며 가까운 친척 및 이웃사람들도 보조작업자로서 참여하며 온 식구가 와서 식사도 함께 한다.

타작주인은 품앗이와 일부의 고용노동력을 동원하여 작업을 하였으며 새벽 4시 어두울 때부터 작업을 시작하였다. 작업과정은

〈표 7-4〉 탈곡작업내용 및 작업인원(1960년대) (10마지기, 1일 작업기준)

작업내용	작업인원수
운반작업 -- 논에서 볏단을 집 마당으로 운반	5
탈곡작업 -- 1. 탈곡기작업자에게 볏단을 집어주는 작업	1 - 2 *
2. 탈곡기 조작 및 탈곡작업	2 - 4
3. 비질 및 거푸대기 걷어내는 작업	2
4. 탈곡된 볏단을 나르는 작업	2 *
5. 작업이 끝난 볏단을 쌓는 작업	2 *
풍구작업 -- 1. 풍구조작 및 벼를 풍구에 넣는 작업	2
2. 풍구질한 벼를 담는 작업	2
3. 가마니를 묶는 작업	2
4. 벼가마니 쌓는 작업	2

1. *표시를 한 작업과정은 보조작업자들이 참여하는 작업이다.
2. 한 마지기는 200평이다.

몇 가지 과정으로 나뉘어지는데 우선 쌓아 놓은 볏단을 탈곡기로 운반하며, 이 작업은 탈곡작업하는 날 이전에 대부분 하기 때문에 탈곡작업이라고 하면 보통 운반작업을 포함하지 않는다.

공동작업반을 구성하여 탈곡작업을 할 때에도 이와 같은 작업과정을 밟는다.

〈표 7-4〉에서와 같이 탈곡작업은 여러 가지 작업으로 세분해 볼 수 있다. 대개 남자 성인노동에 의해 이루어지며 여자들은 참여하지 않는다. 작업자체가 매우 힘들 뿐만 아니라 작업자가 많고 많은 사람들이 모이기 때문에 여성들은 식사준비를 하는 것도 벅찬 일이다.

〈표 7-4〉에서 *표시를 한 작업과정에는 보조작업자들이 부가적으로 참여하며 성인노동력 가운데에서도 노인들이 많이 참여하는 작업이다. 특히 이들 작업에 보조작업자가 참여하지 않으면 일이 제대로 이루어지지 않으며, 농사일에 익숙하지 않은 사람이나 노인, 소년, 부녀자 등이 참여하는 작업들이다. 물론 다른 작업에도 보조노동력이 참여할 수 있으나 잠시 동안 참여하며 계속 하기는 어렵다. 탈곡작업 중에서 1-4번 작업은 동시에 이루어지며 5번 작업은 이상의 작업과 동시에 이루어지기도 하고 나중에 이루어지기도 한다.

풍구작업은 탈곡이 끝난 후에 이루어지며 탈곡 날의 작업을 마무리하는 작업으로서 전체 탈곡시간 가운데 10-20%를 차지한다. 풍구는 손으로 돌려서 작동하는 것을 이용하였으며, 쭉대기는 타작 후 다시 체질을 하여 싸래기를 골라 낸 뒤 논에 거름으로 사용한다.

〈표 7-4〉에서와 같이 탈곡작업에는 10-13명 정도의 성인 남자 노동력과 다수의 보조노동력이 필요하였다. 공동작업반이 탈곡을 할 때는 작업주는 보조노동력을 제공하였다.

1970년대 접어들어 노동력이 급속히 감소하고 그와 함께 농기계가 도입되면서 탈곡작업과정도 변하게 되었다. 족답탈곡기가 점차 사라지고 동력탈곡기가 도입되었다. 처음에는 소형탈곡기가 들어왔으나 점차 대형탈곡기로 대체되었다. 그러면서 결합인원이 줄어들었는데 4-7명의 결합으로 변하였다.

소형탈곡기를 이용해 가족노동력과 품앗이 및 고용노동력을 통해 또는 공동작업반에 의해 탈곡작업을 하던 방식에서, 1980년대 들어서면 노동력이 부족해지는 데다가 동력탈곡기가 도입되면서는 기계를 중심으로 몇 사람이 조를 짜서 점차 논에서 직접 탈곡작업을 하는 기계공동작업반이 나타났다.[54]

기계화가 진전되면서 공동작업반은 규모가 작아지고, 특히 기계를 공동이용하는 조직으로 변모하는데 탈곡작업에서 가장 먼저 이런 현상이 나타난다. 동력기계가 사용되지 않던 상태에서는 기계보다는 노동력 자체의 결합이라는 성격을 크게 띠던 조직이 점차 기계라는 생산수단을 중심으로 결합하는 조직으로 변하였다.

이상에서 본 것처럼 공동작업반은 주로 모내기작업을 하였으며, 그 다음으로 탈곡작업, 수확작업 등을 담당하였다. 노동력부족에 대처하기 위해서 최대한의 노동력을 동원하려고 시도하였다. 노동력에 대한 조정이 마을 단위나 작업반 단위로 이루어지기 때문에 품앗이나 고용노동의 경우보다는 작업이 효과적으로 이루어 질 수 있었다. 또한 노동력의 질적 차이가 부각되지 않고 총동원되는 특징을 지닌다. 그리고 조직화의 효과로 마을전체의 일을 단시일 안에 효과적으로 할 수 있었으며, 노동의 질도 결코 낮아지지 않았다.[55]

---

54) 倉持和雄,, 앞의 글, 45쪽; 오명석, 앞의 글, 100쪽. 1970년대 말 이후 기계화가 진전되면서 농기계공동이용조직이 확산된다.

55) 연규집, 앞의 글, 176-177쪽.

공동작업반은 중농층이 많이 참가하는 경우에는 품앗이적인 성격을 지닌다고 할 수 있겠는데, 비농가나 빈농층이 많이 참여할 경우에는 도급제의 성격을 강하게 지닌다. 그리하여 구성원의 특성에 따라 공동작업반의 성격에 차이가 난다. 특히 도급제적인 성격을 띠는 공동작업반은 작업참가성원의 작업은 물론 비참여자의 작업을 많이 의뢰받아 해 나가며, 더 나아가 다른 마을 사람들의 작업을 의뢰받아 하여 농업임금수입을 올리기도 한다. 마을 단위의 노동력조정을 위해서 결성된 공동작업반이 이처럼 다른 마을로 가서 작업을 하기도 하였는데, 이런 경우에는 반드시 마을 안의 작업이 완료된 이후에나 가능하였다.[56)]

5) 공동작업반의 분배체계

공동작업반의 전형인 모내기공동작업반은 마을의 거의 전 성원이 참여하여 두레와 같은 조직규모를 갖는다. 두레에서 분배도 일제시기에 나타난 것을 보면, 경지면적과 작업일수에 따라 산정하는 모습을 보인다. 공동작업반에서는 이러한 분배가 두레에서보다 더 정확하게 이루어진다. 물론 그 방식은 일제 말기에 일제에 의해 강제적으로 편성된 공동작업반에서도 마찬가지였다.

공동작업반은 농업노동자로부터 대농까지 망라하고 있기 때문에 보상문제에 대해서는 반원들이 예민하게 반응한다. 공동작업반에서는 노동력계산을 위한 일종의 점수제를 사용하는데, 한 노동단위에 얼마의 금액을 받을 것인가를 미리 결정하고, 작업반에서 받은 노동이 자기가 제공한 노동보다 많은 반원은 차액을 작업반에 내고, 그 반대인 반원은 그 차액을 작업반으로부터 받는다.

이것을 원활하게 하기 위해서는 작업내용 및 노동출역에 대한

---

56) 오명석, 앞의 글, 97쪽.

상세한 기록이 필요한데, 반장이 이 작업을 담당한다. 작업이 모두 끝나면 작업반장은 전 작업과정의 출석부와 작업성과를 기록한 작업일지를 바탕으로 반원별 분배액을 결정한다.

공동작업반의 분배는 작업면적과 노동일(시간)을 기준으로 하여 이루어진다. 먼저 작업면적에 따라 금액이 환산되는 것을 '평떼기'라고도 하는데, 이것은 매년 모내기 또는 추수의 품값을 평당 일정한 가격으로 결정하여 작업반을 이용하는 농가는 작업일수와 작업인원에 상관없이 전체작업면적에 대한 총비용을 지불하는 방식이다. 작업반장은 하루 작업한 면적에서 받은 총수입을 그 날 작업에 참여한 사람들에게 균등하게 나누어주며, 대체로 성별이나 연령에 따른 보수의 차이는 없고 작업에 늦게 나왔을 경우에 일정한 금액을 공제한다.[57] 따라서 하루하루 작업임금이 결정된다. 한 작업자의 총임금은 작업에 참여한 날의 작업임금의 합계로 산출된다. 공동작업반에 작업을 의뢰하기도 하고 공동작업에 참여하기도 했을 경우에는 작업비용과 임금의 차액을 산출하여 작업비용이 더 많으면 그 차액을 내고, 임금이 더 많으면 그 차액을 받는다.

하루를 단위로 하는 평떼기 방법은 작업면적에 따라 매일의 수입이 달라지기 때문에 작업반의 능률을 높일 수 있다. 그리고 작업일정을 조정하는데 있어서 좀더 편리하여, 작업량이 적은 날(작업참여자의 능력에 비해)에는 작업을 오전에 끝내기도 한다.[58]

매일 작업임금이 다른 평떼기의 방법과는 달리, 대체로 작업기간 중에는 하루 종일 일하기 때문에, 총비용을 총노동일수로 나누어 하루 품삯을 산정한 다음, 매일 동일한 작업임금을 적용하

57) 오명석, 앞의 글, 98쪽; 충북 청원군 옥산면 덕촌2리 덕촌교회 모내기 공동작업반의 사례.

58) 덕촌교회 모내기공동작업반의 사례.

는 방식이 있다. 작업을 끝내면 각 가구당 참여한 노동력 수와 작업일에 해당하는 총임금과 의뢰한 작업의 총비용을 계산하여 그 차액을 가구별로 산출한다. 작업비용은 미리 결정하여 부과하며, 임금을 산출할 때에는 노동력의 질적 차이, 연령, 성별 등을 고려하지 않고 참석일수와 참석인원만을 산정기준으로 한다.[59] 이러한 방식을 취할 때에는 작업일정이 잘 짜여져 하루에 할 수 있는 일의 양이 적절하게 결정되어야 한다.

하루를 단위로 작업임금을 정하는 방식과 비슷한 방식으로 노동시간을 단위로 한 분배방식도 있는데, 빠르고 숙련된 작업을 하고자 하는 유인을 손상시키지만 또한 작업면적에 근거한 분배가 작업능력이 좋은 사람과 그렇지 않은 사람간의 갈등을 일으킨다고 해서 취해지는 방식이다.[60]

시간에 근거해서 장부를 기입하는 경우에는 모내기 작업 때마다 시간을 재며 각 작업반원들의 실행노동시간과 작업주인(논 경작자)을 기록한다. 작업이 끝날 무렵에는 받은 노동과 제공한 노동의 차이에 해당하는 금액을 주고받는다.

각 노동단위(노동시간 또는 노동일, 평)에 대한 환산금액은 공동작업반 회의에서 미리 결정된다. 특히 1970년도의 조사에서는 공동작업에서 임금지불 시에 남녀차이를 두는 경우가 70% 정도에 상당하였다.[61] 그러나 1970년대 말, 1980년대 초에 나타나는 공동작업반들은 노동력의 부족을 반영하여 대개 남녀차이, 연령차이를 두지 않고 있다.

이처럼 공동작업반은 노동력의 질적 차이를 거의 인정하지 않는다. 특히 남녀 차이를 두었던 것에서 동등하게 평가하는 경향

59) 김춘동, 앞의 글, 197쪽.

60) 리드, 앞의 글, 183-4쪽.

61) 연규집, 앞의 글, 184쪽.

이 나타나고 있다. 이는 노동력부족이 심각하다는 것을 반영하며 동시에 여성노동력이 작업반에서 큰 비중을 차지하게 되면서(특히 모내기 작업반의 경우) 나타난 현상이다. 남성노동자가 경운, 정지작업을 하는 경우는 여성노동자와는 노동에 있어 질적 차이가 있지만 모내기작업 자체에서는 결코 여성노동이 뒤지지 않으며, 오히려 더 능률적이기도 하다. 그런데도 사회적 관습에 따라 여성노동력에 대한 저평가에 기초하여 임금에 차이를 두었었다. 그렇지만 공동작업반에서 함께 작업하는 과정에서 그리고 여성노동력이 중심을 이루면서 동등한 평가가 이루어졌다.

마을 회의에서 결정되는 임금에서 보통 여성노동의 임금과 남성노동의 임금 간에 차이가 있다. 물론 작업내용에 차이가 있기 때문이기도 하지만 같은 작업을 할 때에도 흔히 차이가 있다. 그러나 모내기와 같이 노동력이 많이 필요하고 여성노동력의 능력이 남성노동력에 뒤지지 않는 경우에는 임금이 같아지는 경향이 있다.

공동작업반에서는 연령의 차이도 두지 않는다. 실제 공동작업반에 참여하는 성원은 연령의 차이에 따라 노동의 질에서 큰 차이가 나지 않는다. 일을 잘하는 사람과 못하는 사람이 있을 때에는 서로 보완을 해나가며, 또는 일을 잘하는 사람끼리 작업반을 만들어 작업반 자체성원들의 공통성이 확보되는 쪽으로 조직화되어, 연령적 차이나 노동력의 질적 차이는 작업반 내부에서 원만히 조절되고 임금의 차이로 까지 나타나지는 않는다.

공동작업반에서는 작업반장이 작업 이외의 정리 및 조정작업을 하지만 특별히 보수를 더 받는 경우는 거의 없다. 농사일을 하는 데에도 장부를 당장 기록해야하는 경우(이런 경우는 극히 드물다)가 아니면 함께 작업을 한다.

노동력간의 결합이 중심이지만 특정한 작업에서 다른 일을 더

하는 사람에게는 그에 상응하는 임금을 지불한다. 이 경우는 공동작업 이외의 작업으로서 경운기로 모를 운반한다든지 식사 및 인부를 운반하는 작업, 로타리 치는 작업 등에 대해서는 각 작업에 일정 임금을 정하여 총임금산출시에 합산한다.[62)]

공동작업반은 자기 노동보다 더 많은 노동을 이용하고자 하는 상층농의 경제적 이해와, 반대로 임금을 바라고 참여하는 농업노동자 및 영세소농층들의 경제적 이해가 서로 결합되어 이루어진다. 그리고 중농층은 품앗이나 고용노동, 그리고 가족노동에 의해 하는 작업을 더욱 집약적으로 편리하게 할 수 있다는 점에서 공동작업반에 적극 참여한다.

공동작업반은 마을단위나 마을 안에서 다양한 준거에 따라 구성되지만 다른 마을로 이동하여 작업을 하기도 하며, 이 경우에는 일정 면적을 작업해주는 댓가로 일정한 임금을 받는 도급제적 성격을 지닌다. 물론 노동력수에 따라 일당을 받는 방식도 행해졌으나, 면적당 임금을 받는 방식이 더 널리 행해졌다.

탈곡공동작업반이나 수확공동작업반도 모내기공동작업반과 같은 분배방식을 취하였으나 대체로 구성원이 소수이고 작업일수가 같기 때문에 균등분배하는 것이 일반적이었다.

특히 탈곡공동작업반의 경우는 다른 마을에 가서 작업을 하는 경우가 많고 또 마을 안에 탈곡작업반이 없는 경우에는 다른 마을에서 작업반이 들어와 작업을 하는 경우가 많다. 모내기작업반의 경우도 노동력이 충분한 마을에서 형성된 것은 다른 마을에 가서 작업을 하기도 하였는데, 이앙기계화가 진전되지 않은 1970년대 중반 이후 1980년대 초반까지는 모내기시기가 지역적으로 차이가 있는 것을 이용해서 평야지대를 이동하면서 임금수입을

62) 충북 청원군 옥산면 덕촌교회 모내기공동작업반의 사례.

목적으로 공동작업반활동을 하는 것이 많이 나타났다.[63]

이처럼 공동작업반은 도급제의 성격을 띠기도 하는데 임금의 분배에 있어서는 반드시 단위 노동에 따른 지불원칙이 지켜졌다.

실제 작업에서 작업을 의뢰하기만 하는 사람은 작업 이전에 작업비를 공동작업반에 내며, 작업도 의뢰하고 공동작업에도 참여하는 사람은 식사비용 정도만을 미리 작업반에 낸다. 그러면 공동작업반에서는 이것을 작업비용으로 사용한다. 임금의 분배 및 정산은 작업이 모두 끝난 다음에 하는데, 작업을 의뢰하고 공동작업에도 참여한 사람은 차액을 계산하여 더 내거나 임금을 받기도 하고 공동작업에 참여하기만 한 사람은 임금을 받는다.[64]

공동작업이 끝나고 임금을 분배하면서 일정한 금액을 기금으로 마련하기도 하며, 또 어떤 공동작업반은 전 작업반원에게 비교적 한가한 날을 잡아 공동으로 비용을 내서(이 비용은 전체 액수에서 미리 떼어놓는 것이 일반적이다) 술과 돼지고기 및 과일을 장만하고 먹고 마시며 즐겁게 놀기도 한다.[65]

대체로 이러한 놀이를 하는 경우에도 두레에 비해서는 간소한 편이고 모내기공동작업반에서는 드문 것이었다. 탈곡작업반처럼 남자들이 중심이 되어 있고 일이 힘든 경우에는 끝난 후에 모여서 이처럼 음식을 먹는 경우가 있지만, 어떤 일정한 놀이를 하지는 않고 단지 피로를 풀고 정리하는 수준이었다.

---

63) 경기도의 평야지대에 전남북 지방에서 형성된 여성을 중심으로 한 공동작업반이 이동하면서 모내기작업을 실시하곤 하였다. 1970년대 중후반에 많이 나타났던 이러한 현상은 기계화가 진전되어 이앙기로 모내기를 하면서는 점차 자취를 감추었다.

64) 충북 청원군 옥산면 덕촌2리 덕촌마을의 모내기공동작업반의 사례.

65) 김춘동, 앞의 글, 197쪽.

6) 공동작업반의 변모

이상에서 살펴 본 공동작업반은 전형적인 것이다. 기본적으로 농업노동조직은 품앗이를 토대로 하면서 형성된 것이 아주 많다. 공동작업반도 품앗이적인 성격을 지니고 있으며, 전형적인 공동작업반에서 소규모 품앗이조직에 가까운 공동작업반에 이르기까지 그 규모가 다양할 뿐만 아니라 조직 내용도 다양하다.

더욱이 어떤 조직도 그대로 유지될 수 없고 자신의 일정한 틀을 지니되 농업조건에 따라서 계속 변해간다. 공동작업반도 노동력부족을 해결하기 위한 노동력의 조직화로서 나타났으나, 기계화의 진전과 그에 따른 노동력 절감으로 해체되거나 변해 갔다.

공동작업반을 구성하여 노동력을 효율적으로 조절하는 것도 노동력의 이출이 계속되는 상황에서는 더욱 어려워져 적기의 작업이 어려웠다. 여기에서 기계화의 필요성이 나타나며 1970년대 말을 기점으로 하여 이러한 상황에 대처할 수 있는 기계들이 도입되기 시작하였다. 공동작업반의 해체 및 변화는 공동작업반 자체가 내재적으로 가지고 있는 해체요인으로 인한 것이라기 보다는, 기계화라는 외적 조건의 변화에 따른 것이라고 볼 수 있겠다.

물론 기계화라는 외적 조건의 변화는 공동작업반이 가지고 있는 내재적 해체요인(보상률을 둘러 싼 계층 간의 갈등, 작업순서를 둘러 싼 참여농가 간의 갈등)을 증폭시키든가 다른 해결책을 제시함으로써 공동작업반을 해체시키거나 변화시켰다. 기계화가 경운기의 보급을 넘어서서 이앙기, 고성능 동력탈곡기, 콤바인 등 노동력을 상당히 절감시킬 수 있는 대형농기계의 보급으로 확산되어감에 따라 공동작업반은 전반적으로 위축되어갔다. 이앙기와 콤바인을 구입한 농가들이 공동작업반에 참여하지 않게 됨으로써 마을 내부에서 동원할 수 있는 노동력이 줄어들게 되었다. 또 기계

이앙면적의 확대로 그리고 워낙 급속한 이출로 인해 공동작업반 구성원이 줄어드는 경향을 보였다.[66]

또한 기계화에 따라 기계이앙면적이 늘어남에 따라 공동작업반의 작업면적이 줄어들어 작업기간도 훨씬 단축되었다. 마을 단위로 볼 때 전에는 길게는 30-40일 정도 걸리던 모내기작업이 15일 정도로 단축되었고, 수확이나 탈곡작업도 바인더나 고성능 동력탈곡기, 콤바인 등을 이용한 작업이 늘어나 공동작업반에 의한 작업이 줄어들고 작업기간도 단축되었다.

특히 기계화에 따른 공동작업반의 위축은 비농가나 빈농들이 많이 참여하여 도급적 성격을 띠는 작업반에서 강하게 나타났다. 상층농들이 농기계를 구입하여 이용해가면서 그들의 작업을 주로

---

66) 이정환, 『농지 및 노동의 유동성과 농업구조정책』, 농경련 연구보고 86, 1984, 37-38쪽. 전북 김제의 한 평야마을에서는 1980년 이전에는 60명 규모의 모내기작업반이 2개가 있었는데 기계화가 본격화된 1982년 이후에는 1개 반으로 줄었고, 작업반의 규모도 1982년에는 30명, 1983년에는 20명으로 줄어들었다. 1984년에는 인근 마을과 공동으로 15명 규모의 작업반이 겨우 조직되었다. 이 마을은 1984년 조사당시, 총호수 51호, 그중 농가 45호, 호당경지면적 1.28정보인 평야마을로, 교통이 편리하고 농외취업기회가 많은 곳이다. 20여년 전에 경지정리가 이루어졌고 경운기보급도 일찍 이루어졌으며, 1981년에 기계화영농단이 조직되어 1984년 당시 이앙기 3대, 콤바인 2대, 트랙터 2대를 보유하고 있으며, 주로 농기계소유자가 직접 운전하면서 수탁작업을 활발하게 하고 있었다. 같은 조사에 따르면 상주지역의 준산간 마을에서도 1970년대 중반 무렵부터 부녀공동작업반 1개와 남자작업반 1개 등 5개 작업반(1개 반에 15-20명)이 형성되어 있던 것이 1983년에는 3개로, 1984년에는 2개로 줄어들었다. 이정환, 앞의 책, 37-38쪽. 이 마을은 논밭의 비율이 6대4 정도이며 총호수 61호 중에서 농가호수는 56호이다. 호당경지면적이 1.20정보이며 1971년에 경지정리가 되었다. 1982년에 소수 대농들을 중심으로 기계화영농단이 조직되었고 1984년 당시 이앙기 5대, 콤바인 1대를 보유하고 있었으며, 마을 전체 논의 60%를 기계이앙하고 있었다.

해 나갔던 이러한 공동작업반은 급속히 줄어들거나 소규모화되었다. 즉 기계화가 덜 진전되어 있거나 기계화가 진전되어 있어도 일부만 기계이앙을 하는 마을이 있는데, 이런 마을에서는 빈농들이 중심이 되어 소규모 공동작업반을 구성하여 노동력이 부족한 농가의 모내기를 해주고 임금소득을 올리는 사례들이 발견되었다.[67] 이러한 공동작업반은 흔히 '고지패'라고 불린다.

농기계를 구입한 상층농들이 공동작업반에서 이탈하거나 작업을 의뢰하지 않게됨으로서 농기계를 구입하지 않은 중하층농들이 중심이 되어 자신들의 작업만을 주로 하는 품앗이적인 성격을 강화하는 경향을 보이기도 하였다.[68]

즉 중농층의 경우에는 품앗이적인 성격을 강화해가는 공동작업반을 운영해 나가고 하층농들은 기계를 가진 상층농들에게 작업을 의뢰해 나가며, 상층농들은 공동작업반에서 이탈하여 대형농기계를 이용하거나 농기계이용조직에 의해 작업을 해나간다. 그리하여 전반적으로 공동작업반은 소규화되고 사라져 간다. 특히 기계이앙이 일반화된 지역에서는 모내기공동작업반은 급속히 사라져 찾아 볼 수 없게 되었다. 물론 중하층농들도 점차 기계화영농단과 같은 농기계공동이용조직에 참여하거나 또는 작업을 위탁하는 경향이 늘어났다.[69]

공동작업반은 계조직 등이 발전하여 형성되기도 하였는데, 이렇게 공동작업반이 위축되어 가는 상황에서는 반대로 공동작업반이 계조직화되어 가기도 하였다. 특히 이런 경우에는 계조직의

---

67) 충남 대덕군 기성면 평촌3리에서 나타나고 있는 빈농 6명으로 조직된 공동작업반.

68) 오명석, 앞의 글, 102쪽.

69) 안준섭, 「미작농업의 농작업수위탁실태에 관한 고찰-8개지역 사례조사를 중심으로-」, 『농협조사월보』, 1989년 6월호, 1-18쪽.

기금을 마련하기 위해서 공동작업을 하는 경우도 있었다.[70)]

이렇게 공동작업반이 소규모화하면서 10-20일씩 작업을 하던 것에서 며칠 정도 작업을 하는 식으로 바뀐 것에서 볼 수 있듯이, 작업의 효율성을 높이기 위해 조직된 전형적인 공동작업반은 점차 사라져 갔다.

그러나 공동작업반이 그냥 해체되어 버리고 마는 것은 아니며 기계의 도입과 함께 기계를 중심으로 한 작업반으로 즉 농기계공동이용조직으로 발전해 간다. 탈곡작업반의 경우 가장 먼저 동력탈곡기를 이용하면서 농기계공동이용조직으로 변모해 갔으며, 수확이나 모내기 등에서도 공동이용조직이 활성화되기 시작하였다. 정부의 농기계시범사업추진과 더불어 농기계공동이용조직의 권장으로 1980년대 들어 확산된 이러한 농기계이용조직들은 공동작업반을 대체하면서 여러 가지 형태를 띠고 나타났다.

70) 최재석, 『한국농촌사회변동연구』, 일지사, 1988, 341쪽. 전북 임실군 ㅅ면 ㄷ마을의 사례. 이 마을은 평야마을은 아니고 원교촌이며, 1985년 현재 77호로 이루어져 있다. 연안 김씨와 경주 이씨가 압도적인 구성을 이루는 양성마을이며 조사는 1986년 1-2월에 이루어졌다. 이 마을에서는 4개 반별로 공동작업반이 활동했었는데, 기계화의 진전에 따라 계집단으로 변모하여 계집단의 기금을 마련하기 위해 하루나 며칠 동안 공동작업을 하고 있었다. 이 마을에서는 유람계라고 하여 일명 제주도계라고도 하는데, 전에 공동작업을 하던 성원들을 중심으로 부녀자들 9명이 관광을 목적으로 조직하였다. 이들은 관광비용을 공동으로 마련하기 위해서 매년 모내기하루, 벼베기 하루 등 2일간의 공동작업으로 기금을 마련하여 제주도관광을 한다. 또 60세 이상의 노인들이 중심이 되어 결성된 할머니계와, 공동작업반이 변해서 된 다른 계도 관광을 위해 하루 또는 수일간 공동작업을 한다.

8장

회사지주

_조선흥업주식회사의 사례

일제하 한국 사회의 성격에 관한 논의는 1930년대 일본 자본주의 논쟁의 영향을 받아 일제하 토지소유의 사회경제적 성격을 규정하는 문제와 관련되어 나타났다. 그리하여 당시의 논의는 주로 농업의 성격규명에 초점을 맞추고 사회구성체 단위에서의 성격규명에 대한 논의는 그리 활발하지 않았다.

농업의 성격규명은 지주제도의 성격 규명에로 나아갔고 토지소유의 성격, 지주소작관계, 농업경영 등의 측면에 대한 분석을 통해 시도되었다. 이 과정에서 한국농업을, 특히 토지소유의 사회경제적 성격을 봉건적인 것으로 규정하는 사람과 자본주의적인 것으로 규정하는 사람으로 나뉘어 논의가 이루어져왔으며, 그러한 논의는 1960년대에도 부분적으로 진행되었다.[1)]

1930년대의 논의에서 봉건적인 성격이 확대 심화된다고 주장한 대표자는 인정식이었다.[2)] 그는 자본주의의 침투·발전에도 불구하고 자본주의는 농촌경제의 유통부분만을 해체시켰고 생산과정

1) 이러한 논의의 경과에 대해서는 신용하, 「한국의 지주제도에 관한 일 연구」, (『경제논집』, 제5권 제3호, 1966)와 櫻井浩, 「식민지하 조선농업의 봉건제론에 관하여」, 임영태 편, 『식민지 시대 한국사회와 운동』, 사계절, 1985, 99~121쪽을 참조.

2) 印貞植, 『朝鮮の農業機構』, 白楊社, 1940.

에 있어서는 봉건성을 일층 강화하였다고 하였다. 즉, "유통과정에 있어서는 상품-가치-화폐라는 제관계에 종속・포위되어 있음에도 불구하고, 다른 한편 가장 본질적인 생산과정에 있어서는 봉건적・농노적인 농촌관계를 반봉건적 혹은 반농노적 농촌관계라 규정할 수 있다"고 하였다.

다른 한편 자본주의적 성격으로 전화되었다고 한 사람들[3]은 압도적 다수의 농민이 토지소유에서 분리되어 소작농으로 되어 있고, 봉건적 자연경제가 이미 오래 전에 해체되어 봉건적 범주의 전제로부터 분리되어 자본주의적 범주의 사회로 되었으며, 지주제도에 있어서도 지주는 자본가적 근대 지주이고 소작농은 임금노동자라고 주장하였다.

1960년대와 1980년대에 들어 이 양자와 동일한 설명은 아니라 하더라도 유사한 입장에서 일제하 농업 및 사회구성체의 성격을 밝히려는 다양한 시도가 있었다. 그런 과정에서 한 학자는 반봉건적인 농업 성격을 인정하면서 사회구성체 수준에서는 식민지 상업 자본주의를 주장하기도 하고,[4] 어떤 이는 반봉건적인 농업이 국민경제 전체의 근간을 이룬다고 하면서 식민지 반봉건 사회론으로 나가기도 하였다.[5] 또 어떤 이는 농업의 반봉건성을 인정하면서도 사회구성체 수준에서 조선은 1905~1918년에 걸쳐 자본의 본원적 축적을 감행하였고 그 이후는 자본주의 단계에 들어섰다고 주장하기도 하였다.[6]

---

3) 위의 책(인정식) 서문에서 인용되는 박문병, 그리고 일본인 학자 津曲藏之丞(「朝鮮における小作問題の發展過程」).

4) 신용하, 「일본 식민지 통치기의 시대구분 문제」, 『한국근대사론 I』, 지식산업사, 1977, 22~37쪽.

5) 안병직, 「조선에 있어서 (반)식민지・반봉건 사회의 형성과 일본 제국주의」.

6) 박현채, 「한국 자본주의 전개의 제단계와 그 구조적 특징」, 『한국 사

농업의 성격을 반봉건적인 것으로 보는 이들과는 달리 자본주의적 성격을 강조하는 논자들도 계속 논의를 전개해 왔는데, 대표적인 인물은 김준보이다.

그는 일제하의 조선을 산업자본주의 시대로 파악해서는 안 되고 금융자본주의 시대로 파악해야 한다고 하면서, 일제하 농업문제 파악의 핵심은 금융독점자본주의 하에 있어서의 영세농의 운명을 파악하는 것이라고 하였다. 그러면서 "일제하의 영세농은 금융독점자본에 의해 철저히 지배당하는 과도적 농업자의 일 형태"라고 규정하였다.[7] 금융자본의 목적은 최대이윤=최대금리에 있으며, 이러한 목적을 달성함에 있어서 금융자본은 산업자본을 통하여 금리를 획득하고 이를 지배한다. 특히 금융자본이 산업자본뿐만 아니라 토지소유자본(지주)에 침투하여 이를 지배함으로써 그 기능을 다한다. 이러한 특성을 가진 금융독점자본주의(독점단계에 도달한 일본제국주의)가 조선에 침입하여 화폐경제를 확산시키고 자본축적의 기초적 조건을 정비한다. 나아가 "점차 평균이윤이 기준이 아니라 최대한의 금리와 최대한의 화폐적 이윤확대만이 활동목표이므로 금융독점자본은 이 땅의 소농경제를 스스로 지배할 뿐만 아니라 다른 자본의 소농지배를 적극적으로 배제"한다. 그리하여 "농기업(농업자본가)의 독립적 발전성은 제약되고 기생지주(토지자본가)의 전래적 세력 또한 약화될 수밖에 없는 가운데 일제의 세력적 금융자본만이 보다 높은 독점적 지배세력으로서 군림"하게 된다.

이때 "금융자본에 의하여 수취당한 일반의 기생지주는 당연한 귀결로서 그의 상실한 지대부분을 소작농으로부터 보충코자" 한다. 그러면서 지주는 "단순한 지대의 수취자로서의 위치로부터 한

회의 재인식』, 한울, 1985, 19~24쪽.

7) 김준보, 『농업경제학 서설』, 고대출판부, 1967, 235~312쪽.

걸음 나아가 자본가적 이윤추구자의 입장으로 전환하는 획기적 신조건에" 처하게 된다.

또한 "영세농은 완전 몰락하지 않을진대 스스로 농업노동자의 실질이 될 수밖에 없었"으며 "미래의 프롤레타리아라기보다는 오히려 현실적인 프롤레타리아의 잠재적 존재형태"라고 하였다. 이와 같은 김준보의 주장은 농업생산방식에만 집착하여 자본주의냐 봉건제냐를 따지거나 소유형태를 가지고 그 성격을 따지는 것이 아니라, 사회구성체 수준에서 지배적인 경제법칙을 전제하면서 파악한다는 점에서 특이하고 뛰어나다고 생각된다.

김낙중도 이와 같은 인식을 공유하면서 농업의 성격을 규정하고 있다.[8] 그에 따르면 "일제하 한국경제의 역사적 성격을 지배한 기본적 사회구성은 자본주의"이며, 따라서 "일제하의 지주는 봉건제하의 지주와는 달리, 수취한 경제잉여를 자본화하고 또 토지의 구매 자체도 자본가적 타산에 기초하고, 농업에 대한 자본투하의 여부도 현물소작료의 양이 아니라 그 판매에 의한 수익성에 의존"하게 된다. 그렇게 볼 때 "일제하의 지주제 자체는 자본주의적 사회구성 내부에 있는 비지배적 요소로서의 봉건적 유제가 변형된 형태의 하나"라고 한다.

이들의 인식이 가지는 실천적 중요성은 농촌 내부관계로서의 지주-소작인 관계는 그 자체 독립적인 것이 아니라, 전체 사회에서 지배적인 위치를 차지하는 자본-노동 관계와 직·간접적으로 연계를 가지며, 또한 지주의 배후에는 독점자본이 있어 소작인을 착취하며, 소작인을 착취하는 지주도 또한 착취한다는 점이다. 그렇기 때문에 소작인의 문제를 해결함에 있어서 지주를 없앤다고 해서 되는 것이 아님을 나타내준다. 이러한 인식은 8·15 후 농

8) 김낙중, 「한국 자본주의와 농업」, 고대 석사논문, 1968.

지 개혁과정을 거치면서 나타난 한국농업의 전개과정 및 그 전개과정을 농민적 입장에서 해결하려는 주장에도 연결되게 된다.

기존의 연구자들 중에는 일제하의 지주 특히 대지주를 유형별로 나누어서 경영분석을 통해 자본가적 성격을 추출해보려고 노력하였다.[9] 그러한 노력들이 농업생산의 자본주의화 정도나 가능성에 대한 타진으로서 매우 의미 있는 것이라 생각된다.[10] 그러

---

9) 이에 대한 연구사적 정리로는 장시원, 「일제하 경영형 지주 범주의 설정을 위한 문제 제기」, 『방통대논문집』, 제1집, 1983을 보라.

10) 이러한 노력은 여러 사람들이 논의해 왔다. 東畑精一(大川一司 공저, 『朝鮮米穀經濟論』, 일본학술진흥회, 1935)이나 久間健一 등은 일본인 지주=동태적・근대적 지주, 조선인 지주=정태적 지주라는 양분론을 펴왔으며, 1970년대 들어서도 안병태(「조선인 지주와 동척의 토지경영 방식의 차이」, 『한국 근대 경제와 제국주의』, 백산서당, 1982. 제7장)와 임병윤(『植民地における商業的農業の展開』, 東京大出版會, 1971) 등이 내용을 조금 달리하면서 주장하여 왔다. 또 한 일본인학자는 조선인 대지주 중에도 재래적인 농업경영자인 '경기형 지주'에 새로운 형태의 '전북형 지주'가 존재하였음을 소작관행 분석을 통하여 검증하고 있다(미야지마 히로시, 「식민지하 조선인 대지주의 존재형태에 관한 시론」, 『식민지시대 한국의 사회와 저항』, 백산서당, 1983). 더 나아가 김용섭은 조선인 지주 중에도 '자본가적 기업농'이나 '산업자본가로 전화하는 지주'가 존재하였음을 구체적인 지주경영문서 분석을 통해 밝혀내고 있다(「한말・일제하의 지주제, 사례 4; 고부 김씨가의 지주 경영과 자본 전환」, 『한국사연구』 19, 1978).

그 외에 기본적으로 반봉건적 토지소유를 전제로 하고 따라서 지주도 일반적으로 반봉건 지주로 규정하면서도 위에서와 같은 단순한 유형론적 파악을 넘어서, 당시의 지주경영 중에서 선진적 요소로서 '경영형 지주'나 '부르주아적 지주'의 범주를 설정하고 그 전개 가능성을 타진하려는 노력(장시원, 위의 논문 및 「식민지하 조선인 대지주 범주에 관한 연구」)이 있다.

그 외에 일본인 대지주에 관한 유형론적 연구(淺田喬二)도 특기할 만하다. 더 나아가 일본인 대지주에 대한 사례연구도 진행되고 있다. 특히 일본 학자들을 중심으로 국책 대행 기관인 동척에 대한 연구가 이루어졌다. 동척에 관한 대표적인 연구로서는 君島和彦의 「東洋拓殖

나 앞의 김준보의 주장에 대해서 얘기했듯이, 금융독점자본이 소농을 지배해가는 과정에서는 농업생산방식의 자본주의적 변형이 주목적이 아니라 최대이윤확보가 주목적이다. 그렇기 때문에 농업생산방식에 일정한 변형을 가하지만 최대이윤실현이 가능한 정도까지만 변형을 가하면서 수탈해 간다.

이러한 수탈구조 즉, 자본가-지주-소작인이라는 구조가 하나의 지주형태를 통해 관철되는 것을 밝히려는 것이 이 장의 의도이다. 물론 여기에서 택한 사례는 자본가와 지주가 일치하지만 일제하에 있어서 일반적으로는 자본가와 지주가 분리된 계급이었으며 자본가계급(특히 일본제국주의의 독점자본)이 궁극적으로 지주를

株式會社の設立過程(上, 下)」,(『歴史評論』 第282, 285號, 校倉書房, 1973년 11월, 1974년 1월)과 「朝鮮における東拓移民の展開過程」(『日本史研究』 161號, 日本史研究會, 1976. 1); 黑瀨郁二의 「日露戰後の朝鮮經營と東洋拓殖株式會社」(『朝鮮史研究會論文集』 제12집, 1975. 3); 안병태의 「조선인 지주와 동양척식주식회사의 토지경영방식의 차이」(『한국근대 경제와 일본 제국주의』, 백산서당, 1982) 등이 있다. 그리고 김석준(주 19 참조)의 연구는 동척의 사업전개과정에 대해 상세한 분석을 하고 있다.

동척 이외의 대규모 지주(회사)에 대한 사례분석도 이루어져 왔는데, 우선 淺田喬二는 조선흥업주식회사의 경제구조를 분석하였으며, 田中喜男은 石川縣農業株式會社에 대한 자료를 소개하며 분석하였다. (田中喜男, 「石川縣農業株式會社(資料紹介)」, 『北陸史學』 제15호, 北陸史學會, 1967년; 「明治後期朝鮮拓殖への地方的關心-石川縣農業洙式會社の設立お通して」, 『朝鮮史研究會論文集』, 第4集, 朝鮮史研究會, 1968. 9.) 淺田喬二는 또한 石川縣農業株式會社의 존재형태를 토지취득상황, 소작경영의 특징, 농장경영의 수지구조를 통해 밝혀내고 있다(「舊植民地(朝鮮)における日本人大地主の存在形態-石川縣農業株式會社の事例分析」, 『朝鮮歴史論集』, 下卷). 그 외에 사례연구로는 山崎隆三의 兵庫縣川邊郡園田村의 N家에 대한 연구가 있다(「地主制衰退期における小地主の植民地地主への轉化」, 『經濟學雜誌』, 第64券 2,3號, 日本評論社, 1971).

수탈하는 구조였다.

그러면 먼저 사례로 택한 조선흥업주식회사의 연혁, 토지침탈 상황을 살펴보고, 당 회사의 경제구조, 농업경영에 대해 분석한 다음, 그러한 구조 속에서 수탈당하는 농민의 대응에 대해 가능한 자료를 동원하여 살펴보겠다.

1. 조선흥업주식회사의 연혁

조선흥업주식회사(처음 이름은 한국흥업주식회사였다)는 1904년 9월 6일 설립되었으며, 일본 독점자본의 대표적 구현체인 삽택(澁澤) 재벌의 직계 자회사였다.[11)]

일본제국주의가 한국을 침탈해가는 과정의 전초로서 많은 일본인들이 토지를 침탈하여 농사경영을 하려는 뜻을 가지게 되었다. 일본제국주의 자본의 침투는 여러 기구를 통하여 매개되어 현실화되는데, 한국의 주요 산업인 농업의 경우 지가가 일본보다 훨씬 저렴한 데다가 고율의 소작료 수취가 가능하여 자본수익률이 매우 높았기 때문에 일찍부터 활발히 진행되었다.

이러한 상황 하에서 회사를 설립하려는 움직임은 1903년부터 시작되었다. 회사설립을 위해서는 자금을 동원해야 했는데, 당시 조선의 금융사정은 여의치 않았다. 1878년에 진출한 제일은행을 시작으로 몇 은행의 지점이 설립되었지만 무역금융을 담당하는 일본인들이 주로 이용하였고, 조선인들이 거래하던 대한천일(大韓天一)은행이나 한성(漢城)은행 등은 아직 충분한 자금력을 갖추지

11) 일본인 대지주의 유형화에 관해서는 淺田喬二, 『日本帝國主義と舊植民地地主制』, 御茶の水書房, 東京, 1968, 14~45쪽 참조. 일본의 중앙재벌 중 조선에서 지주화한 것은 三菱·大倉·淡狂 등으로 일본의 대표적인 거대재벌이었다. 三菱재벌은 東山農事株式會社를, 大倉재벌은 大倉농장을 각각 개설하였다.

못하여 산업자금으로서 장기 또는 저리로 자금을 융통하는 것이 어려웠다.[12] 이러한 상황을 헤쳐 나가기 위해서 공권력을 매개로 제일은행과 유착하여 토지를 저당으로 장기금융의 길을 트게 되었다.[13] 사실상 삽택 재벌의 수중에 있었던 조선흥업주식회사는 제일은행원 여러 사람들의 기업이었으며 제일은행의 별동대였다.[14] 설립주도자들은 자금을 확보한 뒤 조선 사정에 밝은 사람에게 사전 조사를 시켜 준비작업에 만전을 기하였다.

그리하여 1904년 9월 6일, 러일 전쟁의 어두운 그림자가 채 가시지 않은 때에, 28인의 발기인으로 자본금 일백만 엔의 한국흥업주식회사가 동경에 본점을 두고 창립되었다. 당사의 정관에 나타난 바의 설립 목적을 보면, ① 조선내의 토지를 매입하거나 조차(租借)하여 그것을 소작시키는 것, ② 조선의 농사개량에 관한 여러 가지 사업을 경영하는 것, ③ 조선내의 토지를 담보로 하여 대부금을 주는 것, ④ 앞의 세 항의 사업을 조성할 수 있는 업무를 하는 것[15]으로 되어 있다. 사실상 ①은 조선 농민의 토지를 침탈하여 고율소작료 수취를 목적으로 소작지 경영을 하려는 것이며, ②는 농사개량을 구실로 수리조합을 조성하여 조선 농민에게서 수세를 징수하거나 기타 여러 가지 투자자본에 대한 고율의 이자를 착취하겠다는 것이며, ③은 고리대금업을 하겠다는 것이다.

회사 설립(1904. 9. 6.) 후 1905년 3월말까지는 경성에 사무소

---

12) 『조선흥업주식회사 30주년 기념지』(이하 『조흥 30년지』로 약칭), 1936, 60쪽.

13) 『조흥 30년지』, 60쪽, 조선 현지에 있던 林權助 공사와 제일은행 간에 이러한 합의가 이루어지고 더욱 진전되어 농사경영을 위한 특수회사 설립 논의가 성숙되어 갔다.

14) 제일은행과의 관계에 대해서는 淺田喬二, 앞의 책, 146~48쪽 참조.

15) 『조흥 30년지』, 60쪽.

를 설치하고 토지매수계획을 세웠다. 경기도 지역과 전라북도 지역에 농장을 개설하려 하였으나,[16] 여의치 않아 서선(西鮮) 지방으로 방향을 바꾸어 1905년 4월 황해도 황주에 황주농장을 개설하였다. 겸이포 출장소를 중심으로 하여 설립된 황주농장은 대규모 집산지로서 조선흥업주식회사의 중추적인 농장이 되었다. 1906,7년에 접어들면서는 남쪽 지역의 토지 매수에 착수하여 경부선 연변의 평택·대전·삼랑진 및 전라남도 목포에 관리소를 설치하고 농장을 개설하였다. 1909년 6월에는 한국창고주식회사를 병합하여 동사의 인천 및 평양 출장소를 폐지하고 부산 본점을 지점으로 바꿔 존속시키면서 창고업과 이출소(牛) 관리업을 개시하였다. 부산은 한반도뿐만 아니라 대만·중국·일본·러시아의 교통의 요지로서 연락 관문이었는데, 조선흥업주식회사는 바로 여기에 최초로 창고업을 개시하였던 것이다. 또한 당시 한국 정부는 이출소 검역소를 설치하려고 하였으나 비용이 많이 들어 주저하고 있었는데, 조선흥업주식회사는 검역소 및 부속건물 일체의 설비를 한국 정부에 제공하고 그 대가로 계류중인 소를 양육·관리하고 선박에 싣는 업무를 허가받음으로써 이출소 관리업을 하게 되었다.[17]

1910년에 들어서는 영업 목적이 비슷한 한국척식주식회사를 합병하여 사업을 확장함과 동시에, 사업을 정돈하기 위해 마산출장소 관내의 토지를 처분하고 또 평택 출장소 및 파출소를 폐쇄하

16) 경성에 사무소를 설치하고 토지를 담보로 대부금 사업을 개시하였다. 그리고는 경기도 수원에 일본식 모범농장을 설립하려고 계획하여 (나중에 이곳에 총독부농사시험장이 개설되었다) 한국 황제의 御料地 3백 정보를 빌리려 하였으나 실패하였고, 전라북도 지역에 농장을 개설하려는 시도도 환율의 폭등으로 어렵게 되었다. 『조흥 30년지』, 61쪽.

17) 『조흥 25년지』, 1931, 3쪽. 초기에는 일시적으로 경영난에 허덕였으나 점차 회복하여 1920년대 말에는 조선산 소의 총이출고의 7,8할에 해당하는 매년 약 4만 두를 취급하는 성황을 이루었다.

였다. 그리고 새로 경산농장을 개설하여, 황주지점, 목포·삼랑진·대전·경산의 4개 관리소를 중심으로 농사경영을 하고, 부산지점에서 창고업 및 이출소 사육·관리 및 선박탑재 업무를 해 나갔다.

이처럼 창업 후 얼마 지나지 않아서 회사의 기초를 마련하였으며 특히 한일합방 이전에 그것을 이루었다는 것은 특기할 만하다.[18)]

이 시기는 회사의 창업기로 볼 수 있으며, 그 이후 토지규모가 꾸준히 증가하지만 다른 커다란 변동은 없게 된다. 그간 두 번의 증자를 통해 1913년 4월에 자본금을 삼백만 엔으로 하고 회사의 명칭을 한일합방의 결과에 따라 한국흥업주식회사에서 조선흥업주식회사로 바꾸었다.

그 이후 10여년 간은 '수성(守成)의 시대'였다. 경지를 꾸준히 증가시켜가다가 1929년에는 황해도 해주에 해주농장을 신설하고 (해주출장소 신설), 1934년에는 겸업으로 하던 부산창고부를 양도하고 농사경영에 주력하게 된다.

이렇게 형성된 조선흥업주식회사는 국책회사로서의 동양척식주식회사[19)]를 제외하고는 조선에서 최대 규모의 (일본인) 지주회사였다. 더욱이 일본 중앙재벌의 계열회사로서 독점자본의 식민지수탈에 있어서 첨병역할을 하였다. 참고로 일제하 일본인 거대지주 및 지주회사의 상황을 보면 〈표 8-1〉과 같다.

조선흥업주식회사는 보통의 일본인 지주나 지주회사와는 달리

---

18) 한국에 있어서 일본인 대지주의 진출은 매우 일찍 이루어진 것으로 생각된다. 淺田의 앞 책 참조. 그리고 문소정, 「대한제국기 일본인 대지주의 형성」, 『한국근대 농촌 사회와 일본 제국주의』, 문학과지성사, 1987 참조.

19) 동양척식주식회사의 비중 및 전개 과정에 대해서는 김석준, 「동양척식주식회사의 사업전개 과정」, 『근대 농촌 사회와 일본 제국주의』, 문학과지성사, 1987 참조.

〈표 8-1〉 일본인 거대 지주 상황표(1925년) (단위: 정보)

	창업연도	논	밭	기타	합계
國家地主 (驛屯土)	1908	37,291	55,627	8,449	101,367
東洋拓殖會社	1908	49,647	18,245	16,415	84,307
鮮滿拓殖會社	1936				21,540①
鎌田勝太郎	1905	1,030	186		1,216
朝鮮實業公社	1905	2,629	724	2	3,355
石川縣農事會社	1907	1,412	64	96	1,572
諸戶清六	1917	569	131	116	816
愛知産業會社	1920	25	1,000	2,000	3,025②
半田善四郎	1920	538	171	163	872
二葉社	1920	657	122	109	888
細川護立	1904	1,776	338	29	2,143③
德川賴倫	1916	573	305	24	902④
熊本利平	1903	2,627	210	142	2,978
朝鮮殖産銀行	1918	218	38		256
阿部市郎兵衛	1911	1,045	645		1,690
耐部市太郎	1912	713	44	69	826
八木正治	1920	908	11	72	991⑤
不二興業會社	1904	5,740	1,916	255	7,911
川崎藤太郎	1905	359	483	90	932
端穗農場	1914	777			777
川上佐太郎	1915	564	188	63	815
鮮滿開拓會社	1920	2,585	544	210	3,340
國武金太郎	1906	1,195	331	136	1,662
森六郎	1907	339	812		1,151
明治農會	1909	58	1,030	3	1,091
嶋谷八十八	1904	547	12	412	971
右近權左衛門	1914	2,143	89		2,232
日海興業會社	1914	808	88	27	923
村井音兵衛	1905	2,625	357	592	3,574
大橋與市	1907	971	107	74	1,152
齋藤久太郎	1911	870	169	58	1,097

	창업연도	논	밭	기타	합계
迫間房太郎	1918	228	521	574	1,322
加藤平太郎	1920	3,249	3,864	526	7,639⑥
中柴産業會社	1906	491	148	49	688
高瀨政太郎	1907	862	669	601	2,132
金谷一二	1911	805	187		992
福田有三	1920	258	118		376
片倉殖産會社	1908	700	769	5	1,474
安川・松本農場	1914	754	315	248	1,317
中部農事會社	1915	362	12	1	375
大林組農場	1928	2,314			2,314⑦
多本粂次郎	1918	1.576	43	673	2,292
朝鮮興業會社	1904	3,796	10,016	668	14,480
大倉農場	1904	1,610	16	17	1,643
東山農事會社	1907	3,873	1,206	444	5,523

① 1939년 수치 ② 1922년 수치 ③④ 華族地主 ⑤ 1929년 수치 ⑥ 일시적으로 많았던 것으로 1931년에는 617정보 ⑦ 1931년 수치
자료: 淺田喬二, 『日本帝國主義と舊植民地地主制』, 附表에서 재작성.

논보다도 밭 소유면적이 많았고 따라서 밭작물 경작에도 상당한 신경을 쓰게 되었다. 면화・뽕・보리・수수・콩 등이 주요한 작물이었으며, 특히 면화와 뽕(누에고치)은 공업생산 원료로서 일본에 수출되었다.20) 그러나 뒤에서 살펴보듯이 역시 수입 및 투자의 주요부분은 미작이었다.

2. 토지침탈 상황

조선흥업주식회사가 1936년 3월 당시 소유하고 있던 토지는 총

20) 『旣往十年 事業概況 朝鮮興業株式會社』, 1914년에 당시 관리소・파출소 및 농장, 소작미 징수 광경, 소작료, 면화 수집 및 정선에 관한 사진들이 실려 있다.

〈표 8-2〉 조선흥업주식회사의 토지침탈추이 (면적단위: 정보, 토지대금단위: 엔)

연도	기별	논		밭		기타		합계	
		면적	토지대금	면적	토지대금	면적	토지대금	면적	토지대금
1905	2	400	40,753	2,381	135,131	76	1,491	2,857	177,375
	3	989	167,703	5,097	309,827	198	5,143	6,284	482,673
	4	1,363	253,781	6,650	417,758	327	10,428	8,340	681,967
	5	1,441	236,969	6,725	451,213	328	10,485	8,494	730,667
	6	1,643	279,366	6,582	395,230	613	12,960	8,838	687,556
1910	7	1,934	358,076	6,920	432,974	610	11,956	9,464	803,006
	8	2,103	421,737	7,163	469,695	649	12,386	9,915	903,818
	9	2,548	638,084	7,509	533,865	752	15,381	10,810	1,187,330
	10	3,028	951,200	8,221	617,546	539	20,050	11,788	1,588,796
	11	3,124	1,004,384	8,293	630,031	504	20,135	11,985	1,654,550
1915	12	3,351	1,107,842	8,521	658,226	550	19,790	12,422	1,785,858
	13	3,466	1,151,473	8,639	679,087	539	19,791	12,644	1,850,351
	14	3,573	1,185,777	8,521	686,446	504	18,660	12,767	1,890,883
	15	3,593	1,198,706	8,697	687,981	506	19,032	12,796	1,905,719
	16	4,061	1,201,153	9,810	664,764	736	57,458	14,606	1,923,375
1920	17	4,073	1,213,469	9,836	675,464	735	57,121	14,645	1,946,054
	18	4,148	1,335,230	9,862	680,272	733	57,094	14,743	2,072,596
	19	4,196	1,418,217	9,922	638,602	738	58,330	14,856	2,175,149
	20	4,312	1,474,634	9,937	703,758	772	62,381	15,022	2,240,710
	21	3,986	1,413,177	9,916	719,688	755	60,562	14,657	2,193,427
1925	22	3,827	1,346,473	9,871	720,803	843	61,172	14,541	2,148,412
	23	3,887	1,469,614	10,960	960,202	888	72,427	15,753	2,502,243
	24	3,979	1,571,547	10,979	966,988	840	84,599	15,798	2,623,134
	25	4,097	1,799,103	11,166	1,125,697	851	95,819	16,113	3,020,619
	26	4,669	2,296,797	11,638	2,308,716	922	122,419	17,229	3,727,932
1930	27	4,846	2,436,620	11,597	1,325,450	988	130,509	17,431	3,891,579
	28	5,110	2,564,450	11,451	1,254,151	991	132,099	17,552	3,950,700
	29	5,133	2,625,574	11,434	1,268,033	1,000	137,649	17,567	4,031,256
	30	5,049	2,584,710	44,384	1,256,825	991	170,259	17,424	4,011,794
	31	5,035	2,574,472	11,362	1,262,371	993	174,542	17,390	4,011,385
1935	32	4,983	2,559,935	11,346	1,296,092	962	178,597	17,291	4,034,623

자료: 『조흥 30년지』, 113쪽.

〈그림 8-1〉 조선흥업주식회사의 토지 침탈 추세 (단위 : 정보)

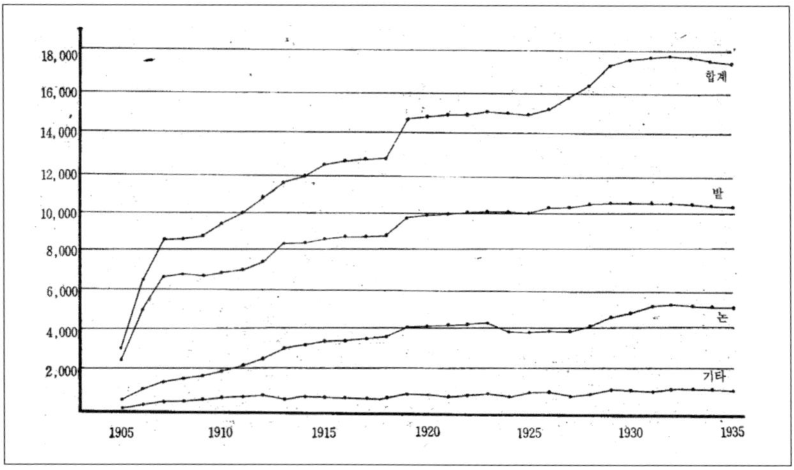

17,291 정보로 그 중에서 논이 4,983정보, 밭이 11,340정보, 기타 962정보이다. 이러한 소유 규모는 동양척식주식회사 이외 식민지 한국에서는 한 지주회사로서는 최대였다. 조선흥업주식회사의 토지 소유면적은 회사설립 후 3년 만인 1907년에 8천 정보를 넘어서고 1912년 1만 정보를 상회하여 꾸준히 확대되다가 1920년대에는 1만 4천 정보, 1930년대에는 1만 7천 정보를 유지하였다(〈표 8-2〉, 〈그림 8-1〉 참조).

여기에서 알 수 있듯이 조선흥업주식회사의 토지침탈은 한일합방 이전에 이미 이루어지고 있었으며, 이는 토지조사사업 이전부터 농민의 토지로부터의 분리가 광범하게 이루어졌음을 의미한다. 1913년 자본금을 삼백만 엔으로 증자하면서 자칭 '수성의 시대(守成의 時代)'에 돌입한 당 회사는 소유규모를 지속적으로 확대해 토지조사사업이 끝난 직후인 1919년에는 1만 4천 정보 이상을 유지하였다. 그 후 잠시 굴곡을 보이기도 하나 1926년 이후 확대를 거듭해 1932년 이후에도 1만 7천 정보 이상을 소유하게 된다. 그 후로는 약간의 감소 경향을 보이고 있는데 1930년대 말과 1940년대 초의 자료가 부족하여 그 이후의 경향을 파악할 수 없는 것이 아쉽다.[21)]

다른 일본인 지주나 일본인 회사지주와 다른 점은, 초창기에는 소유토지 중에서 80% 이상이었던 밭의 비율이 점차 낮아지고 있기는 하지만 65% 이상이었다는 사실이다. 당시 대부분의 일본인 지주나 회사지주가 논을 중심으로 소작경영을 하던 것과 좋은 대비가 된다. 그러나 당 회사가 소유하고 있던 논의 규모는 결코 적은 것이 아니었으며, 더욱이 토지대금 및 각 토지의 토지대금 비율을 보면 오히려 논이 큰 비중을 차지하고 있다. 초기에는 논의 토지대금 비중은 밭보다 적었으나 1912년을 기점으로 더 커져 62-63.5%를 차지하고 있으며, 밭 토지대금의 비중은 계속 감소하여 1935년에는 32.1%에 불과하게 된다(〈표 8-3〉). 이는 당시에 밭 보다는 논의 수익률이 높았고 그 때문에 논값이 밭값보다 높았기 때문이다. 그리고 기타 토지는 주로 건물의 대지용이었으며 그 면적 및 토지대금 모두 꾸준히 증가하였다.

조선흥업주식회사의 토지매수는 앞에서 언급한 대로 서선지방에서 처음 시작되었다. 우선 대동강의 지류인 황해도 황주군의

21) 1930년대 중반 이후의 경향을 파악하는 것은 매우 중요하다고 생각된다. 1930년대 중후반부터 한반도가 대륙 병참기지로 됨에 따라 그리고 일본 제국주의 자본의 수출로 말미암아, 조선에 공업화가 급속히 진행된다. 이는 그간 농촌에 체류하던 과잉인구의 배출 가능성을 높이며 또한 공업투자의 증대를 가져오게 된다. 전체적으로 보면 공업화가 진전되면서 상대적으로 농업이 산업부문으로서 위축되어 가기 시작하며 농업에 투자된 자본은 공업으로 이전하게 된다. 이러한 전체 흐름 속에서 1930년대 중후반에 들어 소작지 확대경향이 정체하게 되고 따라서 소작경영도 정체하게 된다. 물론 일제가 계급갈등의 심화를 완화하기 위해서 여러 가지 농업정책을 실시하기도 하였으나 전체 구조적 작용기제는 이상에서 언급한 자본운동 기제였다고 생각된다.

〈표 8-3〉 소유 토지별 비율표

연도	논		밭		합계	
	면적	토지대금	면적	토지대금	면적	토지대금
1905	14.0	23.0	83.3	76.2	2.7	0.8
	15.7		81.1		3.2	
	16.3		79.7		3.9	
	17.0		79.2		3.9	
	18.6		74.4		6.9	
1910	20.4	44.6	73.1	53.9	6.4	1.5
	21.2		72.2		6.5	
	23.6		69.5		7.0	
	25.7		69.7		4.6	
	26.1		69.2		4.7	
1915	27.0	62.0	65.6	36.9	4.4	1.1
	27.4		68.3		4.3	
	28.0		68.1		3.9	
	28.1		68.0		4.0	
	27.8		67.2		5.0	
1920	27.8	62.4	67.2	34.7	5.0	2.9
	28.1		66.9		5.0	
	28.2		66.5		5.0	
	28.7		66.1		5.1	
	27.2		64.6		5.2	
1925	26.3	63.2	64.9	33.9	5.8	2.9
	24.7		69.4		5.6	
	25.2		69.5		5.3	
	25.4		69.3		5.3	
	27.1		67.5		5.4	
1930	27.8	62.6	66.5	34.0	5.7	3.4
	29.1		65.2		5.6	
	29.2		65.1		5.7	
	29.0		65.3		5.7	
	29.0		65.3		5.7	
1935	28.8	63.5	65.6	32.1	5.6	4.4

자료: 『조흥 30년지』, 113쪽.

황주천 주위를 중심으로 1905년 5월까지 2,366정보의 기경지를 매수하였는데 대부분 밭이었다.[22] 그 후 1907년 말까지 황주출장소에서 매수한 경지는 5,350정보(논 150정보, 밭 5,200정보)에 달하였다. 당 회사는 황해도에 있어서 토지 매수를 방장(坊長)이나 조선인 지방유력자를 중개인으로 하여 수행해 갔으며, 농민들의 저항에 대해서 당시 그곳 주둔 일본군의 무력을 배경으로 실시하였다. 황주농장은 당 회사 소유규모의 절반에 가까웠으며, 항상 조선흥업주식회사의 일대 보고(寶庫)였다.[23]

조선흥업주식회사는 토지매수에 있어서 다음과 같은 방침에 입각하여 수행해 나갔다. 첫째, 수확고와 농산물 가격의 격변에 대한 위험도를 분산시키기 위해 한 곳에 토지를 집중 매수하기보다는 적당한 경지면적을 가진 농장을 여러 곳에 분산·설치하였다. 즉 안전한 기반을 다지고 이익을 보장하기 위해서 "농장의 개설에 있어서는 각지의 작황을 평균함과 함께 농산물 가격의 평균에 의해 해마다의 수익에 현저한 차이가 발생하지 않도록 유의하여" 각지에 농장을 개설하였다. 그리하여 매년 "일정한 주식배당을 할 수 있도록" 하였으며 "그 후 수확이 불안정하고 관리가 불편한 토지를 처분하고 대신 수확이 안정되고 관리가 편리한 토지를 추가 매수하여 농장을 정리"하였다.[24]

둘째로, 대규모의 황무지 개간이나 간사지의 간척 등은 위험을 수반하므로 안전한 투자를 위하여 "안전한 숙전(熟田)을 매수하여" 그것에 "적당한 개량을 가하여 수확의 안정"을 기하였다. 그래서 "황무지 개척사업은 부차적"이었다.[25]

---

22) 淺田喬二, 앞의 책, 151쪽.

23) 『조흥 30년지』, 113쪽. 토지매수 과정에 대해서는 『朝鮮産業指針』, 1915를 참조.

24) 『조흥 25년지』, 4쪽; 『조흥 30년지』, 68쪽.

〈표 8-4〉 조선흥업주식회사 관련 수리조합 일람표(1936년) (단위: 정보)

수리조합이름	소재지	몽리면적	조흥관할지	조흥몽리면적
黃山	전남 해남군	81	목포	14
龍山	전남 진도군	197	목포	1
密陽	경남 밀양군	778	삼랑진	71
第二密陽	〃	450	〃	107
下南	〃	1,878	〃	93
府北	〃	1,010	〃	22
初同	〃	431	〃	14
大山	경남 창원군	1,350	〃	87
金海	경남 김해군	1,997	〃	61
東面	경남 창원군	833	〃	1
大弘堤	충남 천안군	235	대전	17
慶山	경북 경산군	1,404	경산	129
蓮湖堤	〃	96	〃	7
琴湖	경북 영천군	532	〃	50
翠野	황해 해주군	3,107	해주	433

자료: 『조흥 30년지』, 45쪽.

또한 소유경지를 철도역 부근에 집중시켜 경부선을 따라 부산·삼랑진·경산·대전 등에 사업소를 개설하였고, 그 외 교통요지인 목포·해주·황주에 농장을 개설하였다. 이는 관리의 편리함뿐만 아니라 철도역 부근에 수납장소를 지정하여 소작료를 납부케 함으로써 수탈(이출)관리에도 편리하게 하기 위함이었다.

게다가 논의 경우는 강 유역이나 수리시설이 좋은 지역에 집중적으로 소유하였다. 1936년 3월말 현재 조선흥업주식회사 관련 수리조합 일람표 및 몽리면적 비율표를 보면 그것이 잘 드러난다(〈표 8-4〉, 〈표 8-5〉). 해주 지역과 삼랑진 지역은 수리조합 몽리면적 비율이 매우 높으며, 그 비율이 낮은 지역은 농장이 하천을

25) 『조흥 30년지』, 13쪽.

〈표 8-5〉 조선흥업주식회사 소유 논 및 수리조합 몽리면적(1936년) (단위: 정보)

지 점	소유면적	수리조합 몽리면적	비율
황 주	670	0	0
목 포	1,268	15	1.2
삼랑진	755	456	60.4
대 전	922	17	1.8
경 산	902	186	20.6
해 주	466	433	92.9
합 계	4,983 정보	1,107	22.2%

자료: 『조흥 30년지』, 62쪽.

〈표 8-6〉 소유 논밭 면적(1936년) (단위: 정보)

지점 \ 토지종류	논	밭	기 타	계
황 주	670	7,375	322	8,367
목 포	1,268	2,149	63	3,480
삼랑진	755	534	374	1,663
대 전	922	276	83	1,281
경 산	902	564	30	1,496
해 주	466	448	90	1,004
계	4,983	11,346	962	17,291

자료: 『조흥 30년지』, 62쪽.

끼고 있는 것이 공통적인 특색이다. 또한 이 경지들은 비옥한 토질을 가진 곡창지대에 분포되어 있음을 알 수 있다.

먼저 조선흥업주식회사가 가지고 있던 토지내역을 각 지점 및 관리소별로 정리해 보면, 〈표 8-6〉(1936년 3월말 상황)과 같다.

논의 경우는 해주의 466정보에서 목포의 1,268정보에 이르기까지 각 지역에 골고루 분포되어 있다. 그에 비해 밭은 황주와 목포에 각각 7,375정보, 2,149정보로 집중되어 있으며 여타 지역에도 일정하게 분포되어 있다. 기타 대지 등 비경지용 토지는 황주와 삼랑진에 집중되고 여타 지역에 분산되어 있는데, 이 토지는 당 회사의 관리용 건물대지나 소작인에게 임대해준 주택용지, 또는 도시에 투자한 건물대지 등으로 구성되어 있다.[26)]

각 지역에 설치된 농장들을 지역별로 좀 더 상세히 알아보자. 먼저 황주지점 관할의 농장 분포를 보면 〈표 8-7〉과 같다. 황주농장은 1905년 4월에 설치된 것으로 조흥의 주요 농장이었다. 황주농장의 사원 및 종업원은 27명이며, 소작인은 4,800명에 달하였다. 주요 재배작물은 벼와 콩이었는데 평년 소작료가 벼 9천 석, 콩 1만 8천 석에 달하였다. 각 농장은 각각 하천을 끼고 있었는데, 청수·흑교 농장은 대동강의 지류인 매상천을 끼고 있었고, 황주·구영 농장은 대동강의 지류인 황주천을 끼고 있었다. 또한 봉산농장은 재령평야에 자리 잡고 재령강의 상류를 끼고 있었다. 그리고 개간 및 경지 정리를 통해 특수농장을 개설해 가고 있었다.

〈표 8-7〉 황주농장 분포(1936년 3월말) (단위: 정보)

농장명	수납소	면적	관 계 군 면	
황 주	황주창고	1,700	황주군	황주, 주남, 도치 인교, 천주
구 영	〃	1,860	〃	구상, 영풍, 삼전, 청룡
청 수	석탄포창고	2,500	〃	청수, 송림, 구성, 겸이포
흑 교	흑교창고	1,630	〃	흑교, 천주, 청수, 구성
봉 산	사리원창고	720	봉산군	사리원, 영천, 서종, 문정, 초와, 토성, 구연.

* 총면적 8,410: 논 640, 밭 7,410, 기타 360.
자료: 『조흥 30년지』, 112쪽.

26) 도시 건물 대지에 대한 투자는 도시 지역에서의 공업의 성장과 함께 농업 이익률이 점차 낮아지는 상황에서는 중요한 의미를 갖는 것으로 생각된다. 이에 관한 자료는 부족한 상태이고 당 회사의 경우 도시 지역 투자 비율은 극히 적었던 것으로 판단된다.

〈표 8-8〉 해주농장 분포 (단위: 정보)

농장명	수납소	면적	관 계 군 면	
취 야	용당리창고	310	해주군	가좌, 고산
일 흥	일흥동창고	450	〃	서석
내 성	용당리창고	120	〃	내성, 영천, 추화
동 강	동강면농업고	120	〃	강동

* 합계: 1,000정보 : 논 530, 밭 390, 기타 80.
자료: 『조흥 30년지』, 125쪽.

해주출장소는 1929년에 개설된 곳으로 사원 및 종업원이 13명이며, 소작인이 600명, 평년 소작료가 벼 7,000석에 달하였다. 취야 수리조합에 의한 수리혜택을 받고 있었으며 남파리의 논은 국유미간지를 불하받아 개답한 것이었다. 농장의 분포를 보면 〈표 8-8〉과 같다. 이 지역의 농장들도 하천을 끼고 있으며 해주항을 통해서 쌀의 이출이 이루어졌다. 각 농장별로 소작료 수납 장소를 지정하여 소작료를 거두어 들였으며 이것을 다시 철도편을 통해 해주항으로 이송하여 이출하였다.

다음으로 면적은 3,480정보였으나 황주농장(소작인 4,800명)보다도 많은 4,900여 소작인을 둔 목포농장을 살펴보자. 목포관리소는 1906년에 설치되었으며 사원 및 종업원 수가 13명이었다. 조선흥업주식회사의 농장 중에서 논이 가장 많은 곳으로 함평농장·해제농장·망운농장·당포농장·우수영농장·진도농장 등으로 이루어져 있었다. 대부분의 농장이 해안변에 집중되어 있었으며, 황산 수리조합과 용산 수리조합을 통해 15정보를 관개하고 있었다. 또한 간척을 통해서 특수농장을 개설하였는데, 당포 월호리(110정보), 망운 목동리(50정보), 우수영 석교리(30정보) 등에 있었다. 이 지역은 논에 벼를 재배하였고 밭에는 면화를 광범하게 재배하였다. 소작료는 벼 1만 석, 면화 57만 7천 근에 달하였다.

〈표 8-9〉 목포농장 분포 (단위: 정보)

농장명	수납소	면적	관계군면	
함 평	함평창고	260	함평군	손불, 신광, 대동
해 제	해제창고	570	무안군	해제, 현경
망 운	망운창고	700	무안군	망운, 현경, 압해
당 포	당포창고	240	해남군	회원
우수영	우수영창고	870	해남군 진도군	황산, 문내, 회원, 군내
진 도	진도창고	840	진도군	진도, 군내, 고군, 의신, 임준, 지산

* 합계: 3,480 : 논 1,270, 밭 2,150, 기타 60.
자료: 『조흥 30년지』.

전남지역은 면화의 재배가 광범하여 조선 전체 작부면적 2십만 정보의 3할에 해당하는 5만 정보 정도를 재배하였으며, 수확량은 조선 전체 수확량 1억 6천만 근의 3할 5푼을 넘어섰다. 종래 재래면을 재배해 왔었는데, 총독부는 한일합방 이후에 미국종 육지면으로 대체하여 재배하도록 강요하였다. 조선흥업주식회사도 재래면을 육지면으로 대체하고 더욱이 면화 이외의 작물을 구축하였다. 그리하여 수탈한 면화를 일본의 면화 수요에 충당하고자 하였다. 이렇게 수집된 면화는 해안변에 자리잡은 면화회사나 제유(製油)회사 등에 공급·방적되어 이출되든가 직접 이출되든가 하였다.

다음으로, 중부지방에 위치해 있던 대전관리소는 1907년에 설치되었다. 애초에 매수한 토지가 도시의 확장에 따라 1936년 당시 시가지에 포함된 대지가 2만 5천 평을 넘게 되었다. 대전관리소 내 농장은 대전을 중심으로 하는 집단지 이외에 대전 관리소와 비슷한 시기에 설립되었던 평택파출소의 폐쇄 후에는 천안·성환·영등포 등 조선의 요지를 점하고 있었다. 대전 관리소 내 농장은 다른 농장에 비해 상대적으로 규모가 작은 편이다. 그

〈표 8-10〉 대전농장 분포 (단위: 정보)

농장명	수납소	면적	관 계 군 면	
대 전	대전창고	50	대덕군	외남, 동, 대전
회 덕	〃	110	〃	회덕, 외남, 대전
유 천	〃	340	〃	유천, 대전
유 성	〃	150	〃	유성, 유천
진 성	〃	120	〃	진금, 기성, 유천
구 복	〃	150	〃	구척, 북
천 안	천안창고	100	천안군	천안, 환성, 풍세
성 환	성환창고	170	〃	성환, 직산 성지
영등포	영등포창고	70	경기도 시흥군	동, 서, 북
정 읍	정읍창고	20	전북 정읍군	정읍, 입암

* 합계: 1,280정보 : 논 920, 밭 275, 기타 85.

자료: 『조흥 30년지』, 142~43쪽.

리고 모든 농장이 철로를 끼고 있는 것이 특징적이다. 소작인은 1,400여 명에 달하며 평년 소작료가 벼 1만 2천 석에 달하였다. 경지 정리 및 개간을 통해서 대전 가오리 농장(8정보), 유천 도마리 농장(15정보), 유천 평리 농장(82정보), 성환 안궁리 농장(114정보), 영등포 농장(64정보) 등을 개설하였으며, 천안군 성환면에 있는 대흥제 수리조합에 의해 17정보를 관개하고 있었다.

다음으로 경상도 지역에 위치해 있던 농장을 살펴 보자. 경상도 지역에는 삼랑진농장과 경산농장이 있었는데, 우선 삼랑진농장의 분포는 〈표 8-11〉과 같다.[27] 낙동강의 지류를 끼고 각 지역에 10개에 달하는 크고 작은 농장을 설치하였다. 가장 규모가 큰 낙동강농장은 550정보에 달하고 있으며 풍각농장(50정보)을 빼고는 모두 100정보 이상인 농장들이다. 모든 농장이 낙동강이나 낙동강의 지류를 끼고 있는 것이 특징적이며 강에서 조금 떨어진 지

27) 『조흥 30년지』, 152쪽.

〈표 8-11〉 삼랑진농장 분포 (단위: 정보)

농장명	수납소	면적	관 계 군 면	
밀 양	밀양창고	80	밀양군	산외, 산내, 무안, 상동, 부북, 밀양, 단양
상 남	밀양창고	180	밀양군	상남
낙동강	낙동강·삼랑진창고	550	밀양군 김해군	삼랑지, 상남, 생림, 상동
수 산	낙동강창고	160	밀양군	하남, 초동, 무안
대 산	낙동강창고	100	창원군	대산
이 북	진영창고	110	김해군	이북
진 영	진영창고	260	김해군 창원군	진영, 진례, 이북, 동
김 해	낙동강창고	110	김해군	장유, 주촌, 김해
청 도	청도창고	100	경북 청도군	대성, 화양, 매전, 이서
풍 각	청도창고	50	경북 청도군	풍각, 각남, 각북

* 합계: 1,700정보 : 논 760, 밭 750, 기타 370.
자료: 『조흥 30년지』.

〈표 8-12〉 삼랑진농장 관계 수리조합표 (단위: 정보)

수리조합명	소재지	총몽리면적	회사토지면적
밀 양	밀양군 밀양읍 외 2면	778	71
제2밀양	밀양군 상남면	450	107
하 남	밀양군 하남면 외 2면	1,878	93
부 북	밀양군 부북면 외 1면	1,010	22
초 동	밀양군 초동면	431	14
대 산	창원군 대산면 외 1면	1,350	87
김 해	김해군 김해읍 외 2면	1,996	61
동 명	창원군 동면 외 1면	388	1

* 회사토지면적 합계: 456정보.
자료: 『조흥 30년지』.

역은 수리조합을 통해 몽리를 하고 있었다.

삼랑진 농장은 1906년에 설치되었으며 사원 및 종사원이 14명에 이르고, 소작인은 무려 2,400명에 달하였다. 평년 소작료로 벼 1만 5천 석과 보리 1천 4백 석을 거둬들일 정도로 대규모 농장이었다. 이 회사의 농장과 관계된 수리조합 및 당 회사의 몽리면적을 보면 〈표 8-12〉와 같다.

이 농장의 논 670정보 가운데 456정보가 수리조합 몽리구역에 포괄되어 있음을 알 수 있다. 즉 삼랑진 농장의 논은 교통의 요지에 있는 창고에 가까운 거리에 있으면서도 대부분 낙동강과 밀양강 유역에 있었으며, 남선 지방에서도 가장 풍요한 이모작 지대로서[28] 수리 안전한 것이었다.

다음으로 1910년에 설치된 경산군에 있던 경산농장을 보자.[29] 경산농장은 금호강 평야의 주요부를 점하고 있던 것으로, 1906년 말 농업경영을 위해 일본인이 만들었던 한국척식주식회사의 사업

〈표 8-13〉 경산농장 분포 (단위: 정보)

농장명	수납소	면적	관 계 군 면	
경 산	경산창고	120	경산군	경산, 고산, 남천
용 남	〃	180	〃	남산, 통성, 지인, 압량, 진량
압 량	〃	200	〃	합량, 진량, 하양, 안심
하 양	〃	200	경산 · 영천군	하양, 진량, 와촌, 대창
금 호	금호창고	190	영천군	금호, 청룡, 대창
화 산	〃	200	〃	청통, 화산, 신녕
조 양	〃	230	〃	영천, 화북, 북안
청 경	〃	180	〃	고경, 임고, 영천

* 합계: 1,500정보 : 논 900, 밭 570, 기타 30.
자료: 『조흥 30년지』.

28) 『조흥 30년지』, 56~57쪽.
29) 『조흥 30년지』, 153쪽.

〈표 8-14〉 경산농장 관계 수리조합표 (단위: 정보)

수리조합명	소재지	총몽리면적	회사토지면적
경 산	경산군 경산 외 3면	1,404	130
연호제	경산군 고산면	96	7
금 호	영천군 금호 외 2면	532	50

* 회사토지면적 합계: 187정보.
자료: 『조흥 30년지』.

을 합병하여 설치되었는데, 경산과 영천 두 군에 걸쳐 1,500정보의 토지를 소유하고 있었다. 경산농장의 분포를 보면 〈표 8-13〉과 같다.

〈표 8-13〉에서 보이는 바와 같이 각 지역은 120~230정보의 8개 농장으로 이루어져 있었으며, 사원 및 종업원 수는 13명이였고 소작인은 2,100명에 달하였다. 평년 소작료로 벼 1만 5천 석을 거두어 들이고 있었다. 이 지역도 예외 없이 강을 끼고 있었으며 주위에 수리조합과 관계를 맺고 있었다(〈표 8-14〉).

이상에서 살펴본 것처럼 조선흥업주식회사의 토지침탈 규모는 엄청난 것이었다. 게다가 교통의 요지에, 그것도 수리 안전답으로서 비옥한 지역에 집중된 것이었다. 일본 독점자본의 한 분파로서 구현된 조선흥업주식회사는 이처럼 한일합방 훨씬 이전부터 토지를 침탈하기 시작하였으며, 황무지를 개간한다든가 수리조합을 만든다든가 하여 새로이 농지를 만드는 노력은 하지 않았다. 기본적으로는 숙전을 구입하여 농민에게 소작케 하는 경영방식을 취하면서도 여러 가지 방식으로 경영에 개입하고자 하였다. 먼저 경제구조를 간단히 살펴보고 나서 이에 대해 살펴보자.

3. 경제구조

조선흥업주식회사는 앞에서 보았듯이 자본금 백만 엔으로 시작하여, 1909년 한국창고주식회사를 흡수하여 130만 엔으로 증자하고, 1910년에는 한국척식주식회사를 합병하여 150만 엔으로 증자하였다. 그 후 1913년에 300만 엔으로 증자한 후 계속 그 상태를 유지하여 갔다. 물론 자본금은 변하지 않더라도 사업 내용과 규모는 시시각각 변하여 갔다. 여기서는 당 회사의 경제구조를 소작지상황 · 소작인 · 소작료 · 수입추이 · 이익금추이 등 항목별로 간단하게 살펴보고자 한다.

먼저 358쪽에 있는 〈표 8-6〉에서 본 바와 같이 조선흥업주식회사 소유의 논은 4,983정보로 그 규모로 보아 목포 · 대전 · 경산 · 삼랑진 순으로 되어 있어, 대부분 남선지방의 비옥한 곡창지대에 위치해 있음을 알 수 있다. 밭은 11,346정보로 황주지점에 7,375정보, 목포관리소 관내에 2,149정보, 그리고 기타 지역에 분산되

〈표 8-15〉 지점 관리소별 · 영속연수별 소작인 분포표(1935년)

	1928년	소작인총수	15년 이상 영속소작인수			
			15-20년	20-25년	25년 이상	계
부 산	-	49*	6	1	-	7
황 주	5,119	4,869	529	669	379	1,577
목 포	4,562	4,865	705	738	889	2,332
삼랑진	2,393	2,347	399	209	86	694
대 전	1,904	1,467	250	19	-	269
경 산	2,059	2,098	311	161	24	496
해 주	-	681	-	-	-	-
합 계	16,037	16,376	2,200	1,797	1,378	5,375

* 부산은 축산 담당 목부이다.

* 1928년도는 『조흥 20년지』, 통계도표 16에서 인용.

자료: 『조흥 30년지』, 88쪽.

〈표 8-16〉 소작인 수의 연도별 변화표

연도	소작인수
1916	5,025
1917	5,037
1918	4,985
1919	4,984
1920	4,938
1921	9,778
1922	13,420
1923	19,531
1925	18,957
1926	17,928
1927	16,663
1928	16,037
:	:
1935	16,376

자료: 『조흥 25년지』, 통계도표 16쪽 ; 『조흥 30년지』, 88쪽.

어 있다. 경지면적은 1912년에 1만 정보를 넘어서기 시작하여 1920년에는 14,645정보로 늘어나고 1930년에는 1만 7천 정보를 넘어서게 된다. 논밭의 비율에 있어 논의 비중이 점차 높아져 가지만 30%를 넘지 않는다. 그러나 토지대금으로 볼 때는 60% 이상을 차지하고 있어 전체적으로 볼 때 미작경영이 주축이 된다고 할 수 있겠다. 그러나 앞에서 지적한 대로 다른 일본인 지주나 회사지주에 비해 밭농사에도 상당한 정도 참여하였던 것이다.

조선흥업주식회사는 조선에 있어서 일본인 대지주 농장의 대표자답게 많은 소작인을 지배하고 있었다. 조선흥업주식회사 지배하에 있던 소작인 수의 변화와 지점·관리소별, 영속년수별 분포를 보면 〈표 8-15〉, 〈표 8-16〉와 같다. 1920년까지는 5천명 내외이던 것이 그 후 급증하여 1923년에는 19,531명에 이르며 그 뒤로는 1만 6천명 대에서 지속되고 있다. 1935년도 소작인수의 농장별 분포를 보면 황주와 목포는 4,800명을 넘고 있으며 삼랑진·경산도 2천명이 넘고 있다. 또한 15년 이상 계속 소작하는 사람이 16,376명 중 5,375명에 달하고 있으며, 당 회사의 형성 시기로 보아 초창기부터 계속 소작하는 농민도 상당수에 이르고 있어 소작인의 이동은 비교적 적었던 것으로 보인다.

소작료는 초기에는 논에 있어서는 타조법을 사용하여 비옥한 논에는 수확의 4/10를 징수하였다 그 이외의 논에서는 1/3을 징수하였다고 한다.[30] 그러나 점차 소작료가 상승하여 나중에는 6할에 가깝게 되었다. 소작료 형태는 물납 형태로 설립 초기에는 논은 벼로, 밭은 콩으로 하였는데, 1920년대 중반에 들어 밭은 콩과 면화로 소작료를 낼 수 있게 되었다. 소작료 징수방법은 점차 정조와 검견(檢見)으로 하게 되었는데, 토지개량과 더불어 수확이 안정화되면서 정조가 점차 증가하여 갔다. 1934년의 소작 형태를 보면 〈표 8-17〉과 같다.

면화나 콩을 소작료로 거둬들이는 지역은 거의 대부분이 정조

〈표 8-17〉 조선흥업주식회사의 소작료 징수 형태별 면적표(1934년) (단위: 정보)

	벼소작료		면화 및 콩 소작료	
	정 조	검 견	정 조	검 견
남선 4지점	3,629	1,537	2,185	2
북선 2지점	211	1,489	7,622	70
합 계	3,840	3,026	9,807	72

자료: 『조흥 30년지』, 77쪽.

30) 『朝鮮産業指針』, 1915년, 경성, 286쪽. 물론 각종 조세공과금이나 수세(수리조합비)는 소작농민의 부담이었다. 이 부분에 관해서는 다음 절에서 다시 논급할 것임.

법에 의하고 있다. 검견제도의 경우 추정량에 대한 지주와 소작인 간에 평가가 다르기 때문에 갈등이 많게 된다. 이러한 점을 염두에 두어 당 회사는 수확 안정지에 대해서는 전부 정조로 하든지 한정소작료 제도[31]를 택하였다.

한정소작료라는 것은 정조와 검견을 절충한 제도로서 토지생산력을 염두에 두고, 매년 또는 한 해 건너 이른 봄에 소작지 1필지마다 일정의 소작료를 지정하여 소작인이 그것을 승낙・약정하고서 경작하는 제도였다. 이것은 사실상 소작료 결정에 있어서 지주의 횡포를 증폭시켰을 뿐이며, 기껏해야 대농민 무마책에 지나지 않았다.

당 회사는 창고업과 축산부문 사업을 하기도 했으나 주수입원은 농업수입이었으며, 이는 대부분 소작농민에게서 거두어들인 소작료였다.

다음으로 조선흥업주식회사의 수입내역에 대해 살펴보자. 〈표 8-18〉을 보면 당 회사의 수입은 1915년까지는 지속적으로 증가하였지만 30만 엔대를 넘지 못하였다. 그 후에는 급속히 증가하였으며 1918년 이후에는 100만 엔을 넘어 1934년에는 160만 엔을 넘어서고 있다. 특히 토지조사사업이 끝난 1918년부터는 안정된 수입을 올리고 있다. 총수입 중 큰 비중을 차지하고 있는 것은 농업수입이며, 1911년까지의 6할 대에서 그 이후에는 거의 7할 대를 유지하고 있다. 창고・축산 수입은 1910년대의 1할 대에서 1920년대에는 2할 대를 유지하고 있는데, 잡수입과 합산되게 된 1930년대에 들어서도 30%를 밑돌고 있다. 이것으로 볼 때 당 회사는 농사경영을 위주로 하는 즉 농업수입에 의존하는 회사였다.

31) 『조흥 25년지』, 21쪽.

〈표 8-18〉 수입 구성 추이표(1904-1935년) (단위: 엔, %)

연도	농업수입		창고 · 축산수입		잡수입		합계
	실수	비율	실수	비율	실수	비율	
1904	-	-	-	-	5,876	100.0	5,876
1905	23,189	36.2	-	-	40,762	63.8	63,951
	69,457	67.4	-	-	33,549	32.6	103,006
	125,928	68.1	-	-	58,914	31.9	175,852
	110,731	67.3	-	-	53,740	32.7	164,471
	110,057	52.2	24,045	11.4	76,547	36.3	210,649
1910	145,529	61.2	27,778	11.7	64,652	27.2	237,959
	182,012	68.7	31,921	12.1	50,966	19.2	264,899
	241,616	74.5	35,746	11.0	47,090	14.5	324,452
	291,488	79.4	47,724	13.0	27,950	7.6	364,162
	261,277	77.1	52,695	15.5	25,053	7.4	338,975
1915	264,209	76.1	64,419	18.5	18,687	5.4	347,315
	357,746	78.0	77,186	16.8	23,434	5.1	458,366
	562,970	76.1	153,959	20.8	22,983	3.1	739,912
	831,455	79.8	180,775	17.4	29,395	2.8	1,041,625
	1,143,823	72.4	312,025	19.7	124,124	7.9	1,579,972
1920	519,292	56.3	310,649	33.7	92,051	10.0	921,992
	810,535	70.1	299,324	25.9	46,397	4.0	1,156,256
	707,950	62.3	271,094	23.9	156,337	13.8	1,135,381
	818,186	70.9	281,398	24.4	54,671	4.7	1,154,255
	899,921	70.6	319,359	25.0	56,011	4.4	1,285,291
1925	890,582	74.0	239,428	19.9	73,330	6.1	1,203,340
	924,699	74.2	253,149	20.3	67,729	5.4	1,245,577
	910,673	72.5	287,141	22.8	58,958	4.7	1,256,772
	807,072	61.6	326,279	24.9	176,226	13.5	1,309,577
	802,722	70.6	-	-	334,934	29.4	1,137,656
1930	715,872	71.9	-	-	279,788	28.1	995,660
	834,965	74.7	-	-	282,127	25.3	1,117,092
	843,025	73.1	-	-	310,643	26.9	1,153,668
	984,621	77.8	-	-	280,856	22.2	1,265,477
	1,238,182	75.9	-	-	393,066	24.1	1,631,248
1935	1,397,968	89.8	-	-	157,995	10.2	1,555,963

* 1929-1934년의 잡수입에는 창고 · 축산 수입 포함.

자료: 『조흥 30년지』, 64쪽, 사업성적 누년비교표 인용.

〈표 8-19〉 소작료 추이표(1905-1935) (단위: 엔, %)

연도	벼		콩		면화		합계
	실수	비율	실수	비율	실수	비율	
1905	1,573	6.8	21,616	93.2	-	-	23,189
	17,759	27.9	42,009	66.0	3,875	6.1	63,643
	43,877	36.2	62,956	51.9	14,443	11.9	121,276
	43,237	41.6	50,501	48.6	10,172	9.8	103,910
	36,259	34.8	53,506	51.4	14,364	13.8	104,129
1910	61,890	44.7	64,260	46.4	12,311	8.9	138,461
	81,285	50.3	68,854	39.7	17,447	10.0	173,586
	131,179	55.4	82,028	34.6	23,534	9.9	236,741
	169,127	59.5	88,808	31.3	26,022	9.2	283,957
	175,404	63.4	81,125	29.3	20,264	7.3	276,793
1915	141,079	55.6	74,688	29.4	38,009	15.0	253,776
	193,095	55.2	107,883	30.9	24,544	13.9	349,522
	313,560	56.0	145,188	25.9	100,902	18.0	559,650
	525,585	63.7	188,785	22.9	110,585	13.4	824,955
	704,974	66.2	201,821	19.0	156,037	14.7	1,062,832
1920	320,942	63.7	141,910	28.2	40,538	8.1	503,390
	509,596	65.8	196,389	25.4	68,468	8.8	774,453
	411,565	60.7	171,755	25.3	94,833	14.0	678,153
	493,605	62.7	159,744	20.3	133,067	16.9	786,416
	496,311	57.5	223,933	26.0	142,312	16.5	862,254
1925	516,543	59.4	25,201	29.0	101,090	11.6	869,648
	557,332	62.5	273,646	30.7	61,276	6.9	892,254
	542,759	61.4	250,456	28.3	90,938	10.3	884,153
	511,524	62.7	207,223	25.4	96,502	11.8	815,249
	465,616	59.2	238,348	30.3	81,684	10.4	785,648
1930	417,232	67.2	151,026	24.3	52,404	8.4	620,662
	564,104	71.5	187,348	23.8	36,851	4.7	788,303
	527,029	62.4	226,713	26.8	90,480	10.7	844,222
	639,136	67.4	221,265	23.3	88,044	9.3	948,445
	831,075	71.1	232,936	19.9	104,896	9.0	1,168,907
1935	931,174	70.1	284,564	21.4	112,217	8.4	1,327,955

자료: 『조흥 30년지』, 69쪽.

그 농업수입 중에도 소작료가 압도적인 비중을 차지하고 있는데, 그 중에서도 벼의 비중이 높아, 굴곡을 보이긴 하지만 1910년대 이후 60% 이상을 차지하며, 1930년대에 들어서는 70%를 상회하기도 하였다. 콩 소작료의 비중도 굴곡을 보이나 20-30% 정도이며, 면화 소작료는 10% 내외에서 변화하여 왔다(〈표 8-19〉). 소작료 총액은 작황에 따라 그리고 농업공황의 영향에 따라 변화가 심하지만 전체적으로는 꾸준히 증가하고 있다. 1935년도에는 132만 8천 엔에 달하고 있는데, 300만 엔의 자본금(물론 자산 규모는 더 크겠지만)으로 운영되는 회사로서는 막대한 수입이라 하지 않을 수 없다. 그런데 토지소유 면적별로 보면 밭이 65% 이상을 차지하는데도 소작료액으로 보면(면화와 콩 소작료액) 30%를 겨우 넘고 있다. 이는 논을 소작주는 것이 얼마나 유리한 것인지를 보여준다.

다음으로 조선흥업주식회사의 이익금 추이를 보자(〈표 8-20〉). 첫 해인 1904년에만 적자이고 그 이후에는 줄곧 흑자를 보이고 있다. 1908년, 1909년, 1914년을 제외하곤 계속 증가하여 1919년에 99만 엔으로 최고에 이른 뒤 40~60만 엔대를 유지하고 있다. 1930년을 전후로 공황의 영향을 보이다가 1930년대 중반에는 다시 급증하고 있다.

이익률의 추이를 보면 1915년까지는 매우 변동이 심하다. 그 이후는 상당히 안정되어 1920년과 1930년을 제외하곤 20%를 상회하는 매우 높은 이익률을 유지하고 있다. 이는 회사의 운영이 상당히 정착되어가고 있음을 간접적으로 보여준다고 하겠다. 이러한 높은 수익을 바탕으로 조선흥업주식회사는 상당히 높은 배당을 하였다 1908, 1909년을 제외하곤 초기부터 1916년까지 6~9%의 해당을 실시하였고, 그 후에는 공황에 이르기까지 18% 이상의 높은 배당을 하였으나 공황기에는 약간 낮아져 15% 정도에 머물

〈표 8-20〉 조선흥업주식회사의 수익률 · 배당률 · 사내 보유율 추이표

(단위: 엔, %)

연도	총수입 (가)	총지출 (나)	이익금 (가-나)	이익율	배당율	사내보유율
1904	5,876	9,074	△3,198	-	-	-
1905	63,951	27,732	36,219	14.49	7.0	42.6
	103,006	61,837	41,169	11.62	7.0	29.5
	184,852	130,748	54,104	10.82	9.0	6.8
	164,471	161,432	3,039	0.55	-	100
	210,649	161,861	48,755	5.42	4.0	16.4
1910	237,959	147,028	90,931	8.79	6.0	21.8
	264,899	172,193	92,706	7.94	6.0	18.9
	324,452	189,128	135,324	10.44	7.0	27.8
	36,712	230,345	136,817	7.82	7.0	5.6
	338,975	249,293	89,682	4.78	6.0	-
1915	347,315	222,902	124,413	6.64	6.0	5.6
	458,366	226,225	232,138	11.46	8.0	25.2
	739,912	385,043	354,869	16.80	12.0	24.0
	1,041,625	525,107	515,518	24.60	16.0	29.5
	1,579,972	589,296	990,646	47.17	25.0	42.2
1920	921,992	667,950	254,042	12.10	13.0	-
	1,156,256	636,869	519,387	24.73	18.0	2.2
	1,135,381	704,730	430,651	20.51	18.0	7.1
	1,154,255	620,742	533,513	22.46	18.0	15.0
	1,275,291	709,933	565,358	23.56	18.0	18.6
1925	1,203,340	596,199	607,221	25.30	18.0	23.9
	1,245,577	618,278	627,299	26.16	18.0	26.2
	1,256,722	634,053	622,719	25.95	18.0	25.6
	1,309,577	679,314	630,263	26.26	20.0	13.4
	1,137,656	611,882	525,774	21.91	18.0	12.9
1930	995,660	594,813	400,847	16.70	15.0	5.2
	1,117,092	612,029	505,063	21.04	15.0	23.8
	1,153,668	669,362	484,306	20.16	15.0	20.7
	1,265,477	735,672	529,805	22.08	15.0	26.8
	1,631,248	782,331	848,917	35.37	40.0	14.0
1935	1,555,963	845,976	709,987	24.07	15.0	32.7

* 이익률은 기말 불입 자본금에 대한 이익금의 비율임.

자료: 『조흥 30년지』, 64-65쪽.

〈표 8-21〉 토지 가격에 대한 소작료 수입의 추이표 (단위: 엔, 석)

연도	토지가격	소작료수입		(나/가)
	(가)	수량	금액(나)	
1905	177,375	3,957	23,189	13.07
	482,673	11,356	63,643	13.15
	681,967	21,494	121,276	17.78
	730,667	22,388	103,910	14.22
	687,556	22,123	104,129	15.14
1910	803,006	25,103	138,461	17.24
	903,818	26,722	173,586	19.21
	1,187,330	32,130	236,741	19.94
	1,588,796	39,655	283,957	17.88
	1,654,550	46,385	276,793	16.73
1915	1,785,853	42,142	253,776	14.21
	1,850,351	48,327	349,522	18.90
	1,890,883	45,995	559,650	29.60
	1,905,719	50,011	824,955	43.30
	1,923,375	43,049	1,062,832	55.26
1920	1,946,054	48,700	503,390	25.87
	2,072,596	50,547	774,453	37.37
	2,175,149	53,411	678,153	37.18
	2,240,710	50,985	786,416	35.10
	2,193,427	45,072	862,556	39.33
1925	2,128,412	51,593	869,648	40.85
	2,502,243	58,339	892,254	35.66
	2,623,134	61,480	884,153	33.71
	3,020,619	56,387	815,249	26.99
	3,727,932	60,198	785,648	21.07
1930	3,892,579	80,659	620,662	15.94
	3,950,700	78,642	788,303	19.95
	4,031,256	78,216	844,222	20.94
	4,011,794	90,822	948,445	23.65
	4,011,385	87,017	1,168,907	29.14
1935	4,034,623	92,443	1,327,955	32.91

* 면화 100근을 벼 1석으로 환산.

자료: 『조흥 30년지』, 68-69쪽에서 재작성.

고 있었다.

이러한 높은 배당 외에도 회사내의 적립금이 급증하였다. 창업 시기와 1914년, 1919년에만 마이너스를 기록(합계 54,574엔)했을 뿐 계속 많은 적립금을 남겼다. 초창기에는 배당률을 낮추고 적립금을 마련하여 안정을 꾀하였으며, 계속해서 많은 액수를 적립하고 있었다. 1910년에 5만 9천 엔, 1915년 11만 1천 엔, 1920년 79만 1천 엔이던 것이 1925년에는 126만 엔을 넘어서 1935년에는 247만 8천 엔에 이르러 자본금의 82%에 달할 정도의 거액이었다.[32)]

회사의 주요 수입원이었던 소작료수입의 추세를 토지가격과 비교하여 살펴보면, 토지이익률의 추이를 알 수 있다(〈표 8-21〉). 먼저 소작료 수량은 계속해서 증가하고 있으며 1955년에는 9만 석을 넘고 있다. 더욱이 토지면적이 정체하는 시기에도 소작료 수량은 증가하는 현상을 볼 수 있다. 토지투하 가격과 비교하여 살펴보면 1920년대에 접어들면서 토지이익률이 매우 높게 나타나다가 1930년을 전후로 공황의 영향 하에 주춤하였으나 다시 증가하고 있다.

물론 여기서 여러 가지 조세공과금을 제하지 않았지만 그럼에도 불구하고 이러한 토지이익률은 매우 보기 드문 것이다. 참고로 조선의 평균치와 비교해 보면 매우 뚜렷하게 나타난다. 〈표 8-22〉에서 보이는 바와 같이 조선의 평균 토지이익률은 0.8~0.9할이었음에 비해, 조선흥업주식회사의 그것은(물론 조세공과금을 제하지 않아 약간 높게 평가됨) 2배 이상으로 매우 높은 것으로 나타난다. 주식이나 은행 예금이율과 비교해 볼 때는 더욱 더 분명하다. 이렇게 토지이익률이 높은 것은 토지가격이 낮은 데도 원인이 있으나 소작료가 고율이었다는 사실에 보다 근본적인 원인이 있다

32) 『조흥 30년지』, 64쪽에서 작성.

〈표 8-22〉 토지 이익률·주식 이익률·은행 예금 이윤의 추이 (단위: 할)

연도	토지 이익률		주식이익율	보통은행 정기예금이윤
	논	밭		
1928	0.87	0.92	-	0.70
	0.82	0.88	0.71	0.62
1930	0.84	0.92	0.73	0.61
	0.77	0.83	0.69	0.60
	0.88	0.95	0.70	0.56
	0.85	0.90	0.64	0.50
	0.83	0.87	0.60	0.45
1935	0.85	0.92	0.64	0.43
	0.82	0.88	0.65	0.42
	0.80	0.85	-	0.41
	0.80	0.86	-	0.40
	0.70	0.83	-	-
1940	0.74	0.81	-	-

자료: 淺田喬二, 앞의 책, 103쪽에서 재인용.

고 할 수 있겠다. 그것은 식민지적인 여러 가지 조건을 이용한 농민수탈을 통해서 가능했으리라 여겨진다. 이처럼 막대한 이득을 올리던 조선흥업주식회사는 과연 어떠한 방식으로 소작농민을 지배하였는가? 이에 대해서 살펴보자.

4. 농업경영 - 농민지배 과정

일제하 조선에 있어서 일본인 지주회사는 제국주의의 힘을 업고서 들어온 자본이었다. 특히 조선흥업주식회사의 경우는 일본 중앙재벌의 계열회사로서 침투하여 농민을 지배하였다. 처음부터 조직적인 자본에 의해 대규모로 토지를 매수하여 소작경영을 하였으며, 기업적인 성격을 강하게 띠면서 최대이윤 확보에 주력하였다.

전형적인 자본주의적 기업인 조선흥업주식회사는 그러한 자기 이해를 관철함에 있어서 조선의 종래의 농업방식을 그대로 존속시킬 수는 없었다. 다시 말해서 이윤수취에 적절한 방식으로 변화시키면서 적응해 나갔다. 물론 그렇다고 해서 농업생산을 자본주의적인 생산관계(자본-임노동 관계의 형성이라는 좁은 의미)까지 변형시키지 않았음은 확실하다. 그럼에도 불구하고 이윤추구를 위해 제반 수탈기구를 정비하고 지배를 공고히 해나가는 과정에서 농업경영에 많은 변화를 가져왔다. 이러한 변화과정은 사실상 회사의 소작농 지배를 확고하게 하는 방향으로 이루어졌으며 식민지적 특성을 강하게 보이고 있다. 일본 내에서의 지주와도 일정한 차이를 보이면서 또한 식민지 통치기구를 이용하여 소작농에 대한 총체적 지배를 실현해 나갔다.

물론 경영의 최종적 책임은 경작자인 소작농민에게 있었다. 게다가 경영단위도 소작농민의 경작지 단위로 분산되어 있었다. 소속 소작농의 경지면적은 1정보에 미치지 못하다가 1935년도에 1정보를 넘었다. 이렇게 대토지를 소규모로 분할하여 소작하게 하면서도 회사는 여러 가지 방식으로 경영에 개입함으로써 소작농의 생산·분배·유통 부문을 관리·통제해 나갔다.

그러면 당 회사의 소작농민 지배과정을 생산·분배·유통 부문에서의 지배과정으로 나누어 소작조건의 내용분석[33]을 통해 살펴보고, 그러한 지배를 확고히 하기 위한 관리조직망을 살펴보겠다.

---

33) 당 회사의 소작계약서를 찾을 수가 없어서 久間健一이 조사 연구한 자료를 이용하고자 한다. 久間健一, 『朝鮮農政の課題』 제11장 참조. 여기서 조사된 소작계약 내용은 황해도의 황주·해주 농장의 것이므로 다른 지역의 것과는 차이가 있을 수도 있다.

1) 생산과정에 있어서의 농민지배

생산과정에 있어서의 농민지배는 분배·유통 과정에서의 지배를 확고히 해준다는 점에서 중요하며, 따라서 농민을 확실하게 지배하기 위해서 생산과정에 있어서의 지배에 많은 노력을 기울이게 된다. 특히 생산과정에 있어서의 지배의 최대 목표는 최대 이윤확보를 위한 증산에 있는 것이며, 회사는 그것을 위해서 노동과정에까지 개입하게 된다. 먼저 농민이 재배하는 종자 및 그 품종에 관해서 소작계약 내용을 보면, "임차지는 항상 비배경운(肥培耕耘)하고 작물의 종류·품종 및 농사·개량 기타에 대해서 귀사 및 흥농회의 지도사항을 반드시 준수 실행할 것"으로 되어 있다. 종자는 생산의 근본이어서 그것의 개량은 질량을 크게 증진시킬 수 있다. 이에 회사는 종자에 대하여 강제로 회사가 지정하는 것을 심도록 하고 있다. 이처럼 종자를 강제하기 위하여 회사는 품종시험장·원종전(原種田)·채종전(採種田)을 경영하였다. 1907년 황주농장에 3천 6백 평에 달하는 농사모범장을 설치하여 시험재배를 시작한 후 전문기술진을 배치하여 조선 내 품종뿐 아니라 일본·외국의 품종도 시험재배하였다.

이렇게 해서 선택된 우량종자를 원종전에서 다시 재배하고, 거기에서 선택된 순계종자를 다시 채종전에서 재배증식하여 매년 소작인에게 배부하였다. 또한 한 가지 품종을 계속 한 곳에 재배할 경우 나타나는 품종의 퇴화를 막기 위해 1921년부터는 종자교환제도를 실시하여, 소작료와 함께 다음해 종자용으로서 1 두락당 2되씩 예탁하게 하고, 다음해 묘판 만드는 시기에 직영 채종전의 개량품종을 보급하였다. 거기에서 더 나아가 채종전이 모자라자 직영 원종전에서 재배한 순계종자를 비료 및 재배 수당을 지급하면서 독농가에게 재배·보급케 하는 위탁채종전 제도까지

실시하였다.[34)]

1934년 채종전 및 종자경신 상황을 보면 〈표 8-23〉과 같다. 무려 100정보가 넘는 채종전을 경영하였으며 경신면적이 7,170정보로 전체 면적 17,390정보의 41%에 달하고 있다. 게다가 논의 경우는 전체 면적이 다 경신된 것으로 나타난다. 이는 수확량이 많고 중요한 논에 대한 품종개량 및 종자보급이 적극적으로 이루어졌음을 보여준다.

이처럼 어떤 품종을 재배하는가도 지주경영에 있어서 매우 중요한 것이다. 지주회사로서는 소유지의 기후·토질·수리 등의 자연적 제조건에 적응하며, 또한 상품으로서의 조건을 고려하여 품종의 선정에 노력하였다. 그리하여 스스로 품종시험장을 운영하고 원종지·파종지 등을 경영하여 재배품종을 결정하고 경신토록 하였다.

〈표 8-23〉 채종전 및 종자 경신 상황(1934년) (단위: 정보, 석)

		채종전 면적	종자 경신	
			종자교환고	경신면적
벼	황 주	8.6정보	317석	640정보
	목 포	21.9	600	1,270
	삼랑진	4.3	150	500
	대 전	8.5	290	960
	경 산	13.3	510	1,000
	해 주	11.0	359	700
	계	70.6	2,226	5,070
콩	황 주	34.3	1,057	2,100
합 계		104.9	3,282	7,170

자료: 『조흥 30년』, 92쪽.

34) 『조흥 25년지』, 28~29쪽; 『조흥 30년지』, 92쪽.

더욱이 소작농민들로 하여금 신품종 대여에 대한 대가를 미리 예치토록 하였다. 이러한 품종의 지주적 결정은 그 이후의 재배과정에의 관여를 가져왔다.

생산과정에 대한 지배는 또한 비료에 대한 제한 및 지도에서도 나타났다. 당사의 소작계약 3조에 보면, "임차한 토지에 대해서는 매년 반당 50관 이상의 퇴비를 사용함은 물론, 금비 기타를 자기의 부담으로 사용하고 항시 지력의 유지·증진에 힘쓸 것"이라고 되어 있다. 이처럼 회사는 비료에 있어서도 사용할 종류와 용량을 지정하고 그것을 소작인에 부담시키고 있다. 자급비료로서 퇴비뿐만 아니라 녹비도 재배·사용하였으며, 퇴비저장소를 건립하고 더 나아가 퇴비품평회를 여는 등 안간힘을 쓰기에 이른다. 그러나 신품종의 파종과 생산량 증대를 위해서는 전국적으로 금비의 사용이 급증하게 되며, 당 회사도 금비사용 증대를 적극 강요하게 된다. 그런데 소작농민으로서는 금비자금을 스스로 마련해나가기가 어려웠다. 이에 회사는 '금비반액보조답' 제도, '구입자금의 무이자 대부,' '비료공동구입' 등의 온갖 방법을 써서 장려하려고 하였다.[35] 타조지(打租地) 이외에서는 금비대는 지주가 대부하고 소작인이 전액 부담하는 것이 당시 대지주 농장의 일반적 상황이었다.[36] 그리고 그 대부비료는 많은 경우 지주가 저리자금의 융통을 받아서 대량으로 구입해서는 현물로 소작농민에게 경작면적에 따라 배급하였으며, 회수는 환산하여 소작료와 함께 받아들였다. 그 환산도 지주가 하는 것이고 그 가격은 수확기의 저렴한 가격으로 하였으며, 심지어는 원가에 대한 이자나 부대비용을 덧붙여서 받기까지 하였다.

이처럼 비료나 종자에 관해서 상세한 규정을 정하고 강제 집행

35) 『조흥 25년지』, 33쪽; 『조흥 30년지』, 96~97쪽.

36) 久間健一, 앞의 책, 298쪽.

하였다. 그러나 노동과정 자체를 직접 장악하는 것은 어려웠으며,[37] 전래의 농경방식을 유지하면서 그 위에서 증산을 도모하려고 하였다. 또한 기술상의 또는 재배상의 상세한 점들을 세세히 규정하지는 않았으나 포괄적인 규정을 통해 지배하였다. 소작계약 2조를 다시 보면, "임차지는 항상 비배경운하고 작물의 종류·품종 및 농사개량 기타에 있어서는 귀사 및 흥농회의 지도사항을 반드시 준수 실행해야 한다"라고 되어 있다. 즉 일체의 생산 기술의 실시는 지주의 지도에 따라서 하지 않으면 안 되었다. 이에 따르지 않는 것은 농사개량에 협력하지 않는 것이며, 지주의 지시를 준수하지 않는 것이고, 수확증진에 노력하지 않는 것이어서 회사의 지휘에 반하는 것이 되어 계약해지를 당할 수 있었다. 감독상의 어려움을 극복하기 위해서 회사는 독특한 조직적인 소작지 관리체계를 만들어서 회사의 의도를 관철시키고 생산기술에 대한 지배를 확고히 하고자 하였다. 관리체계에 대해서는 뒤에서 다시 언급하겠다.

모판(苗代) 만드는 것도 바꾸게 하여서, 우선 직사각형모판(短册苗代)을 만들고 씨앗을 깊이 심지 않는 방법을 권장하였다. 더 나아가 용수를 절약하고 지도하기 쉽게 하려고 공동모판이나 집합모판을 각지에 육성하였다.

---

37) 노동과정 자체를 장악한다고 할 때 자본가로서 노동자를 관리·통제하는 것처럼 직접적으로 장악하는 것은 어려웠을 것으로 보인다. 그것은 분산된 경작지를 각 농민의 경영책임 하에 소작주었기 때문이다. 이처럼 분산된 소작경영 상황임에도 불구하고 일정 부분에서는 직접적 장악을 기도하였다. 그리하여 공동육묘장을 만들어서 공동작업을 하도록 하면서 직접 관리 통제하였으며, 또한 정조식을 장려하기도 하였다. 또 더 나아가서 개량농구 등을 보급하여 나감으로써 제초작업(김매기) 등의 노동과정에도 일정한 변화를 가져오게 하였다. 『조흥 25년지』 〈도표-14〉; 『조흥 30년지』, 92~95쪽.

모심기에 있어서도 종래 평당 20~30주씩, 주당 20~30본씩 심어오던 것을, 주의 크기를 줄이고 조밀하게 줄을 맞추어 심도록 하였다. 이는 공기를 잘 통하게 하고 일조를 좋게 하여 수확량을 늘리기 위해서였을 뿐만 아니라, 개량농구를 사용하기 위해서 였다. 1920년대에 들어 이와 같은 정조식을 적극 권장하기 시작하여 1928년에는 논의 80%를, 그리고 1930년대에 들어서는 모든 논을 정조식으로 심게 하였다. 그 외에 개량 보습과 회전 탈곡기를 보급하여 생산력을 증대코자 하였다. 물론 생산력 증진의 효과가 어느 쪽으로 가는지는 뒤에서 다시 살펴보겠다.

이처럼 생산 수단 및 방법에 대한 지배를 할 뿐만 아니라, 일반 지주와 마찬가지로 회사는 소작인에 대해서 소작지의 전대(博貸)양도를 금지하였으며 이를 어기면 소작계약 해제의 원인이 되었다. 소작계약 5조를 보면, "임차지는 반드시 자작하고 전대·교환·임차권의 매매·양도·경작위탁을 할 수 없음은 물론……" 이라고 되어있다. 또한 소작인은 지주의 승낙 없이는 소작지의 경계, 두둑 또는 지형·지목을 변경하거나 토지사용의 목적을 변경할 수가 없다. 지주의 승낙 없이 소작지에 가옥이나 기타 건물·공작물을 지을 수 없으며, 오랜 생장을 필요로 하는 작물을 재배할 수가 없다"고 되어 있었다.

나아가 토지에 들어가는 여타 비용의 부담에 대해서도 규정을 세워서 실시하였다. 소작계약 6,7조를 보면, "경작상 필요한 관개수로의 준설 및 보수, 기타의 작은 수리는 소작인의 부담으로 하여 행할 것"(6조), "지세·수리조합비 기타의 공과는 귀사가 부담한다. 단 귀사에 있어서 전항 이외에 특히 지출되는 수리비·보(洑)조합비 등은 그 절반액을 소작인으로 하여 부담케 하여도 하등의 이의를 신출하지 않을 것"(7조)으로 되어 있다.

생산과정에 있어서 농민지배의 양상은 이상과 같다. 여기서 지배하는 것은 지주의 감시와 명령뿐이다. 농민은 오직 지주회사(회사의 관리인)의 명령대로 주어진 종자를 심고 정해진 비료를 뿌리고 명령대로 경작할 뿐이다. 여기서는 한 조각의 자유도 창의도 인정되지 않는다.

농민은 자금력이 없기 때문에 모든 생산과정에 있어서 자본조달은 지주의 전대(前貸)에 의존하지 않을 수 없다. 물론 지주가 전대의 의무를 지는 것도 아니고, 소작농이 그 지주에게서만 전대를 받아야 하는 것도 아니다. 그러므로 상업자본가나 고리대자본가에게서 빌릴 수도 있다. 그러나 이는 지주로부터의 전대보다도 가혹한 경우가 많을 뿐만 아니라, 지주로서도 기업이윤 확보 증진에 있어서 농민이 다른 채무관계에 있게 되면 여러 가지로 장애가 될 수도 있겠기에 전대를 한다. 즉 지주는 소속 소작인을 다른 경지를 소작하지 않고 소속지를 소작케 하면서 생산자본 모두의 전대를 통해 소작인과의 경제적 결속을 강화해나가 빠져나갈 수 없게 만들어버린다. 즉 자신의 통제 하에 둘 뿐만 아니라 상업자본가 내지 고리대자본가적인 성격의 착취도 겸하는 것이다.

2) 분배과정에 있어서의 농민지배

소작경영의 분배과정에 있어서의 지배는 무엇보다도 소작료에 관한 것이다. 이는 가장 큰 경제적 대결점이며 소작쟁의의 많은 부분이 소작료를 둘러싸고 이루어지곤 하였다. 조선에 있어서 소작료 형태는 정조·타조·집조라는 세 가지 형태가 일반적으로 행해 졌는데, 거대 지주의 대부분은 타조·집조 형태를 채용하고 정조를 택하는 경우는 적었다. 조선흥업주식회사의 경우는 밭에서는 거의 대부분 정조 형태로 수취하였고, 논의 경우 황주·해주 농장은 검견(집조)형태가 압도적이었으며 남선의 네 개 지점에서는 정조와 검견(집조)의 비율이 7:3 정도였다. 남선 지역에 정조지가 많았던 것은 수확이 안정되어 있었기 때문인 것으로 보인다. 황주·해주 농장에서의 소작 계약 8조에 보면, "검견지(檢見地)의 임차료는 총 수확고의 10분의 5(단 수리조합 몽리구역 내의 토지는 10분의 6, 또는 이모작 논은 가을 수확의 10분의 5 이상 10분 6 이하)의 비율로 하여 귀사에 있어서 검견 결정한 수량을 완납할 것, 만일 검견액에 대해 이의가 있을 시는 귀사 지정의 평예법(坪刈法)에 의해 사정된 수량을……"이라고 되어 있다. 이처럼 소작료는 절반을 원칙으로 했지만 수리조합지구 내에 있는 토지나 토지개량사업을 한 토지에 있어서는 6할을 징수하였던 것이다. 해주농장의 경우 논 530정보 중에서 취야수리조합 몽리구역 내에 있는 것이 432정보였으니, 농지개량 등의 명목까지 합친다면 거의 전토지(특히 논)에서 10분의 6에 해당하는 소작료를 거두어들였다. 게다가 비료나 종자대·대부금 등에 대한 회수 원금이나 이자도 소작료에 덧붙여 받았으니, 소작료를 주고 나면 사실상 소작농은 그 다음해 종자를 걱정해야 할 형편이었다. 춘궁이니 추궁이니, 보리고개라는 얘기가 괜히 나온 것이 아님은 말할 필요도 없을 것이다. 이렇게 해서 소작농민에게 남는 것은 생산량에 2할 남짓했다고 보고되기도 하였다. 인정식은 조사에 근거한 것임을 밝히면서 불이(不二)농장에서는 1할 8푼, 경기도 김포의 가등(加藤)농장에서는 2할 5푼, 평안남도 강서의 동척 농장에서는 2할 정도가 소작농민에게 남는다고 보고하였다.[38)]

조선흥업주식회사의 경우 대부분의 소작쟁의가 소작료율을 둘러싸고 일어나곤 했는데, 경산농장의 실태에 대해서 당시의 신문기사는 다음과 같이 쓰고 있다. "6할 5분 소작료로 빈 손만 쥔 농

38) 印貞植, 『朝鮮の農業機構』, 白楊社, 1940, 308쪽.

민·소작인 일동은 매우 격분해, 경북 경산수리조합 관내에서 흥업회사를 비롯한 지주들이 소작료를 과하게 매겨 [·····]. 금년[1927]과 같이 가뭄이나 병충해 피해가 심했어도 [·····] 평년작에 2할 정도 못 미치지만 수리조합이 없을 때보다는 3할 정도 수확이 늘었다고 한다. 이것을 내세워 지주들은 그 증수액의 반분을 가져가면서도 수리조합 부과금을 소작인들이 물어야한다고 하며, 대지주 흥업회사는 수리조합 부과금은 회사에서 무는 대신에 소작료를 종전의 반분에서 일할 오부를 더 내라고 하여 [····] 소작민 측은 매우 격분……"[39]

또한 같은 경산농장 지역에 대한 다른 신문기사에 따르면, "현재 회사에 있어서 소작 조례(條令)는 그 분배를 5분 내지 그 이상을 정하고 그에 부수하여 소작 적립금·구제비 등 각 1할 내외를 부가, 납부시기에 징수하며, 그 때문에 소작인의 손에 들어오는 소작료는 총수확고의 근 2,3할에 불과하다고 말하는 모양"[40]이라고 한다.

이처럼 분배과정에 있어서의 지배는 강력한 수탈수단으로 나타나며, 소작농민들은 특히 이 부분에 대해 민감하였다. 토지개량이나 수리조합 정비 등은 기본적으로 생산력 제고를 가져와 농민에게도 나을 것이나, 그것을 오히려 농민지배의 수단으로 사용함으로써 농민들의 원성을 사게 되었다. 이러한 것들은 특히 동척과 같은 대규모 회사에서는 커다란 분쟁을 가져왔다.

집조지에 있어서는 대부분 검견에 의해서 소작료가 결정되므로 많은 문제가 야기될 수밖에 없었다. 소작계약 13조에 보면, "[····] 검견 입회[····]는 반드시 소작인 자신을 대동하며, 만일 대신하게 하는 경우에는 보증인에 한하여 그를 위임할 수

39) 『동아일보』, 1927. 11. 7.
40) 『대구민보』, 1929. 12. 20.

있다. 보증인은 귀사에 있어서 임차인 중에서 적당하다고 인정되는 자를 선정하여, 본 계약에 대하여 임차인과 함께 이행의 책임을 져야 한다"라고 되어 있다. 또한 앞에 인용한 8조에서는 "만일 검견액에 이의가 있을 때는 귀사가 지정한 평례법에 의해 사정된 수량"을 납부하도록 하고 있다. 이처럼 검견 일시는 지주의 결정에 따르며, 소작인이나 대리인의 입회하에 행한다. 만약 소작인이 입회하지 않을 때는 지주가 임의대로 하든가 아니면 적정 대리인을 입회시켜 하였다. 수확량, 그에 따른 소작료의 결정은 목측 검견에 의해서 하는데, 만일 소작인이 이의를 제기할 때도 회사가 지정한 방법으로 결정을 한다. 이처럼 검견은 사실상 일방적인 것이었다. 조선흥업주식회사의 소작료 결정 방법인 검수법(檢收法)의 내용을 좀 더 자세히 살펴보면 다음과 같다.[41]

① 각 지번마다 주간(株間)거리를 가로 세로로 3회 정도 측정하여 평균을 구하여 만든 '평당주수환산표'에 의해 평당 주수를 구한다.
② 평당 주수 만큼을 베어 탈곡하여 용중량(容重量)을 측정하고, 그것을 수선(水選)하여 쭉정이나 잡풀을 제거하고 충분히 건조시킨 뒤 평당 수량을 정한다.
③ 평당수량에 공부(公簿)면적에서 두둑면적을 공제한 실제 경지면적을 곱해서 전수량을 정한다.
④ 전수량에서 다시 일정비율로 감손량을 떼고 남은 양의 6할을 소작료로 결정한다.

농민이 입회하는 것은 평당주수를 세는 데까지이다. 그 후 일체의 계산은 소작농민과는 관계없이 회사에 의해서 검수 사정되

41) 久間健一, 앞의 책, 304쪽.

며, 납입고지서가 발부되고 나서야 소작농은 자신이 납부할 소작료액을 알게 된다.

이처럼 소작료의 결정은 지극히 지주에게 유리하게 되어 있었다. 이는 공무원들이 책상에 앉아서 세금을 매기는 것과 다를 바 없는 것이다. 또한 이러한 소작료 결정의 지주적 지배는 더 나아가 소작료 변경의 힘도 지주에게 있었음을 말해준다.

소작계약 12조에 보면 "임차기간을 만료하고 계약을 경신할 때에는 정조액의 재정 또는 조법(粗法)의 변경에 따를 것, 단 임차기간 내에 새로이 토지개량·관개개선 등 특수시설을 행하는 경우는, 언제라도 정조액의 개정 또는 조법의 변경을 이의 없이 승낙해야 한다"라고 되어 있다. 이처럼 회사는 소작지에 어떠한 개량공사를 하든 그 때에 조법을 개정하거나 소작료 형태·수량 등을 자유로이 변경시킬 수 있게 하였던 것이다. 물론 일방적인 증대의 방향뿐이었지만. 따라서 회사는 그 소유지의 개량을 위해 자본을 투하하는 경우, 조법이나 소작료 수량·형태를 변형시켜 증수함으로써 자본에 대한 이윤(이자)을 확보하려 하였다. 이는 소작료 증대를 가져온 커다란 요인의 하나로 일반적으로 지적되어왔다.[42] 어쨌든 회사는 소작료뿐만 아니라 여러 가지 대부금, 기타 수납금 등 일체의 회수분을 계산하여 '소작료 및 제수납물 납입고지서'를 납입 기일과 장소를 지정하여 소작농민에게 발부하였다. 더욱이 이 고지서를 재발행할 때에는 5전의 수수료까지 징수하였다.

이처럼 소작료 수량을 최대한으로 징수하려고 노력했을 뿐만 아니라 회사는 소작료의 상품화를 위해 소작료의 품질 및 용중량 포장 등에 대해서도 갖가지로 규정을 두고 관여하였다.

---

42) 신용하, 앞의 글, 116~121쪽.

소작계약 9조는 다음과 같이 되어 있다. "임차료는 귀사가 지정한 품종을 충분히 건조·정선한 벼를, 1가마니에 정미 90근, 입걸(入桝) 2근을 새 가마니에 포장하여 일정한 새끼로 묶어서 검사 상격품(上格品)과 동일한 것을 납입할 것. 만약 귀사에 있어서 불량품이라고 인정될 때는 그 사유의 여하를 막론하고 다시 정선하든가 보상물을 추가 납부하든가, 어쨌든 귀사의 지도에 따르며 하등 이의를 신출하지 않는다."

즉 소작료는 정선·건조를 충분히 하여 소정의 포장을 해야 했다. 그 규격은 모두 회사가 정하였으므로 소작인은 '귀사의 지시'에 따라야 하였다. 품질에 있어서도 '검사 상격품과 동일한 것'을 요구하였다. 회사는 벼 검사에서 일등 합격을 목표로 하여 엄격한 수납검사 하에 수납을 실시하였다.43) 이것은 상품화를 위해 적극적으로 추진된 것으로 상품화율이 매우 낮은 소작농에게 있어서는 그리해서 이득될 것이 사실상 없었으며, 회사를 위한 것이 될 수밖에 없었다.

소작료의 용량에 있어서는 건조, 감소, 기타 손모를 고려하여 2근의 입걸을 요구하였다. 이는 특히 소작료를 용량으로 하는 정조제나 검견의 경우에는 소작인의 과중부담으로 되었다. 이처럼 엄밀한 조사에 의해 납입된 소작료가 불량품이라고 회사가 판정할 때 또 다시 정선해야 하며, 그렇지 않으면 보상물을 추징당하게 된다. 회사가 불량품이라고 하면 이것은 절대적인 것이고 그 판단을 일방적으로 따라야만 하는 것이다. 게다가 "만일 위의 기간 내에 완납하지 않을 때는 규정의 과태료를 납입해야"(10조)만 하였다. 회사는 미납소작료에 대하여 100분의 5 이상을 추가징수하였을 뿐만 아니라, 소작인이 부담해야 하는 수리비·보조합비

43) 벼검사 계도의 계급적 성격에 대해서는 久間健一, 앞의 책, 제7장 「籾檢査制度と小作問題」에서 잘 규명되고 있다.

등도 기한 내에 납부하지 않을 때에는 과태료를 징수하였다. 당시 삼랑진 농장에 속해 있었으며 260정보의 규모를 가졌던 진영 농장에 대해서, 다음과 같은 실상 기록을 볼 수 있다. "흥업회사에서는 진영에서 받는 소작료가 수천 석이나 되는데, 금년 같은 재년(災年)에 일단 농작물이 좋지 못함에도 불구하고 제 논에 난 것을 받지 않고 상조(上粗)만 표준하고 받는다 하며, 또한 대금을 14원 50전, 13원 50전, 12원 50전으로 삼종에 분(分)하여 제 논에 난 것을 사면 한 섬에 불과 7,8원밖에 안 되는 것을 13원 50전씩 강제한다 하며, 가마니는 반드시 일등 가마니라야 받게 되고 매 석에 175근씩으로 너무나 가혹히 소작료를 받는다."[44)]

당 회사가 과장선전하였던 소작료 감면에 있어서도, "정조지(定租地)에서는 천재 기타 불가항력에 의해 수확고에 현저한 감소가 있을 때에는, 9월 15일까지 귀사에 진출하여 답사를 받아 그 사정에 따라야 한다"고 규정하고 있다. 즉 감면요구는 정조지에만 인정하여, 신출했을 때에도 감면액에 대해서는 일방적으로 "회사의 사정에 따라야" 하므로, 사실상 회사의 의도대로 이루어질 수밖에 없었다. 한 기록에 보면, "흥업회사 대전 관리소의 소작벼 수납은 26일 종료했는데, 가뭄 피해의 감수(減收)는 경미하여 작년에 비해 6分 감소했지만, 소수의 소작인에 있어서 금비의 시용 시기를 오해하고 있어서 결실이 늦는 바람에 한랭(旱冷)의 피해를 입은 것이 있다. 그러나 동소의 소작계약에는 천재나 동사의 지도에 의한 피해감수 외에는 감면을 하지 않는 것으로 되어 있는데 [・・・・] 동사에서는 이러한 금비시용에 의해서 생겨난 소작인의 손실이 적지 않기 때문에 자급비료의 장려에 전력을 기울일 방침"[45)]이라고 하고 있다. 이 기록에서 알 수 있듯이 상당한 감수

44) 『동아일보』, 1929. 12. 3.

45) 『湖南일보』, 1929. 11. 28.

를 당해도 회사는 그것이 소작인의 잘못에 의한 것으로 하면서 오히려 소작인에게 자급 비료를 마련하는 채찍으로 사용하고 있는 것이다.

회사가 이처럼 분배과정을 지배함으로써 소작농은 자신이 생산한 것을 자유로이 처분할 수 없었으며, 품질이나 용량, 포장까지도 엄격히 통제를 받아 결국은 지주적 규제 아래 분배에 참여할 수밖에 없었다. 물론 이에 대해 농민들의 불만은 매우 고조되어 있었으며, 특히 재해를 당했을 때 농민들의 분노는 집단적으로 표출되기도 하였다.

3) 유통과정에 있어서의 지배

생산·분배 과정에의 지배를 통해 회사는 수확량의 6할 이상을 소작농민에게서 수취한다. 특히 소작료를 앞에서 보았듯이 엄격한 상품규격을 갖추게 하여 징수한다. 그러나 여기서 그치는 것이 아니다. 소작농에게 남긴 것마저도 또다시 수탈의 대상이 된다. 소작농의 자력(資力) 결핍을 이용해 소작농에게 전대자본을 빌려줌으로써 생산과정을 지배할 뿐만 아니라, 동시에 유통과정의 지배도 달성하게 된다.

즉 전대자본의 원금 및 이자 등을 소작료 수납시 함께 회수하였으며, 또한 앞에서도 얘기했듯이 수확기의 저렴한 가격으로 환산하여 회수할 뿐만 아니라, 회수수확물의 질도 소작료와 마찬가지의 질을 요구하였다. 게다가 당 회사는 "본 계약을 이행하기 위하여 소작인이나 보증인 명의의 흥농회 저축금을 담보로 차입한 것에 대해, 만일 이행하지 않을 때는 그 지불에 충당하여도 이의를 제기하지 않을 것"(16조)을 요구하고 있다.

이처럼 소작료는 물론 기타 일체의 차입금의 변제에 있어 꼭 보증인을 세워 소작인과 연대 이행케 하였으며, 규정까지 만들었던 것이다. 더욱이 "보증인 중 귀사 임차인으로서의 자격 또는 신용을 잃었다고 인정되는 자가 있을 시나 사망 혹은 그 이외의 이사 등으로 인해 결원이 생길 때는, 곧 그에 상당하는 보증인을 세워야 한다"(17조)고 규정하여 그야말로 확실한 보증을 요구하였다. 그리고 보증인을 세우지 않을 때는 계약해제를 할 수 있다고까지 규정하였다. 이러한 보증인 설정은 단지 이것으로 끝난 것이 아니라, 이른바 '5인조 제도'[46] 운영의 기초가 되었다. 한 소작인은 4명의 연대보증인을 세워야 하는데, 이들은 상호간에 보증인이 됨으로써 연대책임을 졌을 뿐만 아니라, 회사의 명령을 전달하는 최하위 단위로서 기능했다.

이상과 같이 회사는 유통과정에서 다시 소작농민을 수탈했으며, 더욱이 "불온한 언동을 하거나 형벌에 처해질 때……"(14조)는 소작계약을 해제할 수 있게 함으로써, 소작농민의 저항을 분쇄하려고 노력하였다. 이러한 노력의 일환으로서 회사는 소작농민에 대한 체계적인 관리체제를 만들어나갔다.

4) 농장관리 조직

회사(지주)와 소작농 간의 계급대립이라는 커다란 모순을 어떻게 은폐·억압하는가 하는 것은 보통 일이 아니었다. 더욱이 위에서 보아온 대로 회사의 수탈은 극에 달해 소작농민들의 저항이 없었을리 만무하였다. 이러한 계급대립을 체계적으로 막아보려고 당 회사는 체계적인 관리조직망을 구축해 나갔다. 더욱이 1920년대 이후 1만 6천~7천이나 되는 소작농민을 통제하기란 쉬운 일이 아니었다. 생산 자체는 소농적 방식으로 분산경영되었으나, 규모가 큰 농장에서는 수 천에 이르는 소작농이 한 지주회사와 이

46) 『조흥 25년지』, 17쪽.

해대립을 갖는다는 것은, 분출시에는 커다란 힘을 발휘할 수 있는 조건이 되었다.

그리하여 회사는 관리조직망을 통해 통제할 뿐만 아니라, 형식적인 (소작농에 대한) 사회복지사업을 벌이면서 자신의 본질을 은폐하려고 노력하였다. 이른바 '흥농회'를 조직하여 혼인답·공제보험·품평회 등을 운영하였으며,[47] 소작인가족 위안회, 육영 및 위생 사업, 일본 관광단의 시찰 등을 실시하였다.[48] 그러나 실제로는 농민들의 자발적인 의사에 따른 결집체라는 형식을 빌어, 농민을 통제하고 명령을 하달하는 데에 이용하였다.

먼저 농장관리 조직망은 인적 체계이며 지주측의 관리조직으로서, 리동(里洞)에 설치된 소작인 5인조합을 기초로 하여 구성되었다. 이 소작인 5인조합은 하나의 신용지도 단위였으며 각 소작인의 자유선택에 의해 구성되었지만, 조합의 구성원은 상호 연대책임을 졌으며 그 중 한 사람이 조장이 되었다. 그러므로 조합의 성립에는 모든 소작인의 상호 동의와 보증을 전제로 하였다. 그 결과 5인조합은 상호연대 조직으로서 신용능력이 없는 자를 상호 배척하였고, 신용을 잃은 자에 대해서는 연대책임을 져야 하므로 그에 대한 경고나 도태를 가져왔으며, 결국은 자동적인 소작인 도태작용을 가져와 지주의 신용을 잃은 자는 남아 있을 수 없게 하였다.

이와 같은 5인조 제도를 단위로 하여 한 동리에 다수의 5인조를 통솔하기 위한 '리동(洞里) 소작인 총대'를 두고, 다시 그들의 방계적인 대표로서 '소작인 총대'를 회사의 자문기관으로 설치하였다. 이러한 리동의 5인조합의 수에 따라 일개 면 또는 수개 면

47) 「朝鮮興業株式會社の小作人に對する施設」, 『朝鮮農會報』, 18卷 10號, 1923. 10.

48) 『조흥 30년지』, 80쪽.

을 단위로 하는 '농구(農區)'를 설치하고, 이곳에 '교양 있는 소작인 중 신뢰할 만한 독농가'를 '농무원(農務員)' 또는 '지도원'으로 임명하여 상치하였으며, 그 감독자로서 '사원' 2명을 배치하였다.

1935년 당시 각 농장의 사원 및 종업원 수는 황주농장이 28명, 대전·삼랑진 농장이 각 14명, 해주·목포·경산 농장이 각 13명으로 모두 95명이었다. 이들 사원 위에는 지점 간부, 지점장이 있으며, 각 농구가 합쳐져 회사의 '지점'이 되고 각 지점이 합쳐져 본점으로 종합 통일된다.49)

이러한 관리 조직망을 통해서는 토지 조사 및 매수, 토지 개량 및 간척 사업, 일반 농사 개량 지도 및 비료대 보급, 각종 시험전·원종전·채종전 경영, 흥농회 사업 조성, 소작료 검견, 소작료 수납, 소작인 방문 실황 조사, 소작인 표창 및 보호 구제, 소작인 이동 조정, 소작인의 소(訴) 조사, 제관서와의 절충, 수납물 판매 등의 사업을 전개하였다. 이는 농민통제의 관료적 조직이었으며 농무원 이상은 회사의 직접 고용인으로서 소작농 통제에 주력하였다. 통제의 말단에서는 소작농을 고용하여 소작농으로 하여금 소작농을 감시하도록 하였다.

당 회사는 이와 같은 회사 관리조직망에 만족하지 않고 회사와 소작인 공동의 협조기관으로서 흥농회를 각 지점 단위로 조직하여, 회사 관리조직망의 통제와 지배를 보완하였다. 회사와 소작인 공동의 협조기관이었지만, 최하위 단위는 소작인 5호로 되는 '회원 5호계'였다. 여기에 조장으로 '5호 계장'을 두었으며, 이 회원 5호계를 통솔하는 '리동 회원 총대'를 두었다. 그 위에 '평의원'을 두고 각 농구마다 '흥농회 지부'를 두었으며, 그 농구의 농무원을 각각 '지부장 및 이사'로 임명하였다. 담당 사원은 '간사'로 참여하

49) 『조흥 25년지』, 〈도표-21〉; 『조흥 30년지』, 80쪽.

고 각 농구의 지부가 합해져 흥농회로 통일되어 지점장이 그 회장이 되어 통솔하는 조직이었다.

흥농회는 자신의 사업을 위해 소작인으로부터 소작료의 1/100 내지 5/100 이내를 매년 소작료 납입과 동시에 징수하고 회사로부터도 동액의 회비를 징수하였다. 이렇게 조성된 흥농회는 생산품 개량 증진, 종자 개량 경신, 비료 및 경우 보급, 농사 개량 및

〈그림 8-2〉 농장 관리 조직망

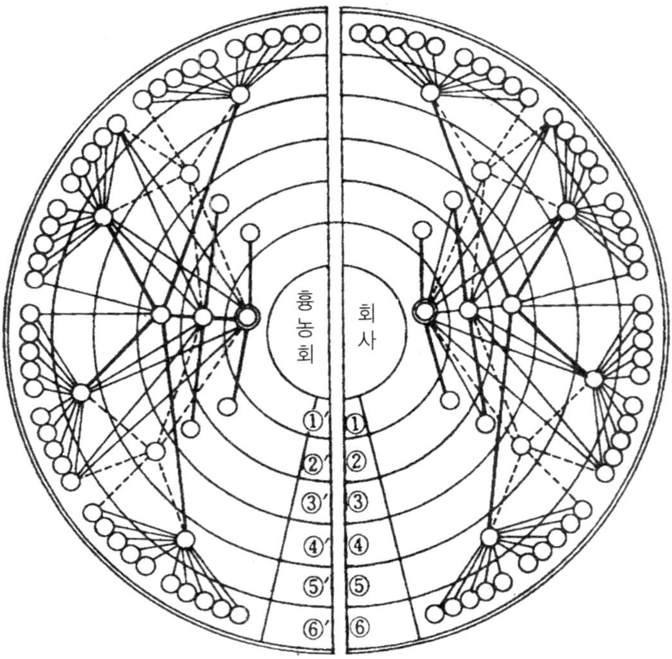

자료: 『조흥 30년』, 80쪽.
① 지점장, ①' 회장. ② 사원, ②' 간사. ③ 농무원, ③' 지부장 및 이사. ④ 소작인총대, ④' 평의원. ⑤ 이동소작인총대, ⑤' 리동회원총대. ⑥ 소작인 5인조, ⑥' 회원 5호계.
* 점선은 자문적인 연계. 가는 선은 편의적 결합. 굵은 선은 연계 표시.

부업조성, 생산품 공동 판매 · 필수품 공동 구입, 저리 자금 융통, 입모(立毛) 또는 생산물 품평회, 근면 독행 회원 표창, 간담회 · 강습회 · 강연회 · 농사 시찰, 근정 및 비황 저축, 경조 재해 의료 구제, 친선 융화와 오락 위안, 자제 육영 등의 사업을 하였다고 한다.[50)]

그러나 그 실제 내용은 앞에서 살펴본 것처럼 지주의 소작인 지배를 보완하는 통제기구였다고 할 수 있겠다. 당 회사의 이와 같은 관리조직망을 그림으로 표시하면 〈그림 8-2〉와 같다. 여기서 특징적인 것은 최하급 단위를 제외하고는, 모두 동일인물이 회사와 흥농회 양쪽의 일을 하고 있는 것이며, 회원 5호계에서는 돌아가면서 서로 계장을 뽑는 것이 특색이다. 이처럼 흥농회는 사실상 회사의 관리조직망과 동일한 계통이면서도 자율적 협력기구라는 형식을 취하여, 농민의 불만을 사전 처리하고 동시에 최하 단위인 회원 5호계를 통해 소작인 5인 조합의 운영을 안정화시키는 역할을 하였다.

또한 흥농회비는 강제 저축으로서 소작인에게 문제가 생겼을 때 비용으로 쓰였다고 하지만 실은 회사가 부담해야 할 것을 소작 농민들의 부담으로 대처해나가는 데에 쓰이고 있었다. 즉 소작인 보호라는 미명하에 소작인들 상호간에 부조하는 틀을 만들어 그것을 회사의 이윤 최대화에 이용한 것이었다.

5. 농민의 대응

이상에서 보았듯이 회사의 소작농에 대한 수탈은 가혹한 것이었다. 게다가 한말에 진행되던 수탈에 식민지적인 수탈이 더 가해지게 되어, 농민들의 경제적 핍박은 가중되었으며, 그러한 수탈

50) 앞의 주와 동일.

강화에 농민들은 매우 민감한 반응을 보였다.

농민들은 처음에 회사가 토지를 매수하려고 할 때에 여러 가지로 방해하는 식으로[51] 침투를 막아보려 하였다. 그러한 저항에 대하여 회사는 지방 유력자나 방장 등을 매수·이용하거나 군대의 힘을 이용하였다.

점차 회사의 토지매입이 이루어지고 농장경영이 정착되어 가면서 농민들의 대응도 조직화되어 갔다. 물론 농민들은 주어진 조건을 받아들이면서 회사가 말하는 이른바 '부정수단'[52]을 통해 소극적으로 대응해 나가기도 하였다.

1) 소극적 대응

먼저 논에 있는 벼(立毛)에 대해서 소작농들이 취한 방식을 보면 다음과 같은 것들이 있었다.

① 성숙기에 눈에 띄지 않게 점점이 이삭을 뽑아내거나 혹은 칼 등으로 이삭을 자른다.
② 피 뽑기, 잡초 이삭 뽑기, 이확 선별 등의 기회를 이용하거나 그것을 가장하여 부녀자까지 동원하여 벼이삭을 뽑거나 자른다.
③ 벼 포기의 가운데로부터 가지를 빼내어 일부분을 눈에 띄지 않게 그대로 잘라 내거나 10포기에 1포기 정도로 점점이 뽑

---

51) 『朝鮮産業指針』, 1915, 285~86쪽.

52) 久間健一, 앞의 책, 237~55쪽. 여기서 久間은 황해도 지역에 있는 거대한 미작 농장에 대한 조사를 통해 이른바 농민들의 '부정수단'을 여러 항목으로 나누어 열거·설명하고 있다. 여기에서 다시 그것들을 열거해본다. 하지만 그 내용이 아무래도 회사 측에서 본 것이므로 과대하게 평가되었을 것으로 보인다.

아낸다.

이런 방식으로 해서라도 입에 풀칠을 하려고 했다는 사실은 소작농들이 얼마나 궁핍했는가를 말해준다. 그러나 이러한 방식으로 이루어지는 것은 그리 많지 않았으며, 그 수단도 극히 적었다.

다음으로 벼베기·벼묶기에 있어서 소작 농민들이 취한 방식은 다음과 같은 것들이 있었다.

① 사람 눈이 띄지 않는 장소를 골라 야간에 점점이 베어낸다.
② 벼베기 작업 중 베어낸 벼의 일부를 인접지의 다른 사람 논에 두었다가 운반한다.
③ 벼베기 작업을 일부러 늦춰서 저녁 어둠을 틈타 부정을 한다.
④ 벼베고 묶을 때, 특히 큰 볏단으로 묶을 경우 주간에 볏단 인도 후, 야음을 틈타 단독으로 또는 공동으로 인도한 큰 볏단을 나누어 볏단 숫자만을 채우고 나머지를 집으로 가져간다.
⑤ 벼를 말릴 때 볏단의 이삭을 자르거나 야간 이속할 때에 각 볏단으로부터 약간씩을 빼낸다.
⑥ 벼를 말리는 동안, 불량한 작은 볏단을 가지고 와서 양호한 큰 볏단과 바꿔치기 한다.

이들 방법은 벼베기에서 벼묶기를 거쳐 탈곡 직전까지의 사이에 주로 타조법이 시행되는 소작지에서 나타났다. 이 방법들은 탈곡 시에 나타나는 것들과 함께 회사측이 가장 경계하였던 것으로, 회사에서는 “볏단 나누는 것을 방지하기 위하여 볏단 수를 계산 후, 묶어서 석탄 기타의 것으로 도장을 찍어” 두는 식으로 방지에 힘썼다.

탈곡 조제시에 소작 농민들이 미리 수확물을 취득하는 경우는 다음과 같은 것을 들 수 있다.

① 탈곡일에 날이 밝기 전부터 나와 재빨리 볏단을 가져가며, 발견될까봐 감독원이 오지 않은 상태에서 탈곡을 시작한다.
② 난잡하게 섞여 있는 볏짚 가운데에 볏단을 은닉하거나, 탈곡 후에 볏짚을 집으로 운반할 때 볏단을 끼워넣어 간다.
③ 탈곡을 급하게 하는 척하고 작업을 조잡하게 하여 충분하게 탈곡시키지 않은 채 볏단에 벼를 남긴다.
④ 볏단의 주위만을 완전히 탈곡하고 볏단 가운데 있는 벼를 그대로 남겨 둔다.
⑤ 탈곡할 때에 이삭째 떨어지게 하고 그것이 탈립(脫粒)하기 곤란한 점을 이용하여, 조잡하게 털고 남은 벼를 그대로 거죽대기와 함께 묶어서 가져간다.
⑥ 거죽대기를 일부러 크게 묶으며 그곳에 탈곡벼를 집어넣거나, 부녀자로 하여금 거죽대기를 가지고 가는 것처럼 하고는 좋은 벼를 가지고 간다.
⑦ 거죽대기를 넣는 가마니에 농장원의 눈을 피해 좋은 벼를 넣는다.
⑧ 타조지의 탈곡시 (벼베기의 경우도 포함) 부정을 발견하거나 그 발견자가 회사의 임시고일 때는, 역으로 공갈을 하거나 금전을 주어 매수하기도 하고, 또는 다수 공모하여 말다툼을 벌이며 드디어 직접 행동으로 나간다.

이와 같은 탈곡조제 과정에서 소작농민이 회사 감시원의 눈을 피해 취하는 방식은 매우 정교하다. 그러나 이런 것은 주로 타조지에 있는 것이며, 정조나 검견제에서는 잘 행해지지 않았다.

여기서 일반 소작농민들과 회사의 말단 피고용인의 관계를 잠시 엿볼 수 있다. 소작농민들과 직접 대면하면서 소작농을 통제·감시하는 회사의 임시 고용인에 대해서, 농민들이 단결하여 위협을 가하였음을 알 수 있다. 물론 금전을 주어 매수하기도 하나, 다른 한편으로 함께 모여 싸움을 벌이고 직접행동을 취하기도 하였다고 한다.

다음으로는 소작료에 관해서 행한 농민들의 소극적 대응을 보자. 소작료에 관해서는 정조지나 검견지에서 행해지는 것이 많고, 타조지의 경우는 현장에서 분배하기 때문에 소작인이 소작료를 축낼 가능성은 거의 없었다. 조선흥업주식회사에서 있었던 몇 가지를 보면 다음과 같다.

① 소작료 납입 전에 용량이나 근량을 증대키 위해서 불량벼에 물을 뿌리거나 모래·자갈, 심지어는 큰 돌을 넣는다.
② 가마니 위쪽 입구에는 좋은 벼를 넣고 중앙부 이하에는 불량벼나 죽정이·모래 등을 섞어 좋은 벼처럼 보이게 한다.
③ 벼를 젖은 가마니에 넣어 잠시 방치하여 수분을 흡수케 하여 용중량의 증대를 기도한다.
④ 소작료 벼를 동일 품종의 나쁜 질의 것, 혹은 열등 품종과 바꾸어 납입하려고 기도한다.
⑤ 평예(坪刈) 검견에 당하여 검견 재료의 탈곡 조제를 난폭하게 하여 사정 수량의 저하를 기도한다.
⑥ 검견 재료를 탈곡 장소에 가져오는 도중에 은밀히 이삭을 일부 잘라 버린다.
⑦ 검견 재료의 탈곡 조제 중 다수가 모여, 손으로 전하는 척하면서 손바닥으로 벼를 움켜서 멀리 부근에 있는 서 있는

베지 않은 벼에 던져, 사정 소작료의 저하를 기도한다.

조선흥업주식회사의 경우 검견이 지극히 일방적이어서 이에 대한 소작농민의 저항이 있었으리라 생각되며 위에서 열거한 방식도 그것의 소극적 발현 형태이리라.

그리고 금비사용이 급증하면서 그 비용을 소작농민에게 부담시킴으로써, 이에 대한 농민의 저항이 나타났다. 물론 회사의 눈에는 부정행위로 보였겠지만 몇 가지 예를 들어보면 다음과 같다.

① 회사에서 금비를 대부하거나 그 반액을 보급해도, 그 일부나 태반을 처분하여 영농자금이나 식량에 충당한다.
② 배급된 금비를 소정의 소작지에 시용하지 않고, 다른 자작지나 정조답에 유용한다.
③ 금비를 논에 운반하기 전에 각 가마니에서 일부씩을 덜어내고, 농장원이 입회하기 전에 뿌린 뒤, 농장원이 도착하면 가마니 수를 합하고 전부 뿌린 것처럼 한다.
④ 금비를 뿌릴 때 고의로 가마니 바닥에 일부를 남기고 빈 가마니처럼 하여 집으로 가져 간다.
⑤ 금비를 뿌릴 때 부근에 자작하는 논이 있는 경우, 입회자의 눈을 피해 재빨리 일부를 그곳에 뿌린다.

금비는 농업생산에 커다란 증수효과를 가져왔으며, 또한 금비 비용을 반액 부담하는 경우에는 그 수확효과에 관심을 갖지 않을 수 없었다. 특히 타조지에서는 더욱 그러하였다. 그리하여 당 회사는 "비료는 지주 소작인 입회하에 시용"하는 것으로 하였다. 그리고 더 나아가 "금비 시용이 하루에 끝나지 않을 때는, 나머지를 일단 농장창고에 두든가 봉하고 양을 평가하여 두었다가, 다음날 반드시 그 평량을 뿌리"도록 하였을 뿐만 아니라, "금비 시용의 경우는 특히 이른 아침, 점심, 저녁 끝날 때에 있어서 작업의 감시를 엄중히 할 것"을 방침으로 세우고 실행하였다.

이처럼 소작농은 절망의 늪에서 벗어나기 위하여 생산·분배 과정에 있어서 여러 가지 소극적인 대응수단을 취하기도 하였다. 그러나 이러한 것들이 얼마나 일반화되었는지는 알 수 없는 일이다. 더욱이 회사의 관리조직망이 5인조 제도라는 최하 단위로서 소작농에까지 포괄하고 있는 상태에서 이러한 방식이 쉽게 이루어졌을 리는 만무하며, 이루어졌다 하더라도 그 양이 얼마나 되었겠는가.

또한 이러한 방식으로 회사의 경제적 수탈에서 벗어날 수 없음은 물론이다. 회사의 힘에 대항하고 자립할 수 있는 힘(資力)을 갖추지 못한 소작농민으로서는 개별적으로는 이러한 방법을 택하기도 하였으나 이에 머물지 않고 적극적이고 조직적인 저항을 하였다.

2) 적극적 대응

농장경영이 자리잡혀 가던 1924년 2월 19일, 황주농장의 소작농민들은 회사의 소작료인상에 반대하여 시위를 전개하였다. 소작농민들은 소작료의 인상을 취소하라는 요구를 관철시키기 위하여, 조선흥업주식회사의 지사가 있는 황주읍으로 운집하였다. 이 정보를 입수한 경찰은 길목에서 농민들의 집회를 방지하려 하였으며, 소작인 대표 유양두(劉梁斗)를 끌어다 부랑죄로 취조하면서 위협하는 사태가 발생하였다. 이에 격분한 농민들은 황주 읍내에 집결하여 일대 시위를 전개하였고, 회사 측에 다음과 같은 요구조건을 제시하였다.53)

① 소작료는 20년 전의 소작료대로 받을 것.
② 그리고 그 이후에는 더 증가치 말 것.
③ 이미 집행된 부분은 무조건 반환할 것.
④ 금년의 소작료는 5할을 감하여 줄 것.
⑤ 소작료는 종래와 같이 두류(豆類)에만 한정하지 말고 그 밖에 재배한 농작물로 할 것.
⑥ 소작료는 풍구에 조제되지 않은 상태의 것으로 수납토록 할 것.
⑦ 두(斗)는 그 전과 같이 그 위에 2・3차나 오르게 하지 말 것.
⑧ 소작인에 대한 인격을 지나치게 무시하지 말 것.

이 요구조건에서 알 수 있듯이 소작료는 계속 증가하였으며 농민경제에 커다란 압박을 가하였음을 짐작할 수 있다. 이미 집행된 부분에 대한 무조건 반환을 요구하는 점에서 문제의 심각성을 엿볼 수 있다. 나아가 병작 또는 반작이라 하여 흔히 전개되어 왔던 소작료를 넘어선 고율소작료에 대해 크게 반발하고 있음을 알 수 있다. 또한 밭작물의 경우 회사의 편의나 상품화 의도에 따라 소작료를 정한 종류로 내게 하는 것에 대해 경작 농산물로 내게 할 것을 요구하고 있다. 수납 과정에서의 회사의 횡포에 대해서도 분개하고 있음을 알 수 있는데, 무엇보다도 마지막 요구조건이 눈에 띈다. "소작인에 대한 인격을 지나치게 무시"하지 말 것을 요구하고 있는데 이는 회사의 소작인 관리가 얼마나 강압적이고 폭력적으로 진행되었는가를 간접적으로 보여준다 하겠다.

가뭄의 피해가 심했던 1929년에는 경산농장에서 소작농민들이 대규모로 쟁의에 돌입하였다. 고율의 소작료에다 갖가지 부담금을

53) 『동아일보』, 1924. 2. 20; 주봉규, 「일제하 농민운동 전개에 관한 연구 - 소작쟁의 운동을 중심으로-」, 『경제논집』 23권 1호에서 재인용.

부과하여 7, 8할에 상당하는 생산물을 징수하여, 농민에게는 2, 3할에 불과한 소출만이 남게 되었다. 게다가 가뭄으로 수확량이 줄어들게 되자, 농민들은 회사에서 요구하는 소작료를 내기가 힘들게 되었다. 그리하여 "경산지점 관내 영천·청도·경산 등지의 소작인 약 5백여 명은 수일 전 동사에 대하여 소작료 절반 요구 진정서를 제출하였지만, 회사는 그에 대해 강경한 태도로 진정을 일축하였다. 그리하여 동사 소관 소작인 일동은 1929년 11월 25일 도 당국에 대하여 비참한 가뭄 피해 상황, 생활 정황을 상세히 피력한 진정서를 제출하여, 도 당국의 공평한 재단을 탄원"[54] 하기에 이르렀다. 이는 "매우 온건한 수단"[55]으로서 당국에 탄원하는 방식으로 이루어졌다. 농무당국에서는 진정서를 검토하고 일단은 조사를 하여 그 결과에 따라 재정(裁定)하겠다고 하였다. 그러나 당국이라는 곳이 회사를 옹호해주는 기관에 불과하다는 것이 곧 드러나고 말았다. 한 당국자는 다음과 같이 말하고 있었다. "신용 있는 대회사이므로 설마 소작인이 말하는 대로는 아니라고 생각된다. 그러나 조사하여 보지 않고는 무어라 말할 수 없지만, 군청이 중재하면 어쨌든 정리될 것이라고 생각하며, 이번 소요는 영천의 소작인만이었다고 듣고 있다."[56] 이처럼 회사를 두둔하면서 사건을 축소하려는 의도를 보이고 있다.

당국은 회사측을 두둔하면서 진상조사를 하지 않았으며, 소작농민들은 이에 더욱 분개하였다. 그리하여 "관할구내에서 최대의 경지면적을 가진 영천군의 금호면을 중심으로 하여, 2천 수백 명의 소작인은 회사의 무성의를 횡포라고 외치며 계속하여 그에 대항책을 협의함과 함께, 당국에 대해서 종래 회사가 자행해온 악

54) 『대구민보』, 1929. 11. 29.

55) 『대구민보』, 1929. 12. 20.

56) 『朝鮮朝日』, 1929. 11. 30.

습의 철폐, 소작 관행법의 개정을 진정하기"[57]에 이르렀다. 그리하여 도농무과에서는 진상을 재조사하여 그 대책을 마련하려고 한다고 하였다. 자세한 결말은 어떤지 알 수 없지만, 여하튼 소작농민들은 자신들의 요구를 관철하기 위해 단결하여 대응하였으며, 진정책 없이 "묵과한다면 위험한 상태"에 이를 지경에 있었다. 이 사건에서 볼 수 있듯이 회사의 소작료 감면은 말뿐이었다는 것을 알 수 있으며, 국가 통치기구와 대지주 회사의 유착도 짐작할 수 있다.

다음해에는 황주농장에서 소작료 문제로 분쟁이 발생하였다. 황주 읍내 조선흥업주식회사의 소작인인 황주군 천수면 석평리·원정리 주민 40여 명은 회사가 정한 소작료가 부당하다고 하여 1930년 10월 14일 회사에 진정서를 내게 되었다.[58] 동회사 사원 모(某)는 "금년은 다수확 관계로 해서 회사에서도 미리 신중히 고려하여 소작료를 결정하였지만, 다수의 소작인 중에서 이 두 부락의 사람들만이 이렇게 들고 나오는 것은 심히 유감[59]"이라고 불만을 표시하고 있다. 사정을 상세히 조사하였다고 하는데, 회사는 10월 31일 "황주지점에 있어서 각 구내의 농감회(農監會)를 개최하여 각 농감회로 하여 소작인에게 소작료 고지서를 배부하는 것으로 결정하고, 폐회와 동시에 잔치를 성대히 열었다."[60]고 한다. 그리하여 소작료 문제가 원만히 해결되었다고 하는데 그 자세한 내용은 알 수 없다.

이상에서 신문에 기사화된 사건 중심으로 조선흥업주식회사 소속 소작농민들의 소작쟁의에 대하여 간단히 살펴보았다. 다른 회

57) 『대구신문』, 1929. 12. 20.
58) 『西鮮일보』, 1930. 10. 26.
59) 앞의 신문.
60) 『西鮮일보』, 1930. 11. 2.

사 특히 동척이나 불이흥업(不二興業) 등에서와 같이 격렬한 쟁의로까지 비화되지는 않았지만, 회사의 수탈강화에 대해 적극적으로 저항하려 하였다. 이러한 소작쟁의는 조선 전역에서 일제하 민족해방운동의 한 고리를 이루면서 확산되어 나갔으며, 1930년대에 들어서는 농민조합 결성으로 그 방향을 전환해 갔다.[61] 이러한 과정에서 조선흥업주식회사 소속 소작농민들이 어떻게 참여했는지는 궁금한 일이다.

이상으로 조선흥업주식회사의 토지침탈 상황, 경제구조, 농업경영에 대해서, 그리고 그러한 구조 속에서 압박받은 소작농민의 대응방식에 대하여 살펴보았다.

조선흥업주식회사는 합방 이전부터 조선의 토지침탈을 시작하였으며, 동척 다음으로 대규모 토지를 소유, 소작 경영하였다. 전국각지에 그것도 교통이 편리하고 수리시설도 잘 된 비옥한 토지를 매수하여, 1만 6천 명이 넘는 소작인을 지배하였다. 한 농가당 가구원수를 6명으로 본다면, 무려 10만에 가까운 조선인을 지배하였던 것이다.

소작농민들로부터 고율의 소작료를 거두어들여 보기 드문 이익율을 기록하고 있었으며, 생산력 증진으로 인한 수확물 증가를 넘는 부분까지 수탈을 자행하여 소작농민들의 경제적 파탄을 가져왔다.

농업경영 방식에 있어서는 관리조직을 체계적으로 수립하고 피라미드식 체계를 관철시켰을 뿐만 아니라, 농민과 회사의 협력기구의 형식으로 흥농회를 조직하여 관리체계의 보완기구로서 이용하였다. 식민지 권력을 배경으로 하고 이러한 관리조직망을 통

61) 淺田喬二, 「일제하 농민운동의 일반적 전개 과정」, 『항일농민운동연구』, 동녘, 47쪽.

해서 농민의 개별경영에 적극적으로 개입하면서 지배를 확고히 해 나갔다. 생산·분배·유통 각 부문에서 농민의 창의성과 자발성을 억누르면서 최대이윤 수취를 위해 노력하였다. 그야말로 농업경영은 농민지배 과정이었으며, 이러한 지배에 대하여 소작농민들은 소극적으로 대응하기도 하였으나, 경제적 압박이 심한 조건에서는 적극적이고 조직적인 대응을 하기도 하였다.

9장
머슴

머슴[1)]에 관한 연구로는 김병태의 연구가 있었다.[2)] 물론 여러 연구자가 농업노동에 관한 연구에서 부분적으로 다루어 왔고, 특히 장시원은 일제시기의 농업생산관계를 밝히려는 연구에서 머슴 고용에 의한 부농경영의 가능성에 대해 검토한 바 있으며,[3)] 1960년대 초반의 조사자료에 기초한 연규집의 연구[4)] 외에, 각종 민속자료조사 등에서 각 지역의 사례들을 보고한 것들이 있었다.

대개 지금까지의 연구나 연구자들은 머슴(고용)의 봉건적 예속적 성격을 일면적으로 강조하여 왔다. 봉건적인 측면에 대해서 강조하지는 않더라도 예속적 성격을 강조하고 근대적 임노동과는 아주 다른 것으로 파악하는 것이 일반적이었다. 그러나 고용노동

---

1) 머슴이라는 말은 지방에 따라 다양하게 쓰였다. 멈, 멈살이, 머음, 머음살이(전북 충북), 머심, 머심살이(전라, 충정, 경기, 경상), 더부살이, 머슴아이, 머슴살이꾼, 머슴꾼(낮추어 부르는 말), 고공(雇工), 고공살이, 고노(雇奴), 담살이, 머슴, 더부살이, 머슴살이(전북), 꼴머슴=깔담살이, 깔머슴. 『국어대사전』, 삼성출판사.

2) 김병태, 「머슴에 관한 연구(1)」, 『경제학연구』, 제4호, 1956; 김병태, 「머슴에 관한 연구(2)」, 『경제학연구』, 제5호, 1957.

3) 장시원, 「식민지하 조선의 반봉건적 토지소유에 관한 연구」, 서울대학교 경제학과 석사논문, 1980.

4) 연규집, 「머슴제도를 중심으로 한 농가경제 및 농업생산관계에 대한 고찰」, 『청주대 논문집』, 제6집, 1967.

이라는 점에서 경제외적 강제에 의한 노동은 아니었으며 또한 일정한 생산력발전 위에서 나타난 것이라 할 수 있다. 근대적 임노동자(산업프롤레타리아)와 다른 형태라고 해서 곧 봉건적 예속적 성격의 고용노동이라고 하는 것은 무리가 있을 것이다. 봉건시대에 채무노농의 성격을 띠고 나타났다하더라도 점차 근대적 성격을 띠어 간 것으로 파악하는 것이 옳지 않을까 생각된다.

머슴의 성격에 대한 규명은 좀더 실증적인 연구와 더불어 일정한 논증이 필요한 부분이라고 생각되며, 여기서는 기존의 연구 및 자료들을 중심으로 하고 각 지역에서 실시한 조사자료를 보완하여 머슴제도의 측면에서 정리해 보고자 한다.

먼저 머슴은 보통 1년 동안 주인집에 동거하면서 농업노동을 비롯한 여러 가지 일을 해주고 일정한 보수를 받는 특수한 형태의 임금노동자를 말한다.

머슴의 기원에 대해서는 문헌적 근거가 확실하지 않지만, 조선초기에 이미 성행한 것 같은 기록이 『경국대전』 가운데 나타나고 있다고 한다.[5] 그런데 일제시기와 같은 그러한 머슴이 필요했던 경영형태는 임진왜란 이후 새로이 성립된 지주의 자작경영에서 그 존립근거를 찾을 수 있다. 머슴제도는 임진왜란 이후 광범하게 진행된 임금노동의 발생과정에서 성립된 장기고용 형태로서, 노동 및 토지생산력의 증진과 그에 따른 단위면적당 생산량의 증가와 더불어 임금지불이 가능하게 된 이후에 전문적인 기간노동력으로 성인을 고용하게 되면서 나타난 것으로 지주자작의 발생시기와 일치한다고 생각된다.[6]

---

5) 印貞植, 『朝鮮の農業機構』, 108쪽.

6) 대농경영의 변천을 조방적 이앙법을 사용한 광작운동(노동생산력의 증가) 시기와 집약적 이앙법의 보편화와 더불어 토지생산력을 증진시킨 광작경영이 나타난 시기로 나누어 놓고 볼 때, 전자의 시기에 머스메

흔히 역사기록에는 '고공(雇工)'이라는 표현이 자주 나오는데, 이는 농업부문에서는 물론 다른 경제부문에서도 나타난 것으로, 인신전당의 형식으로 장기간 심지어는 종신적으로 고용된 일종의 머슴이며 고용기간 안에는 잠시 인격적 자유마저 잃고 지주에게 예속되는 것이 그 특징이었다고 한다. 이들의 노동보수는 가장 낮았으며 그것도 흔히 값싼 현물형태로 지불되었으며, 그들의 지위는 농노적이었으며 고용주와의 관계는 완전한 봉건적 가부장적 주종관계였다고 한다. 이러한 형태의 고공은 19세기 후반기에 들어 상품화의 진전에 따라 좀 발전하나 본질적인 변화는 없었으며, 계절적인 일용농민과는 달리 근대적 요소를 찾아 볼 수 없었다고 한다.[7)]

근대에 들어서는 1894년 갑오개혁으로 봉건적 신분관계가 폐지됨에 따라 해방된 노예로부터 전화(轉化)하거나 토지조사사업으로 토지로부터 분리되어 농촌 안에 체류한 하층농민군의 형성이 머슴노동력을 대량 창출하는 계기가 되었다고 할 수 있다.

20세기 전반기에 농촌의 고용노동형태로서는 머슴과 날품노동자가 있었는데, 가장 보편적인 형태로서 전통적인 고용제도에서 중요한 위치를 점하고 있던 것이 머슴이었다.[8)] 한 연구자는 호적대장을 근거로 하여 광무연간에는 머슴이 일제시기보다도 오히려 광범하게 존재하였다고 주장하기도 한다.[9)] 그러나 이는 아직 더

(유년노동력)에서 단위면적당 생산량의 증가와 더불어 임금지불이 가능하게 된 이후에 전문적인 기간노동력으로 성인을 고용하게 되면서 머슴으로 어휘가 변하였으며, 따라서 머슴의 기원은 지주자작의 발생시기와 일치하는 것으로 보아야 한다고 한다. 한국농촌경제연구원, 『농지개혁사개요』, 1988, 52-56쪽.

7) 허종호, 『조선봉건말기의 소작제연구』, 한마당, 1989, 114-115쪽. 전남 고흥군 송정리 영호마을에서는 머슴을 '고공'이라고 하였다(1991년 조사).

8) 印貞植, 앞의 책, 108쪽.

밝혀져야 할 것이라고 생각된다.

여기서는 일제시기와 그 이후 시기의 머슴의 분포상황을 살펴 보고, 그 성격을 머슴노동(력)의 측면에서 살펴 보고자 한다.

1. 머슴의 분포

조선봉건사회 말기의 머슴의 분포에 대해서 알 수 있는 자료는 미흡하다. 호적대장을 근거로 한 연구자가 제시한 자료도 통계로서의 유의미성이 의심된다. 머슴의 분포에 관한 비교적 믿을만한 전국적인 통계는 1930년 국세조사를 통해 이루어진 자료라고 할

〈표 9-1〉 일제하의 노동종류별 농업노동력 구성(1930년)

분류	총수	1. 업주	2. 보조자	3. 직원	4. 머슴	5. 노동자
농경	7,161,343	2,827,840	3,837,804	3,692	446,675	45,332
	100	39.49	53.60	0.05	6.24	0.63
화전	215,503	84,965	130,538	-	-	-
	100	39.43	60.57	-	-	-
축산	29,735	10,342	15,748	326	-	3,319
	100	34.78	52.95	1.10	-	11.16
잠업	232,619	53,917	175,368	969	-	2,319
	100	23.18	75.38	0.42	-	1.02
합계	7,639,200	2,977,064	4,159,448	4,987	446,675	51,026
	100.01%	38.97	54.45	0.07	5.85	0.67

자료: 『1930年 朝鮮國勢調査』 第1卷, 全鮮編, 結果表, 1934, 135쪽.

9) 宮嶋博史, 「조선 갑오개혁 이후의 상업적 농업-삼남지방을 중심으로-」, 梶村秀樹 외, 『한국근대경제사연구』, 사계절, 1983, 232-233쪽. 고용인구(호적에 기재되어 있는 '고용'이란 항)가 현존인구에 기재되어 있다는 사실을, 적어도 일년 또는 그 이상 장기간 계속해서 고용되어 있는 자를 나타내고 있는 것으로 판단한 위에서 그러한 분석을 하고 있다. 기록 자체의 신빙성도 문제가 된다.

수 있다.[10](〈표 9-1〉)

〈표 9-1〉에 따르면 1930년에 농경에서는 44만 6천6백 명 이상 되는 머슴이 고용되고 있는 것으로 나타난다. 고용노동력 중에서 '작남작녀(作男作女)'라고 표현된 머슴이 총고용노동력수 49만 4,576명 가운데 44만 6,675명으로 90.31%를 차지하고 있다.[11] 그

〈표 9-2〉 일제하의 도별 농업노동력 구성 비율(1930) (단위: %)

도별	농업종사자 중		농업종사자 중				가족외 노동력 중 날품
	남	여	가족	가족 외 = 머슴 + 날품			
경기	80.7	19.3	92.04	7.96	7.45	0.32	4.02
충북	85.0	15.0	88.55	11.45	11.31	0.09	0.79
충남	89.7	10.3	88.49	11.51	11.11	0.33	2.87
전북	68.3	31.7	89.18	7.82	7.54	3.21	29.67
전남	54.5	45.5	93.59	5.41	5.47	0.90	14.04
경북	73.5	26.5	90.50	8.50	8.40	1.06	11.64
경남	74.0	26.0	91.48	8.52	8.28	0.21	2.46
황해	53.6	46.4	96.05	3.95	3.79	0.12	3.04
평남	52.3	47.7	97.98	1.02	1.91	0.08	3.96
평북	53.2	46.8	98.51	1.49	1.41	0.05	3.36
강원	71.7	28.3	93.74	6.26	6.06	0.17	2.72
함남	85.1	14.9	94.68	5.32	5.18	0.12	2.26
함북	89.2	10.8	96.73	3.27	3.16	0.08	2.45
합계	67.8	32.2	93.09	6.91	6.24	0.62	8.97

1. 축산·잠업 종사자를 제외한 농경종사자만을 계산함.
2. 가족 외 종사자에는 관리인 및 직원 등이 포함되어 머슴과 날품의 비율이 합계보다 큼.

자료: 『1930年 朝鮮國勢調査』 第1卷, 全鮮編, 結果表, 148-51쪽.

---

10) 『1930年 朝鮮國勢調査』, 第1卷, 全鮮篇, 結果表, 1934.

11) 물론 여기서는 빈농층이 참여하는 날품팔이노동은 파악되지 않고 있다. 경지가 없어 전적으로 날품팔이노동에 종사하는 농업노동자층만이 파악되고 있는데, 여기에 고용노동의 상당 부분을 차지했던 빈농층의 날품팔이노동까지를 포함한다면 고용노동의 비중은 훨씬 늘어날 것이다.

리고 머슴은 거의 대부분 남성이고 여성은 아주 적어 3,747명에 불과한 것으로 나타나고 있다.

〈표 9-2〉를 보면 농업종사자 가운데 머슴의 비율이 충청남북도의 2개 도가 가장 높아 11%가 넘으며, 경남북, 경기, 강원 등이 6-9%의 비율을 보이며 평안남북도가 2% 이내로 가장 낮은 비율을 보이고 있다. 이처럼 머슴고용의 비율도 지방마다 크게 차이가 나며, 지주소작관계가 광범하게 형성되어 있던 지역에서 머슴의 고용비율이 반드시 높지 않은 것을 알 수 있다. 농촌과잉인구의 압력정도, 노동력동원방식의 차이, 경지규모 등에 따라 머슴을 고용하는 비율이 달라질 수 있으며, 당시에는 자작농도 일정 규모 이상이면 머슴을 두는 경향이 있었기 때문이다.

그런데 다른 자료에 의하면 1930년도 머슴수가 53만 7,432명인 것으로 확인된다.[12](〈표 9-3〉) 머슴고용농가수는 44만 2천 908호에 달하며 한 농가가 1.21명의 머슴을 고용하고 있었다. 그리고 농가 가운데 15.4%에 달하는 농가가 머슴을 고용하였다.

이 자료에서도 머슴의 분포는 지역에 따라 차이가 있었다. 〈표 9-3〉을 보면 충청, 경상, 전라지역은 머슴이 많고, 북부지방에는 비교적 적은 것으로 나타나고 있다. 일제시기의 머슴의 시기별 추이를 알 수 있는 자료를 구성하기는 어려운데,[13] 1930년대에 걸쳐 증가하다가 전시체제로 접어든 1930년대 말 이후 노동력의 전시동원과 도시 및 해외유출의 격화로 줄어들었을 것으로 추정된다.

---

12) 여기서는 1960년도 농업국세조사자료와 비교하기 위해 비슷하게 체계화된 이 자료를 중심으로 파악하고자 한다.

13) 총독부의 농업통계에서 '피용자'는 '경지를 보유하지 않고 타인에 고용되어 농업에 종사하고 독립적인 세대를 이루고 있는 자'를 말하기 때문에 머슴으로 볼 수는 없다.

〈표 9-3〉 1930년도 각도별 머슴분포상황

구분 / 시도	머슴수(1)	농가호수(2)	머슴고용 농가수(3)	(1)/(2) (단위: %)	(1)/(3) (단위: 인)	(3)/(2) (단위: %)
경기	32,779	239,515	29,134	13.7	1.12	12.2
강원	45,751	211,668	40,837	21.6	1.12	19.3
충북	32,565	140,402	26,987	23.2	1.21	19.2
충남	55,059	185,195	46,159	29.7	1.19	24.9
전북	47,890	228,317	38,421	21.0	1.25	16.8
전남	76,427	362,455	62,838	21.1	1.22	17.3
경북	88,773	355,173	69,543	25.0	1.28	14.0
경남	77,778	293,417	57,252	26.5	1.36	19.5
황해	28,108	235,201	25,853	12.0	1.09	11.0
평남	8,960	139,266	8,505	6.4	1.05	6.1
평북	13,948	200,841	11,688	6.9	1.19	5.8
함남	25,068	175,043	21,609	14.3	1.16	12.3
함북	4,326	73,464	4,082	5.9	1.06	5.6
계	537,432	2,869,957	442,908	10.2	1.21	15.4

자료: 朝鮮總督府, 『朝鮮の小作慣行』 下巻 續編, 9장.

8·15 이후에도 머슴의 수는 공급의 측면에서는 오히려 늘어났을 것으로 생각된다. 왜냐하면 전쟁에 나갔던 군인들이 돌아오고 해외동포들이 많이 귀환하였기 때문이다. 그리고 분단이 되면서 북한지역 주민들의 월남으로 과잉인구 압력은 더욱 커졌기 때문이다. 그러나 머슴을 원하는 고용주는 감소하여 머슴고용관계는 현실적으로 크게 증가하지 않았을 것으로 보인다.

8·15 이후 지주의 토지방매와 농지개혁을 통해 농지소유의 균등화가 어느 정도 이루어졌지만, 소작농과는 달리 머슴은 농지개혁에 있어 수배농지의 분배대상에 들지 못하였다. 농지분배가 기본적으로 소작을 하던 농민에게 소작지를 분배해주는 것이었고, 농지분배의 대상이 된 '영농력을 가진 피고용농가'도 머슴이라기

보다는 날품노동에 참여하던 농민이었다.

농지개혁이 지주의 소유지를 소작농에게 분배하여 자작농체제를 만들었지만 경지규모의 차이를 해소하지는 못하였다. 특히 농지개혁에서 3정보 상한제는 머슴에 의한 부농경영과 소작행위 내지 소유의 불균등성을 전제로 한 것이다. 즉 자경규모가 2정보였기 때문에 3정보의 농지를 소유할 경우에는 머슴을 두지 않을 수 없었다.[14] 그리고 농지개혁으로 해체된 지주층은 대개 마을 안에 사는 재촌지주라기 보다는 부재지주로서 개혁 이전에는 직접 머슴을 고용하지는 않았다. 농지개혁 이후의 머슴노동력수요에 변화를 가져온 것은 지주제의 해체라기 보다는 자작대경영의 규모축소이다. 그런데 농지개혁은 전자의 측면이 중시되었기 때문에 농지개혁이 머슴노동력수요의 변화에 끼친 영향은 크지 않았다고 볼 수 있다.[15]

1950년대 머슴의 분포에 대해서는 공식적인 자료를 확인할 수 없지만, 1950년도에 남한의 피용자수가 27만 명으로 집계되었는데 1956년도에는 30만 명으로 집계되었다. 이 피용자수는 일고노동자를 나타내는 것이므로 머슴으로 생각해서는 안 될 것이지만, 당시의 농촌과잉인구의 증가를 반영하는 것으로 보아 머슴수가 줄어들지 않았을 것으로 추정할 수도 있겠다.

1956년에 조사된 자료를 보면,[16] 조사대상농가의 13.6%가 머슴을 고용하고 있었으며, 머슴고용농가는 호당 1.08명의 머슴을 고용하는 것으로 나타났다. 이 비율로 추계할 때 전국적으로 머슴수는 약 33만 9천명에 달한다고 한다.[17]

---

14) 한국농촌경제연구원, 『농지개혁사개요』, 1988, 1038-1039쪽.

15) 鄭英一, 앞의 글, 10쪽.

16) 김병태, 앞의 글, 117쪽. 이 조사는 31개리 3,558농가에 대한 것인데, 조사대상가구 가운데 484호가 522명의 머슴을 고용하고 있었다.

〈표 9-4〉 1960년도 각도별 머슴분포상황 (단위: 호,%)

구분 / 시도	머슴수(1)	농가호수(2)	머슴고용 농가수(3)	(1)/(2)	(1)/(3)	(3)/(2)
서울	467	7405	371	6.3%	1.26배	5.0%
경기	21,852	253519	20,505	8.6	1.07	8.1
강원	8,981	149470	8,384	6.0	1.07	5.6
충북	15,700	157,844	14,306	10.0	1.10	9.1
충남	25,915	269,510	24,287	9.6	1.07	9.0
전북	25,232	274,047	22,659	9.2	1.11	8.3
전남	51,501	415,330	47,221	12.4	1.09	11.4
경북	47,520	410,006	42,806	11.6	1.11	10.4
경남	42,645	362,654	38,025	11.8	1.12	10.5
제주	626	49,723	539	12.6	1.16	1.1
계	240,447	2,349,506	219,157	10.2	1.10	9.3

자료: 『농업국세조사』(1960년도).

1960년의 머슴분포상황을 농업국세조사 자료에 근거해 보면 〈표 9-4〉와 같다. 이에 따르면 고용기간 7개월 이상인 머슴을 고용한 농가는 21만 9,157호이며 머슴수는 24만 447명으로 호당 1.10명이었다. 총농가의 9.3%가 머슴을 고용하고 있었으며, 고용기간 1개월 이상 7개월 미만인 달머슴을 고용하는 농가까지 합하면 11.7%의 농가가 머슴을 고용하고 있는 것으로 나타나고 있다. 전남, 전북, 경남 순으로 머슴수가 많고 그 다음으로 충남, 전북, 경기 순이다. 농가 가운데 머슴고용농가의 비율도 비슷한 모습을 보이고 있다.

머슴의 분포는 지역적으로 일정한 차이를 보이고 있는데, 남부지방이 중부지방보다 머슴의 비율이 높은 것으로 나타나고 있다. 머슴수로는 전남이 5만 명이 넘고 경남북도 각각 4만 명이

17) 조사지역이 확인되지 않아 지역적 편차를 얼마나 가지고 있는 것인지 말할 수 없으나, 이는 과잉추정된 것으로 생각된다.

넘는다.

〈표 9-3〉과 〈표 9-4〉를 통해 일제시기의 머슴분포와 농지개혁 이후의 머슴의 분포를 비교해 볼 수 있다. 농가호수에 대한 머슴수의 비율을 보면 거의 반감된 것을 확인할 수 있다.

1960년대에 들어서는 머슴에 의한 노동투하량이 감소하는 경향을 보이고 있다. 1959년도 이후 약간의 진동을 보이지만 농촌노동력의 유출이 급속히 이루어지는 1960년대 중반 이후에는 일관성 있게 감소하여, 머슴노동의 비중은 10년 사이에 반 정도 줄어든다. 이러한 추세는 조사자료에 의해서도 확인된다.

1963년도의 한 조사자료에 따르면,[18] 조사대상 호당 머슴수가 0.09명으로 나타났는데 이는 11호당 한 가구가 머슴을 고용하고 있는 것이다. 1965년도에 이루어진 한 조사연구에 따르면,[19] 평균 14호당 한 가구가 머슴을 고용하고 있는 것으로 보고되었으며, 1969년의 다른 조사연구에 따르면,[20] 11.4호당 한 가구가 머슴을 고용하고 있는 것으로 나타나고 있다.

좀 더 통계적 유의도가 높은 또 다른 자료로 농협조사부의 1969년도 조사를 중심으로,[21] 1960년대 말의 머슴의 분포를 살펴보자(〈표 9-5〉).

---

18) 농협조사부, 『농지의 영세구조와 겸병현상에 관한 조사보고』, 부록 '농가의 노동력', 1964. 이 자료는 1963년도에 전국적인 계층별 지역별 표집하에 1,180호를 대상으로 실시한 조사이다.

19) 1965년 1월에 이루어진 조사로 9개 마을 864호의 농가를 대상으로 한 것이다. 한국농촌사회학회, 『농촌사회학』, 1965, 275쪽.

20) 이용덕, 앞의 글, 충북 청원군 안의 4개 마을에 있는 411호에 대한 조사에서는 36호의 농가에 36명의 머슴이 있어 농가 11.4호당 1명이 있는 것으로 조사되었다.

21) 농협조사부, 『농업노동자(머슴) 임금수준조사보고』(1969년도), 조사자료 7집, 1970, 11-17쪽. 이것은 1969년에 농업지대를 일반농업지대와 특수농업지대로 나누어 조사한 것이다.

〈표 9-5〉 농업 지대별 머슴분포(1969) (단위: 명)

지대별	부락수	농가 호수	머슴수			부락당 머슴수	머슴1인당 농가수
			계	연고	계절고		
평야지대	23	1,754	131	109	22	5.70	13
산간지대	33	2,383	164	133	31	4.97	15
중간지대	58	4,188	293	271	22	5.05	14
해안지대	11	1,630	42	30	12	3.82	39
도시근교	13	1,286	61	54	7	4.69	21
합계	138	11,241	691	597	94	5.01	16
원예지대	13	624	62	45	17	4.77	11
과수지대	10	1,000	40	31	9	4.00	27
축산지대	8	432	43	41	2	5.38	11
잠업지대	6	319	41	31	10	6.83	8
특용작물	11	1,018	11	41	-	1.00	25
합계	48	3,583	227	189	38	4.73	16

* 평야지대는 경지율이 40% 이상인 마을, 중간지대는 경지율이 15-40%인 마을, 산간지대는 경지율이 15% 미만인 마을임.

자료: 농협조사부, 『농업노동자(머슴) 임금수준조사보고』(1969년도), 조사자료 7집, 1970, 11-14쪽.

〈표 9-5〉에서 보는 바와 같이 머슴의 분포는 농업지대에 따라 차이가 있다. 일반농업지대의 경우 한 마을에 다섯 명 정도, 즉 16호당 한 사람의 머슴이 있는 것으로 나타나고 있다. 대개 연고용이었고 계절단위로 고용되는 머슴은 약 15% 내외였다. 지대별로는 평야지대의 분포율이 높고 도시근교지대나 해안지대에는 분포율이 낮았다. 당시의 머슴은 미작농업에 종사하는 것이 일반적이어서 평야지대에 높은 분포를 보이고 있으며, 도시근교나 해안지대 처럼 다른 취업기회가 있는 지대에서는 머슴이 적었다.

특수경영지대의 머슴분포는 평균적으로 일반지대와 차이가 없으나, 원예, 축산, 잠업지대에서 머슴의 고용이 더 많은 것으로

〈표 9-6〉 노동 종류별 농가 호당 투하노동 (단위: 노동시간,%)

연도	합계	가족노동	합계	고용머슴 노동	날품	보조	품앗이
1958	2,943 100	2,247 76.3	696 23.7	-	-	-	-
1959	3,531 100	2,902 82.2	629 17.8	263	366	-	-
1960	3,151 100	2,578 81.8	573 18.2	212	361	-	-
1961	1,186 100	839 70.7	230 19.4	59	145	26	117 9.9
1962	2,536 100	1,815 71.6	512 20.1	148	305	58	210 8.3
1963	2,663 100	1,942 73.0	517 19.4	174	282	61	203 7.6
1964	2,117 100	1,503 71.0	449 21.2	126	274	49	164 7.8
1965	2,585 100	1,863 72.0	556 21.5	171	318	67	167 6.5
1966	2,557 100	1,810 70.8	566 22.1	149	354	62	181 7.1
1967	2,418 100	1,713 70.8	512 21.2	134	324	54	193 8.0
1968	2,213 100	1,624 73.4	442 20.0	108	286	49	147 6.6
1969	2,181 100	1,590 72.5	411 18.8	83	286	41	180 8.3
1970	2,155 100	1,621 75.2	363 16.9	62	260	42	171 7.9
1971	2,218 100	1,721 77.6	345 15.5	58	254	32	152 6.9
1972	2,075 100	1,580 76.1	355 17.1	57	255	43	140 6.8
1973	2,059 100	1,580 76.7	332 16.1	51	239	42	147 7.2
1974	1,652 100	1,256 76.0	394 17.8	62	231	-	102 6.2
1975	1,703 100	1,310 76.7	395 17.3	54	241	-	103 6.0
1976	1,724 100	1,305 75.7	308 17.9	55	253	-	111 6.4
1977	1,694 100	1,261 74.4	322 19.0	44	278	-	111 6.6
1978	1,700 100	1,307 76.9	288 16.9	34	254	-	105 6.2
1979	1,782 100	1,388 77.9	225 12.6	20	205	-	169 9.5
1980	1,813 100	1,440 79.4	202 11.1	18	184	-	171 9.5
1981	1,884 100	1,500 79.6	204 10.8	18	186	-	181 9.6
1982	1,766 100	1,398 79.2	213 12.1	19	194	-	165 9.3
1983	2,018 100	1,580 78.3	265 13.1	19	246	-	172 8.5
1984	2,005 100	1,579 78.8	254 12.7	12	242	-	173 8.6
1985	2,017 100	1,594 79.0	255 12.6	12	243	-	168 8.3
1986	1,991 100	1,574 79.1	256 12.9	13	243	-	162 8.1
1987	1,863 100	1,477 79.3	226 12.1	-	-	-	160 8.6
1988	1,847 100	1,456 78.8	246 13.3	-	-	-	145 7.9

1. 1958년은 한국은행조사부의 조사로 능력환산을 하지 않은 노동시간임.
2. 1959, 1960년은 농업은행 조사자료이고 능력환산한 시간임.
3. 1961년은 하반기만의 조사이며, 이후의 통계는 일관성이 있고 시간은 노동능력을 감안하여 환산한 것임.

자료: 『농림통계연보』, 『농가경제조사결과보고』, 『농업연감』, 『농협연감』.

나타나고 있다. 특수경영지대에서도 연고용머슴의 수가 많은 것으로 나타나고 있지만, 일반농업지대에 비해 계절고용 머슴이 더 많다. 이것은 상업적 농업의 성격을 띠는 지대에서 집중적인 작업이 요구되는 일시적 고용방식으로 생각된다.

1950년대를 거쳐 1960년대까지도 머슴노동력은 농업노동력 가운데 중요한 위치를 차지하고 있었다. 기계화가 진전되지 않은 상태에서 손노동에 의한 작업은 1970, 1980년대에 비해 상대적으로 많은 노동력을 필요로 하였고, 농촌노동력의 과잉 아래에서 농민간의 계층적 차이는 머슴노동력의 존립조건을 형성하고 있었다.

1960년도의 농업국세조사 및 초기의 조사자료들과 1969년의 자료를 비교해 볼 때, 머슴이 줄어들었음을 알 수 있다. 1960년대 들어 본격화된 자본주의적 산업화로 인하여 많은 농촌노동력이 도시로 빠져 나갔으며, 이 과정에서 머슴노동력의 감소는 필연적이었다. 머슴의 감소는 농업노동투하량의 추이로도 확인해 볼 수 있다. 이는 머슴노동의 투하량이 계속 줄어드는 데서 볼 수 있으며, 1960년대 말과 1970년대 말의 두 시기에 걸쳐 특히 격감하고

〈표 9-7〉 머슴, 날품 노동별 농가 노동투하 시간 추이 (단위: 시간, %)

연도	머 슴	날품노동			합계
		소계	남자	여자	
1962-1964평균	149.5 (34.2)	287 (65.8)	212.7 (48.8)	74.3 (17.0)	436.5 (100.0)
1968-1970평균	84.2 (23.3)	277.4 (76.7)	192.6 (53.3)	84.8 (23.4)	361.6 (100.0)
1978-1980평균	24.1 (10.1)	214.1 (89.9)	125.4 (52.7)	88.7 (37.2)	238.2 (100.0)
1984-1986평균	12.3 (4.8)	242.6 (95.2)			255.0 (100.0)

자료: 『농가경제조사결과보고』 각년호.

있다(〈표 9-6〉).

1960년대 이후 농업노동의 투하량 추이를 보면 머슴노동은 급속히 감소하였으나, 날품노동의 고용(임시고)은 꾸준히 지속되어 왔으며, 머슴노동 대신에 가족노동의 강화(또는 대체)가 두드러지게 나타나고 있다. 머슴노동의 비율은 1960년대 급속히 감소한 뒤 감소추세가 둔화된 채로 유지되다가 1970년대 말 이후 급속히 감소하여 1980년대에는 전체노동투하량 가운데 0.6%를 차지할 정도로 미미해 졌다. 또한 고용노동에서 차지하는 비중도 급속히 줄어들어 5% 미만에 이르고 있다(〈표 9-7〉).

머슴수는 1960년도에 100호당 10명 정도이던 것이 1970년대에 들어 급속히 줄어 100호당 2명 정도로 되었고 1980년대 들어서는 1명도 채 안되어 가고 있다(〈표 9-8〉).

노동력의 유출이 급격하게 이루어지면서 농촌에 적체되어 있던 노동력의 특이한 고용형태인 머슴은 급속히 줄어 들었다. 1970년대 중반 이후 미작지대에서는 머슴을 찾아보기 힘들 정도가 되었

〈표 9-8〉 경지규모별 농가 100호당 머슴수

	~0.5 정보	0.5~1.0	1.0~1.5	1.5~2.0	2.0 이상	평균
1960	1	4	15	34	71	10
1962	0	5	11	25	54	9
1965	1	2	8	15	27	6
1968	1	1	6	11	43	7
1971	0	1	1	5	27	2
1974	0	1	1	3	22	2
1977	2	1	1	5	27	3
1980	1	0	0	1	11	1
1982	0	0	0	1	7	1

* 1960년은 7개월 이상, 그 이후는 3개월 이상 고용된 자임.

자료: 『농가경제조사결과보고』, 각년호.

고, 다만 상업적 작물재배지역이나 축산부문 등에서 일부 나타나고 있다. 머슴은 일반 경종작업을 담당하는 것이 일반적이었으나, 1980년대에 나타나고 있는 농업노동자(일고노동자가 아닌)는 축산이나 과수, 기타 특수작물재배 등 상업적 내지는 기업적 성격을 띠는 부문에 고용되는 경향이 있으며, 머슴과는 다른 특징들을 보이고 있다.

2. 머슴의 특성

1) 머슴노동의 특징

(1) 머슴노동력

머슴의 출신을 보면 대개 빈농이거나 농업노동자이다. 소유토지도 없고 소작지도 얻지 못한 사람 가운데는 날품을 팔아서 생계를 유지하는 날품노동자도 있었지만, 다른 집에 기거하면서 일을 해주는 머슴이 많았다. 그러나 경작면적이 아주 작은 가구의 가족원이 머슴을 사는(나가는) 경우도 있었다. 다른 가족은 따로 생활을 하고 약간의 경지는 머슴을 사는 사람 이외의 가족원이 농사를 지었다.

머슴은 가족의 가구주인 경우도 있고 그렇지 않은 경우도 있었다. 가구주인 경우는 대개 영세빈농이나 농업노동자인 기혼자였으며, 가구주가 아닌 머슴은 대개 미혼의 청년들이었다.

또한 머슴살이를 부끄러운 것으로 생각하여 대개 모르는 다른 마을의 사람들이 들어와서 머슴을 살았던 것으로 인식되고 있는데, 1960년대의 사례연구들에 의하면 같은 마을에 사는 사람이 머슴을 드는 경우도 있는 것으로 나타난다. 또한 제3자가 개입해서 고용주에게 머슴을 소개해 주기도 하였다.

머슴은 기본적으로 농업노동을 감당할 수 있는 능력을 지니고 있어야 했으므로 대체로 농사일을 할 수 있는 청장년층이었다. 그러나 현실적으로 생계가 어려운 상태에서 농업노동 능력이 박약한 사람도 머슴을 사는 경우가 많았다. 보통 머슴은 머슴의 노동능력에 따라 상머슴, 중머슴, 하머슴으로 나뉘었다.

상머슴은 '큰머슴', '상일꾼'이라고도 하며, 농사일에서 가장 중요한 쟁기질을 잘하고 건강하며 집안일을 잘 관리할 수 있어야 했다. 중머슴은 상머슴보다는 노동능력이 떨어지지만 기본적인 농사일을 할 수 있고, 상머슴을 두는 집안에서는 상머슴을 보조할 수 있는 능력을 지니고 있어야 했다. 상머슴이라는 말은 흔히 쓰였지만 중머슴이라는 말은 그리 잘 쓰이지 않고 그냥 머슴이라고 하였는데 어떤 지역에서는 상머슴과 함께 있는 중머슴을 젓머슴이라고도 하였다. 또한 하머슴이라는 말도 거의 쓰이지 않았고, 그에 해당하는 머슴을 흔히 '꼴담사리', '애기머슴', '담사리' '꼬마둥이', '소까래머슴', '깔머슴', '쇠담사리', '물담사리' 라고 하였다. 이는 대개 소풀을 베든가 잔심부름을 하는 아이들이었기 때문에 붙여진 것으로 보인다.

머슴은 전형적인 육체노동자로서 힘든 농사일을 잘 감당할 수록 높게 평가되었다. 따라서 일정한 연령에 따라 노동능력의 차이가 있기 때문에 상머슴은 30-40대로서 농사의 경험도 많지 않으면 안 되었다. 그에 비해 하머슴은 농사일에 참여하기 전의

〈표 9-9〉 머슴의 연령별 구성

<table>
<tr><th>연령</th><th colspan="4">~15 ~18 ~22 ~26 ~30 ~34 ~38 ~42 ~45 ~50 ~54 ~59 ~60</th><th>합계</th></tr>
<tr><td>머슴수</td><td colspan="4">33 110 93 17 27 50 54 52 37 19 12 12 6</td><td>522명</td></tr>
<tr><td></td><td>143</td><td>137</td><td>212</td><td>30</td><td>522</td></tr>
<tr><td>비율</td><td>27.4%</td><td>26.2%</td><td>40.6%</td><td>5.8%</td><td>100%</td></tr>
</table>

자료: 김병태, 「머슴에 관한 연구(2)」, 『경제학연구』 제5호, 1957, 120쪽.

17-8세 미만의 아이들이거나 나이가 좀 들어 힘든 농사일을 하기 어려운 50대 이상의 사람들이었다.

머슴의 노동능력에 대한 평가는 마을사람들에 의해 이루어졌다. 특히 상머슴, 중머슴에 대한 평가도 그러하였고, 또 담사리가 나이가 차서 정식 머슴으로 되는 것도 마을사람들의 평가에 따랐다. 지역에 따라서는 일정한 통과의례 같은 것이 행해지기도 하였다.[22)]

(2) 머슴노동(머슴일)

머슴의 일은 기본적인 농업노동이 주였다. 상머슴의 경우는 주인집의 기본적인 농사일은 물론 각종 집안일을 총괄하였고 실질적인 경영자였다. 또한 중머슴이나 하머슴을 둔 경우 이들에 대한 관리감독도 하였다. 중머슴은 상머슴을 보조하는 일을 하지만 기본적인 농작업종류에서는 상머슴과 다를 바 없었다. 하머슴인 담사리는 꼴을 베든가 물을 긷든가 다른 잔심부름을 하였다. 대체로 머슴은 주인집에 함께 살면서 농작업 뿐만 아니라 다른 거의 모든 집안일을 하였다.

특히 일반적으로 계절고 내지 날품팔이노동자들이 여러 명 있다고 하더라도 이들의 작업을 현장에서 주도하는 책임자는 머슴(상머슴)이었다. 머슴에 의한 작업의 뒷바라지가 따르지 않을 경우 작업진행이 어려웠으며, 이런 점에서 머슴은 부농경영의 중추적인 기간노동력이었다.[23)] 1정보 미만층이 머슴을 고용하는 경우는 대개 징집으로 남자노동력이 없는 경우이거나 또는 노동력을 보다 집약적으로 투하하거나 구제목적으로 연소자나 노인을 먹여줄 정도의 보수로 머슴을 들이는 경우였다. 그러나 중농 이상의 지주·부농에 고용된 머슴노동력은 부족한 가족노동력을 보완하는

---

22) 머슴에 관한 의례를 참조.

23) 한국농촌경제연구원, 『농지개혁사개요』, 1988, 53쪽.

노동력으로서의 또는 경영주가 농사의 감독만을 하는 경우에는 기간노동력으로서의 역할을 하였다.[24)]

머슴의 노동시간과 강도는 가족노동력의 노동에 비해 훨씬 길고 힘들었을 것으로 생각된다. 1930년대에 나타난 머슴노동의 강도는 가족노동에 비해 훨씬 높다는 것이 밝혀진 바 있는데,[25)] 머슴의 노동시간은 농업노동 일반과 같이 농번기와 농한기에 따라 차이가 많았다. 농번기에는 새벽에 나가 식전일을 하고 들어와서 아침식사를 하고 다시 일터로 나가 보통 해가 질 때까지 일한다. 농한기에는 퇴비를 베거나 아침으로는 소먹이풀을 베어 와야 한다. 겨울철에는 아침 일찍 일어나 소죽을 끓여 먹이고 아침식사가 끝나면 산에 가서 땔나무를 하는데, 이듬해 1년 동안 쓸 땔감을 마련하여야 한다. 또 겨울철에 눈이 오거나 해서 바깥일을 하지 못할 경우에는 머슴방에서 새끼를 꼬거나 멍석을 만들었다. 이른 봄에 이엉 엮는 것은 물론이었다.

머슴의 노동력은 주인집에 속하는 것으로 되기 때문에 머슴은 주인집의 일을 하는 연속선상에서 품앗이나 두레 등에 참여하였다. 두레작업은 생산농민들이 중심이 된 것이었는데, 지주나 부농은 농사일을 하지 않고 머슴을 두고 일을 시켰기 때문에 그 머슴이 두레에 참여하였다. 품앗이에의 참여도 마찬가지였다. 1960년대 중반까지만 하여도 머슴노동력의 품앗이참여율이 아주 높은 것으로 나타나고 있다.[26)]

머슴은 주인집의 집안일까지 하는 경향이 있기 때문에 일이 없

---

24) 鄭英一, 앞의 글, 5쪽.

25) 장시원, 앞의 글, 71쪽.

26) 정병휴, 앞의 글, 40-41쪽. 1정보 이상층에서는 가족노동력보다 머슴이 품앗이노동에 참여하는 비율이 높다. 물론 경지규모가 클수록 머슴의 품앗이참여율은 급속히 높아진다.

는 날이 없겠지만, 그래도 명절에나 힘든 일이 끝난 뒤에는 휴가기간이 있었다. 머슴들은 3월 삼진, 4월 초파일, 5월 단오, 6월 유두, 7월 칠석, 7월 백중, 8월 한가위 같은 명절에는 쉬었다. 물론 지역에 따라 차이는 있었지만, 어떤 지역에서는 머슴들이 못자리를 해놓고 종자를 뿌리고 나면 '성합지'한다고 5일간 쉬었으며, 세 벌 논을 다 매고 나면 농사는 일단락되는 것이므로 주인은 머슴들을 5일간 쉬도록 하였는데 이를 '세무구지'라고 하였다.[27] 또한 고용주와 머슴 간의 합의에 따라 휴식기간을 가지기도 하였다.[28]

그런데 이상의 논의는 1년을 단위로 한 머슴의 경우이고, 1년 미만의 고용계약을 한 머슴의 노동내용은 좀 달랐다. 한 달 또는 몇 달이나 한 계절만 고용주의 집에서 일하는 '철머슴', '달머슴', 또는 1년의 반을 주인집의 일을 해주는 '반지' 등의 경우에는 대개 농번기의 노동을 담당하였다. 이들은 자신들의 경지를 어느 정도 갖고 있는 경우가 많았다.

대개는 주인집에서 기거하면서 일을 하였으나 자기 집에서 (가까울 경우) 기거하고 주인집으로 다니면서 일을 하는 경우도 있었다.

---

27) 경남 합천군 쌍책면, 초계면. 세무구지에는 주인이 머슴 한사람 앞에 술 한동이씩을 내려 주는데 이때 꼴머슴은 나이도 어리고 술도 안 먹으므로 돈으로 준다. 세무구지를 놀고 나면 풀베는 작업이 시작된다. 이소라, 『한국의 농요』, 제2집, 106-107쪽.

28) 머슴은 관례적으로 음력 7월 백중부터 2일, 8월 추석부터 약 10일은 언제나 쉬게 되고 뿐만 아니라 농번기에 격무가 계속되면 쌍방의 합의에 의하여 한 마을의 모든 머슴들이 임시휴일을 가지기도 하였는데, 정병휴의 조사에 따르면 1965년도 머슴 1인당 연간 휴가일수는 24.4일에 달하였다. 정병휴, 앞의 글, 35쪽.

2) 머슴고용주의 성격

경지규모가 가족노동력으로는 감당할 수 없을 만큼 큰 농가들은 절대적으로 부족한 노동력을 보충하기 위하여(성년남자노동력이 없다든가 병약해져 일을 할 수 없게 되었을 때에도) 머슴을 고용하였다.

머슴고용주는 몇 가지 유형으로 나누어 볼 수 있다. 먼저 소유지의 일부를 스스로 경작하고 있는 자작겸지주(경영지주)는 필요한 노동력을 채우기 위하여 머슴을 고용하였고, 재촌지주는 소작지의 관리감독인으로서 머슴을 고용하였다. 그리고 평균경지면적 이상을 경작하는 중상농층이 머슴을 고용하였다.

전체 농가 가운데 지주의 비율이 낮은데 비해서 지주가 고용한 머슴의 비율은 훨씬 높지만, 절대수로는 자작농층이나 자소작·소작농 층에 머슴이 더 많았음을 알 수 있다.[29]

〈표 9-10〉 일제하 고주(雇主) 및 머슴 수 (1930년)

구 분	머슴을 갖 있는 농가수				머슴 수	호당 머슴수	총농가 호수(나)	(가)/(나)
	머슴1명	머슴2명	머슴3명	계(가)				
지주 (갑·을)	29,785 (67.6%)	11,493 (26.1%)	2,802 (6.3%)	44,080 (100.0)	63,940	1.45	104,004	42.4%
자작농	94,759 (79.9%)	21,090 (17.8%)	2,684 (2.3%)	118,533 (100.0)	145,652	1.23	504,009	23.5%
자소작농	150,454 (83.0%)	27,480 (15.1%)	3,379 (1.9%)	181,313 (100.0)	217,152	1.20	890,291	20.4%
소작농	87,271 (88.5%)	10,277 (10.4%)	1,064 (1.1%)	98,612 (100.0)	110,327	1.12	1,334,139	7.4%
합계	362,269 81.9%	70,340 15.9%	9,927 2.2%	442,53 100.0%	537,432 *(19.6)	1.21	2,735,863 **	16.2%

* 총농가호수에 대한 머슴의 비율
** 총농가호수 가운데 겸화전민, 순화전민은 제외함.
자료: 朝鮮總督府, 『朝鮮の小作慣行』, 下卷 續編, 1932, 89-90쪽.

29) 宮嶋博史, 앞의 글, 233쪽.

부재지주는 마름을 두고 토지관리를 할지언정 머슴을 두지는 않았을 것이며, 재촌지주라 하더라도 농업경영에 직접 관여하지 않을 경우 머슴의 필요성은 적다. 그에 반해 지주겸자작농이나 자소작상농층은 머슴노동력을 훨씬 더 필요로 하였다.

1930년의 머슴수는 약 53만 7천명에 달하고 있으며, 이들은 44만2천호의 농가에 고용되어 있어 고용농가호당 평균 1.2명을 고용하고 있었다. 물론 계층별로 차이를 보이고 있는데, 먼저 지주의 42.4%가 머슴을 두고 있었으며 자작농의 23.5%, 자소작농의 20.4%가 머슴을 두고 있었다. 소작농 가운데 머슴을 두고 있는 농가는 7.4%에 불과하지만 머슴을 두고 있는 절대농가수가 9만 8천호가 넘는다. 지주일수록 머슴을 두는 비율이 높았는데, 이는 지주가 토지를 소작줄 뿐만 아니라 머슴을 두고 농업경영을 하였음을 보여 주는 것이다. 그리고 머슴을 둘 이상 둔 농가도 8만호가넘으며 지주와 자작농일수록 둘 이상의 머슴을 고용하는 농가가 많은 것으로 나타나고 있다. 따라서 호당 머슴수도 지주층의 1.45명에서 소작농층의 1.12명으로 차이를 보이고 있다.(〈표 9-10〉)

〈표 9-11〉 경지 규모별 머슴분포(1960) (단위: 정보, %)

규모별	머슴고용 농가호수 (가)	머슴수 (나)	달머슴 고용농가 (다)	총농가 호수(라)	(나)/(가)	(가)/(라)	(가+다)/(라)
0.5 이하	5,872	6,447	3,929	815,344	1.10	0.7	1.2
0.5 - 1	34,274	35,542	11,880	837,414	1.04	4.1	5.5
1 - 1.5	59,370	61,262	13,559	399,088	1.03	14.9	18.3
1.5 - 2	52,352	55,688	9,893	162,986	1.06	32.1	38.2
2 - 3	51,984	59,194	10,247	94,763	1.14	54.9	65.7
3정보 이상	15,305	22,314	4,602	19,533	1.46	78.4	101.9
합계	219,157	240,447	54,110	2,329,128	1.10	9.4	11.7

자료: 『농업국세조사 1960』, 1964.

농지개혁 이후 1960년대 들어 머슴고용주의 성격은 기본적으로 바뀐다. 지주소작관계가 부분적으로 남아있었다 하더라도 기본적으로 지주계급은 해체되었고, 따라서 자작농상층이 주로 머슴을 고용하였을 것으로 보인다. 1960년의 자료를 보면(〈표 9-11〉), 3정보 이상인 농가는 거의 대부분 머슴을 고용하고 있다. 더욱이 두명 이상을 고용한 농가도 상당수에 이를 것으로 추정된다. 2정보 이상층도 달머슴까지 합하면 65.7%의 가구가 머슴을 두고 있다[30]. 이처럼 1960년대 초반에는 거의 모든 대규모농가가 머슴을 두고 있었다.

1960년대까지만 해도 자작상층농가에 있어서는 머슴이 중요한 농업노동력으로서 역할을 하고 있었다. 1960년대 후반에도 그러한 현상은 부분적으로 확인되며(〈표 9-7〉), 가족노동력의 구성에 따라 다르겠지만 2정보 이상이 되면 가족노동력으로 대처하기에는 어려운 경지규모이다. 따라서 자작경영자도 빈농이나 농업노동자층에서 머슴을 고용하여 대처하였다.

〈표 9-12〉 농가 경지 규모별 머슴 분포(1968) (단위: 천명, 천호)

경지규모	조사머슴수	비율	전국추정머슴수 (가)	농가 호수 (나)	(가)/(나) (%)
- 1.0	28	5.1	8천명	1,735천호	0.5
1.0 - 1.5	87	15.8	25천명	454	5.5
1.5 - 2.0	113	20.5	33천명	216	15.3
2.0 - 2.5	127	23.1	37천명	-	-
2.5 - 3.0	68	12.3	20천명	133	42.9
3.0-	128	23.2	37천명	40	92.5
합계	551	100.0	160천명	2,578	6.2

자료: 『농협조사월보』, 1969년 7월호; 농가호수는 『농림통계연보』에 의함.

30) 머슴과 달머슴을 동시에 둔 농가가 있을 것이기 때문에 머슴고용총농가의 비율은 과잉반영되어 있다.

3) 머슴과 고용주의 관계

가족을 거느리고 있는 머슴일지라도 머슴살이를 하려면 예외적인 경우가 아니고는 가족을 떠나서 고용주인 주인집에 머물러 기거하면서 주인집의 일을 해주는 것이 보통이다. 예외적으로 자기 가족과 함께 사는 경우는 주인집과 가까이 있는 경우이다. 이처럼 머슴은 기본적으로 주인집에 기거하면서 전반적으로 주인의 지시와 감독을 받는다.

머슴은 보통 다른 마을에서 오는 것으로 파악되고 있다. 보통 머슴과 고용주는 서로 알지 못하던 사이인 경우가 많다고 하는데, 그래서 새로이 머슴을 구할 때는 제3자의 소개를 받았다. 그러나 1960년대의 조사연구에서도 보이듯이 빈궁한 마을의 경우에는 같은 마을사람 집에서 머슴살이를 하는 경우도 많이 나타난다.

보통 한 농가의 최대 경지규모가 한계가 있기 때문에 고용주가 고용하는 머슴수도 많지 않았다. 물론 일제시기의 대규모소작농이나 대규모경영지주는 7-8명의 머슴을 두고 경영을 하는 경우도 있었으나 농지개혁 이후로는 이런 경우는 거의 찾아 볼 수 없다. 그리고 통계적으로 보아(〈표 9-3〉와 〈표 9-4〉) 1930년도 고용주당 머슴수는 1.21명, 1960년도에는 1.10명으로 나타나고 있다. 자료의 성격이 달라 직접 비교할 수는 없는데, 일제시기에는 지주(경영지주 포함)의 경우 1.45명을 고용하고 있는데 머슴고용지주 가운데 32.4%가 2명 이상의 머슴을 고용하고 있다. 소작농일수록 2-3명의 머슴을 고용한 농가가 적은 것으로 나타난다. 1960년도의 통계에서는(〈표 9-4〉) 2정보 이상의 농가에서 2명 이상의 머슴을 두는 농가는 그리 많지 않은 것으로 나타나며, 3정보 이상층에서는 많은 것으로 나타나고 있다(호당 1.46명 고용).

즉 대농의 경우에는 2-3명의 머슴을 두고 경영을 했다고 할 수 있다. 한 고용주에 두 머슴이 고용되어 있는 것을 '쌍머슴'이라 했고, 쌍머슴은 상머슴과 젓머슴(중머슴)으로 되어 있었다.[31] 여기에 담사리머슴을 두는 경우 머슴 내부의 위계체계까지 정립되는 것이다. 상머슴은 젓머슴에게 보조작업을 하게 하면서 고용주 대신 농사경영의 책임을 졌다.

머슴은 1년을 단위로 고용되는 것이 일반적이고 따라서 매년 정초에 머슴을 새로 고용 또는 (재)계약하게 된다. 그러나 한 철(계절)이나 몇 달 미만의 기간 동안만 고용하는 머슴도 존재하였다. 이러한 머슴은 '철머슴', '달머슴', '반머슴' 등으로 불렸는데,[32] 일제시기 이후 점차 늘어나는 것으로 보고되고 있다. 1960년도만 하더라도 달머슴고용농가가 5만 4천 호 이상으로 머슴고용농가의 약 1/4에 달하고 있다.[33]

달머슴의 경우 대개 농번기에 고용되고 농사일 이외의 일은 거

31) 담양군 금성면 대곡리의 머슴관행. 고황경 · 이효재 · 이만갑 · 이해영, 『한국농촌가족의 연구』, 서울대학교출판부, 1963(1959년 8-9월 조사), 212-213쪽.

32) 군위군 군위면 외량리에서 머슴에는 '온지'와 '반지'가 있다고 한다. 온지는 1년 단위로 고용되는 머슴을 말하고, 반지는 일년의 반을 주인을 위해 노동력을 제공하고 나머지 반은 자기의 일을 보는 사람이다. 반지를 쓰는 사람은 줄곧 머슴을 쓰기 어려운 사람이며, 반지가 되는 사람은 다소나마 자기의 농토가 있어 그것을 돌보아야 하는 사람들이다. 46호 가운데 17호에 머슴이 있는데, 그 가운데 13호에 반지, 3호에 온지, 1호에는 온지와 반지가 있다. 반지는 대개 같은 마을사람이다. 이러한 반지는 생긴지 10여년이 된다고 한다. 고황경 · 이효재 · 이만갑 · 이해영, 『한국농촌가족의 연구』, 서울대학교출판부, 1963. 1959년 8-9월 조사.

33) 특히 철머슴은 주로 서북지방에서 많이 나타나는 계절노동자로서 다른 지방에서 들어온 사람 특히 흉년이 들어 만주로 이주하는 자로 여비를 마련하기 위해 가던 길에 마을에서 수 개월간 농업에 종사하는 경우가 많았다고 한다. 鄭英一, 앞의 글, 5쪽.

〈표 9-13〉 머슴의 피고용 연수(1956)

피용연수	1	2	3	4	5	6	7	8	9	10	11	12	13	14	15~	합계
머슴수/	34	88	75	66	45	39	20	18	26	17	20	18	15	5	35	522
5년 단위	263					148					110					522
비율	50.4%					28.4%					21.2%					99.9%

자료: 김병태, 「머슴에 관한 연구(2)」, 『경제학연구』 제5호, 1957, 122쪽.

의 하지 않는 특징을 보이며 따라서 고용주와의 관계에 있어서도 훨씬 자유로웠을 것으로 보인다.

보통 1년을 계약하지만 머슴들은 머슴살이를 벗어나기가 쉽지 않기 때문에 한 집에서 계속해서 머슴을 사는 경우도 있다. 이것이 또한 주종관계를 가져오기도 한다고 한다.[34]

1950년대 머슴의 고용연수를 살펴보면(〈표 9-13〉), 5년 이상 머슴살이를 하는 머슴의 비율이 거의 50%에 달하고 있다. 전후 과잉인구의 압력 하에서 새로이 머슴이 된 사람들을 고려한다면, 이 정도의 높은 비율은 한 번 머슴이 된 사람은 계속 머슴살이를 한다는 것을 보여 준다. 물론 고용연한이 길더라도 한 고용주에게 계속 고용되어있는 것은 아니며, 한 고용주에게 계속 고용되어 있다고 하더라도 이것이 곧바로 주종관계(또는 예속관계)를 강화하는 것은 아니다.

머슴과 고용주의 관계를 예속적인 관계로 설명하는 경우에 흔히 예로 드는 것이 머슴이 주인집에서 기거한다는 점이다. 또한 머슴이 처자들과 함께 주인집 행랑에 살면서 안팎이 주인집 일을 해 주는 경우도 있었으며 이러한 것을 '더부살이', 또는 '안팎일꾼'이라고 하였다.[35]

34) 정병휴, 앞의 글, 35쪽.

35) '더부살이'는 중원군 엄정면 목계리, 청원군 옥산면 환희리, 괴산군 청

주인은 사랑채나 '머슴방'을 두어 머슴을 기거하게 하고, 그럼으로써 언제든지 '부릴 수 있기' 때문에 예속적이라는 것이다. 그러나 예속성은 함께 기거한다는 것 자체에서 비롯되는 것이 아니라, 빈농으로서는 '세끼 밥을 먹는 것이 어려운 형편'이고 고용주는 (농업의 생산단위와 생활단위가 가족으로 집약되어 있는 상황에서) 노동력을 필요로 하기 때문에 나타난 특수한 고용방식(관계)에서 비롯되는 것이라고 생각된다.

다시 말해 여기서 중요한 것은 이른바 '주종관계'의 물질적 기초가 무엇인가 하는 것이다. 〈표 9-10〉을 보면 지주소작관계와 일치하지 않는 머슴노동력의 고용피고용관계가 형성되고 있으며, 특히 소작농 가운데에도 머슴을 두고 부농경영을 하는 농가가 있었다는 사실이 눈에 띤다. 또 〈표 9-11〉을 보면 1960년도의 머슴노동력의 고용-피고용 관계는, 자작상층농과 빈농 간의 관계로서 부농 대 빈농의 대립구도로 나타난다고 할 수 있다.

물론 일제시기에는 소작농이 소작지를 떼이지 않기 위해 지주집에 아들을 머슴으로 보낸다든지 하는 반봉건적인 관계가 잔존하였지만, 이것은 반봉건적인 지주소작관계에 기인하는 것이지 그 외 다른 주종관계가 설정될 수 있는 것은 아니다. 즉 고용주와 머슴 간의 인격적 관계가 문제로 되는 것이 아니라 오히려 고용주와 머슴 간에 관철되고 있는 물적 관계의 객관적 성격이 문제이며, 바로 그러한 관계가 고용주와 머슴의 인격적 관계를 통해 나타날 뿐인 것이다.

안면 운속리, 영동군 양산면 호탄리에 대한 1974의 조사에 보고된 것으로 수확량의 1/3을 새경으로 받는다. 『한국민속종합조사보고서』, 충북편, 7책, 1976. 250쪽. '안팎일꾼'은 홍천 서면 팔봉리, 횡성 우천면 정암3리에 대한 1975-76년의 조사에서 보고된 것으로, 남자에게만 새경을 주고 여자에게는 주인 집에서 생각해서 옷이나 사주는 정도이다. 『한국민속종합조사보고서』, 강원편, 8책, 1977, 282쪽.

머슴이 발생기에는 채무노예적 성격을 지녔던 것으로 생각되긴 하지만, 이미 일제시기에 나타난 고용주와 머슴의 관계는 '반봉건적'인 지주소작관계를 가로 지르는 부농-빈농 관계를 드러내고 있다. 한 연구자는 이러한 고용주와 머슴 관계의 변화를 시기별로 단계구분 하기도 한다.36)

머슴과 고용주 간의 관계는 그들의 언어사용 즉 호칭에서도 나타난다고 한다. 그런데 1950년대의 보고에서도 머슴을 하대하는 언어관습이 보고되고 있지만, 1960년대로 접어들면서는 주인뿐만 아니라 마을사람들도 머슴이라는 표현보다는 '일꾼'이라는 호칭을 주로 사용하기도37) 하는 것으로 변화하고 있다.

머슴 가운데는 고용주의 소작인인 경우도 있었다. 즉 머슴과 소작인의 이중적 특징을 지닌 사람이 있었다.38) 이들은 지주의

---

36) 연규집, 앞의 글, 238-9쪽. 연규집은 이조시대/일제시기/광복후로 시기구분하고, 이조시기에 계급관계의 강력한 인식하에 주종관계를 이루던 것에서, 일제시기에는 인적 결합관계는 다분히 희박해지고 대신 물적 관계가 강조되었으며, 광복후에는 고용관계에 있어 물질적인 면이 절대적으로 우세하여 종래의 순수한 인간의 정의적 결합관계는 거의 소멸되고 단순히 대립된 이해관계로 첨예화하였다고 그 변화상을 그린다.

37) 보령군 오천면 원산도(섬), 서천군 한산면 원산리, 지현리. 『한국민속종합조사보고서』, 충남편, 6책, 1977, 1973년 조사.

38) 이들은 狹幕人, 行廊人, 次戶라고 불리웠으며 일제시기에 약 4만호가 있었다. 鄭英一, 앞의 글, 4쪽. 그리고 평북 박천지방에서는 "더부살이"(머슴) 외에 외에 "마가리"라는 것이 있었다. 마가리에는 주인집의 행랑채에 살면서 집안 일을 돌보는 "안마가리"와 주인집 근처의 별채에 거주하며 들일이나 가축을 돌보는 "밭마가리"의 두 종류가 있었다. 밭마가리는 일종의 소작인으로 아들이 자라 결혼할 무렵이 되면 마가리를 그만 두는 것이 보통이었다. 안밭 마가리를 두는 집은 마을에 한 두 집 정도였으며 이러한 제도는 8·15 무렵까지 계속되었다. 마가리를 경상도에서는 "가랍", 전라도에서는 "호지"라고 부른다. 『한국민속대관』, 5집, 민속예술, 생업기술, 고대민족문화연구소, 1982.

집 일부 또는 지주가 제공한 집에서 무료로 살면서 지주의 자경지 경작 또는 그 외의 노동에 종사하고 본인 및 경우에 따라서는 가족의 식사도 지주로부터 제공받으면서 아주 적은 땅때기를 소작하였다.

머슴의 출신은 다른 마을의 빈농층에서 온 경우가 일반적이지만 이따금 같은 마을 출신자도 있다. 이들 가운데는 미혼의 독신자가 많고 해마다 계약을 경신하면서 같은 고용주의 집에서 10년 이상 일하는 경우도 볼 수 있다. 특히 신임이 후하게 되면 약간의 경지를 빌리고 싼 소작료로 독립하여 소작농으로 되기도 하며, 소작농이 되어도 이전의 고용주와 가까운 관계를 유지한다.[39]

4) 머슴의 임금(새경)

머슴은 자유로운 계약이 아니라 농민이 춘궁기 또는 동한기에 식량 또는 금전을 대부한 대가로 고용된 채무노력의 성격을 띠고 있었으며, 따라서 고용주의 착취도 봉건적 색채를 띠지 않을 수 없었으며 보수도 아주 낮은 것이었다고 한다.[40] 물론 봉건시대에 나타난 머슴(고공)은 그러한 성격이 농후했으리라고 여겨지지만, 이미 일제시기에 나타난 머슴은 그런 성격이 덜했을 것으로 보인다.

머슴은 1년 동안 고용되어 노동력을 제공한 댓가로 일정한 보수를 받았는데 이를 새경(또는 세경)이라 한다. 새경은 일반적으로 현물(벼 또는 쌀)로 지급되지만 현물에 현금을 첨가하는 방식도 있었으며 현금으로 전액 지급하는 것은 극히 예외적이었다.

새경은 대개 계약기간이 만료되는 시기에 지급되지만, 머슴살

---

39) 鄭英一, 앞의 글, 4쪽.

40) 허종호, 앞의 책, 116쪽.

이를 시작할 때 새경의 일부를 지급하기도 하는데 이것을 '들새경' 또는 '선새경'이라 하고, 이와 구분하여 만료일에 받는 새경을 '날새경'이라 하였다. 선새경으로 전부 지급할 때에는 날새경으로 지급하는 것 보다 적게 지급하기도 하였으며, 선새경으로 약간을 지불하고 날새경으로 나머지를 지불하는 방식도 있었다. 선새경으로 전부 지급하는 방식은 고용주로서는 위험부담(머슴의 나태나 도주)이 있었기 때문에 꺼리는 편이었다.

머슴의 새경은 기본적으로 상머슴, 중머슴, 하머슴으로 구분되어 차등화되었다.[41] 상머슴은 가장 많은 보수를 받았으며, 하머슴인 담사리머슴은 새경 없이 음식과 의복을 받는 것이 대부분이었다. 달머슴의 경우는 고용주가 의복을 해주지 않는 것이 보통이었다.[42] 날품노동의 임금과 비교하면 머슴의 임금은 낮은 것으로 확인되는데, 달머슴은 1년 고용되는 머슴보다 단위임금이 높고 날품노동은 달머슴의 단위임금(하루 품값)보다 높은 것으로 나타난다. 이는 머슴에 대한 착취강도가 높다기 보다는 생계를 책임지고 있다는 것과 노동력수급상황 때문에 나타난 결과로 보인다. 머슴은 고용주의 농가에서 생활을 같이 하면서 노동력을 제공한다. 따라서 주인은 식사를 비롯하여 술값, 담배값, 의복 등을 일정하게 지급하며, 휴가 때나 명절 때에는 따로 비용을 지급하는 것이 보통이었다.[43]

1960년대 초반의 조사보고에 따르면, 농업지대별로 머슴의 임금이 차이가 나는 것으로 나타나고 있다. 미작을 중심으로 하는 평야지대와 도시에의 취업기회가 많은 도시근교지대가 임금이 높

---

41) 「우리나라 농업노동자의 임금수준」, 『농협조사월보』, 1968. 3, 24쪽.

42) 최윤목, 앞의 글, 45쪽.

43) 농협조사부, 『농업노동자(머슴) 임금수준조사보고』(1969년도), 조사자료 7집, 1970, 11-14쪽.

고, 산간지대와 해안지대의 임금이 낮은 것으로 나타났다. 특수경영지대의 경우는 일반농업지대에서의 영농에 비해 기술을 요하는 작업을 하기 때문에 머슴의 임금이 일반농업지대보다 높게 나타나고 있었다.

5) 머슴의 계층이동

일제시대에 머슴의 계층이동 가능성은 매우 제한적이었을 것으로 생각된다. 물론 대농가에서 오랫동안 머슴을 살고 독립하면서 일정한 소작지를 얻어 소작을 하지만 그런 경우도 미담에 속하는 것이 아니었나 생각된다. 물론 미혼자가 머슴을 살다가 결혼을 해서 독립하는 경우는 좀 달랐을 것으로 생각된다.

1950년대의 연구에 따르면, 당시의 머슴들은 일제시대부터 머슴이었던 사람이 많은 편이어서 6년 이상 머슴을 살고 있는 경우가 40.8%에 이르렀고, 부친이 머슴이었던 사람이 38%에 이르고 있었다.[44] 즉 머슴은 세대전승되고 있으며 계층상승의 가능성이 매우 제한되어 있었다.

그럼에도 불구하고 농지개혁 이후 머슴의 일부는 경지를 장만하여 정착하는 사례가 보고되고 있다. 그 경우도 머슴으로만 해서 계층상승을 하기는 어려웠던 것으로 보인다.[45] 물론 훨씬 더 많은 머슴이 도시로 나가 노동자계급에 합류한 것은 말할 나위도 없다.

3. 머슴에 관한 의례(놀이)

머슴은 가장 힘든 육체적 노동을 감당하는 사람이었고 특히 지

44) 김병태, 앞의 글, 120-121쪽.

45) 최재석, 『한국농촌사회변동연구』, 일지사, 1987, 388-9쪽.

주나 부농에게 고용되어 그 집의 일 뿐만 아니라 마을 일도 하였다. 고용주는 힘든 일을 하는 머슴을 맞이하거나 내보낼 때 여러 가지 의례를 치렀다.

담사리를 두다가 정식 일꾼이 되게 되면 고용주는 담사리에게 잔치를 베풀어 주었다. 담사리가 나이가 차서 온일꾼이 되어 동네 사람들의 품앗이 상대(정식 일군으로 인정받는 것)로 되려면 일정한 통과의례를 치르기도 하였다. 어떤 지방에서는, 우선 담사리는 자기의 힘이 온일꾼으로서 손색이 없음을 보여주기 위하여 마을 사람들 앞에서 정자나무 근처에 있는 돌("들돌이")을 짊어지고 나무 주위를 돌아야 한다. 이 다음에 담사리의 주인집에서는 날을 잡아 ("진새날", 보통 단오 전후) 마을의 머슴들에게 술 한 동이와 닭죽 한 동이 그리고 형편에 따라 돼지고기 등을 대접하며 당사자에게는 축하의 뜻으로 옷 한 벌을 해준다.[46]

경북의 한 지방에서는 "들참려"라고 하여 머슴이 처음 들어 온 날, 주인 집에서는 특별한 음식을 마련하여 마을의 머슴들과 함께 음식을 먹도록 하였으며, 머슴이 떠나는 날에는 "쪼추바리떡"이라 하여 떡을 해주고 머슴은 이 떡을 먹고 남은 것은 가지고 갔다.[47] 머슴 쓸 사람은 미리 머슴을 정하여 두었다가 2월 초하루, "일꾼두는 날"에 머슴에게 술과 음식을 베풀며 한 해의 농사일을 시작할 기운을 돋우기도 하였다.[48] 머슴이 받는 첫날 첫상

---

46) 전남 고흥지방의 풍습. 강릉에서는 진새를 "판례"(음력 3월경), 아산에서는 "공배"라고 하며 이를 행하는 것을 "공배턱 치른다"고 한다. 또 당사자가 일을 배우는 것을 "공배다닌다"고 한다. 『한국민속대관』, 5집, 민속예술, 생업기술, 고대민족문화연구소, 1982.

47) 영천군 임고면 삼매동, 1966년 조사. 『한국민속종합조사보고서』, 경북편, 4책, 1974. 402쪽.

48) 홍천 서면 팔봉리, 횡성 우천면 정암3리의 풍습, 1975-76년 조사. 『한국민속종합조사보고서』, 강원편, 8책, 1977, 282쪽.

을 “디림상”이라 하여 음식을 잘 차려 대접하였다.[49]

농촌마을에서는 마을 사람들 간의 협동적 작업 없이는 농사일을 하기 어려웠으며, 특히 경지는 많고 노동력은 상대적으로 부족한 부농이나 경영지주들은 (농사일을 하는) 마을사람들로부터 따돌림을 당하면 농사를 지을 수 없었다. 또 많은 경지의 작업을 마을 사람들이 공동으로 해결해 주는 측면이 있었기 때문에(두레작업의 경우가 특히 그러하다), 지주나 부농은 마을사람(일꾼)들에게 술을 내거나 음식을 내는 관습이 있었다. 그러한 관습은 또한 머슴을 매개로 해서 이루어지는 것이 보통이었다.

그러한 관습이 오래 전해지면서 여러 가지 놀이로 변하기도 하였다. 충남의 한 지방에서는 2월 초하룻날 ‘볏가래 쓰러뜨린다’고 풍물치고 놀면서 볏가래를 뜯어서 볏섬에 담아 광에도 붓곤 하였다. 이 때 동아줄을 태워서 논에 뿌리곤 했는데, 이는 풍년이 든다는 믿음에서 하는 놀이였으며 이 날을 ‘머슴의 설날’이라고 하였고,[50] 강원도 영월지방에서도 비슷한 풍습이 있었는데 이 날을 ‘일꾼날’이라고 하였다.[51]

농촌마을의 놀이는 노동과 결합되어 있는 것이 큰 특징이었다. 두레와 결합된 농악은 일꾼들의 힘을 돋우었고, 또한 농악과 더불어 놀이가 행해졌다. 보통 논김매기에 가장 많은 노동력이 필요하였고 또 집중적인 노동투하가 필요하였다. 그리하여 두레가

---

49) 문경군 마성면 모곡리, 1966년 조사, 『한국민속종합조사보고서』, 경북편, 4책, 1974. 402쪽.

50) 충남 서산군 대산면 독곶의 풍습. 이보형·주강현 외 지음, 『노동과 굿』, 학민사, 1989, 167쪽.

51) 강원도 영월지방의 풍습. 2월 1일, 부농이나 대농가에서 소작농, 농부 등을 불러 자신의 농경지를 잘 경작해서 수확을 많이 낼 수 있도록 부탁하고 개를 잡고 술을 내어 먹게 하였다. 朝鮮總督府, 『朝鮮の鄕土娛樂』, 조사자료 제47집, 1941, 281-282쪽.

세벌논매기를 한 뒤에는 '호미씻이'라는 축제를 열었다.

이 때 머슴을 중심으로 한 '장원놀이'가 행해졌다.[52] 이는 논김매기 할 때에 농민들이 하는 놀이로서, 마을에서 벼가 가장 잘 자라는 집을 몇 집 선택하고 그 벼를 키운 머슴을 그 주인의 소에 태워서 농악을 울리면서 마을을 춤추며 돌아 그 주인집에 와서 술과 음식을 먹으며 하루를 즐겁게 노는 것이었다.[53] 이 과정에는 농악이 어우러지는데, 논을 다 맨 뒤 논매던 사람들이 한곳에 둘러앉아 일정한 소리(노래)를 하게 된다. 소리가 끝나면서 나발을 불면 복판에 들어가 춤추던 큰머슴을 논물에 담그곤 소에 거꾸로 태우고 꽹과리 치면서 마을로 돌아온다. 이 때 큰머슴에게 삿갓을 뒤집어 씌워서 버들잎이 주렁주렁 달리게 하고 소를 거꾸로 타게 한 채 노래를 부르면서 마을로 들어왔다.[54] 이러한 놀이는 또한 풍년을 기원하는 의미도 띠고 있었는데, 상머슴이 기장의 잎으로 만든 망토와 같은 것을 쓰고 소에 올라타 위풍당당하게 앞에 나서고 그 뒤에 여러 머슴들이 악기를 울리면서 '칭칭나네'라고 하는 풍년가를 부르면서 행진하고, 이렇게 주인집에 이르면 주인이 직접 나와 맞이하고 올해의 풍작을 기원하면서 동시에 머슴의 노고에 보답하여 술과 고기로 위로하기도 하였는데, 풍년무용이라고도 하였다.[55] 이와 유사한 놀이로 농부놀이라는 것도 있었는데, 머슴들이 가래 자루를 모아 가마를 만들고 거기

---

52) 농장(農壯), 농장원(農壯元), 장원례(壯元禮), '소타기놀이'라고도 하였는데 남부지방에서 널리 행해진 것으로 보고되고 있다. 朝鮮總督府, 『朝鮮の鄉土娛樂』, 조사자료 제47집, 1941, 여러 곳.

53) 朝鮮總督府, 『朝鮮の鄉土娛樂』, 조사자료 제47집, 1941, 151쪽.

54) 경북 청도군 금천면, 이서면의 풍습. 이소라, 『한국의 농요』 2집. 158쪽. 그리고 경남 합천군 쌍책면, 초계면의 풍습. 앞의 책, 106-107쪽.

55) 경북 선산지방의 풍습, 朝鮮總督府, 『朝鮮の鄉土娛樂』, 조사자료 제47집, 1941, 187쪽.

에 두목머슴을 태우고 농악기를 일렬로 하여 노래를 부르고 춤을 추며 돌아가면서 노는 놀이였다.[56]

경북지방에서는 머슴들이 중심이된 '풋굿'이라는 놀이가 행해졌다.[57] 김매기가 끝난 뒤 '머슴'들이 자신들을 고용한 농가로부터 쌀과 나무 등을 얻어 굿판을 벌였다. 굿판에서는 농군들이 놀이에 들어가기 전에 자신들이 뽑은 좌상을 소에 태우고 집집이 돌아다니면서 걸지게 놀게 되는데 이 때는 반드시 양반에 대한 풍자가 곁들여 지는게 보통이었다. 놀이 가운데는 머슴들이 뒤따르면서 양반을 풍자하는 길놀이를 펼치게 되고 병신 양반을 등장시켜 의도적으로 모욕을 주기도 하였다.[58] (대개 동족이 양반이었던) 동족마을의 경우에는 동족성원들은 참여하지 않고 머슴들만 참여하는데,[59] 이러한 풋굿은 '고용주가 고용자를 위하여 틔워준 숨구멍'인 한편 머슴들의 저항문화의 한 단편이었다.

4. 머슴의 변모

머슴은 1970년대 초에 사라진 것으로 각종 사례에서 나타나고 있다. 일제시기에 마을 안에 10여명 이상 있었던 머슴이 1960년대 말 이후 급속히 사라진 것이다.

1960년대 들어 머슴노동력의 연령이 낮아지는 경향이 있으며

56) 경북 군위지방의 풍습, 朝鮮總督府, 『朝鮮の鄕土娛樂』, 조사자료 제47집, 1941, 168쪽.

57) 초연(草宴)이라고도 하였으나 이는 한문식 표기일뿐 보통 풋굿이라고 하였다. 朝鮮總督府, 『朝鮮の鄕土娛樂』, 조사자료 제47집, 1941, 경북지방 편.

58) 경남 밀양군 부북면 감천두레 및 밀양백중놀이, 이소라, 『한국의 농요』, 2집, 175-176쪽.

59) 하회마을에 대한 김택규의 연구.

장기고용이 줄어들고 단기고용이 늘어나는 경향도 나타나고 있었다. 따라서 머슴의 경력연수도 짧아졌다. 또한 달머슴, 철머슴이 늘어나는 경향도 나타났는데, 이 경우는 같은 마을 사람간에 고용피고용관계가 이루어졌으며, 이들은 임노동자적 성격을 더욱 띠어 갔다.

1970년대 이래 임금상승, 그리고 제초제 등의 농약과 기타 영농자재의 보급과 경운기의 보급 등으로 노동시간이 단축됨으로써 머슴에 대한 수요가 감소하였다.

농촌 노동력의 급감에 따라 머슴과 고용주와의 관계도 변화하였다. 머슴살이를 하려는 사람이 줄어들면서 점차 머슴에 대한 대우도 달라졌으며, 2-3명의 머슴을 둔다는 것은 거의 불가능하였다.

머슴의 새경도 증가하는 경향을 보이는데 특히 1960년대 동안 새경이 현물로 약 50%정도 증가한 것으로 조사되기도 하였다.[60] 또 1960년대 말, 하머슴의 새경이 상머슴, 중머슴에 비해 급속히 증가하고 있는데, 이는 젊은 노동력인구의 도시로의 단신이동이 급속해지면서 나타난 결과라고 할 수 있겠다.[61] 새경의 지급형태도 현물과 현금의 결합형태 또는 현금형태가 증가하고 있다. 머슴의 임금이 증가함에 따라 머슴을 두고 경영하기 보다는 소작을 주는 경향도 있었다.[62]

그럼에도 1960년대 동안에는 머슴이 상당수 잔존하고 있었다. 값싼 머슴노동력 공급원이 풍부하게 있었고 경지규모의 차이에 따른 계층간 격차와 당시의 낮은 농업기술 수준 때문에 대규모농가는 노동력을 필요로 하였기 때문이었다. 그래서 머슴을 기반으

---

60) 이용덕, 앞의 글, 41쪽.

61) 농협조사부, 『농업노동자(머슴)임금수준조사보고』(1969년도), 조사자료 7집, 1970, 11-14쪽.

62) 최재석, 『한국농촌사회연구』, 일지사, 1975, 527쪽.

로 일부의 부농경영이 존립할 수 있었다.[63]

머슴은 1960년대말 이후 농촌노동력의 대거 이농에 따라 급격히 감소하며 1970년대 초반 농업기술의 변화(기계화, 제초제의 도입)로 농업노동투하량이 감소함에 따라 거의 사라지며, 따라서 머슴고용에 기반한 부농경영도 해체된다.

머슴의 성격은 머슴-고용주의 관계에서, 더 근본적으로는 머슴-고용주라는 생산관계에서 그 성격이 규정된다고 생각된다. 따라서 봉건제 하에서 나타났던 머슴, 일제시기와 같은 반봉건적인 생산관계가 지배적인 상태에서 나타난 머슴, 그리고 농지개혁 후 (독점)자본의 지배가 확립되어가는 상황에서 나타난 머슴은 그 성격이 조금씩 다른 것이었다고 할 수 있다. 그러면서도 그 차이를 관통하는 성격은 부농-농업노동자의 관계였다고 보인다.

그러나 제국주의의 침략 하에 이식자본주의적 발전의 길을 걸어온 한국사회는 제국주의 자본의 수출에 의해 이루어진 자본-임노동관계의 형성 및 확산에 따라 급속히 자본주의사회구성으로 전화하였음에도 불구하고, 농업 내부의 생산력 발전 및 자본주의적 계급분화는 지체되고 있었다. 이러한 상황에서 농촌에 존속하던 머슴은 1960년대 중후반을 넘어서면서 도시의 산업프롤레타리아로 전화해갈 필연성을 지니고 있었다.

63) 김종채, 「한국사회 농민층분해에 관한 일 연구」, 서울대 사회학과 석사논문, 1989, 26쪽.

10장

맺음말

이상에서 농촌사회제도 가운데 노동제도의 여러 형태들을 다루어 왔다. 농업노동은 계절성이 뚜렷하여 공업에서의 노동과정에서처럼 1년 동안 같은 노동과정으로 진행될 수 없다. 또한 단일한 노동조직이 계속 유지되기도 힘들다. 그러나 농업노동에서도 공동작업이 필요하기 때문에 농민들은 다양한 노동조직을 통해 그것에 대처해 왔다. 그러한 노동조직들은 오래 지속되면서 노동제도들로 정착되어 왔다.

한반도의 농업에서 공동작업은 오래 전부터 널리 행해진 것으로 보인다. 논농사에서는 물의 관리를 위해서 공동노동을 조직하지 않을 수 없었으며, 봉건사회에서는 부역노동의 동원에 의한 협업으로 대처해 왔다. 한국농업에서는 가족적 노동조직의 기초 위에서 공동노동이 조직되어 왔는데, 이는 벼농사 작업의 특성상 일시에 많은 노동력을 필요로 하였으며 또한 개인적으로 하는 것보다 집단적 작업을 함으로써 작업능률을 높일 수 있었기 때문이었다.

농업노동제도들을 잉태시킨 것은 우선 농업노동조직이라고 할 수 있는데, 이것은 기계가 발달하기 전에는 간단한 도구를 가지고 손노동력을 결합하여 작업해 나가는 집단이었다. 그리고 전통적으로 논농사 지대에서는 물을 관리하는 조직과 제도가 발달해 왔다. 커다란 저수지를 관리하는 조직의 경우 수천 명이 넘는 몽리민이 저수지의 축조·수리 등에서 공동작업을 하였다. 작은 저수지나 보(개울을 막아 물을 대는 시설) 등에서는 수리계가 발달하였으며, 수리계는 필요할 때에는 작업조직으로 전환하였다. 수리계의 운영을 둘러싸고 다양한 관계들이 발전하면서 수리제도로 정착되어 왔다.

여기서는 앞에서 다룬 노동제도들의 양상을 살펴보고 그 변화과정과 전망에 대해 생각해 보겠다.

1. 농촌사회제도의 양상

먼저 봉건시대에 계속되어온 것으로 보이는 두레는 일제시기에도 광범하게 행해졌다. 두레는 중남부 미작지대에서 널리 행해지던 공동노동제도로서, 마을을 단위로 하여 농업노동에 종사하는 남자성원이 참여하는 공동체적이고 강제적인 성격을 갖는 조직이었다. 두레는 상당히 체계화되어 있었던 것으로 보이며 조직원들의 업무가 분화되어 있었다. 두레의 작업은 주로 논농사에 집중되어 있었고 그 가운데에서도 특히 김매기를 공동으로 하는 것이 일반적이었다. 노동방식은 전 성원이 함께 공동노동을 하는데 두레의 규모에 따라서 몇 패로 나누어 작업을 하기도 하였다. 특히 작업을 하면서 농악을 동반하는 것이 기본이었다. 더불어 공동휴식 및 공동식사를 하는, 일과 놀이가 잘 어우러진 노동제도였다. 두레는 농악을 필수적인 것으로 갖추고 있었고 두레의 공동작업이 소멸한 이후에도 농악만이 남아 있기도 하였다. 또한 두레는 호미모둠과 호미씻이라는 독특한 의식을 가지고 있었다.

두레는 봉건시대에도 계속되어온 노동제도로서 중하층 생산자 농민의 결합을 근간으로 하면서 마을 단위로 작업을 완수하는 형태였다. 지주나 부농은 두레에 머슴을 내보냈으며 많은 경지를 두레작업에 의뢰하고 두레에 음식이나 술을 내는 방식을 취했다. 따라서 두레는 마을 안의 계급관계를 반영하고 있으며 마을 안의 자작농층(중농 상층)이 관리와 의사결정을 주도하는 특징을 지니고 있었지만, 기본적으로는 생산자 중심의 조직이었다. 그럼에도 그 배후에서 봉건지배계급의 지배가 관철될 수 있었다.

두레는 일제시기에 자본주의화의 영향 속에서 그리고 농촌마을 내부의 계급분화에 따라서 변해 갔다. 일제시기에 이미 두레가 없어진 마을들이 나타나고 있었으며, 특히 마을 단위의 강제성이 약해지면서 소규모화되는 추세를 보이고 있다. 또한 공동체적이고 상호부조적인 성격에서 점차 벗어났으며, 노동에 대한 대가를 정확히 계산하려는 분배방식이 두레 안에서 점차 확산되어 갔다. 빈농 및 농업노동자층이 두레에 참여하게 되어 두레는 청부노동 단체의 성격을 띠어 가기도 하였다. 두레는 일제시기를 거쳐 점차 사라져 가고 있었으며, 특히 1930년대 중반 이후 노동력의 유출이 극심해지고 나아가 전시체제에 들어 실시된 노동력수탈정책과정에서 급속히 소멸해 갔다.

일제말기에 공동작업반의 결성을 계기로 결정적으로 해체되고 있던 두레는, 8·15 이후에도 일부 행해지고 있었지만 포괄하는 작업의 범위가 아주 줄어들었고 임의적인 성격을 더해갔다. 그러면서 두레가 하던 작업을 임의적인 성격을 지닌 다양한 공동노동 조직들이 담당해 갔다. 그리하여 1960년대 이후에는 농업노동에서 두레가 행해지는 마을을 찾기란 어려워졌다.

다음으로 일제시대에 광범하게 행해졌으며 현재까지도 널리 행해지고 있는 노동교환제도로서 품앗이를 들 수 있다. 일제시기에 나타난 품앗이의 내용을 보면 논농사지역, 밭농사지역 어디에서나 널리 행해졌는데, 그 가운데에서도 밭농사지역에서 더 널리 행해졌다. 농업경작의 특성상 논농사 지역에서는 마을 단위나 다수인에 의한 공동작업이 지배적이었던 데 반해서, 밭농사지역에서는 소수인에 의한 공동작업으로서 품앗이가 많이 이루어졌다.

품앗이는 소수인의 결합으로서 임의적인 성격이 강하여 쉽게 조직되고 또 서로 노동을 교환하면 해소되는 노동교환제도였다. 결합의 범위는 마을 안에 한정되었으며 가까운 이웃이나 친척 등 사이에서 많이 이루어졌으며 중농 이하 층에서 집중적으로 나타났다. 부농이나 중농상층은 고용노동을 선호하였으나 중농이하층은 품앗이를 상대적으로 더 많이 이용하였다. 그러나 빈농일수록 품앗이를 하면서도 고용노동에 많이 종사하고 중농상층으로 갈수록 고용노동을 많이 이용하면서 품앗이에 참여하였다.

품앗이의 작업대상은 농촌에서 하는 거의 모든 작업에 걸쳐 있었다. 물론 그 가운데에서도 농작업이 중심이었고 특히 농번기의 농작업에 집중되어 있었다. 품앗이의 작업에서는 주인의 주도 아래 공동노동, 공동식사를 하였다. 서로의 품을 앗는데 있어서 융통성이 많았으며 소와 노동력 간의 교환(소품앗이)도 행해졌다. 기계화가 진전되면서는 기계(및 기계작업자)와 노동력 간의 교환(기계품앗이)도 행해졌다.

품앗이는 임의적인 성격을 지니지만 일정한 성원이 지속적으로 조직하거나 또는 작업조를 이루어 돌아가면서 조원의 작업을 하는 방식으로 이루어지기도 하였는데, 이것을 품앗이반이라고 할 수 있겠다.

품앗이는 매우 임의적이면서도 등가교환원칙이 기본적으로 관철되고 있었으며 따라서 농업노동조건의 변화에도 불구하고 오랫동안 지속될 수 있는 특성을 지니고 있었다. 농촌내부의 계급분화가 진전되면서 고용노동이 증가하여 품앗이가 일부 줄어드는 경향도 있었으나 기본적으로 영세경작을 하는 조건에서 필수적인 노동제도로서 존속하였다.

품앗이는 일제시기와 크게 달라지지 않은 채 1950, 1960년대에는 거의 모든 작업에서 이루어져 왔다. 그러나 품앗이의 작업대상은 일제시기에 비해 축소되었으며 노동력 부족이 심각해지면서는 거의 전적으로 농작업에 한정되게 되었다. 중농층의 품앗이 참여율이 높아졌고 점차 여성의 품앗이 참여가 증가하여 왔다. 1980년대 들어서는 여성의 품앗이 참여율이 남성의 품앗이 참여율을 앞지르게 되었다.

품앗이의 조직규모는 6-10호 정도의 결합으로서 다양하게 이루어졌으며, 조직적 성격이 약한 것에서 노동력조정을 적극적으로 하고 관리체계를 일정하게 갖추어 가는 품앗이작업반에 이르기까지 다양한 형태로 이루어졌다.

그리고 기계화가 진전되면서 기계로 할 수 없는 작업이나 기계를 보조하는 작업에 있어서 품앗이가 많이 이루어지는 경향이 나타났고, 손노동이 많이 필요한 상품작물재배에 있어 품앗이가 증가하였다. 이것은 여성들의 품앗이가 많아지는 원인이기도 하였다.

1970년대에 들어 농번기에는 노동력부족 현상이 나타나고 마을의 노동력을 조정할 필요가 생기게 되었다. 이 과정에서 자연스럽게 조직화된 품앗이가 발전하여 일정한 성원이 일정기간 동안 지속적으로 공동작업을 하는 조직으로 변화하기도 하였다. 특히 점차 마을 단위에서 하나 내지는 몇 개의 품앗이조가 조직되고 이것이 중심이 되어 마을 안의 주요 작업을 해 나갔다. 더욱이 자기영농을 위해서가 아니라 임금획득을 목적으로 참여하는 사람이 생기고 공동작업에 참여하지 않고 작업을 품앗이반에 맡기기만 하는 사람이 생기면서 품앗이반은 공동작업반으로 변모해 갔다.

일제시기에 농촌의 계급분화가 격화되고 농업노동자층이 광범하게 형성되면서 (물론 그 이전에도 있었지만) 활성화된 노동제도로서 고지를 들 수 있다. 고지는 겨울철에 미리 임금을 받고 그 다음 해의 작업을 해주는 노동청부제도였다.

고지는 오래 전부터 개인적인 형태로 이루어져 온 것이 기록에 언급되고 있으나, 단체적인 성격을 지니고 광범하게 행해진 것은 일제시기에 들어 농민의 토지로부터의 분리가 본격화되어 농업노동자층 및 빈농층이 광범하게 형성되면서 확산된 것으로 보인다.

고지는 거의 대부분 논농사에서 행해졌고 특히 남부 미작지대에서 널리 행해졌다. 고지는 개인적으로 하는 경우도 있었으나 작업대상 자체가 개별적으로 작업할 수가 없었기 때문에 집단적인 성격을 띠지 않을 수 없었다.

계약 자체는 개별적으로 한다고 하더라도 작업 자체는 품앗이나 고용노동을 동원하여 공동작업을 하지 않을 수 없었다. 대체로 4-5명의 고지군이 고지대(雇只隊)를 이루었으며 규모가 큰 것은 50명 정도에 이르는 것도 있었다. 그러나 일상적으로는 고지대라고 말하지 않고 개인고지와 단체고지를 합해서 그냥 고지라고 하였다. 고지군은 농업노동자와 빈농들로 이루어져 있었으며, 여러 고지주인으로부터 여러 개의 고지를 먹곤 하였다.

고지에는 고지두목이 있어 계약 및 작업을 관장하였으며 고지군과 함께 작업에 참여하였다. 고지의 기본적인 특징은 임금을 미리 받고 단체계약 및 공동노동을 한다는 점이었다. 작업내용은 계약에 따라 달랐는데, 한 가지 작업만을 하는 단고지에서 여러 가지 작업(중요한 농작업의 거의 전부)을 하는 전고지에 이르기까지 여러 가지 형태가 있었다. 기본적인 형태는 모내기1회+김매기2회+벼베기1회, 혹은 모내기1회+김매기3회의 4고지였다. 작업은 주로 논농사에서 모내기, 김매기, 벼베기, 운반, 조제 등이었으며 밭의 김매기에서도 일부 이루어졌다.

고지에 있어 분배는 대체로 고지군들 사이에 평등하게 이루어졌으며 고지군들이 춘궁기에 임금을 미리 받는다는 조건 때문에 임금이 낮을 가능성이었으나 고지노동이 일반적으로 행해지고 있는 지역에서는 일반 고용노동(날품노동)에 비하여 크게 낮지는 않았다. 또한 고지주인으로서는 노동력을 미리 확보해 놓을 수 있었기 때문에 고지를 선호하였다. 노동력을 미리 확보하려는 부농 및 중농의 이해와 임금을 미리 받아 생활할 수밖에 없는 빈농 및 농업노동자의 이해가 결합되어 나타난 제도였다.

이러한 고지는 8·15 이후에도 일정 정도 계속되었다. 농지개혁을 통해서도 자립적인 경영 및 생활을 영위할 수 있는 경제적 기반을 갖지 못한 농민층이 광범하게 존속하였기 때문에, 이들은 다양한 고용노동에 종사하였으며 이전에 광범하게 행해지던 고용노동의 한 형태인 고지대에도 참여하였다. 그렇지만 일제시기에 나타났던 바와 같은 고지의 단체적 성격은 약화되었고 노동력조달을 원활히 할 수 있는 임의적 성격을 띠게 되었다. 1980년대 초반까지만 해도 일부 지역에서 개인고지를 확인할 수 있었다.

또한 생활조건의 변화에 따라 임금을 미리 받는 방식이 점차 사라졌으며, 임금도 일고노동보다도 높은 수준에서 결정되는 방향으로 변화하면서 작업단위로 계약을 맺고 작업 직후에 임금을 받는 도급반으로 변모하였다. 즉 빈농 중심의 공동작업반으로 변모하였다.

일제시기에는 이러한 형태의 노동제도 이외에 작업조직의 성격을 넘어서 경영조직의 성격을 띠고 나타난 것들도 있었고, 두레, 품앗이, 고지 등과 유사하거나 변형된 형태들이 많았다. 작업과 경영을 하는 제도로서 나타난 것으로는 공동경작을 들 수 있다. 물론 공동경작은 공동체적 유제로서 행해졌을 뿐만 아니라 일제하의 경제적 핍박을 극복하기 위한 대안으로서 농민운동의 의미를 일정하게 지니면서 공동소작 등의 형태로 전개되었다. 1930년대 중반 이후에는 농촌진흥운동 과정에서 일제의 권장에 의해 공동경작이 나타나기도 하였다. 그러나 토지의 사적 소유가 확립되어 있는 조건에서 공동경작은 제한적일 수밖에 없었으며 농작업에 있어 일반적인 형태일 수는 없었다.

다음으로 소를 둘러싸고 나타난 제도들이 있었다. 일제하에서는 농기구가 대부분 인력을 이용한 것이었고 경운, 정지작업 정도를 축력(소)으로 하였다. 즉 토지 이외에 가장 중요한 생산수단은 축력이었는데, 소를 가지지 못한 농민들이 많았기 때문에 소를 빌려서 사용하는 일이 흔히 있었으며, 특히 북한 지역의 밭농사 지역에서는 두 마리의 소가 끄는 쟁기를 사용하였기 때문에 소를 중심으로 노동력이 결합하여 작업을 하기도 하였다.

소품앗이 이외에도 소를 서로 짝지워 이용하기도 하였으며 더 나아가 소겨리가 결성되어 운용되었다. 소겨리는 소를 가진 농가를 중심으로 또는 소를 가진 농가끼리 결성되며 빈농을 포괄하여 작업담당자로 이용하기도 하였다. 소겨리는 5호 이내의 소규모 결합체지만 노동수단을 중심으로 노동력이 결합하는 노동조직이라는 점에서 노동력 중심으로 이루어지던 노동제도들과는 차이가 있었으며 계급관계를 지니고 있었다.

북한지역에서 소겨리는 소이용공동작업반, 기계이용작업반으로 자연스럽게 발전해 나갔다. 남한에서도 경운기가 소를 대신하게 되면서 소품앗이나 소겨리는 자연스럽게 사라지고 기계품앗이나 기계이용조직으로 변모하였다.

소는 축력으로서도 중요하였지만 농촌에서 부의 증식수단으로서도 아주 중요하였다. 그런데 소를 사는 것이 쉽지 않은 빈농들은 지주, 부농들에게서 소를 빌려서 키우고 증식분을 반분하였다. 이러한 소사육방식을 소배내기라고 하였는데, 지역 마다 색다른 이름이 있었다. 여름에는 풀을 베어 먹이고 겨울에는 여물을 쒀서 키워야 하는 조건 때문에 한 농가에서 여러 마리의 소를 키울 수가 없었다. 상층농가의 경우에도 꼴담사리(꼴머슴)가 있는 경우에 큰소와 어울어 작은 소나 송아지를 키울 수 있었다. 일제 말기에 전국 소의 44%가 소배내기 방식으로 사육되고 있었으니 토지소작에 버금가는 소소작이었다고 할 수 있겠다. 물론 암소는 키우고 증식분을 반분하는 방식(또는 송아지를 두 마리 나으면 하나씩 나누어 갖는다)을 취했지만, 일을 할 수 있는 숫소의 경우는 1년 단위로 빌려 쓰고 비용을 지불하는 형식을 취했다. 이러한 소배내기는 8·15 이후에도 광범위하게 행해졌으나, 1970년대 초에 접어들어 소사육방식이 축사를 지어서 그 안에 여러 마리의 소를 가두고 사료를 먹여 키우는 방식으로 바뀌면서 급속히 사라지게 되었다. 물론 축협이나 재력 있는 농민에게 돈을 빌려서 소를 구입하는 방식이나 국가의 소사육자금을 받아 집단사육하는 방식으로 바뀌어 갔다.

일제 말기에 들어 전시체제로 전환하면서 일제는 노동력수탈 정책을 강화해 갔다. 이 과정에서 농촌 내부에 일시적인 노동력 부족 현상이 나타나게 되었는데, 이러한 상황을 농민들을 총동원하여 해소하기 위해서 일제는 이른바 '공동작업반'을 구성·이용하였다. 1941년 이후 전국적으로 공동작업반이 관의 강제에 의해 구성되었으며 특히 여성의 공동작업반에의 참여가 두드러졌다. 공동작업반은 마을 안의 농작업 뿐만 아니라 다른 마을의 일도 하기도 하였으며 이동작업반으로 되기도 하였다. 또한 일제는 농번기에는 탁아소를 개설하면서 까지 여성노동을 동원하려고 노력하였다.

일제에 의해 강제적으로 편성된 이 공동작업반은 농민들의 자발성에 기초한 노동조직을 붕괴시키는데 결정적인 작용을 하였다.

공동작업반은 모내기와 보리베기 작업을 주로 하였으며, 공동작업반에 의한 작업면적과 작업반원의 노동력 투하량을 정확히 계산하여 정산하도록 하였다.

1970년대에 다시 활성화된 공동작업반은 품앗이처럼 임의적이고 개별적인 관계에 의해 형성되기 보다는 마을 단위에서 또는 집단으로서 운영되고, 작업순서나 노동방식 등에 대해서도 집단적인 성격을 강화한 것이었다. 공동작업반의 전형적인 형태는 노동력 수요가 가장 많은 모내기와 탈곡에서 이루어졌다. 모내기공동작업반은 손노동의 결합을 기초로 하여 마을 단위의 노동력을 총동원하여 작업을 수행하였다. 특히 여성들의 참여가 두드러졌다. 노동력부족이 심각해지고 그에 대처할 기계화가 진전되지 않은 상태에서 나타난 공동작업반은 모내기공동작업반에서 처럼 손노동만의 결합으로 이루어지기도 하지만 탈곡작업반 등에서는 소형 농기계를 중심으로 결합되었다. 동력탈곡기를 중심으로 7-8명이 작업조를 이루어 탈곡작업을 하는데 이것은 농기계이용조직으로 전화되는 형태였다. 이러한 탈곡작업반은 벼탈곡에서 많이 나타나지만 밭작물의 탈곡에서도 나타나고 있었다.

공동작업반에서는 노동력에 비해 경지가 많은 농가는 공동작업반의 노동력을 사는 결과가 되며, 경지에 비해 노동력을 많이 투하하는 농가는 공동작업반에 참여함으로써 임금소득을 올리는 기회를 얻을 수 있었다. 즉 공동작업반은 경지규모, 연령, 성별에 관계없이 총동원되어 작업을 하고 작업면적과 노동투하량을 정확히 계산하여 그 차액을 정산하는 조직이었다. 공동작업반은 작업을 맡기기만 하는 사람, 작업도 맡기고 공동작업에도 참여하는 사람, 작업은 맡기지 않고 공동작업에만 참여하는 사람으로 구성되는데, 보통 작업도 맡기고 공동작업에도 참여하는 사람이 많았다.

노동과정을 중심으로 이루어지던 다양한 제도들의 담당 주체들은 생산농민이었다. 그러나 생산농민들 안에는 다시 계급·계층적 차이에 따라 서로 적대하는 층들이 있었다. 지주-소작인, 고지주인-고지군, 부농-빈농, 지주·부농-소작인·머슴 등으로 그려볼 수도 있을 것이다. 이러한 담당주체들과 관련해서도 다양한 제도들이 발달하였다. 그 가운데 이 책에서는 회사지주와 머슴을 다루어 보았다.

일제 시대의 회사지주는 근대적 합리성의 외피를 쓰고 소작인을 착취하던 주체였다. 기존의 소작료에다가 대부자본의 이자에 해당하는 각종 부과료(비료대, 종자대, 수세 등)를 추가해서 고율의 소작료를 수취했던 것이다. 즉 반봉건적인 지대 수취에 자본주의적인 이자 수취까지 덧붙여 수탈하던 주체였다. 농지개혁 전후로 대지주가 사라져 이러한 회사지주(혹은 대지주)를 보기 힘들지만, 현대의 서산농장처럼 새로운 형태로 다시 나타나지 않으리란 보장이 있겠는가?

머슴은 오래 전부터 있어 왔던 것으로 보이지만, 일제 시대에 광범위하게 있었고 8·15 이후에도 흔히 볼 수 있었다. 1년 단위로 고용되고 새경을 받는 전통 시대의 '연봉직업'이었던 머슴은 일제시대에는 평균 10호당 1명 정도에 이를 정도였다. 고된 노동을 감당하면서도 지주·부농 농가의 영농을 감당하였던 머슴은 근대적인 외양을 띠고 나타난 특수한 고용형태였다. 머슴도 1970년대 들어 농촌노동력이 급속히 이농하면서 사라져 갔다.

2. 농촌사회제도의 변화와 전망

농업생산력의 발전이 크게 진전되지 않은 채 농민층 분화가 가속화되던 조건 속에서 농업노동제도들은 노동력의 결합이라는 형태를 취할 수밖에 없었다. 소겨리처럼 생산수단을 중심으로 결합하는 형식이 없었던 것은 아니었지만, 전반적으로 노동력 간의 결합이었고 따라서 직접생산자들의 결합형태를 취하면서도 서로 다른 계층적 성격을 지녔다.

이러한 노동제도의 변화는 봉건적인 성격을 농후하게 가졌던 공동체적인 두레의 해체와 중빈농층을 중심으로 한 임의적인 품앗이의 광범한 존속, 그리고 자본주의적 계약관계의 본질을 지닌 빈농 및 농업노동자 중심의 고지의 증가로 나타나듯이, 당시의 농민층분화의 양상을 반영하고 있었으며 자본주의적 방향으로의 변화였다. 이러한 변화는 각 노동제도 안에서는 노동에 대한 대가를 정확하게 계산하려는 경향의 증대, 상호부조적인 또는 의무적인 노동제공의 감소, 계급적 성격의 강화라는 특징을 드러냈다.

농지개혁을 전후해서 농촌내부의 계급대립이 완화되고 자작농체제로 유지되는 등 농업내외의 조건이 일정하게 변화하였지만, 8·15 직후에는 일제시기에 행해지던 노동제도들이 상당 정도는 계속되었을 것으로 보인다. 물론 농민층분화의 일시적 완화에 따라 노동제도들은 고용-피고용관계를 내용으로 하는 것보다는 자가노동(가족노동)의 실현방법으로서 공동노동을 해 나갈 수 있는 것들이 많이 행해졌다.

노동력부족이 심화되고 기계화가 진전되면서 손노동을 중심으로 한 노동제도들은 점차 사라져 가든가 다른 형태로 변화하였다. 그럼에도 불구하고 임의적인 성격을 강하게 띠면서 등가교환원칙에 입각한 품앗이는 현재까지도 여전히 널리 행해지고 있다. 탈곡작업반에서 처럼 기계를 중심으로 소수의 작업자들이 주도하면서 다른 농가의 작업도 해나갈 경우에는 수위탁작업의 성격을 띠어 갔다.

기계화에 의해 손노동이 기계작업과 결합된 노동으로 대체되면서 노동제도들은 규모가 작아진다. 그러나 다른 한편으로 기계화가 가능하지 않은 상품작물 생산의 경우에는 많은 손노동력이 일시적으로 필요하게 되는 현상이 나타난다. 이러한 조건에서는 노동력을 집합적으로 수집하고 조달하는 방식이 발전해 왔다.

그리고 상품작물 재배의 증가와 더불어 유통부문을 중심으로 공동화 하려는 시도가 작목반으로 나타나는데, 이것은 노동과정에서의 공동화도 일부 시도하고 있다. 작목반은 채소, 원예, 축산, 과일 등의 작목에서 많이 이루어지고 있으며, 작목을 중심으로 결합되기 때문에 마을의 범위를 넘어서는 규모의 것도 적지 않다. 작목반은 영농기술의 도입, 영농자금의 조달, 공동구판매 등을 주로 하지만 공동작업도 실시한다. 특히 농기계를 많이 이용하는 벼농사에서 보다는 밭농사에서 주로 나타나며, 기계화된 부분이 적고 상품작물로서 규격화와 선별작업에 관련하여 공동작업을 하기도 한다.

또한 공동작업반이 변하는 결정적인 계기는 기계화에 의한 노동과정의 변화였다. 탈곡작업반에서 이미 나타나듯이 기계의 도입으로 소수 작업자를 중심으로 한 작업이 가능해졌으며 이는 노동력부족에 대처하기 위해서는 필연적인 과정이었다.

기계화에 따라 농업노동과정은 크게 변모하였고 농업노동을 둘러싼 제도들도 크게 변화하였다. 농기계를 중심으로 결합한 노동조직은 일제시대부터 소나 족답탈곡기를 중심으로 하여 결합된 노동조직을 기반으로 하여 진전된 것이었다. 농업기계화가 본격화된 1970년대 중반 이후 주로 도입된 소형농기계는 개별적으로 사용할 수 있는 것이었다. 그런데 점차 중·대형 농기계가 도입되면서 농기계공동이용제도가 생겨났다. 농기계공동이용조직은 마을단위로 공동작업·공동이용하는 조직으로부터 개인이 다른 농가의 작업을 해주는 개인임작업형태에 이르기까지 다양한 형태로 나타났으며, 공동작업조직의 성격을 지니고 동시에 위탁작업조직의 성격도 지녔다. 즉 노령화되고 여성화된 노동력만을 지닌 농가들이 많이 잔존하는 상태에서 또한 겸업화가 진전하는 상황 속에서 이들 농기계공동이용조직의 기계작업반이 주도하여 마을 안의 주요 농작업을 해 나가며, 다른 많은 농가들은 이들 조직에 작업을 위탁하게 된다. 그리하여 농기계공동이용조직 안에는 작업조직과 이용조직 사이의 구분이 나타나며 실제의 작업은 작업조를 중심으로 해 나갔다.

이들 농기계공동이용조직은 1980년대까지만 해도 운영에 있어서 이윤을 획득하려고 하기 보다는 자가영농을 해결하면서 기계화의 효율성을 바탕으로 가능한 최대한의 순수입(초과순수익)을 올리려고 하며 노임의 실현을 적극화하려고 하였다. 그러나 1980년대 후반에 들어서면서 수위탁 작업이 더욱 일반화되면서 공동이용에서 수위탁으로 변화되었다.

전반적으로 농기계공동이용조직은 자가작업 뿐만 아니라 위탁작업을 많이 하는 조직으로서의 성격을 띠어 갔다. 또 조직의 운영과정에서 형식적으로 구성된 구성원들 중심으로부터 작업자를 중심으로 소규모화되는 경향을 보였다. 점차 고성능 기계를 지닌 작업자가 주도하여 신청자들의 작업을 해주는 방식이 일반화되어 갔다. 작업조와 이용조가 분리되면서 마을의 (특히 기계화된 논농사에서) 중요한 농작업을 기계작업자가 실질적으로 해 나가고 다른 마을 사람들은 보조적인 작업을 하든가 기계화되지 않은 다른 작목(대개 상품화가 가능한 작목)에 노동력을 투하하게 되었다.

1990년대 들어 대규모 농기계들을 결합보유하면서 운영하는 회사법인 형태의 조직이 등장하였고 특히 농기계 뿐만 아니라 다양한 시설 투자를 동반하는 영농조합법인들이 설립되었다. 이러한 조직은 노동과정을 조직화하기도 하지만 재배기술, 농자재구입 및 농산물 판매 등을 공동으로 하여 효율화하려고 한다. 따라서 단순한 노동조직에서 점차 경영조직의 성격을 더욱 강하게 띠어 간다. 기계화가 가능한 곳에서는 대형농기계를 동원한 수위탁작업이 활성화되고 있으며, 기계화가 불가능하지만 손노동력을 일시에 많이 필요로 하는 곳에서는 새로운 노동력조달방식을 추구하게 된다. 1990년대 이후 벼농사에서는 기계화가 진전되면서 고성능기계를 개인이 운영하면서 다수 농민의 신청작업을 해 주는 농작업 수위탁제도가 정착되어 왔다.

또한 농민들은 단순히 농업생산만 하는 것이 아니라 유통과 가공에도 개입하고 더 나아가 생산도 다각화해 나가고 있다. 또한 도시와의 새로운 관계도 맺어가려고 한다. 그 과정에서 농민들은 전통 사회에서 이루어져 왔던 제도들을 과감히 버리고 새로운 제도들을 만들어 가고 있다. 농촌 내부에 한정되지 않고 외부와 연결된 다양한 제도들을 만들어 나가고 있다. 먹거리 문제를 제기하면서 유기농업을 비롯한 친환경농업, 다양한 공동체적 실험들, 가공과 유통에의 개입, 생태적 실험 등을 통해 농민들은 이제 전지구화 시대에 걸맞는 제도들을 구성해 나가고 있다.

| 참고문헌 |

강석준, 「쌍멍에가대기」, 『문화유산』, 1959년 제2호(주강현 엮음, 『북한의 민속학 -재래농구와 농기구』, 역사비평사, 1989).

康成股, 「전시하 일제의 농촌노동력수탈정책」, 최원규, 『일제말기 파시즘과 한국사회』, 청하, 1988 (“戰時下日本帝國主義の朝鮮農村勞動力收奪政策”, 『歷史評論』, 1979年, 11月號).

경희대학교 민족문화연구소, 『서산민속지 상』, 1988.

고대민족문화연구소, 『한국민속대관』, 5집, 민속예술・생업기술, 1982.

고황경・이효재・이만갑・이해영, 『한국농촌가족의 연구』, 서울대학교출판부, 1963.

宮嶋博史, 「조선 갑오개혁 이후의 상업적 농업 - 삼남지방을 중심으로 -」, 梶村秀樹 외, 「한국근대경제사연구』, 사계절, 1983.

김경일, 「조선말에서 일제하의 농촌사회의 동계에 관한 연구」, 서울대학교 사회학과 석사논문, 1984.

김경일, 「일제하의 농업과 공동노동조직 - 공동경작을 중심으로 -」, 『현대자본주의와 공동체이론』, 한길사, 1987.

김광억, 「한국농촌에 있어서 노동력동원의 형태분석」, 『한국문화인류학』, 제6집, 1973-4.

김광언, 『한국의 농기구』, 문화공고부 문화재관리국, 1969.

김덕호, 「강좌: 해방전 조선농촌에 존재한 고지에 대하여」, 『력사과학』, 1964년 제3호.

김민남, 「한국 농촌사회의 전통적 커뮤니케이션 마당에 관한 연구 - ‘두레’와 ‘동제’를 중심으로」, 성균관대학교 신문방송학과 박사논문, 1989.

김병태, 「머슴에 관한 연구 (1)」, 『경제학연구』, 제4호, 1956.

김병태, 「머슴에 관한 연구 (2)」, 『경제학연구』, 제5호, 1957.

김삼수, 『조선사회경제사』, 한국문화사대계 2권, 고려대학교 민족문화연구소, 1965.
김석규, 「식민지시대 '마름'에 관한 일 연구 - 소작쟁의 및 사건 기사를 중심으로」, 인하대학교 사학과 석사논문, 1993.
김석준, 「동양척식주식회사의 사업전개 과정」, 『근대 농촌사회와 일본제국주의』, 문학과지성사, 1987.
김용섭, 『한국근대농업사연구』, 일조각, 1975.
김용섭, 「한말 · 일제하의 지주제, 사례 4; 고부 김씨가의 지주경영과 자본전환」, 『한국사연구』, 19, 1978.
김윤환, 「한국농촌에 있어서 임금노동의 창출과정」, 『아세아연구』, 8권 2호, 1965.
김일출, 「농촌노동자들의 새로운 문화와 생활풍습에 관하여」, 『북한민속학자료집』, 경남대학교 극동문제연구소, 1974.
김종채, 「한국사회농민층분해에 관한 일 연구」, 서울대학교 사회학과 석사논문, 1989.
김준보, 『농업경제학 서설』, 고려대학교출판부, 1967.
김춘동, 「이농이 소농의 재생산구조에 미친 영향」, 『인류학논집』, 제6집, 1983.
김택규, 『한국부락관습사』, 고려대학교 민족문화연구소, 1969.
김필동, 「조선시대 계의 구조적 특성과 그 변동에 관한 인구」, 서울대학교 사회학과 박사논문, 1989.
김홍배, 「일제하 소작관리인에 관한 사적 연구」, 서울대학교 농경제학과 석사논문, 1987.
농림부 농업경영연구소, 『한우사육의 사적 고찰과 경제성 분석』, 농업경제연구보고 52, 1972, 12.
농수산부, 『농업국세조사』, 1960, 1970, 1980.
농협, 『농협조사월보』, 1969년 7월호.
농협조사부, 『농지의 영세구조와 겸병현상에 관한 조사보고』, 부록 '농가의 노동력', 1964.
농협조사부, 『농민들의 협동적 행동 참여에 관한 조사연구』, 1969.
농협조사부, 『농업노동자(머슴) 임금수준조사보고』(1969년도), 조사자료 7집, 1970.

농협조사부, 『농업노동력이용실태조사결과보고』, 조사자료 80-24, 1980.
농협조사부, 『농가노동력구조의 변화에 관한 조사연구』, 조사보고서 88-6, 1988.
大和和明, 「1920년대 전반기의 한국농민운동 - 전라남도 순천군의 사례를 중심으로-」, 『항일농민운동연구』, 동녘, 1984.
레닌, (김진수 옮김), 『러시아에 있어서 자본주의의 발전 1』, 태백, 1988.
리드, 「농업협업화의 현실과 그 방향」, 『창작과 비평』, 1979, 가을호.
문병집, 『한국의 촌락 - 농업의 생산방식과 발전』, 진명출판사, 1973.
문소정, 「대한제국기 일본인 대지주의 형성」, 『한국근대 농촌사회와 일본 제국주의』, 문학과지성사, 1987.
문정창, 『한국농촌단체사』, 일조각, 1961.
문화공보부, 『한국민속종합조사보고서』, 각도편, 1971-1979.
미야지마 히로시, 「식민지하 조선인 대지주의 존재형태에 관한 시론」, 『식민지시대 한국의 사회와 저항』, 백산서당, 1983.
박현채, 「한국 자본주의 전개의 제단계와 그 구조적 특징」, 『한국 사회의 재인식』, 한울, 1985.
배영동, 「조선후기 호미씻이 형성의 농업사적 배경」, 『농업사연구』, 2권 2호, 2003.
배영동, 「조선후기 두레로 본 농업생산의 주체」, 『실천민속학 연구』, 6권, 2004.
배영동, 「조선후기 농작업두레의 문화복합적 성격」, 『농업사연구』, 4권 1호, 2005.
성태규, 「농업노동력동원형태의 변화에 관한 연구」, 영남대학교 문화인류학과 석사논문, 1982.
성태규, 「농업노동형태의 변화」, 영남대학교 문화인류학과 박사논문, 1995.
송석하, 『한국민속고』, 일신사, 1960.
신기철・신용철 편저, 『새우리말 큰사전』, 삼성출판사, 1987.
신용하, 「한국의 지주제도에 관한 일 연구」, 『경제논집』, 제5권 제3호, 1966.
신용하, 「이상백 선생과 한국사회사 연구」, 『동아문화』, 14집, 1977.

신용하, 「일본 식민지 통치기의 시대구분 문제」, 『한국근대사론 I』, 지식산업사, 1977.

신용하, 「두레공동체와 농민문화」, 『현대자본주의와 공동체이론』, 한길사, 1987.

신용하, 「두레공동체와 농악의 사회사」, 『공동체이론』, 문학과지성사, 1987.

안병태, 「조선인 지주와 동양척식주식회사의 토지경영 방식의 차이」, 『한국 근대 경제와 일본 제국주의』, 백산서당, 1982.

안용산, 『금산의 두레노동』, 금산문화원, 1993.

안준섭, 「미작농업의 농작업수위탁실태에 관한 고찰 - 8개지역 사례조사를 중심으로-」, 『농협조사월보』, 1989년 6월호.

안준섭, 「한국 미작농업부문의 생산조직에 관한 연구」, 성균관대학교 사회학과 박사논문, 1994.

櫻井浩, 「식민지하 조선농업의 봉건제론에 관하여」, 임영태 편, 『식민지시대 한국사회와 운동』, 사계절, 1985.

양회수, 『한국농촌의 촌락구조』 고려대학교 아세아문제연구소, 1967.

연규집, 「머슴제도를 중심으로 한 농가경제 및 농업생산관계에 대한 고찰」, 『청주대논문집』, 제6집, 1967.

연규집, 「한국농업에 있어서 공동작업에 관한 연구 - 충북지방을 중심으로-」, 『청주대논문집』, 제7집, 1972.

오명석, 「농업기계화에 따른 농민경제의 변화」, 『인류학논집』, 6집, 1983.

윤수종, 「일제하 일본인지주회사의 농장경영분석」, 『일제하 한국의 사회계급과 사회변동』, 문학과지성사, 1988.12.

윤수종, 「한국농업생산에서 노동조직의 변화과정에 관한 연구」, 서울대학교 사회학과 박사논문, 1990.

윤수종, 「일제하의 고지대에 관한 일 고찰」, 『한국의 사회조직과 종교사상』, 문학과지성사, 1990.4.

윤수종, 「소배내기제도에 관한 일 고찰」, 『일제하의 사회운동과 농촌사회』, 문학과지성사, 1990.12.

윤수종, 「머슴제도에 관한 일 연구」, 『한국근현대의 사회조직과 변동』, 문학과지성사, 1991.12.
윤수종, 「품앗이에 관한 일 연구」, 『한국의 사회제도와 농촌사회의 변동』, 문학과지성사, 1992.12.
이걸재, 『공주의 두레: 채록 · 정리』, 공주문화원, 2001.
이만갑, 『한국농촌사회의 구조와 변화』, 서울대학교출판부, 1972.
이보형 · 주강현 외 지음, 『노동과 굿』, 학민사, 1989.
이소라, 『한국의 농요』, 2집, 1991.
이소라 · 주보돈 · 이종봉, 『두레노동과 두레소리』, 애드파워, 2004.
이용덕, 「한국농업노동력에 관한 연구」, 고려대학교 교육대학원 석사논문, 1969.
이정덕, 「수도기술변화에 따른 농업노동의 변화 - 원평촌의 사례연구 -」, 서울대학교 인류학과 석사논문, 1984.
이정환, 『농지 및 노동의 유동성과 농업구조정책』, 농경련 연구보고 86, 1984.
이훈구, 『조선농업론』, 한성도서, 1935.
장시원, 「식민지하 조선의 반봉건적 토지소유에 관한 연구」, 서울대학교 경제학과 석사논문, 1980.
장시원, 「일제하 경영형 지주범주의 설정을 위한 문제제기」, 『방통대논문집』, 제1집, 1983.
장시원, 「식민지하 조선인 대지주 범주에 관한 연구」, 『경제사학』, 7권 1호, 1984.
전석담 · 허종호 · 홍희유, 『조선에서 자본주의적 관계의 발전』, 이성과 현실, 1989.
정병휴, 「한국의 농업노동에 관한 일 고찰」, 『경제논집』, 제6권 제2호, 1967.
정시경, 「우리나라 재래 농기구의 유형과 그 분포」, 『문화유산』, 1960년 제6호(주강현 엮음, 『북한의 민속학』, 역사비평사, 1989).
조경만, 「두레의 일과 놀이에 관한 연구」, 서울대학교 인류학과 석사논문, 1986.
조동걸, 『일제하 한국농민운동사』, 한길사, 1979.

주강현,「1930-1950년대 화성지역 두레 공동노동 연구」, 한남대학교 충청문화연구소, 1989.
주강현,『한국의 두레, 1-2』, 집문당, 1997.
주강현,『두레: 農民의 역사』, 들녘, 2006.
주봉규,「일제하 농민운동 전개에 관한 연구 - 소작쟁의 운동을 중심으로-」,『경제논집』, 23권 1호, 1984.
지수걸,「조선농민사의 단체성격에 관한 연구」,『역사학보』, 106호, 1985.
淺田喬二,「항일농민운동의 일반적 전개과정」,『항일농민운동연구』, 동녘, 1984.
최윤목,「농업노동층의 사회적 성격」,『사회학논총』, 제1집, 1964.
최윤오,「조선후기 농업고용노동에 관한 연구 - 18,19세기를 중심으로」, 연세대학교 사학과 석사논문, 1987.
최재석,『한국농촌사회연구』, 일지사, 1975.
최재석,『한국농촌사회변동연구』, 일지사, 1988.
최호진,「이조봉건사회에 있어서의 공동노동의 특성」,『서울대논문집』, 제1집, 1954.
하지연,「한말·일제 강점기 일본인 회사지주의 농업경영 연구 - 澁澤榮一 자본의 조선흥업주식회사를 중심으로 -」, 이화여자대학교 사학과 박사논문, 2006.
하지연,「日本人 會社地主의 植民地 農業經營 - 三菱재벌의 東山農事株式會社 사례를 중심으로」,『史學硏究』, 88호, 2007.
한국농촌경제연구원,『농지개혁사개요』, 1988.
한국농촌사회학회,『농촌사회학』, 1965.
한국여성개발원,『농촌여성의 노동실태에 관한 연구 - 농가주부를 중심으로-』, 1987, 50쪽.
한도현,「1930년대 농촌진흥운동의 성격에 관한 연구」, 서울대학교 사회학과 석사논문, 1985.
한병주,「머슴설화연구」, 전북대학교 교육대학원 석사논문, 2002.
한상복,「한국산간촌락의 연구」,『사회학논총』, 제1집, 1964.
한상복,「한국인의 공동체의식에 관한 연구」,『한국의 사회와 문화』, 정신문화연구원, 1983.

허종호,『조선봉건말기의 소작제연구』, 한마당, 1989.

加藤末郎,『韓國農業論』, 裳華房, 東京, 1904.
姜鋌澤,「朝鮮における共同勞動の組織とその史的變遷」,『農業經濟研究』, 第17券 4號, 1941.
京畿道 農會,『京畿道農村社會事情』, 京城, 1927.
京畿道,『養蠶模範地區の現狀』, 1933年 12月.
京畿道産業部農務課,『京畿道小作慣行の數字的調査, 1930年調』.
廣田 豊,「朝鮮に於ける農業勞動」,『朝鮮農會報』, 1941年 2月號.
久間健一,「農民家族經濟とその經營規模に關する研究」,『朝鮮農業の近代的樣相』, 西原刊行會, 東京, 1935.
久間健一,「勞動隊制度と雇只隊制度」,『朝鮮農業の近代的樣相』, 西原刊行會, 1935.
久間健一,『朝鮮農政の課題』, 成美堂, 東京, 1943.
君島和彦,「東洋拓殖株式會社の設立過程(上, 下)」,『歷史評論』 第282, 285號, 校倉書房, 1973年 11月, 1974年 1月.
君島和彦,「朝鮮における東拓移民の展開過程」,『日本史研究』 161號, 日本史研究會, 1976. 1.
金榮浩,「水原地方に於ける農旗ヅレペ」,『朝鮮農會報』, 第4卷 8號, 1930.
大野 保,「朝鮮農村の實態的研究」, 滿洲大同學院,『論叢』, 第4集, 1941.
東畑精一・大川一司,『朝鮮米穀經濟論』, 日本學術振興會, 1935.
肥塚正太,『朝鮮之産牛』, 東京, 1911.
山崎隆三,「地主制衰退期における小地主の植民地地主への轉化」,『經濟學雜誌』, 第64卷 2,3號, 日本評論社, 1971.
森 周六,『朝鮮に於ける犁耕法に關する調査』, 京城, 1937.
善生永助,『朝鮮の聚落』, 中篇, 朝鮮總督府, 1933.
細川治一,「農社に就て」,『朝鮮農會報』 5卷 3號, 1931,
新納豊,「朝鮮農民社の自立經濟運動」, (富岡倍雄・梶村秀樹 編),『發展途上國經濟の研究』, 東京, 世界書院, 1981.
鈴木榮太郎,『朝鮮農村社會踏査記』, 大阪, 屋號書店, 1943.
鈴木榮太郎,『朝鮮農村社會の研究』, 東京, 未來社, 1973.

李覺鐘,「契に關する調査」, 朝鮮民政資料,『朝鮮』, 1923年 7月.
李淸源,『朝鮮續本』, 學藝社, 1937.
印貞植,『朝鮮農村雜記』, 東都書籍, 1943.
印貞植,『朝鮮農村再編成の研究』, 人文社, 1943.
林炳潤,『植民地における商業的農業の展開』 東京大出版會, 1971.
張基昌,「農社に就いて」,『朝鮮彙報』, 1917年 8月號.
猪谷善一,『朝鮮經濟史』, 1928.
全羅南道,『農家經濟調査成績』, 1934.
全羅南道,『小作慣行調査書』, 1931.
全羅北道 農會 編,『全北の農業』, 1928.
全羅北道,『本道における雇只の狀況』, 1926.
田中喜男,「明治後期朝鮮拓殖への地方的關心-石川縣農業洙式會社の設立お通して」,『朝鮮史研究會論文集』, 第4輯, 朝鮮史研究會, 1968. 9.
田中喜男,「石川縣農業株式會社(資料紹介)」,『北陸史學』 第15號, 北陸史學會, 1967年.
鄭英一,「韓國農業における雇用勞動力および共同勞動組織の變化」,『アシア經濟』, 第20券 第8號, 1979.
朝鮮金融聯合會,『農業勞務者の賃金に關する資料』, 1942年 8月.
朝鮮總督府,『1938年 農業統計表』, 1940.
朝鮮總督府,『農家經濟調査』, 各道編.
朝鮮總督府,『農山漁村における契』, 1937.
朝鮮總督府,『自力更生彙報』, 第61號.
朝鮮總督府,『全南農家經濟調査成績』, 1934.
朝鮮總督府,『朝鮮國勢調査』, 1920, 1925, 1930, 1935.
朝鮮總督府,『朝鮮の契』, 調査資料 第17集, 1926.
朝鮮總督府,『朝鮮の小作慣行』, 下巻, 續編, 1932.
朝鮮總督府,『朝鮮の人口現象』, 1927.
朝鮮總督府,『朝鮮の聚落』, 中編, 模範部落篇, 1933.
朝鮮總督府,『朝鮮の鄉土娛樂』, 調査資料 第47집, 1941.
朝鮮總督府 勸業模範場 編,『平安南道に於ける乾沓』, 水原, 1928.
朝鮮總督府 農林局,『朝鮮の農業』, 1942.

朝鮮總督府 農林局 農政課 編,『農繁期託兒所開設の手引』, 1942.
朝鮮畜産協會 編,『有畜農業事例』, 京城, 1931.
倉持和雄,「70年代韓國における農業勞動構造の變動」,『アシア經濟』, 25巻 1號, 1984年 1月.
淺田喬二,「舊植民地(朝鮮)における日本人大地主の存在形態-石川縣農業株式會社の事例分析」,『朝鮮歷史論集』, 下巻).
淺田喬二,『日本帝國主義と舊植民地地主制』, 御茶の水書房, 東京, 1968.
忠清南道 農會,『忠清南道更生農村における勤勞婦人』, 1934.
忠清南道 編,『蠶業共同經營の概要』, 大田, 1935.
忠清南道,『小作慣行調査書』, 1931.
澤村東平,「朝鮮農業の勞力組成」,『社會政策時報』, 208號, 1938. 1.
統監府 農商工務部 農林課,『韓國における農業の經營』, 1907.
平安北道廳 編,『平北の農業』, 新義州, 1923.
豊田重一,「農社農樂に關する研究」,『朝鮮彙報』, 1916年 4月號.
豊田重一,「朝鮮農家慰安に適當なる娛樂機關に就いて」,『朝鮮農會報』, 第13巻 9號, 1918.
黑瀨郁二,「日露戰後の朝鮮經營と東洋拓殖株式會社」,『朝鮮史研究會論文集』 第12集, 1975.

「共同耕作調査」.『朝鮮總督府月報』 第3巻 第3號, 1913年 3月.
「農村勞務調整狀況」,『朝鮮總督府月報』 第13巻 第17號, 1942年 4月.
「昭和10年度耕牛低利資金融通狀況」,『朝鮮總督府調査月報』 7巻 11號, 1936.
「預託牛品評會の價値」,『朝鮮農會報』 12巻 5號, 1917.
「預託牛に關する調査」,『朝鮮農會報』 第14巻 第1號, 1919.
「朝鮮興業株式會社の小作人に對する施設」,『朝鮮農會報』, 18巻 10號, 1923. 10.
「朝鮮に於ける畜牛預託の現況」,『朝鮮總督府月報』 第2券 第9號, 1912年 9月.
「朝鮮における農繁期託兒所の概況」,『朝鮮總督府月報』 第13巻 第6號, 1942年 6月.

「畜牛預託調査(1)」, 『朝鮮農會報』 第8券 第8號, 1913.

「畜牛預託調査(2)」, 『朝鮮農會報』 第8券 第9號, 1913.

「畜牛預託調査(3)」, 『朝鮮農會報』 第8券 第10號, 1913.

「畜牛預託調査(4)」, 『朝鮮農會報』 第8券 第11號, 1913.

「畜牛預託調査(5)」, 『朝鮮農會報』 第8券 第12號, 1913.

「畜牛預託に就いて」, 『朝鮮農會報』 第7券 第7號, 1912.

「畜牛の飼養に關する經濟調査」, 『朝鮮農會報』 14券 9・10號, 1919.

「忠淸北道の預託牛に關する調査」, 『朝鮮農會報』 第6券 第10號, 1911.

「置蠶共同飼育成績」, (1939,1940年分), 『朝鮮總督府月報』 第11集 第4卷 第12號.

『1930年 朝鮮國勢調査』, 第1卷, 全鮮篇, 結果表, 1934.

『旣往十年 事業概況 朝鮮興業株式會社』, 1914年.

『農民』, 1932年 10月號.

『農民』, 1933年 8月號.

『朝鮮農會報』, 6卷 3號, 1932年 3月.

『朝鮮農會報』, 6卷 5號, 1932年 5月.

『朝鮮産業指針』, 京城, 1915年.

『朝鮮興業株式會社 20週年 記念誌』, 1926.

『朝鮮興業株式會社 25週年 記念誌』, 1931.

『朝鮮興業株式會社 30週年 記念誌』, 1936.

Reed, Edward P., *Group Farming in Smallholder Agriculture: Experience and Potential in South Korea*, The University of Wisconsin-Madison, 1979.

저자소개

윤수종

「한국농업생산에서 노동조직의 변화과정에 관한 연구」로 박사학위를 받았고 전남대 사회학과 교수로 있다. 지은 책으로는 『자유의 공간을 찾아서』(문화과학사, 2002), 『다르게 사는 사람들』(편저, 이학사, 2002), 『우리 시대의 소수자운동』(공저, 이학사, 2005), 『안토니오 네그리』(살림, 2005), 『욕망과 혁명』(서강대출판부, 2009) 등이 있다. 소수자운동과 미시코뮨에 관한 연구를 하면서 농촌연구도 겸하고 있다. 그동안 네그리, 가타리, 라이히 등을 중심으로 자율사상에 관련된 책들을 번역 · 소개하였다.

농촌사회제도연구

인쇄 | 2010년 1월 20일
발행 | 2010년 1월 25일

저자 | 윤수종
발행 | 김윤수
발행처 | 전남대학교출판부

등록 | 1981. 5. 21. 제53호
주소 | 500-757 광주광역시 북구 용봉로 77
전화 | (062) 530-0571～3
팩스 | (062) 530-0579
홈페이지 | http://altair.chonnam.ac.kr/～cnup

값 20,000원

ISBN 978-89-7598-787-8 (93330)]

이 도서의 국립중앙도서관 출판시도서목록(CIP)은 e-CIP홈페이지(http://www.nl.go.kr/ecip)에서 이용하실 수 있습니다.
(CIP제어번호: CIP2010000495)